Geistiges Eigentum in der Betriebspraxis

Markus Hoffmann · Thorsten Richter

Geistiges Eigentum in der Betriebspraxis

Erlangung, Verwaltung, Verteidigung
und Verwertung von Patenten, Marken,
Designs und Copyrights im Unternehmen

2. Auflage

Markus Hoffmann
Dresden, Deutschland

Thorsten Richter
Dresden, Deutschland

ISBN 978-3-658-11049-9   ISBN 978-3-658-11050-5   (eBook)
DOI 10.1007/978-3-658-11050-5

Die Deutsche Nationalbibliothek verzeichnet diese Publikation in der Deutschen Nationalbibliografie; detaillierte bibliografische Daten sind im Internet über http://dnb.d-nb.de abrufbar.

Springer Gabler
© Springer Fachmedien Wiesbaden GmbH 2011, 2017

Gedruckt auf säurefreiem und chlorfrei gebleichtem Papier

Springer Gabler ist Teil von Springer Nature
Die eingetragene Gesellschaft ist Springer Fachmedien Wiesbaden GmbH
Die Anschrift der Gesellschaft ist: Abraham-Lincoln-Str. 46, 65189 Wiesbaden, Germany

Vorwort

Das Gebiet des Geistigen Eigentums ist selbst für Juristen eine exotische Materie. Gleichwohl zählt für Unternehmer das Wissen um die Grundzüge dieses hochkomplexen Fachbereiches häufig zu den fundamentalen Bausteinen des betriebswirtschaftlichen Erfolges. Selten zuvor in der Entwicklungsgeschichte unserer Gesellschaft war der Schutz innovativer Leistungen so wichtig wie heute, da der „Wettlauf um Ideen" endgültig globale Züge angenommen hat.

Es ist der Wunsch der Verfasser, mit diesem Werk eine griffige und vor allem leicht erschließbare Handreichung für all diejenigen vorzulegen, die in Ausbildung oder Praxis mit dem Gebiet des Schutzes Geistigen Eigentums konfrontiert werden und auf eine rasche Arbeitshilfe angewiesen sind.

Damit richtet sich dieses Buch in gleichem Maße an Studenten der Rechts- und Wirtschaftswissenschaften an Fachhochschulen und Berufsakademien wie auch an Mitarbeiter des mittleren Unternehmensmanagements und schließlich an die juristischen Praktiker, die sich in einer neuen Materie möglichst schnell einen ersten Überblick verschaffen wollen.

Oberstes Primat des Werkes war es, die Materie so aufzubereiten, dass sie vom Leser fachlich korrekt aber so effizient wie möglich verinnerlicht werden kann.

Dank schulden die Autoren Frau Anja Jurack und Frau Sabine Richter für die gründliche Korrektur des Manuskriptes sowie Frau Rosena Nedeva für ihre wichtige Unterstützung bei der Erstellung des Glossars, des Sachwortregisters und des Normenschlüssels.

Dr. Markus Hoffmann, LL.M., Prof. Dr. Thorsten S. Richter,

Dresden, Juni 2016

Inhalt

ZUR HANDHABUNG –

Wie funktioniert's? – Anliegen, Aufbau und Inhalte dieses Buches

Die Inhalte des Werkes werden dem Leser in insgesamt zwölf TEILEN jeweils vom Allgemeinen hin zum Speziellen und geordnet nach verschiedenen Aspekten dargestellt.

Vom Allgemeinen hin zum Speziellen

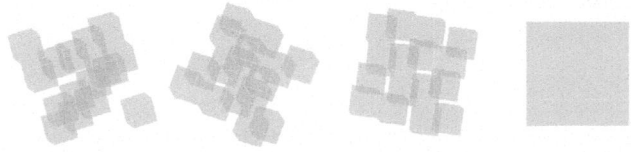

Einheitliche Struktur des Werkes – vier sich wiederholende Abschnitte

Während der Lektüre des Werkes soll sich für den Leser auf diese Weise effektiv ein **einheitliches Wissensbild** formen. Jeder TEIL des Buches weist **dieselbe Struktur** auf und ist in folgende vier Abschnitte untergliedert:

A. Worum geht's? – Der Schwerpunkt dieses Teils

B. Die Kernaussagen auf einen Blick 👁

C. Vertiefung

D. Weitere Informationen

● Zu Beginn jedes Kapitels werden im Abschnitt **„Schwerpunkt"** kurz die **inhaltlichen Ziele** der nachfolgenden Ausführungen dargestellt, damit sich der Leser **vorab** bereits eine entsprechende **Orientierung** verschaffen kann.

Schwerpunkt

● Für Schnellleser sind die wesentlichen Kernaussagen in einem zweiten Abschnitt **„auf einen Blick"** übersichtsartig zusammengefasst. Somit kann das Buch komplett **in sehr kurzer Zeit „durchgelesen"** werden. Bei größerem Informationsbedarf können die jeweils nachfolgenden Texte zu Rate gezogen und den dort enthaltenen weiteren Hinweisen nachgegangen werden.

Kernaussagen auf einen Blick

● In jedem Themenblock erfolgt sodann im Abschnitt **„Vertiefung"** die **detaillierte Darstellung** des Inhaltes anhand häufig auftretender Fragen, die strukturell geordnet gestellt und beantwortet werden.

Vertiefung

Fälle

Weil theoretische Darstellungen am besten am praktischen Beispiel erläutert werden können, dienen *kleinere Fälle* an den geeigneten Stellen einer **besseren Veranschaulichung**.

Zudem werden in diesem Teil inhaltlich-visuelle Pictogramme eingesetzt, die durch folgende Symbole gekennzeichnet sind:

Merksätze

Besonders wichtige Inhalte werden mit dem Symbol „**MERKE**" hervorgehoben und zusammengefasst.

Häufige Irrtümer

In manchen Bereichen des Rechts des Geistigen Eigentums halten sich beharrlich bestimmte **Irrtümer**, auf die eingegangen wird und die richtig gestellt werden sollen.

Verweise

Dort, wo sich Inhalte in der Darstellung überschneiden, erfolgt ein entsprechender **Verweis**.

Anhang mit Materialien

Das M-Symbol signalisiert bereits im Vertiefungsteil, dass zur besagten Passage die betreffenden **Materialien** des Anhanges relevante Zusatzinformationen liefern.

Gesetze

Wichtige **Gesetzesfundstellen** werden durch das vorstehende Symbol gekennzeichnet und gesondert hervorgehoben zitiert.

Weitere Informationen

● Im Bereich „**Weitere Informationen**" findet der Leser schließlich **Anschriften** von Ansprechpartnern, Angaben zu weiterführendem **Schrifttum** sowie nützliche **Onlinequellen**.

Einschlägige Muster im Anhang

Um die Umsetzbarkeit der Rechtsinhalte zu fördern, werden im Anhang zahlreiche Materialien vorgestellt, wobei an der jeweiligen Stelle im Vertiefungstext auf das konkrete **Muster** bzw. die konkreten **Unterlagen** und **Vordrucke** individuell verwiesen wird.

Verständnistest

Nach vollständiger Durcharbeitung des Werkes kann in einem **Verständnistest** der eigene Wissenstand abgeprüft werden.

Für ein späteres rasches Nachschlagen dient das am Ende des Werkes befindliche **Glossar,** das zugleich durch die Querverweise in den Vertiefungsteil des Werkes das **Sachwortregister** erweitert und abrundet.

Glossar und mehr

TEIL 1
IP, ©, TM, ® – Das Rechtssystem des Geistigen Eigentums im Überblick

A. Worum geht's? – Der Schwerpunkt dieses Teils

Kaum ein anderes Rechtsgebiet stellt sich auf den ersten Blick so klar und auf den zweiten Blick so abstrakt und unübersichtlich dar, wie das Gebiet des Rechtes am Geistigen Eigentum. Nur allzu oft werden **Begriffe** wie „Patent", „Marke" oder „Urheberschaft" **durcheinander gewürfelt**, falsch verwendet oder als Synonyme gebraucht. Dabei existiert das Bewusstsein um die **Notwendigkeit eines Schutzes** von geistigen Werten schon seit Jahrtausenden. Heute durchdringt das Geistige Eigentum nahezu jeden Lebensbereich unserer wirtschaftlichen, aber auch der privaten Welt. Geistiges Eigentum ist allgegenwärtig. Ziel dieses Teils ist es, dem Leser zunächst eine übersichtsartige Einleitung über das Wesen, die Struktur und die Hintergründe des „Rechtes am Geistigen Eigentum" vor allem bezogen auf die unternehmerische Betriebspraxis zu vermitteln.

B. Die Kernaussagen auf einen Blick 👁

> • <u>**Systematische Einführung in das Rechtsgebiet „Geistiges Eigentum"**</u>: ▶ Das Geistige Eigentum stellt einen **wichtigen Bereich** der sog. weichen oder auch nicht-physischen Vermögensbestandteile des Unternehmens dar. ▶ Beim „Geistigen Eigentum" geht es um die **Inhaberschaft an immateriellen Werten aus kreativen Leistungen**. ▶ Dabei wird zwischen **drei Bereichen** differenziert: gewerblicher Rechtschutz, musischer Bereich des Urheberrechtes und Wettbewerbsrecht, wobei Letzteres nur teilweise zum Kernbereich des „Geistigen Eigentums" gezählt werden kann. ▶ **Graphisch** lässt sich das Recht des Geistigen Eigentums zunächst wie folgt zusammenfassen:

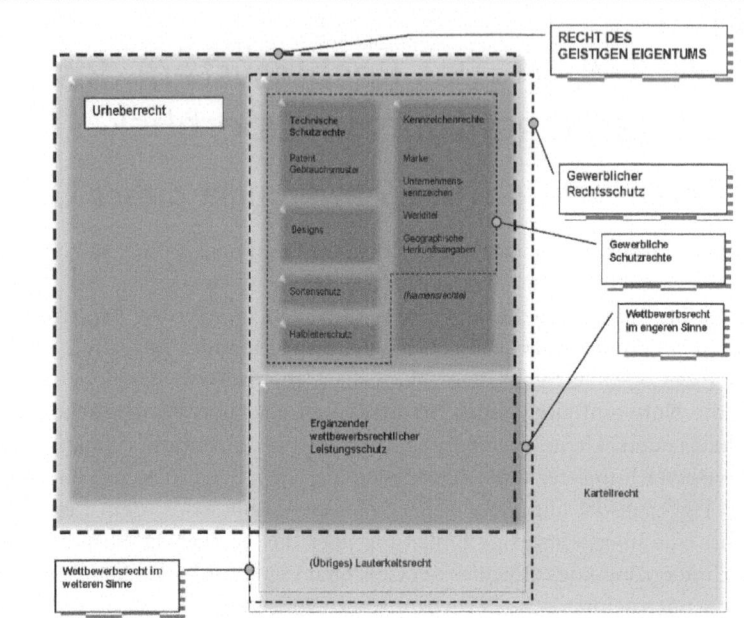

• **Ursprünge des Rechtes am Geistigen Eigentum:** ▶ Die Ursprünge des Rechtes am Geistigen Eigentum reichen bis in die **Antike,** ▶ wurden im **Mittelalter** erstmals kodifiziert und ▶ mit der **industriellen Revolution** endgültig Bestandteil der internationalen Rechtsordnung.

• **Einordnung des Rechtes des Geistigen Eigentums in das Rechtssystem und sein Verhältnis zu anderen Rechtsgebieten:** ▶ Das Geistige Eigentum wird „im Kern" als Verfassungsgut garantiert. ▶ In Verfahren um die Erlangung und Durchsetzung von Rechten am Geistigen Eigentum findet das **öffentliche und das zivile** Recht Anwendung.

• **Internationaler Schutz Geistigen Eigentums:** ▶ Auf internationaler Ebene existieren zahlreiche **multilaterale Abkommen** zum grenzüberschreitenden Schutz Geistigen Eigentums. ▶ Dabei wird dieser Schutz **zum einen** durch die wechselseitige Anerkennung bestimmter Mindeststandards, ▶ **zum anderen** durch die Bereitstellung internationaler Registerverfahren gewährt. ▶ Bei den **grenzüberschreitenden Registerverfahren** für die Anmeldung und Eintragung von Schutzrechten wird differenziert: ▶ zwischen **sog. Singlesystemen,** die Schutz durch ein einheitliches grenzüberschreitendes Recht gewähren, ▶ und **sog. Bündelsystemen,** die Schutz über ein Bündel einzelner national wirkender Schutzrechte gewähren.

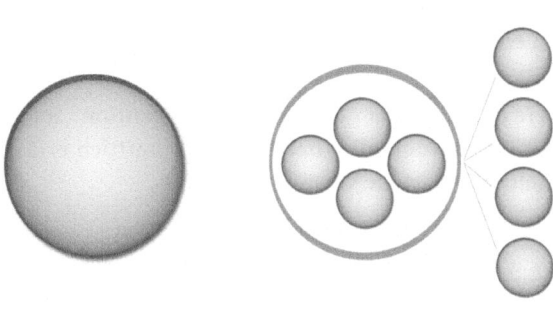

• <u>Schranken:</u> ▶ Die monopolistischen Rechtsgüter am geistigen Eigentum werden durch zahlreiche Schranken zum **Schutze des Wettbewerbs** und der **Allgemeinheit** begrenzt.

C. Vertiefung

I. Der Begriff des Geistigen Eigentums

1.1 ▶ Wie definiert man „Geistiges Eigentum" im juristischen Sinne?

Etwas zu definieren, das man nicht sehen kann, fällt regelmäßig schwer. Derartige Herausforderungen sind im Bereich der Juristerei andererseits aber auch nichts Ungewöhnliches. Eine recht plastische Beschreibung des „Geistigen Eigentums" liefert folgende Definition:

Unsichtbares definieren

MERKE: Der Begriff des „Geistigen Eigentums" meint alle hoheitlich gewährten Exklusivrechte in Bezug auf immaterielle Güter.

Diese werden quasi – wie fassbare Gegenstände – als Rechtspositionen einem Inhaber zugeordnet, der dann gegenüber Dritten Verbietungsmöglichkeiten in Bezug auf die Nutzung des Immaterialgutes hat.

Ein wichtiger Aspekt muss dabei stets im Auge behalten werden. „Geistiges Eigentum" meint nie den materiellen Gegenstand, in welchem sich eine geistige Leistung verkörpert. Nicht die Maschine ist die „Erfindung", sondern die „technische Lösung", die in ihr steckt. Nicht der Roman als Druckerzeugnis, sondern die gewählten Worte und die darin begründete individuelle Schöpfung sind vom Urheberrecht geschützt. Das Recht des Geistigen Eigentums hat im Begriff des „Immaterialgüterrechtes" ein wichtiges Synonym. Auf internationaler Ebene spricht man insofern auch häufig vom „Intellectual Property Law" oder kurz vom „IP-Law".

Ansatz im Auge behalten!

MERKE: Geistiges Eigentum meint nie das materielle Resultat einer geistigen Leistung, sondern immer die immaterielle Leistung selbst!

1.2 ▶ Wie definiert man das „Geistige Eigentum" im Rahmen der Gesamtheit aller betriebswirtschaftlich erfassbaren nicht physischen Vermögenswerte?

Betriebswirtschaftlicher Ansatz

Auch im betriebswirtschaftlichen Sinne stellt das konstituierende Merkmal immaterieller Vermögenswerte die fehlende physische Substanz dar. So hat etwa der Arbeitskreis Wissensbilanz (BMWA, 2005) den Begriff „**intellektuelles Kapital**" geprägt und darunter das „**Vermögen eines Unternehmens** (…), das nicht direkt greifbar, aber entscheidend für den wirtschaftlichen Erfolg in der Zukunft ist", gefasst. Auch in der externen Rechnungslegung hat sich der Terminus „**immaterielle Vermögensgegenstände**" eingebürgert.

Internationaler Ansatz

Auf internationaler Ebene ist in diesem Zusammenhang häufig von sogenannten *intangible assets* oder auch *Intangibles* als den Bestandteilen eines Unternehmens, die zusätzlich zu monetären oder physischen Vermögensgütern existieren, die Rede.

Verhältnis zu anderen betrieblichen Vermögensgütern

Zur Definition oder Kategorisierung derartiger *Intangibles* gibt es eine ganze Reihe von Ansätzen. Beispielhaft seien hier neben „Rechten des Geistigen Eigentum**s**" im juristischen Sinne etwa folgende Bereiche „**weicher Vermögensgüter**" genannt:

- (Günstiger) Unternehmensstandort

- Effizienz von Unternehmensabläufen

- (Günstige) Konditionen mit Dritten
  (z.B. Zulieferverträge, Miet- und Pachtrechte)

- Motivation der Mitarbeiter, Belegschaft (Humankapital)

Teilbereich des Betriebsvermögens

Es fällt also auf, dass sich das „Geistige Eigentum" in seiner „verrechtlichten Bedeutung" nur als ein Teilbereich des nicht-physischen Betriebsvermögens darstellt.

II. Die Systematik des Rechtes am Geistigen Eigentum

1.3 ▶ Aus welchen Teilbereichen setzt sich das Recht des „Geistigen Eigentums" zusammen?

Unter dem Oberbegriff „Geistige Eigentumsrechte" fasst man folgende Unterbereiche zusammen: Erstens, den Bereich des sogenannten **„Gewerblichen Rechtschutzes"**, zweitens das **Urheberrecht** und schließlich drittens einzelne Aspekte des **Wettbewerbsrechtes**.

Drei Teilbereiche

 HÄUFIGER IRRTUM: Urheberrecht und Geistiges Eigentum sind Synonyme. – Falsch (!): Das Urheberrecht stellt neben dem gewerblichen Rechtsschutz lediglich einen Teilbereich des Geistigen Eigentums dar.

1.4 ▶ Was umfasst der gewerbliche Rechtsschutz?

Unter dem Begriff des gewerblichen Rechtsschutzes fasst man die sogenannten **„Gewerblichen Schutzrechte"** sowie einige sogleich noch zu besprechende Aspekte der sog. Wettbewerbsrechte zusammen.

Gewerbliche Schutzrechte sind

- das Patent,

- das Gebrauchsmuster,

- die Kennzeichenrechte (z.B. Marken),

- das Eingetragene Design,

- die Sorte und

- das Halbleiterschutzrecht.

1.5 ▶ Was regelt das Urheberrecht?

Das Urheberrecht schützt Werke der Literatur, Wissenschaft und Kunst, zum Beispiel Kompositionen, Gemälde, Skulpturen, Texte, Theaterinszenierungen, Fotografien, Filme, Rundfunksendungen, Musik- und Tonaufnahmen. Es ist damit seiner klassischen Funktion nach **eher im musischen** als im gewerblichen Bereich angesiedelt.

Schutzgegenstand eher im musischen als im gewerblichen Bereich

Gleichwohl offeriert es Schutz natürlich auch für eine kommerzielle Verwertung des musischen Schaffens. Zudem weist es durchaus Schnittstellen zum Schutzbereich für technische Innovationen auf, was sich z.B. im Bereich des urheberrechtlichen Schutzes **technischer Zeichnungen**, vor allem aber auch im Bereich der Softwareentwicklung zeigt.

Schnittstellen zu technischen Erfindungen

1.6 ▶ Welche Rolle spielt das Wettbewerbsrecht?

Lauterkeit des Verhaltens im Markt

Das Wettbewerbsrecht regelt zunächst nichts anderes, als die sogenannte „Lauterkeit" des Verhaltens im Markt bezogen auf das **Verhältnis zu anderen Marktteilnehmern und gegenüber den Verbrauchern.**

Kartellrecht will Monopole verhindern

Unter der verbindenden Zielsetzung des freien Leistungswettbewerbs wird zum Wettbewerbsrecht im weiteren Sinne teilweise auch das Kartellrecht gezählt, welches primär auf die Verhinderung von Marktmonopolen zielt und volkswirtschaftliche Stabilität schaffen will.

Wettbewerb als Schutzgut

Das Schutzgut des Wettbewerbsrechts ist der Wettbewerb. Abwehrpositionen resultieren dem Grunde nach auch nicht aus Sonderschutzrechten, sondern aus dem Verbot, sich im Wettbewerb unlauter zu verhalten.

Auffangfunktion des Wettbewerbsrechts

Das Wettbewerbsrecht setzt in seiner Funktion bezogen auf das Verbot der Übernahme eines Schaffensresultates also nicht an einem bestehenden Ausschließlichkeitsrecht an, sondern daran, dass die Übernahme des Schaffensresultates aus bestimmten Gründen nicht mit den Maximen des lauteren Wettbewerbs vereinbar, also schlichtweg „unfair" erscheint. Heute wird das Wettbewerbsrecht insofern häufig als „Auffangrecht" der gewerblichen Schutzrechte verstanden.

III. Die Geschichte des Rechtes am Geistigen Eigentum

1.7 ▶ Wo liegen die Ursprünge des Rechtes des Geistigen Eigentums?

Antike

Die Geschichte des Rechtes des Geistigen Eigentums reicht weit zurück. Bereits in der Antike war es üblich durch **Zunftgeheimnisse** das kollektive Know-how einzelner Berufsstände zu schützen.

Spätmittelalter

Die Vorstellung der Existenz eines „Rechtes" am geistigen Eigentum bildete sich in Europa bereits im Spätmittelalter heraus. Ab etwa dem 14. Jh. wurden von den jeweiligen Herrschern hoheitliche Privilegien vergeben, die es ausschließlich dem Begünstigten erlaubten, ein bestimmtes Verfahren einzusetzen oder ein bestimmtes Gütesiegel zu nutzen. 1474 wurde **in Venedig das erste Patentgesetz eingeführt**, nach dem ein Erfinder durch die Anmeldung bei einer Behörde einen zeitlich begrenzten Schutz gegen Nachahmung erhalten konnte.

Industrielle Revolution

Seine bis heute noch erkennbaren Strukturen erhielt das Recht des Geistigen Eigentums schließlich im Zeitalter der industriellen Revolution zunächst in England, Frankreich und den USA und später schließlich auch in Deutschland.

IV. Das Recht des Geistigen Eigentums im Gesamtrechtsgefüge

1.8 ▶ Hat das Geistige Eigentum Verfassungsrang?

Das Bundesverfassungsgericht definiert „Eigentum sind alle vermögenswerten Rechte des einfachen Rechts". Grundsätzlich müssen dazu also auch immaterielle Rechte, wie z.B. das Patentrecht, das Marken- und Designrecht oder das Urheberrecht vom verfassungsmäßigen Schutzbereich zumindest **so lange erfasst sein, wie sie einen Vermögenswert haben.**

Vermögenswerte haben Verfassungsrang

Allerdings folgt daraus keine Verpflichtung des Staates, solche Rechte auch gewähren zu müssen bzw. zu schaffen. Wenngleich sich der Staat zur Bereitstellung immaterieller Protektionsmöglichkeiten entschlossen hat, hat er hier durch Inhalts- und Schrankenbestimmungen einen besonders großen Gestaltungsspielraum und ist insofern **lediglich auf die Gewährleistung eines Kernbereiches von „Geistigem Eigentum" verpflichtet.**

Kernbereich des „Geistigen Eigentums" hat Verfassungsrang

1.9 ▶ Zählt das Recht des Geistigen Eigentums eigentlich zum Zivilrecht oder zum öffentlichen Recht?

Diese Frage ist nicht eindeutig zu beantworten, denn das Recht des Geistigen Eigentums hat **sowohl öffentlich-rechtliche Ausprägungen als auch zivilrechtliche Komponenten.**

Keine eindeutige Zuordnung möglich

Dort, wo der Staat Schutz durch einzelne **Registerrechte** gewährt, stellen die **hoheitlichen Akte**, mit denen dieser Schutz bewilligt wird, nichts anderes als Verwaltungsakte dar. Die Prüfung der Rechtmäßigkeit derartiger Verwaltungsakte erfolgt aber nur teilweise in öffentlich-rechtlich ausgestalteten Verfahren. So kann zwar gegen die Nichtgewährung eines Patentes oder einer Marke ein amtliches oder ein quasiverwaltungsgerichtliches Verfahren angestrengt werden.

Öffentliches Recht

Schon die **Löschung einer Marke** wegen älterer Rechte erfolgt indes in einem Klageverfahren vor den Zivilgerichten. Ausschließlich den Zivilgerichten sind zudem all diejenigen Streitigkeiten zugeordnet, bei denen es um die Verletzung Geistigen Eigentums geht.

Zivilrecht

V. Internationaler Schutz Geistigen Eigentums

1.10 ▶ Wie steht es mit dem internationalen Schutz Geistigen Eigentums?

Gute Ideen sind sprichwörtlich „grenzenlos". Die Veröffentlichung eines innovativen Gedankens kann kaum auf ein bestimmtes Territorium beschränkt bleiben, sondern wird über Staatsgebiete hinweg bekannt werden.

„Grenzenlose" Ideen

Dies ist in der heutigen Informationsgesellschaft sowieso der Fall, galt aber auch schon vor 150 Jahren. Vor dem Hintergrund des Bedürfnisses einer insofern abgestimmten internationalen Zusammenarbeit wurden bereits Ende des 19. Jahrhunderts wichtige Weichen für internationale Schutzsysteme gestellt.

Internationale Abkommen zwischen den Staaten

Als „Mutter" des internationalen Immaterialgüterrechtes kann insofern die **Pariser Verbandsübereinkunft** zum Schutz des Geistigen Eigentums vom 20. März 1883 genannt werden. Weitere bedeutsame Abkommen wie etwa die **Berner Übereinkunft** zum Schutz von Werken der Literatur und Kunst vom 5. Dezember 1887 und schließlich das **Agreement on Trade-Related Aspects of Intellectual Property Rights (TRIPS)** vom 01. Januar 1995 folgten. Im Ergebnis gibt es heute eine wichtige Zahl international akzeptierter, standardisierter Voraussetzungen für den Schutz von Geistigem Eigentum.

Schaffung zentralisierter Registerverfahren

Gleichzeitig wurden kostengünstige, zentralisierte Registerverfahren zur grenzüberschreitenden Schutzerlangung entwickelt. Meilensteine waren hier die Schaffung einer Möglichkeit zur internationalen Hinterlegung von Marken durch das sog. Madrider System (**MMA – Madrider Abkommen** über die Internationale Registrierung von Marken vom 14. April 1891, später ergänzt durch das **PMMA – Protokoll Madrider Markenabkommen**), ferner die Schaffung des **Europäischen Patentübereinkommens** vom 7. Oktober 1977 und des **Patent Cooperation Treaty (PCT)** vom 21. Januar 1978.

Europäischer Binnenmarkt mit eigenen Gemeinschaftsrechten

Für den europäischen Binnenmarkt spielen vor allem die zur Erlangung einheitlichen, EU-weiten Markenschutzes geschaffene **Gemeinschaftsmarkenverordnung,** heute Unionsmarke sowie die für die Erlangung einheitlichen EU-weiten Designschutzes geschaffene **Gemeinschaftsgeschmacksmusterverordnung** eine wesentliche Rolle.

Kein weltweit einheitliches Schutzrecht

Trotz aller globaler Harmonisierungsanstrengungen gibt es gleichwohl in verschiedenen Staaten unterschiedlichste Ausprägungen des Geistigen Eigentums. **Beispielhaft** sei hier auf die aufstrebende **Wirtschaftsmacht China** verwiesen, die über ein dem deutschen sehr ähnliches Immaterialgüterrechtssystem verfügt, sich aber gleichwohl noch in einem Bewusstseinswandel um die Bedeutung geistigen Eigentums befindet. Noch immer ist es in China **kulturell „anerkennenswert" den Meister zu „kopieren".** Eine traditionell höhere Bedeutung als in China hat das Recht des Geistigen Eigentums in **Japan.** Hier unternimmt man größte Anstrengungen das System weiter auszubauen. Insbesondere das Patentwesen hat für Japan und Amerika eine überragende strategische Bedeutung, und das weltweit.

VI.   Die Schranken des Schutzes

1.11 ▶   Wird der Schutz Geistigen Eigentums schrankenlos gewährt?

Als staatlich gewollt geschaffene Monopole tangieren Rechte am Geistigen Eigentum wesensimmanent die Wettbewerbsfreiheit und können schon deshalb nicht grenzen- oder schrankenlos gewährt werden. Derartige Grenzen helfen aber auch die gesellschaftliche Akzeptanz von Geistigem Eigentum zu stärken.

„Kehrseite der Medaille" = Wettbewerbsfreiheit wird durch geschütztes Geistiges Eigentum eingeengt

Schranken finden sich z.B. in technologischer Hinsicht im Ausschluss bestimmter Schutzgüter aus dem Anwendungsbereich des monopolisierenden Rechtes am Geistigen Eigentum. Zu denken ist hier etwa an die **Stammzellendiskussion** oder die **Bio- und Gentechnologie**. Wobei es gerade hier noch zahlreiche Unschärfen gibt. Häufig geht es dabei um eine ethische Abwägung von Vor- und Nachteilen einer derartigen Innovation für die Allgemeinheit.

Schranken durch Ausschluss bestimmter Schutzgüter

PRAXISFALL: „Die gentechnisch veränderte Tumor-Maus"

Forschern der Universität Harvard ist es gelungen, eine Maus durch gentechnische Eingriffe so zu verändern, dass sie **besonders leicht Tumoren bildet**. Auf diese Weise kann die absolute Zahl der für eine Testreihe **benötigten Versuchstiere stark reduziert** werden. Die Harvard University sieht darin einen Durchbruch für die Krebsforschung und -therapie. **Kritiker** sehen darin einen **Dammbruch ethischer Art und den Auftakt zu grenzloser Kommerzialisierung von Leben.** Die Universität hat für die neuartige Versuchsmaus Schutz über das Europäische Patentübereinkommen beantragt. Nach Art. 53 (a) EPÜ werden Europäische Patente u.a. nicht für solche Erfindungen erteilt, *„deren gewerbliche Verwertung gegen die öffentliche Ordnung oder die guten Sitten verstoßen würde".*

Wie wird das Europäische Patentamt entscheiden?

Lösung: Die Erteilung **scheitert nicht am Ausschlussgrund** eines Verstoßes gegen die „öffentliche Ordnung und die guten Sitten". Die Bereitstellung eines zur Krebsforschung einsetzbaren Versuchstiertypes, der zusammen mit einem durch Einsatz von Fachpersonal bewirktem geringem Gefährdungspotential zu einer Verringerung von Tierversuchen führt, **kann allgemein als nutzbringend** für die Menschheit **angesehen** werden. Deshalb kann ein Patent für die vorliegende Erfindung nicht auf der Grundlage des Artikel 53 (a) EPÜ verweigert werden.

Der Schutz des Geistigen Eigentums muss zudem grundsätzlich dort restriktiv gehandhabt werden, wo Menschenrechte berührt sind oder stark in den Bereich von Allgemeingütern eingegriffen wird. Beispiele sind das **Recht auf Information und Meinungsäußerung** aber auch das wichtige Gut der Wissenschaftsfreiheit etwa in Form der Grundlagenforschung.

Schranken durch Menschenrechte

Schranken durch befriste-te Geltung der Schutz-rechte

Aber auch dort, wo grundsätzlich Schutzpositionen an geistigen Leistungen erlangt werden können, sind diese erlangten Schutzpositionen nicht grenzenlos. So werden z.B. die meisten Rechte am Geistigen Eigentum nur für eine **bestimmte Zeitdauer** gewährt und gehen danach in den Besitzstand der Allgemeinheit über. Die Marken- und Kennzeichenrechte bilden hier die einzige Ausnahme, sind dafür aber an das Erfordernis einer permanenten Benutzung geknüpft.

D. Weitere Informationen

Ansprechpartner:

Die Autoren:

Prof. Dr. Thorsten Richter
Hochschule für Technik und Wirtschaft Dresden
Fakultät Wirtschaftswissenschaften
richtert@wiwi.htw-dresden.de

Dr. Markus Hoffmann, LL.M.
Rechtsanwalt, Fachanwalt für gewerblichen Rechtsschutz
LIPPERT, STACHOW & PARTNER
Dresden
Markus.hoffmann@pateam.de

Fachliteratur:

Pierson, Ahrens, Fischer, "Recht des geistigen Eigentums – Patente, Marken, Urheberrecht, Design", 3. Aufl. 2014 Nomos;

Online-Quellen:

http://www.ip.mpg.de

http://www. iprhelpdesk.eu

http://www.innovaccess.eu

TEIL 2
Oft unterschätzt! – Bedeutung Geistigen Eigentums für die Betriebspraxis

A. Worum geht's? – Der Schwerpunkt dieses Teils

Der Anteil immaterieller Vermögenswerte am Unternehmenswert ist in den letzten Jahrzehnten enorm gestiegen. Gleichwohl ist die Bedeutung Geistigen Eigentums für Betriebe ein sehr ambivalentes Thema, sind doch die **Kosten für Erlangung und Erhaltung ausgesprochen hoch** und schlägt sich der Nutzen **nicht immer unmittelbar** im Geschäftserfolg nieder. Dieses Kapitel zeigt die aktuellen Tendenzen der zunehmenden Bedeutung immaterieller Betriebsgüter auf.

B. Kernaussagen auf einen Blick 👁

> • <u>Die betriebs- und volkswirtschaftliche Dimension Geistigen Eigentums</u>: ▶ Das Recht des Geistigen Eigentums ist vor allem für die **hochinnovative Exportnation Deutschland** von großer betriebswirtschaftlicher, aber auch volkswirtschaftlicher Bedeutung.
>
> • <u>Unterschiede in Bezug auf Betriebsform und -größe</u>: ▶ Beim strategischen **Einsatz** von Immaterialgütern bestehen **erhebliche Unterschiede** in Abhängigkeit von der **Größe** und der **Betriebsform** eines Unternehmens. ▶ Gegenüber der Großindustrie besteht hier ein erhebliches **Aufholpotential des Mittelstandes**.
>
> • <u>Unternehmerische Motive</u>: ▶ Zu den **vier** wichtigsten unternehmerischen Intentionen, die mit der Erlangung „Geistiger Eigentumsrechte" verbunden sind, gehören ▶ die Sicherung von **Wettbewerbsvorteilen**, ▶ die Ermöglichung des **Zugangs zu Kapitalmärkten**, ▶ die Erschließung **neuer Einnahmequellen** ▶ und schließlich die Möglichkeiten der **werblichen Vermarktung**.

C. Vertiefung

I. Geistiges Eigentum und seine Bedeutung für die Wirtschaft

2.1 ▶ Warum hat das Geistige Eigentum gerade für deutsche Betriebe eine so große Bedeutung?

Deutschland als Land der Dichter, Denker und Erfinder ist in seiner Ökonomie besonders **stark an den Entwicklungsfortschritt gebunden**. Die

Qualitätswettbewerb statt Preiswettbewerb

Bedeutung des Standortes Deutschland als Motor weltweit bahnbrechender Innovationen wächst mit der zunehmenden Globalisierung.

Rechtlicher Schutzschirm sichert Export deutscher Ideen

Schon längst kann Deutschland nicht mehr im Preis-, sondern nur noch im Qualitätswettbewerb Boden gewinnen. Zudem lebt die deutsche Wirtschaft stärker als andere Nationen vom **„Export seiner Ideen"**. Dies ist im internationalen Kontext nur unter dem **Schutzschirm** immaterialgüterrechtlicher Abwehrpositionen möglich.

2.2 ▶ Welche volkswirtschaftliche Relevanz hat das Geistige Eigentum?

Schutzrechte sichern Produktentwicklung

Die bestehenden Schutzmöglichkeiten für Geistiges Eigentum stellen Bindeglieder zwischen dem Prozess der innovativen, ästhetischen oder werblichen Produktentwicklung und seiner wirtschaftlichen Verwertung dar.

Ohne die Chance der Erringung eines Monopols zur Absicherung der eigenen geistigen Leistung **wird kein Unternehmer in neue Entwicklungen investieren**. Das Recht des Geistigen Eigentums **dient** damit auch dem **Entwicklungsfortschritt** und hat insofern eine **große volkswirtschaftliche** Bedeutung.

Volkswirtschaftliche Gesamtrechnung spricht von „Immaterielle Anlagen"

Hierbei gibt die Volkswirtschaftliche Gesamtrechnung **(VGR)** Aufschluss über die Wertentwicklung immaterieller Vermögensgüter, die in diesem Zusammenhang als „Immaterielle Anlagen" bezeichnet werden.

Europäisches System Volkswirtschaftlicher Gesamtrechnungen

Allerdings entspricht die Erfassung immaterieller Vermögensgüter nach dem Europäischen System Volkswirtschaftlicher Gesamtrechnungen **(ESVG)** in keiner Weise dem betriebswirtschaftlichen oder gar bilanzierungstechnischen Terminus der Immaterialgüter.

Vielmehr umfasst dieses Konto nur produzierte immaterielle Anlagegüter; diese setzen sich

- zu ca. **drei Vierteln** aus Investitionen in Computerprogramme (und Datenbanken),

- zu ca. **einem Sechstel** aus Investitionen in Urheberrechte (Originale von Büchern, Modellen etc)

- sowie zu **sehr geringen Anteilen** aus Suchbohrungen und Grundstücksübertragungskosten zusammen.

Nicht erfasst sind dagegen z.B. Patente, Lizenzrechte oder ein aktivierter Firmenwert.

2.3 ▶ Gibt es Unterschiede in der Handhabung von Geistigem Eigentum in der Groß- und Mittelstandsindustrie?

Internationale Verflechtung der Industrien ist größenunabhängig

Hält man sich vor Augen, dass gerade hierzulande nicht nur die Großindustrie, sondern zunehmend auch der Mittelstand in die Verflechtung internationaler Handelsströme eingebunden ist, so müsste grundsätzlich von einer steigenden Bedeutung Geistigen Eigentums als Basis für die Innovations- und Wettbewerbsfähigkeit **quer durch alle Industrieschichten** auszugehen sein.

Obwohl schon seit vielen Jahren zahlreiche staatliche Unterstützungsmaßnahmen hinsichtlich der Erlangung geistiger Eigentumsrechte eingeführt wurden, ist auch heute noch festzustellen, dass sich die aktive Inanspruchnahme entsprechender Schutzrechte **bei innovativen Großunternehmen wesentlich stärker darstellt** als bei kleinen und mittelständigen Unternehmen.

Großunternehmen schützen sich mehr

Als Konsequenz ist eine gewisse IP-Konzentration festzustellen: Um die Jahrtausendwende zeichneten sich 10% der Anmelder für 66,3% der Anmeldungen verantwortlich. (Quelle: Die volkswirtschaftliche Bedeutung geistigen Eigentums und dessen Schutzes mit Fokus auf den Mittelstand, Endbericht – Studie im Auftrag des Bundesministeriums für Wirtschaft und Technologie, Berlin, im Februar 2009).

Wenige Anmelder – hohes Anmeldevolumen

Ein wichtiger Grund für diese bestehende Diskrepanz lässt sich u.U. darin finden, dass **Großunternehmen** Schutzrechte in einem wesentlich stärkeren Ausmaß **strategisch nutzen**, indem sie diese zur **Mitarbeitermotivation** oder zur **Leistungsmessung**, aber auch zur **Verbesserung des Unternehmensimages** nutzen.

Großunternehmen nutzen Schutzrechte strategisch

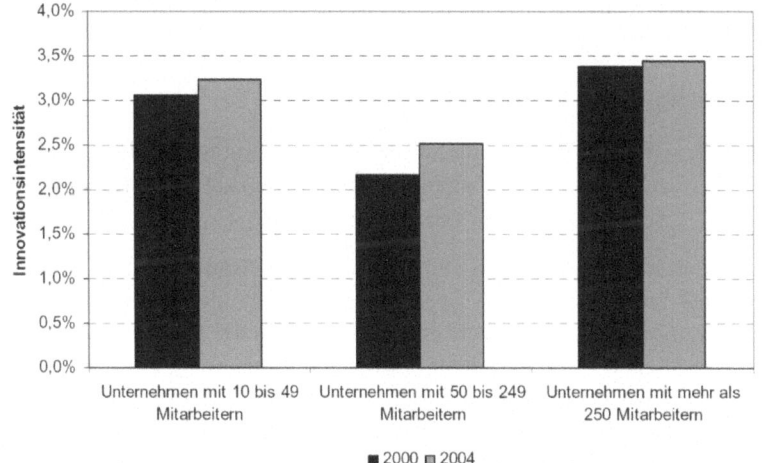

■ 2000 ▨ 2004

Innovationsintensität (Innovationsausgaben in Prozent des Umsatzes) deutscher Unternehmen in den Jahren 2000 und 2004 nach Größenklasse (Quelle: Die volkswirtschaftliche Bedeutung geistigen Eigentums und dessen Schutzes mit Fokus auf den Mittelstand, Endbericht – Studie im Auftrag des Bundesministeriums für Wirtschaft und Technologie, Berlin, im Februar 2009 mit Verweis auf Eurostat)

II. Unternehmerische Motivationen in Bezug auf Geistiges Eigentum

2.4 ▶ Welche Motivationen bestehen für die Erlangung und die Pflege Geistigen Eigentums?

Vier Motivationen für den Einsatz von Schutzrechten

Bei der strategischen Erlangung und Verwertung von Geistigem Eigentum sind für den Unternehmer vor allem folgende **vier Aspekte** maßgeblich:

- Geistiges Eigentum sichert **Wettbewerbsvorteile**,

- es schafft **Zugang zu Kapitalmärkten**,

- es eröffnet neue **Einnahmequellen** und

- es kann hervorragend als **Marketinginstrument** eingesetzt werden.

2.5 ▶ Welche Bedeutung hat das Geistige Eigentum des Unternehmens bei der Erlangung von Wettbewerbsvorteilen?

Schutzrechte geben Ausschließlichkeitsrechte

An erster Stelle muss hier die Funktion des Rechtes am Geistigen Eigentum im Sinne einer Ausschließlichkeitsgarantie für den Unternehmer in Bezug auf die Verwendung seiner innovativen Leistung betrachtet werden.

Schutzrechte schaffen Marktvorsprung

Die exklusive Verwertung innovativer Betriebsentwicklungen schafft einen Marktvorsprung. Der **Innovationswettkampf** tritt neben den Preiswettkampf. Neue Entwicklungen schaffen Kaufanreize. Durch die ausschließlichen Verwertungsbefugnisse kann der wirtschaftliche Erfolg im Wettbewerb realisiert und der eigene Produktabsatz erhöht werden.

2.6 ▶ Welche Bedeutung hat das Geistige Eigentum des Unternehmens beim Zugang zu Kapitalmärkten und bei der Erschließung neuer Einnahmequellen?

Schutzrechte als Kreditsicherungsinstrument

Es zeigt sich zudem, dass ein Teil der Motivation für den Aufbau eines IP-Portfolios auf eine erhoffte Verbesserung des Zugangs zu Kapitalmärkten zurückzuführen ist. Gleichwohl besteht **auf Seiten der Banken jedoch eine gewisse Skepsis** gegenüber dem Einsatz von Immaterialgütern als Kreditsicherungsinstrument. Verfügt das Unternehmen aber über eigenes IP, so kann es dieses seinerseits etwa durch Lizenzvergaben in sinnvollem Umfang als Einnahmequelle nutzen.

Lizenzeinnahmen als eigene Einnahmequelle

Vor allem **als passive Sicherheiten**, also als die Gewähr, dass sich das innovative Herz des Unternehmens unbelastet tatsächlich in der Hand des Unternehmens befindet und nicht über Pfändungen oder die Kündigung von Lizenzverträgen entzogen werden kann, ist für Kreditgeber durchaus ein sehr wichtiger Aspekt.

 SIEHE AUCH: Ausführungen zur Verwertung Geistigen Eigentums Teil 11

2.7 ▶ Welche Bedeutung hat das Geistige Eigentum des Unternehmens im marketingstrategischen Auftritt?

Die Schaffung einer herausragenden Produkteigenschaft, mit der ein Vorteil gegenüber der Konkurrenz verbunden ist (sog. Unique Selling Proposition, USP) stellt die zentrale Herausforderung für die Produktpolitik im Marketing dar, weil der Kunde ohne ein solches Merkmal keine Identifikation mit der Leistung aufbauen kann, sondern darauf abzielen wird, das Angebot über den besten Preis zu erwerben. Hier kommt den Immaterialgüterrechten eine **überragende Funktion** zu, denn eine USP kann etwa in der technologischen Eigenart oder beispielsweise in der Formgebung begründet sein. Ist diese monopolisierbar und vor Nachahmungen geschützt, kann sie werblich kommuniziert werden.

Technologische Eigenart oder Formgebung ist USP

Im Produktlebenszyklus sind Alleinstellungsmerkmale von Erzeugnissen exzellent in der Einführungs- und Wachstumsphase eines mit dem jeweiligen Erzeugnis weitgehend ungesättigten Marktes **werblich einsetzbar.**

Schutzrechte bieten Marktvorteile in ungesättigten Märkten

Der kommunikative Vorteil des Alleinstellungsmerkmals in der Werbung ist, dass insofern eine einfache, starke und motivierende Botschaft vermittelt werden kann, die keine weitere Rechtfertigung benötigt.

Schutzrechte vermitteln in der Werbung klare Botschaften

D. Weitere Informationen

Ansprechpartner:

Bundesministerium für Wirtschaft und Technologie
Referat Öffentlichkeitsarbeit
Scharnhorststr. 34-37
10115 Berlin
Postanschrift: 11019 Berlin
V. i. S. d. P. Sabine Maass
Telefax: 030-2014-5208
info@bmwi.bund.de

Fachliteratur:

Aschhoff, B.; Blind, K.; Ebersberger, B.; Fraaß, B.; Rammer, C.; Schmidt, T.; 2007: Schwerpunktbericht zur Innovationserhebung 2005, Bericht an das Bundesministerium für Bildung und Forschung.

Blind, K.; Edler, J.; Frietsch, R.; Schmoch, U.; 2003: Erfindungen kontra Patente, Fraunhofer-Institut für Systemtechnik und Innovationsforschung, Schwerpunktstudie "zur technologischen Leistungsfähigkeit Deutschlands".

Greenhalgh, C. & Rogers, M., 2007: "The value of intellectual property rights to firms and society", Oxford Review of Economic Policy, Vol. 23, Nr. 4, S. 541-567.

Rammer, C. & Weißenfeld, B., 2008: Innovationsverhalten der Unternehmen in Deutschland 2006 – Aktuelle Entwicklungen und ein internationaler Vergleich, Bundesministerium für Bildung und Forschung, Studien zum deutschen Innovationssystem 04- 2008.

Online-Quellen:

http://www.patentserver.de/

Informationsportal des BMWI

TEIL 3
Wer hat's erfunden? – Schutz für technische Innovationen (Patente u. Gebrauchsmuster)

A. Worum geht's? Der Schwerpunkt dieses Teils

Der Erfindungsschutz ist ein vor allem auch in den Medien häufig stellvertretend aufgegriffenes Thema, wenn es um Geistiges Eigentum geht. In diesem Kapitel werden die entsprechenden **Schutzmöglichkeiten** ausführlich **vorgesellt**. Das ausgesprochen bekannte Schutzrecht „**Patent**" ist dabei nur eine von zwei Möglichkeiten für den Schutz technischer Lösungen. Daneben existiert zumindest in Deutschland eine weitere Schutzoption in Gestalt des **Gebrauchsmusters**.

B. Die Kernaussagen auf einen Blick 👁

- **Definition des Schutzgegenstandes der Erfindung:** ▶ Der **Erfindungsbegriff** ist im Sinne des Rechtes Geistigen Eigentums weitaus **enger**, als es der allgemeine Sprachwortschatz vermuten lässt. ▶ Das Gesetz definiert ihn allerdings **nicht** im Sinne einer **positiven Formel**, sondern **grenzt** Erfindungen von anderen geistigen Leistungen **negativ ab**. ▶ Zudem gibt es zahlreiche **Forschungsgebiete**, in denen der Erfindungsschutz aus den verschiedensten Gründen **ausgeschlossen** ist. ▶ Verknappt ausgedrückt können Erfindungen als „**Lösungen technischer Probleme**" angesehen werden. ▶ Diese können sich in technischen **Vorrichtungen oder Verfahren** widerspiegeln.

- **Schutzmöglichkeiten für innovative technische Lösungen:** ▶ Technische Innovationen werden durch die **beiden sog. technischen Schutzrechte** protektiert: das **Patent** und das **Gebrauchsmuster**. ▶ Die **Schutzvoraussetzungen** sind für beide insofern gleich, als es sich für die Bejahung der Schutzfähigkeit um **neue, erfinderische und gewerblich anwendbare technische Erfindungen** handeln muss. ▶ **Neuheit** bedeutet dabei, dass es keinen identischen älteren Stand der Technik geben darf, ▶ **erfinderisch** ist eine Innovation, wenn sie sich vom bestehenden Stand der Technik ausreichend abhebt. ▶ Die **Frage, was „neu" ist**, beantworten beide Gesetze unterschiedlich, indem sie den Stand der Technik als Bezugspunkt zur Beurteilung der Neuheit unterschiedlich definieren. ▶ Der Wissensschatz der beim Patent als Stand der Technik heranzuziehen ist, ist weiter, als der des Gebrauchsmusters. ▶ Das Gebrauchsmuster gilt schließlich auch **nicht für Verfahren**. ▶ Beide Schutzrechte unterliegen weitgehend **ähnlichen Schutzschranken**.

- **Patent und Gebrauchsmuster als Monopole:** ▶ Patent und Gebrauchsmuster monopolisieren die Erfindung für den Schutzrechtsinhaber in der Weise, dass **nur er allein berechtigt ist**, die Erfindung zu nutzen und zu verwerten.

- **Schutzdauer:** ▶ Der Schutz kann beim **Patent bis zu 20 Jahre** andauern, ▶ beim **Gebrauchsmuster** sind es **zehn Jahre**. ▶ Wurden Patent- und Gebrauchsmuster allerdings **zu unrecht gewährt**, können die Schutzrechte auch schon **vor dem Ablauf** der Höchstfristen **zu Fall gebracht** werden. ▶ Dasselbe gilt, wenn der Inhaber seine **Verlängerungsgebühren nicht fristgerecht** entrichtet.

- **Schutz auf nationaler Ebene:** ▶ Schutz erlangt man durch Anmeldung der Erfindung beim **Deutschen Patent- und Markenamt (DPMA)**. ▶ Vor einer Anmeldung ist die Erfindung **streng geheim** zu halten, da ein Schutz sonst u.U. erschwert oder gar unmöglich gemacht wird. ▶ Das **Patent** wird auf seine Schutzvoraussetzungen geprüft, ▶ das **Gebrauchsmuster** wird als **ungeprüftes** Recht eingetragen.

- **Grenzüberschreitender Schutz:** ▶ Für transnationalen Schutz technischer Innovationen gibt es im Patentrecht **zwei wichtige Verfahren**. ▶ Einerseits das **sog. PCT-Verfahren**, mit welchem über eine zentrale Anmeldung bei der WIPO ein **Bündel nationaler Erteilungsverfahren** eingeleitet werden kann. ▶ Zudem gibt es das sogenannte **EP-Verfahren**. Hier wird – durch das Europäische Patentamt – **eine dort eingereichte Anmeldung zentral geprüft und erteilt**. Nach Erteilung entscheidet der Anmelder in welchen Zielstaaten das Europäische Patent nationalisiert werden soll. Auch hier hält der Patentinhaber am Ende ein Bündel national wirkender Schutzrechte in den Händen. In absehbarer Zukunft wird sodann auch das unitäre Einheitspatent zur Verfügung stehen.

Für **Gebrauchsmuster** bestehen derartige Verfahren **nicht**. Wie das Patent auch, kann das Gebrauchsmuster aber unter Beanspruchung der 12-monatigen Unionspriorität der PVÜ im Ausland einzeln nachangemeldet werden.

C. Vertiefung

I.   Die Erfindung

3.1 ▶   Was ist eine Erfindung?

Der Begriff der „Erfindung" ist im Gesetz nicht positiv definiert, sondern lediglich **„negativ" im Sinne einer Ausschlussdefinition**. Das Gesetz sagt also lediglich, **was eine Erfindung nicht sein kann**. Gleichwohl hat sich in ständiger höchstrichterlicher Rechtsprechung eine positive Definition herausgebildet.   *Keine gesetzliche Definition*

Danach wird unter dem Terminus der „Erfindung" eine „Lehre zum technischen Handeln" verstanden, die **durch folgende Merkmale bestimmt** ist:

- ein **planmäßiges** Handeln

- um **beherrschbare Naturkräfte** zur Erzielung eines **kausal übersehbaren Erfolges** einzusetzen

35

- **ohne** dabei **menschliche Verstandestätigkeit** zwischenzuschalten

- wobei der kausal übersehbare Erfolg die **unmittelbare Folge** des Einsatzes beherrschbarer Naturkräfte ist.

 MERKE: Stark verknappt ausgedrückt, geht es bei einer Erfindung also immer um „die Lösung eines technischen Problems".

Erfindungen können sich auf Vorrichtungen, Erzeugnisse oder auf Verfahren beziehen.

PRAXISFALL: „Erfinderisch oder nicht erfinderisch"?

Erfinder S hat eine Idee und fragt sich, wie er einschätzen kann, ob seine Idee erfinderisch und damit patentfähig ist.

Was antwortet der befragte Patentanwalt?

Lösung: Durch eine langjährige Rechtsprechung haben sich **einige (nicht abschließende) Kriterien** entwickelt, die wichtige Anzeichen für das Vorliegen einer erfinderischen Tätigkeit darstellen. Dies sind etwa:

- das Problem war über eine längere Zeitspanne in der Fachwelt bekannt und es bestand ein **Bedürfnis für eine Lösung**

- die Erfindung hat eine **technische Fehlvorstellung überwunden**

- die neue Lehre hat eine **überraschende, nicht vorherzusehende Wirkung** erzielt

- Weiterentwicklung eines Gebietes der Technik, welches **über längere Zeit unbeachtet** war

- **neue Ideen** auf einem technisch **sehr weit entwickelten Gebiet**

- Abweichen vom bekannten, üblichen Entwicklungsweg und Einschlagen einer **neuen Richtung**

- Lösung eines schon lange bestehenden Problems **nach bisher zahlreichen erfolglosen Versuchen**

- **Übertragung** nicht allgemein bekannter technischer Entwicklungen aus einem **völlig anderen Fachgebiet**

- die Erkenntnis, dass sich eine technische Aufgabe auch **mit weniger Merkmalen lösen** lässt als bekannt war

---

3.2 ▶ Was ist das sog. Erfinderpersönlichkeitsrecht?

Durch das Erfinden erwirbt der Erfinder ein sogenanntes Erfinderpersönlichkeitsrecht. Dieses Recht hat die Wirkung, dass der Erfinder im Falle einer Schutzrechtsanmeldung und/oder Veröffentlichung einen **Anspruch auf Benennung** hat. Sofern **mehrere** Erfinder gemeinschaftlich tätig waren, hat **jeder der Erfinder** einen Anspruch auf Nennung. Das Erfinderpersönlichkeitsrecht ist Teil des allgemeinen Persönlichkeitsrechts.

WO IST DAS GEREGELT?

Die wichtigsten Gesetzesnormen: Erfinderpersönlichkeitsrecht §§ 6, 37 PatG i.V.m. § 823, Abs. 1 BGB, Art 1, 2 GG

II. Schutzmöglichkeiten für Erfindungen

3.3 ▶ Welche Schutzmöglichkeiten bestehen für Erfindungen?

Als Schutzmöglichkeiten für „Erfindungen" kommen das **Patent** und das
Gebrauchsmuster in Betracht. Allerdings lassen sich **Verfahrenserfindun-
gen nicht** über das **Gebrauchsmuster** schützen.

**3.4 ▶ Worin liegen die wichtigsten Unterschiede zwischen
Patent und Gebrauchsmuster?**

Das **Patent** wird auf seine materiellen Schutzvoraussetzungen geprüft, *Unterschiedlicher Über-*
während das **Gebrauchsmuster** ein sogenanntes ungeprüftes Schutzrecht *prüfungsumfang*
ist, dessen Schutzbeständigkeit **erst in einem eventuellen Verletzungsverfahren** auf die Probe gestellt wird.

Das Verfahren zur Patenterteilung ist daher wesentlich länger und kosten- *Unterschiedliche Dauer,*
intensiver als das Gebrauchsmustereintragungsverfahren. Dafür währt der *Kosten und Schutzdauer*
Schutz eines Patentes aber auch wesentlich länger – 20 Jahre, statt zehn
Jahre.

III. Voraussetzungen und Erlangung von Patentschutz

**3.5 ▶ Welche Schutzvoraussetzungen bestehen für den Patent-
schutz?**

Patente werden für Erfindungen auf allen Gebieten der **Technik** erteilt, *Vier Grundvoraus-*
sofern sie **neu** sind, auf einer **erfinderischen** Tätigkeit beruhen und **ge-** *setzungen*
werblich anwendbar sind.

Gleich in der ersten Norm des Patentgesetzes werden einige Innovationen *Nicht patentierbare*
unmittelbar vom Erfindungsbegriff **ausgeschlossen.** D.h., ihnen wird per *Innovationen*
se und ohne, dass es auf eine Neuheit oder eine erfinderische Tätigkeit
ankäme, der Schutz versagt. Als Erfindungen werden danach insbesondere
nicht angesehen:

- **Entdeckungen** sowie wissenschaftliche **Theorien** und mathematische
  Methoden;

- ästhetische **Formschöpfungen;**

- **Pläne**, **Regeln** und **Verfahren** für **gedankliche Tätigkeiten**, für **Spiele**
  oder für geschäftliche Tätigkeiten sowie **Programme** für **Datenverarbeitungsanlagen;**

- die **bloße Wiedergabe** von Informationen.

Wichtig ist dabei, dass die vorbenannten Ausschlüsse von der Patentfähigkeit nur insoweit bestehen, als für die genannten Gegenstände oder Tätigkeiten als solche Schutz begehrt wird. So kann etwa der konkrete Programmcode einer Software nicht patentiert werden, wohl aber das mit ihm u.U. umgesetzte technische Verfahren.

Menschliche Körper nicht patentierbar

Ebenfalls keine patentierbaren Erfindungen können der menschliche Körper in den einzelnen Phasen seiner Entstehung und Entwicklung, einschließlich der **Keimzellen**, sowie die bloße Entdeckung eines seiner **Bestandteile**, einschließlich der **Sequenz oder Teilsequenz eines Gens** sein. Andere Erfindungen auf dem Gebiet der **Mikrobiologie** und **Biotechnologie** sind zwar nicht grundsätzlich vom Patentschutz ausgenommen. Hier gelten aber **besondere Einschränkungen**.

Gute Sitten, öffentliche Ordnung, Tierarten und Pflanzensorten

Weiterhin vom Patentschutz **ausgeschlossen** sind Erfindungen, die gegen die guten Sitten oder die öffentliche Ordnung verstoßen sowie Tierarten und Pflanzensorten; letztere unterfallen dem **Sortenschutz**. Es besteht hier ein **Doppelschutzverbot**.

 WO IST DAS GEREGELT?

Die wichtigsten Gesetzesnormen: §§ 1, 1a, 2 und 2a PatG

3.6 ▶ Was versteht man unter Neuheit im Sinne des Patentgesetzes?

Stand der Technik ist entscheidend

Eine Erfindung ist neu, wenn sie nicht zum Stand der Technik gehört. Der Stand der Technik umfasst dabei alle Kenntnisse, die vor der Anmeldung der betreffenden Erfindung in jeder erdenklichen Weise der Öffentlichkeit zugänglich waren; und zwar weltweit!

Neuheitsschädliche Offenbarungen sind zu vermeiden

Eine solche „neuheitsschädliche Offenbarung", wie es im Patentrecht heißt, kann unter anderem durch schriftliche oder mündliche **Beschreibungen**, **Benutzung** oder **Ausstellung** erfolgen. Zu den schriftlichen Beschreibungen zählen etwa **Bücher**, **Zeitschriften** und natürlich alle **Patentschriften** weltweit. Unter mündliche Benutzung fällt zum Beispiel ein **Vortrag** auf einer Tagung.

 WO IST DAS GEREGELT?

Die wichtigsten Gesetzesnormen: § 3 PatG

3.7 ▶ Was passiert, wenn meine Erfindung vor der Anmeldung veröffentlicht wird?

Prinzip der „Absoluten Neuheit" gilt

Da im Patentgesetz das Prinzip der „Absoluten Neuheit" gilt, ist bei einer Vorveröffentlichung ein Schutz grundsätzlich nicht mehr möglich. **Auch** Informationen, die der **Erfinder selbst** veröffentlicht hat, zählen zum Stand der Technik. Deshalb ist dringend darauf zu achten, die eigene Erfindung bis zur Einreichung einer rechtswahrenden Patentanmeldung **streng geheim** zu halten. Nur so kann sich der Erfinder seine Monopolanwartschaft wirksam sichern.

 HÄUFIGER IRRTUM: Eine eigene Vorveröffentlichung schadet einer späteren Patentierung nicht. – Falsch (!): Eine eigene Vorveröffentlichung macht einen Patentschutz häufig unmöglich.

Die einzige Möglichkeit einer unbedenklichen Vorveröffentlichung ist die Vorstellung der Erfindung vor **Anmeldung auf bestimmten Messen und Ausstellungen**, für die das Bundesjustizministerium im Bundesgesetzblatt bekannt gemacht hat, dass hier eine **Prioritätsbeanspruchung zugelassen** wird. Voraussetzung für eine spätere Schutzerlangung ist zudem, dass die **Anmeldung innerhalb von 6 Monaten ab Ausstellungsbeginn** beim Patentamt eingereicht wird.

Möglichkeiten einer offiziellen (Messe)-Vorveröffentlichung

PRAXISFALL: „Ist die E-Mail-Community ›öffentlich‹?"

Der Erfinder E hat eine revolutionäre Idee. Er fasst seine Gedanken in einer e-Mail zusammen und sendet diese am frühen Morgen gegen 0.30 Uhr an seinen Freund F mit der Bitte um Vertraulichkeit. F ist begeistert von der Innovation und will E sogleich antworten. Versehentlich leitet er die e-Mail aber an den e-Mail-Verteiler seines Büros weiter, dem insgesamt 50 Adressaten angehören.

Nachdem E davon erfährt, wendet er sich noch am selben Tag gegen 9.00 Uhr an einen Patentanwalt und fragt, ob er noch Patentschutz für seine Erfindung erlangen kann.

Was antwortet der Anwalt?

Lösung: Grundsätzlich stellt die Weiterleitung des Erfindungsgedankens gegenüber den unbeteiligten Adressaten des e-Mail Verteilers eine **neuheitsschädliche Vorveröffentlichung** dar, die einer späteren Patentierung entgegenstünde. Ob es sich hierbei um ein **Versehen** handelt, ist **ohne Belang**. Der E hat dennoch die Chance auf die Erlangung eines Patentes, wenn eine Anmeldung noch **am selben Tage der Offenbarung** erfolgt, denn dann handelt es sich nicht um eine (Vor)veröffentlichung, da die kleinste zeitliche Einheit, die das Patentrecht kennt, die eines **vollen Tages** ist. In der Praxis nutzen Experten in solchen Fällen häufig das Mittel der **prioritätsbegründenden Anmeldung**, in der zunächst eine Grobfassung der Erfindung beim Patentamt hinterlegt wird und der „Feinschliff" der Anspruchsfassung innerhalb der Prioritätsfrist von 12 Monaten erfolgt.

Selbst für den Fall, dass ein Dritter die Erfindung widerrechtlich veröffentlicht, gibt das Patentgesetz dem Erfinder einen **nur sehr schwachen Schutz**. Für die Neuheitsschädlichkeit einer Offenbarung der Erfindung bleiben Veröffentlichungen außer Betracht, wenn sie **nicht früher als sechs Monate vor Einreichung** der Anmeldung erfolgt sind und unmittelbar

Sonderregelungen bei widerrechtlicher Vorveröffentlichung durch Dritte

oder mittelbar auf einen **offensichtlichen Missbrauch** zum Nachteil des Anmelders zurückgehen. In allen anderen Fällen ist der geschädigte Erfinder **lediglich auf Schadensersatzansprüche** gegen den missbräuchlich handelnden Dritten zu verweisen.

 MERKE: Erst anmelden, dann reden!

 WO IST DAS GEREGELT?

Die wichtigsten Gesetzesnormen: § 3, Abs. 5 PatG

3.8 ▶ Was versteht man unter der „Erfinderischen Tätigkeit" im Sinne des Patentgesetzes

Der Gesetzbegriff „erfinderische Tätigkeit"

Selbst wenn eine Erfindung weltweit neu ist, so ist sie noch nicht automatisch patentfähig. Zusätzlich muss die Erfindung noch eine gewisse innovative Qualität aufweisen. Hier spricht das Patentgesetz von der erforderlichen „erfinderischen Tätigkeit". Das bedeutet, dass sich die Neuerung in ausreichendem Maß **vom Stand der Technik abheben** muss.

 WO IST DAS GEREGELT?

Die wichtigsten Gesetzesnormen: § 4 PatG

3.9 ▶ Was bedeutet gewerbliche Anwendbarkeit?

Herstellbarkeit oder Benutzbarkeit auf irgendeinem gewerblichen Gebiet

Sie liegt vor, wenn die Erfindung auf irgendeinem gewerblichen Gebiet einschließlich der Landwirtschaft hergestellt oder benutzt werden kann. Verfahren zur **chirurgischen oder therapeutischen Behandlung** des menschlichen oder **tierischen** Körpers und **ärztliche** Diagnoseverfahren gelten als **nicht gewerblich** anwendbar.

 WO IST DAS GEREGELT?

Die wichtigsten Gesetzesnormen: § 5 PatG

3.10 ▶ Wann ist die Technizität der Erfindung gegeben?

Keine einheitliche Definition – einzelfallabhängig

Ein Patent wird nur auf technische Erfindungen erteilt. Die stetige Weiterentwicklung von Wissenschaft und Technik definiert die Bereiche dessen, wofür Patentschutz erlangt werden kann, allerdings **immer wieder neu**. Was eine technische Erfindung ist, wird deshalb auch im Patentgesetz nicht definiert.

3.11 ▶ Wie läuft das Patenterteilungsverfahren ab?

Zuständigkeiten

Die Patentanmeldung ist an das Deutsche Patent- und Markenamt in **München** zu senden. Sie kann zudem persönlich in den Dienststellen München,

Jena oder **Berlin** abgegeben werden. Auch einige **Patentinformationszentren** in verschiedenen deutschen Städten nehmen Patentanmeldungen entgegen und leiten sie an das DPMA weiter.

Für die Anmeldung eines Patentes stellt das Deutsche Patent- und Markenamt, wie für alle anderen Schutzrechtsarten auch, ein entsprechendes Antragsformular **online unter www.dpma.de** zur Verfügung. Die Erfindung muss indes in den Anmeldeunterlagen so deutlich und vollständig offenbart sein, dass ein Fachmann sie ohne weiteres ausführen kann. Hier lediglich das Anmeldeformblatt auszufüllen, genügt also nicht.
Offizielle Antragsformulare benutzen

Vielmehr müssen dem Antrag folgende **weitere Bestandteile** beigefügt werden:
Weitere Bestandteile des Antrags beachten

- **Technische Beschreibung** der Erfindung, gegebenenfalls mit Bezugszeichenliste

- **Patentansprüche**

- **Zeichnungen**, falls notwendig

- **Zusammenfassung**

- **Erfinderbenennung**

Während die Patentansprüche und die Erfindungsbeschreibung **unmittelbar** mit der Anmeldung eingereicht werden müssen, können die Zusammenfassung und die Erfinderbenennung auch noch **innerhalb von 15 Monaten** ab dem Anmeldetag nachgereicht werden. Alle Unterlagen müssen in deutscher Sprache vorliegen. Falls die Anmeldung in einer Fremdsprache eingereicht wird, muss die Übersetzung innerhalb von **drei Monaten** nachgereicht werden.
Fristen beachten

Das Herzstück einer Patentanmeldung stellen stets die Patentansprüche dar. Sie sollen den **Inhalt einer Innovation** in ein **sprachliches Gewand** kleiden und zwar möglichst in einer Form, die einen optimalen Schutzumfang gewährt. Das **präzise und strategisch kluge Formulieren** von Patentansprüchen ist eine **hochqualifizierte Tätigkeit**, die ausschließlich von einem **Fachmann**, also in aller Regel von einem Patentanwalt vorgenommen werden sollte.
Patentansprüche

Eine ähnlich starke Bedeutung für das Potential einer Patentanmeldung hat die Beschreibung. Sie ist die **„Masse"**, aus der heraus **die Erfindung im Laufe des Erteilungsverfahrens noch in verfeinerter konkretisierter Form herausgearbeitet** werden kann. Da eine **nachträgliche Erweiterung** der technischen Information **nicht zulässig** ist, setzt die Beschreibung mithin den **äußeren Rahmen** aus dem insofern später noch geschöpft werden kann.
Beschreibung

Mit **Einreichung der Patentunterlagen** und der **Zahlung** der Anmeldegebühr ist der Zeitrang, die wichtige Priorität der Anmeldung, gesichert.
Anmeldung sichert Zeitrang

Vorprüfung auf Form und offensichtliche Patentierungshindernisse	Nun wird die Anmeldung zunächst einer Vorprüfung unterzogen. Dabei werden die Unterlagen auf Einhaltung der **Formvorschriften** sowie auf offensichtliche Patentierungshindernisse geprüft. Außerdem wird die Erfindung nach ihrem sachlichen Gehalt **in** ein international geltendes, fein unterteiltes **Klassifikationsschema** (Internationale Patentklassifikation) **eingeordnet**.
Antragsstellung und weitere Gebührenentrichtung	Um auch tatsächlich ein Patent zu erhalten, muss der Anmelder aber einen **Prüfungsantrag** stellen und eine **weitere Gebühr**, die sog. Prüfungsgebühr, bezahlen. Erst dann nimmt das Amt die für die Patenterteilung notwendige Sachprüfung in Bezug auf die Frage vor, ob die Erfindung z.B. neu und erfinderisch ist.
Maximal Sieben Jahre Zeit für den Prüfungsantrag	Der Anmelder hat für die Stellung des Prüfungsantrages sieben Jahre Zeit. Allerdings sind **zur Aufrechterhaltung der Anmeldung** in jedem Fall **ab dem 3. Patentjahr sog. Jahresgebühren** zu zahlen.
Vorab Rechercheantrag möglich	U.U. kann vor dem Prüfungsantrag auch ein separater Rechercheantrag zur Anmeldung gestellt werden. In diesem Fall werden dem Anmelder diejenigen Dokumente mitgeteilt, die für die Prüfung der Patentfähigkeit der Erfindung relevant sein können.
Offenlegung der Anmeldung	Die Patentanmeldung bleibt **18 Monate lang geheim**, danach wird sie offen gelegt. Diese **Offenlegungsschrift** kann sodann **von jedermann eingesehen** werden. Der Zeitraum der Geheimhaltung soll dem Erfinder die Möglichkeit geben, die Anmeldung weiterzuverfolgen oder noch vor Erscheinen der Offenlegungsschrift zurückzuziehen. Die Offenlegungsschrift erscheint unabhängig davon, ob der Prüfungsantrag gestellt wurde oder nicht.
Verfahren nach Stellung des Prüfungsantrags	Wurde anmelderseitig ein Prüfungsantrag gestellt, wird von einem Patentprüfer der für die Erfindung **relevante Stand der Technik** ermittelt und überprüft, ob vor dessen Hintergrund ein Patent erteilt werden kann. Kommt der Patentprüfer zu der Überzeugung, dass die Erfindung neu ist, auf erfinderischer Tätigkeit beruht und gewerblich anwendbar ist und auch alle sonstigen formalen Voraussetzungen erfüllt, erteilt er ein Patent.
Mitteilung von Schutzhindernissen	Anderenfalls werden dem Anmelder in einem Prüfungsbescheid die festgestellten Schutzhindernisse mitgeteilt. Der Anmelder hat dann die Möglichkeit, innerhalb einer im Prüfungsbescheid festgesetzten Frist zu erwidern bzw. etwaige **Mängel** im Rahmen der ursprünglichen Erfindungsbeschreibung **zu beseitigen**.
Patenterteilung	Nach der erfolgreichen Prüfung der Patentanmeldung kann ein Patent erteilt werden. Analog zur Offenlegung erfolgt die **Bekanntmachung** der Erteilung im entsprechenden Teil des Patentblattes und ist damit für jedermann recherchierbar.
Rechtsmittel	Gegen einen möglichen Zurückweisungsbeschluss ist innerhalb eines Monats nach Zustellung des Beschlusses das Rechtsmittel der Beschwerde möglich. Der Prüfer des Patentamtes kann der Beschwerde abhelfen, also

das Patent doch noch erteilen. Sieht er dazu keinen Anlass, legt er die **Beschwerde** dem **Bundespatentgericht** zur weiteren Entscheidung vor. Gegebenenfalls kann gegen die weiterhin ablehnende Entscheidung des Bundespatentgerichtes sodann noch die **Rechtsbeschwerde zum BGH** erhoben werden.

M1 Anmeldeformular Deutsches Patent mit Beispielsanleitung für Patentansprüche und amtliche Merkblätter in Auszügen

WO IST DAS GEREGELT?

Die wichtigsten Gesetzesnormen: §§ 34 ff., 73, 100 PatG

3.12 ▶ Über welche Verfahren kann ein Patent zu Fall gebracht werden?

Ist die Patentschrift veröffentlicht, so kann jedermann innerhalb von neun Monaten Einspruch einlegen. Der Einsprechende kann **Gründe anführen**, die gegen eine rechtmäßige Erteilung des Patents sprechen. Im Einspruchsverfahren wird noch einmal **kostenpflichtig geprüft**, ob die bereits mit der Patenterteilung bejahten notwendigen Voraussetzungen des Schutzes wirklich vorliegen. Dies geschieht in der Regel durch ein **Gremium**, das von Mitgliedern einer Patentabteilung des DPMA gebildet wird.

Einspruchsverfahren innerhalb von neun Monaten nach Veröffentlichung des Patents

Nach der Prüfung des Einspruchs kann das Patent widerrufen, teilwiderrufen (bzw. beschränkt aufrechterhalten) oder aufrechterhalten werden. Verstreicht diese Frist ohne dass Dritte einsprechen oder wird ein Einspruch rechtskräftig zurückgewiesen, erlangt das Patent seinen **Rechtsbestand**.

Folgen des Einspruchs: Widerruf, Teilwiderruf oder Aufrechterhaltung

Gegen den Einspruchsbeschluss kann eine Beschwerde vor dem Bundespatentgericht und danach die Rechtsbeschwerde zum Bundesgerichtshof erhoben werden.

Beschwerde gegen den Einspruchsbeschluss

Auch nach Ablauf der Einspruchsfrist kann ein rechtskräftig bestehendes Patent noch im Rahmen einer Nichtigkeitsklage vor dem Bundespatentgericht angegriffen werden. Das Verfahren zur Erklärung der Nichtigkeit eines Patents wird durch eine Klage beim Bundespatentgericht eingeleitet. Sie ist **gegen** den im Register als **Patentinhaber** Eingetragenen zu richten. Dabei wird das Patent **im Erfolgsfall** mit Wirkung für und gegenüber jedermann **vernichtet**.

Nichtigkeitsklage vor dem Bundespatentgericht

WO IST DAS GEREGELT?

Die wichtigsten Gesetzesnormen: §§ 59, 61, 73, 81, 100 PatG

IV. Dauer, Schutzumfang und Schranken des Patent-schutzes

3.13 ▶ Wie lange währt der Patentschutz?

Grundsätzlich 20 Jahre

Die maximale Laufzeit eines Patents beträgt 20 Jahre ab Anmeldedatum.

Ausnahmefall 25 Jahre

Für Erfindungen, die **erst nach aufwändigen Zulassungsverfahren** (vor allem klinische Studien bei Arzneimitteln) **wirtschaftlich verwertet** werden können, gibt es ein ergänzendes Schutzzertifikat, über welches die Patentlaufzeit um maximal weitere fünf Jahre verlängert werden kann.

 WO IST DAS GEREGELT?

Die wichtigsten Gesetzesnormen: §§ 16, 16a PatG

3.14 ▶ Welche Rechte gewährt der Patentschutz?

Ausschließungswirkung erst ab Veröffentlichung der Erteilung im Patentblatt

Das deutsche Patent entfaltet Rechtswirkungen mit der Veröffentlichung der Erteilung im Patentblatt. Die in Deutschland **angemeldete** und **offen gelegte** Erfindung ist noch nicht patentiert; sie **begründet keine Ausschließungswirkungen**, sondern wegen fehlender Rechtswidrigkeit einer Benutzung nur einen Entschädigungsanspruch. Nach Erteilung hat das Patent die Wirkung, dass allein der Patentinhaber befugt ist, die patentierte Erfindung zu benutzen.

Verbotswirkung des Patents

Jedem Dritten ist es verboten, ohne die Zustimmung des Patentinhabers

- ein **Erzeugnis**, das Gegenstand des Patents ist, **herzustellen, anzubieten, in Verkehr zu bringen** oder zu **gebrauchen** oder zu den genannten Zwecken entweder **einzuführen** oder zu **besitzen**;

- ein **Verfahren**, das Gegenstand des Patents ist, **anzuwenden** oder, wenn der Dritte weiß oder es auf Grund der Umstände offensichtlich ist, dass die Anwendung des Verfahrens ohne die Zustimmung des Patentinhabers verboten ist, zur Anwendung im Geltungsbereich dieses Gesetzes **anzubieten**;

- das durch ein Verfahren, das Gegenstand des Patents ist, unmittelbar hergestellte **Erzeugnis anzubieten**, **in Verkehr zu bringen** oder zu **gebrauchen** oder zu den genannten Zwecken entweder **einzuführen** oder **zu besitzen**.

Unmittelbare und mittelbare Nutzung unterscheiden

Die vorbenannten Fälle betreffen die **unmittelbare Nutzung** der technischen Lehre des Patentes.

Daneben **schützt** das **Patent** aber auch davor, dass Dritte ohne Zustimmung des Patentinhabers anderen als zur Benutzung der patentierten Erfindung berechtigten Personen **Mittel**, die sich **auf ein wesentliches Element** der Erfindung **beziehen**, zur Benutzung der Erfindung im Geltungsbereich dieses Gesetzes anbieten oder liefern, wenn sie Kenntnis davon haben oder es auf Grund der Umstände offensichtlich ist, dass diese

Mittel dazu geeignet und bestimmt sind, für die Benutzung der Erfindung **verwendet zu werden. Diese Wirkung bezeichnet man als Schutz** vor mittelbaren Patentverletzungen.

Wichtig ist dabei, dass der Patentschutz ein absolutes Monopol gewährt. D.h. selbst derjenige Erfinder, der eine Erfindung unabhängig und in Unkenntnis des Patentinhabers gemacht hat, muss sich dem Abwehrrecht des Patentes beugen, es sei denn, er kann mit einer eigenen Vorveröffentlichung seiner Erfindung die Neuheit des Patentes in Frage stellen.

Monopol-Wirkung des Patents hängt nicht von der Kenntnis eines sog. Parallelerfinders ab

MERKE: Der Erste beim Amt hat das Monopol in der Hand!

Allerdings kann sich derjenige, der die Erfindung im eigenen Betrieb bereits benutzt hat, ohne sie zu veröffentlichen, auch nach Entstehung des Monopols noch auf ein Vorbenutzungsrecht berufen. Er darf die Erfindung dann im Umfang der Vorbenutzung weiter nutzen.

SIEHE AUCH: Folgende Ausführungen zu den Schranken des Patentschutzes

WO IST DAS GEREGELT?

Die wichtigsten Gesetzesnormen: §§ 9, 10, 12 PatG

3.15 ▶ Welche Schranken bestehen für den Patentschutz?

Eine der wichtigsten Schranken des Patentschutzes stellt die sog. Erschöpfung des Patentrechts dar. Danach kann sich der Patentinhaber bezüglich des durch sein Patent geschützten Gegenstandes nicht mehr auf sein Schutzrecht berufen, **sofern der Gegenstand einmal mit seinem Willen in Verkehr gebracht wurde**. Wurde also ein Gegenstand, der auf einer patentierten Lehre basiert, vom Patentinhaber an einen Dritten **veräußert**, so ist der Dritte in seiner Verfügungsfreiheit über den patentierten Gegenstand nicht mehr beschränkt und der Patentinhaber kann ihm etwa einen Weitervertrieb oder eine Nutzung nicht mehr aus dem Patent heraus verbieten. Der Schutzzweck des Patentes ist nämlich in dem Moment bereits erreicht, in welchem der Rechtsinhaber den Gegenstand gegen Entgelt in Verkehr gebracht hat. Seine weiteren Befugnisse an der konkreten Sache (nicht an der gesamten geschützten Information) sind damit erschöpft. Der Erschöpfungsgrundsatz gilt sowohl nationalstaatlich als auch im Europäischen Wirtschaftsraum.

Schranke Nr. 1 – Die sog. Erschöpfung

SIEHE AUCH: Allgemeine Ausführungen zu den Schranken Geistigen Eigentums in Teil 2

Das Recht an einem patentierten Verfahren kann bereits deshalb nicht ohne weiteres „verbraucht" werden, weil das Verfahrenspatent **nicht an einen**

Besonderheiten gelten für Verfahrenspatente

verkehrsfähigen Gegenstand, also ein Erzeugnis **geknüpft** ist. Erschöpfung tritt insofern auch dann nicht ein, wenn eine zur Durchführung des Verfahrens **erforderliche Vorrichtung** mit Zustimmung des Patentinhabers **in den Handelsverkehr** gelangt. Umstritten ist aber, ob die Rechte aus einem Sachpatent und einem Verfahrenspatent erschöpft sind, wenn eine patentgeschützte Vorrichtung, die sich zur Ausübung eines ebenfalls patentgeschützten Verfahrens eignet, durch den Patentinhaber oder mit dessen Zustimmung in den Verkehr gebracht wurde.

Abgrenzung der sog. EU-weiten Erschöpfung von der Drittstaaten-Veröffentlichung

Erschöpfung der Rechte aus einem mit Wirkung für die Bundesrepublik Deutschland erteilten Patents tritt jedenfalls grundsätzlich dann ein, **wenn das geschützte Erzeugnis** durch den Patentinhaber oder mit seiner Zustimmung **in Deutschland, einem Mitgliedstaat der Europäischen Gemeinschaft oder einem dem Europäischen Wirtschaftsraum** angehörigen Staat in Verkehr gebracht worden ist (sog. EU-weite Erschöpfung). Das Inverkehrbringen eines patentgeschützten Gegenstands **außerhalb des Europäischen Wirtschaftsraumes** durch den Patentinhaber oder mit dessen Zustimmung führt hingegen nicht zur Erschöpfung des Rechts aus einem deutschen Patent oder einem deutschen Anteil eines europäischen Patents.

WO IST DAS GEREGELT?

Die wichtigsten Gesetzesnormen: Erschöpfung gilt im Patentrecht als unkodifizierter Rechtsgrundsatz

Schranke Nr. 2 – Das sog. Vorbenutzungsrecht

Neben der Schranke der Erschöpfung ist auf das sog. Vorbenutzungsrecht hinzuweisen. Die **Wirkung des Patents tritt** hierbei **gegen den nicht ein**, der zur Zeit der Anmeldung **bereits im Inland die Erfindung in Benutzung genommen** oder die dazu erforderlichen Veranstaltungen getroffen hatte. Dieser ist befugt, die Erfindung **für die Bedürfnisse seines eigenen Betriebs** in eigenen oder fremden Werkstätten auszunutzen.

WO IST DAS GEREGELT?

Die wichtigsten Gesetzesnormen: Vorbenutzungsrecht § 12 PatG

Schranke Nr. 3 – Privathandlungen

Die **Wirkung des Patents erstreckt sich ferner nicht** auf Handlungen, die im privaten Bereich zu nichtgewerblichen Zwecken vorgenommen werden.

Schranke Nr. 4 – Handlungen zu Forschungszwecken

Wegen der Freiheit der Forschung wirkt ein erteiltes Patent auch nicht auf Handlungen zu **Versuchszwecken**, die sich auf den Gegenstand der patentierten Erfindung beziehen.

Schranke Nr. 5 – Sonstige Schranken

Daneben gibt es noch **weitere exotische Schranken**, wie etwa den **Gebrauch einer Erfindung in Schiffen oder Luftfahrzeugen**, wenn diese vorübergehend oder zufällig in ein Territorium gelangen, auf das sich der Geltungsbereich eines bestehenden Patentschutzes erstreckt. Besondere

Schranken existieren schließlich zudem für die **Nutzung biologischen Materials** und bezüglich des **Einsatzes von Arzneimitteln.**

WO IST DAS GEREGELT?

Die wichtigsten Gesetzesnormen: Schranken der Patententwirkung § 11 PatG

Ansprüche aus dem Patent unterliegen zudem der regelmäßigen Verjährung. Der Patentinhaber kann seine Ansprüche zudem – etwa durch **offensichtliche längere Duldung** – verwirken. Die Einrede der Verwirkung beseitigt indes nicht die Rechtswidrigkeit, sondern ist ein Anwendungsfall des allgemeinen Einwands aus Treu und Glauben.

Schranke Nr. 6 – Verjährung/Verwirkung des Anspruchs

WO IST DAS GEREGELT?

Die wichtigsten Gesetzesnormen: Verjährung § 195 ff. BGB, Verwirkung § 242 BGB

Keine echte gesetzliche Schranke, aber eine gesetzlich vorgesehene Möglichkeit der **durch ein Gerichtsurteil gestaltenden Beschränkung eines Patentes ist die sog. Zwangslizenz.** Hierbei kann das Bundespatentgericht im öffentlichen Interesse auf eine Zwangslizenzklage – quasi gegen den Willen des Patentinhabers – einem Lizenzsuchenden ein Gestattungsrecht zusprechen. Um eine Zwangslizenz erhalten zu können, muss ein Lizenzsucher zunächst **erfolglos versucht haben**, von dem Eigentümer des Schutzrechts eine **Lizenz zu erhalten.** Des Weiteren muss das Patent bereits Wirkung entfalten. Für reine Patentanmeldungen gibt es demnach keine Zwangslizenzrechte. Der Lizenzsucher muss selbst die Fähigkeit und den Willen haben, das Schutzrecht für eigene Rechnung zu benutzen. Eine Zwangslizenz kann also nicht zugunsten Dritter vergeben werden. Die Voraussetzung des **öffentlichen Interesses** stellt eine auslegungsbedürftige Generalklausel dar. Der Inhalt des Begriffs muss also durch Betrachtung des Einzelfalls an den gesellschaftlichen Wandel angepasst werden. Das öffentliche Interesse muss so groß sein, dass es den **schwerwiegenden Eingriff in ein Schutzrecht rechtfertigt.** Es ist z.B. gegeben, wenn zur **Nutzung einer Industrienorm** die Nutzung des Patentes notwendig ist oder wenn die **öffentliche Gesundheitspflege** auf die patentierte Lehre angewiesen ist.

Unechte Schranke Nr. 7 – Sog. Zwangslizenz

WO IST DAS GEREGELT?

Die wichtigsten Gesetzesnormen: Zwangslizenz § 24 PatG

V. Voraussetzungen und Erlangung von Gebrauchsmusterschutz

3.16 ▶ Welche Schutzvoraussetzungen bestehen für den Gebrauchsmusterschutz?

Vom Schutz ausgeschlossene Gegenstände

Analog zum Patentrecht schließt das Gesetz zunächst einige Gegenstände grundsätzlich vom Gebrauchsmusterschutz aus. Als Gegenstand eines Gebrauchsmusters werden – wie beim Patent – insbesondere nicht angesehen:

- **Entdeckungen** sowie wissenschaftliche **Theorien** und mathematische **Methoden**;
- ästhetische **Formschöpfungen**;
- Pläne, Regeln und Verfahren für **gedankliche Tätigkeiten**, für **Spiele** oder für **geschäftliche Tätigkeiten** sowie **Programme** für Datenverarbeitungsanlagen;
- die Wiedergabe von **Informationen**;
- Zusätzlich ausgenommen sind – enger als im Patentrecht – in bestimmtem Maße **biotechnologische Erfindungen**.

Schutzausschluss: öffentliche Ordnung, gute Sitten, Pflanzen, Tierarten und sämtliche Verfahren

Ferner nicht geschützt werden zudem Erfindungen, deren Verwertung gegen die öffentliche Ordnung oder die guten Sitten verstoßen würde, Pflanzensorten oder Tierarten, und wichtig: **sämtliche Verfahren**. Für alle nicht per se ausgeschlossenen Gegenstände und Erfindungen gilt, dass diese neu sein müssen, auf einem erfinderischen Schritt beruhen müssen und gewerblich anwendbar sein müssen.

 WO IST DAS GEREGELT?

Die wichtigsten Gesetzesnormen: §§ 1, 2 GebrMG

3.17 ▶ Was versteht das Gebrauchsmustergesetz unter dem Begriff der „Neuheit"?

Unterschied Nr. 1 – Andere Beschreibung des Standes der Technik

In Bezug auf die Neuheit gibt es beim Gebrauchsmuster zwei entscheidende Unterschiede gegenüber dem Patent. So wird zunächst der neuheitsschädliche **Stand der Technik anders festgelegt**. Dieser umfasst nur solche Kenntnisse, die vor dem für den Zeitrang der Anmeldung maßgeblichen Tag durch **schriftliche** Beschreibung oder durch eine im Geltungsbereich dieses Gesetzes erfolgte **Benutzung** der Öffentlichkeit zugänglich gemacht worden sind.

Unterschied Nr. 2 – Bestehen einer sog. Neuheitsschonfrist

Außerdem gibt es eine sog. Schonfrist, so dass die Erfindung bereits bis zu sechs Monate vor der Anmeldung beschrieben oder benutzt worden sein darf, vgl. nachfolgend.

WO IST DAS GEREGELT?

Die wichtigsten Gesetzesnormen: § 3, Abs. 1 GebrMG

3.18 ▶ Was passiert, wenn meine Erfindung vor der Anmeldung veröffentlicht wird?

Für das Gebrauchsmuster gilt – anders als beim Patent – eine sogenannte Neuheitsschonfrist. Eine **innerhalb von sechs Monaten** vor dem für den Zeitrang der Anmeldung maßgeblichen Tag erfolgte **Beschreibung oder Benutzung bleibt danach außer Betracht**, wenn sie auf der Ausarbeitung des Anmelders (oder im Falle einer vor der Anmeldung erfolgten Erfindungsabtretung etwa an den Arbeitgeber) des Rechtsvorgängers beruht.

Sog. Neuheitsschonfrist von sechs Monaten

Mit anderen Worten behält der Erfinder/Anmelder noch die Chance auf das Schutzrecht, wenn er dieses innerhalb der nächsten 6 Monate zu Anmeldung bringt. Wer die Veröffentlichung vornimmt ist egal, die veröffentlichten Inhalte müssen nur auf Ausarbeitungen des Gebrauchsmusterberechtigten beruhen. Auf diese Weise wird zugleich ein Schutz vor missbräuchlichen Offenbarungshandlungen Dritter erreicht.

Anmeldung innerhalb der Frist nachholen

WO IST DAS GEREGELT?

Die wichtigsten Gesetzesnormen: Neuheitsschonfrist § 3, Abs. 1 GebrMG

PRAXISFALL: „Der begeisterte vorschnelle Erfinder"

Der Erfinder E hat eine **neue Vorrichtung** zur Metallbearbeitung **und** ein neues auf dieser Vorrichtung anwendbares **Bearbeitungsverfahren** entwickelt. Er ist von seinen beiden Ideen so begeistert, dass er **am 15. Januar eine Pressekonferenz** einberuft und seine Entwicklungen detailliert präsentiert. Erst später, am **05. Mai** denkt er darüber nach seine Erfindungen schützen zu lassen.

Welche Möglichkeiten hat er noch?

Lösung: Patentschutz scheidet aus, da die Erfindungen vom Erfinder selbst neuheitsschädlich offenbart wurden. Möglich ist nur noch ein **Schutz über das Gebrauchsmuster** mit seiner Neuheitsschonfrist von 6 Monaten. Da über das Gebrauchsmuster aber **keine technischen Verfahren** geschützt werden können, kann E nur noch für die Vorrichtung Schutz erlangen.

3.19 ▶ Wann ist ein Gebrauchsmuster „erfinderisch"?

Beim Gebrauchsmuster fällt auf, dass der **Gesetzgeber bei der Erfindungshöhe** nicht – wie im Patentgesetz – den Begriff der erfinderischen Tätigkeit, sondern den des „erfinderischen Schrittes" verwendet, weshalb die **Praxis und Lehre** früher lange Zeit davon ausging, das Gebrauchsmuster sei in seinen qualitativen Anforderungen **graduell unter den Voraussetzungen** des Patentschutzes angesiedelt. Es wurde daher häufig als das Schutzrecht für die „kleinen Innovationen" oder auch als **kleiner Bruder**

Der Gesetzesbegriff „erfinderischer Schritt"

des Patentes bezeichnet. Diese graduelle Differenzierung hat der **Bundesgerichtshof zwischenzeitlich verworfen**. Trotz der unterschiedlichen gesetzlichen Terminologie sind die Begriffe „erfinderische Tätigkeit" und „erfinderischer Schritt" **inhaltlich identisch**.

 HÄUFIGER IRRTUM: Das Gebrauchsmuster ist der „kleine Bruder" des Patentes und greift daher auch für Erfindungen, die nicht die nötige Erfindungshöhe für ein Patent erreichen – Falsch (!): Diese Ansicht gilt **nach aktueller Praxis** nicht mehr Heute sind an den „erfinderischen Schritt" des Gebrauchsmusters qualitativ dieselben Anforderungen zu stellen, wie an die erfinderische Tätigkeit beim Patent.

 WO IST DAS GEREGELT?

Die wichtigsten Gesetzesnormen: „erfinderischer Schritt" § 1, Abs. 1 GebrMG

3.20 ▶ Was bedeutet im Gebrauchsmusterrecht „gewerbliche Anwendbarkeit"?

Kein Unterschied zum Patent

Bei der gewerblichen Anwendbarkeit und auch in Bezug auf die ungeschriebene Voraussetzung der Technizität kann hingegen auf die Ausführungen zum Patent verwiesen werden.

 WO IST DAS GEREGELT?

Die wichtigsten Gesetzesnormen: § 3, Abs. 2 GebrMG

3.21 ▶ Wie läuft das Gebrauchsmustereintragungsverfahren ab?

Offizielle Antragsformulare

Der Antrag auf Eintragung eines Gebrauchsmusters erfolgt mittels des vom DPMA **unter www.dpma.de** zur Verfügung gestellten Formulars.

Anmeldeunterlagen ähnlich wie beim Patent

Wie beim Patent ist eine technische **Beschreibung** der Erfindung und eine **Anspruchsfassung** beizufügen. Die Erfindung kann zusätzlich anhand von **Zeichnungen** verdeutlicht werden, diese sind aber nicht zwingend erforderlich. Die Unterlagen sind in **zweifacher Ausfertigung** einzureichen. Wie bei einer Patentanmeldung ist es extrem wichtig, die Erfindung **deutlich und vollständig darzustellen**. Es kann insofern vollumfänglich auf die Ausführungen zum Patentschutz verwiesen werden.

Gewichtiger Unterschied zum Patent: nur Formalprüfung

Das Patentamt prüft im Eintragungsverfahren die formellen und teilweise auch die sachlichen Schutzvoraussetzungen. So stellt die Gebrauchsmusterstelle zum Beispiel fest, ob es sich um eine technische Erfindung handelt. Die **sachlichen Schutzvoraussetzungen Neuheit, erfinderischer Schritt und gewerbliche Anwendbarkeit werden nicht geprüft**. Wenn keine Mängel vorliegen oder die Mängel beseitigt sind, wird das Gebrauchsmuster in das Register eingetragen.

Rechtsmittel

Zurückweisungsbeschlüsse können mit der Beschwerde **zum Bundespa-**

tentgericht und gegebenenfalls mit der Rechtsbeschwerde **zum BGH** angegriffen werden.

M2 Anmeldeformular Deutsches Gebrauchsmuster

WO IST DAS GEREGELT?

Die wichtigsten Gesetzesnormen: §§ 4, 7, 8 GebrMG; § 18, Abs.1, 4 GebrMG

3.22 ▶ Über welche Verfahren kann ein Gebrauchsmuster zu Fall gebracht werden?

Das Gebrauchsmuster kann **jederzeit und durch jedermann** mit einem Löschungsverfahren angegriffen werden. Hier wird sodann geklärt, ob die eingetragene Erfindung **tatsächlich neu** ist und auf einem **erfinderischen Schritt** beruht. Der Antrag ist **gebührenpflichtig** und muss **schriftlich** mit einer **Begründung** eingereicht werden. Gegen die Entscheidung des DPMA findet die Beschwerde vor dem Bundespatentgericht, u.U. die Rechtsbeschwerde vor dem Bundesgerichtshof statt.

Löschungsverfahren und Beschwerdeverfahren

WO IST DAS GEREGELT?

Die wichtigsten Gesetzesnormen: §§ 15, 16, 17 GebrMG

VI. Dauer, Schutzumfang und Schranken des Gebrauchsmusterschutzes

3.23 ▶ Wie lange währt Gebrauchsmusterschutz?

Das Gebrauchsmuster ist **maximal zehn Jahre** lang geschützt. Jeweils nach drei, sechs und acht Jahren muss der Inhaber seinen Schutz verlängern. Hierzu ist jeweils eine **Aufrechterhaltungsgebühr** zu zahlen.

3. Jahr + 6. Jahr + 8. Jahr = maximal zehn Jahre

WO IST DAS GEREGELT?

Die wichtigsten Gesetzesnormen: § 23, Abs. 1, 2 GebrMG

3.24 ▶ Welche Rechte gewährt der Gebrauchsmusterschutz?

Die Eintragung eines Gebrauchsmusters hat die Wirkung, dass allein der Inhaber befugt ist, den Gegenstand des Gebrauchsmusters zu **benutzen**. **Jedem Dritten ist es verboten**, ohne seine Zustimmung ein Erzeugnis, das Gegenstand des Gebrauchsmusters ist, **herzustellen, anzubieten**, in **Verkehr zu bringen** oder **zu gebrauchen** oder zu den genannten Zwecken **entweder einzuführen** oder **zu besitzen**.

Ausschließlichkeitsrecht des Inhabers

Die Eintragung hat ferner die Wirkung, dass es jedem Dritten verboten ist, ohne Zustimmung des Inhabers anderen als zur Benutzung des Gegen-

Mittelbare Nutzung ebenfalls verboten

stands des Gebrauchsmusters berechtigten Personen Mittel, die sich auf ein **wesentliches Element des Gegenstandes des Gebrauchsmusters beziehen**, zu dessen Benutzung im Geltungsbereichs dieses Gesetzes anzubieten oder zu liefern, wenn der Dritte weiß oder es auf Grund der Umstände offensichtlich ist, dass diese Mittel dazu geeignet und bestimmt sind, für die Benutzung des Gegenstandes des Gebrauchsmusters verwendet zu werden.

Wirkung auch gegenüber unabhängige Doppelschöpfungen

Wie das Patent setzt sich auch der Gebrauchsmusterschutz regelmäßig gegenüber eventuellen unabhängigen Doppelschöpfungen Dritter durch. Möglich bleibt hier häufig lediglich eine **sehr eingeschränkte Nutzung** im eigenen Betrieb auf der Grundlage eines sog. Vorbenutzungsrechtes.

WO IST DAS GEREGELT?

Die wichtigsten Gesetzesnormen: § 11 GebrMG; Vorbenutzungsrecht § 13, Abs. 3 GebrMG i.V.m. § 12 PatG

3.25 ► Welche Schranken bestehen für den Gebrauchsmusterschutz?

Wie Patent

Die Schranken des Gebrauchsmusterschutzes **entsprechen** weitgehend **denen des Patentschutzes**. Es kann daher auf das oben Gesagte verwiesen werden.

WO IST DAS GEREGELT?

Die wichtigsten Gesetzesnormen: Vorbenutzungsrecht § 13, Abs. 3 GebrMG i.V.m. § 12 PatG, Schranken der Gebrauchsmusterentwirkung § 12 GebrMG, Verjährung § 195 ff. BGB, Verwirkung § 242 BGB, Zwangslizenz § 20 GebrMG i.V.m. § 24 PatG

3.26 ► Was ist eine Gebrauchsmusterabzweigung?

Paralleles Patent- und Gebrauchsmusteranemeldeverfahren

Ein Gebrauchsmuster kann auch aus einer Patentanmeldung mit gleichem Inhalt abgezweigt werden. Die Gebrauchsmuster-Abzweigung kann als **Ergänzung zu einer Patentanmeldung genutzt** werden. Sie **bietet flankierenden** Schutz in der Zeit zwischen Patentanmeldung und -erteilung, in der noch kein Unterlassungsanspruch besteht. Mit Eintragung des abgezweigten Gebrauchsmusters kann der Schutz bereits unabhängig vom Verlauf des Patentverfahrens aktiv durchgesetzt werden.

Zeitgrenze von zehn Jahren beachten

Die Abzweigung ist eine eigenständige Gebrauchsmusteranmeldung. Die Abzweigung kann innerhalb von zehn Jahren nach der ursprünglichen Patentanmeldung erfolgen. Die Gebrauchsmusteranmeldung muss spätestens bis zum Ablauf von zwei Monaten nach dem Ende des Monats, in dem die Patentanmeldung erledigt oder ein etwaiges Einspruchsverfahren abgeschlossen ist, vorliegen.

WO IST DAS GEREGELT?

Die wichtigsten Gesetzesnormen: § 5 GebrMG

PRAXISFALL: „Die Konkurrenz schläft nicht!"

P hat vor 3 Jahren ein Patent angemeldet, das bislang noch nicht erteilt wurde. Vor kurzem hat er einen Wettbewerber ausfindig gemacht, der seine Erfindung nutzt.

Was kann P tun, um **bereits jetzt gegen den Wettbewerber vorzugehen,** und welche Risiken bestehen?

Lösung: P kann aus seiner Patentanmeldung **ein Gebrauchsmuster abzweigen.** Das Gebrauchsmuster bietet unmittelbar einen Unterlassungsanspruch ist aber ein **ungeprüftes** Recht. Mithin kann P **Gefahr laufen** hier lediglich aus einem **Scheinrecht** vorzugehen und sich gegenüber dem Wettbewerber im Falle der während des Verletzungsprozesses zu Tage tretenden Schutzunfähigkeit der Erfindung schadensersatzpflichtig machen.

VII. Grenzüberschreitende Patentschutzsysteme

3.27 ▶ Welche Möglichkeiten bestehen, um grenzüberschreitenden Patent- und Gebrauchsmusterschutz zu erlangen?

Wegen der Möglichkeit einer neuheitsschädlichen Vorwegnahme von höchster Wichtigkeit ist die Beachtung der sog. PVÜ-Prioritätsfrist. Erfindungen müssen spätestens **innerhalb von 12 Monaten nach der deutschen Anmeldung im Ausland angemeldet werden.** Unabhängig davon, ob die Erfindung in Deutschland als Gebrauchsmuster oder als Patent geschützt ist, kann sie im Ausland ihrerseits als Patent oder Gebrauchsmuster weiterverfolgt werden. Dabei gilt es aber zu beachten, dass sich die Erteilungsvoraussetzungen **nach dem nationalen Recht des „Zielstaates" richten** und zudem das Gebrauchsmuster nur in den Staaten als Nachanmeldung in Frage kommt, **deren Rechtsordnung diese Schutzmöglichkeit** vorsieht. Nicht alle Staaten kennen einen Gebrauchsmusterschutz.

Nachmeldung innerhalb der sog. PVÜ-Prioritätsfrist

WO IST DAS GEREGELT?

Die wichtigsten Gesetzesnormen: Grundlegend ist das Prioritätsrecht in Art. 4 PVÜ geregelt; §§ 41 PatG, § 6, Abs. 2 GebrMG

Der Anmelder erhält dann für die Nachanmeldung den Zeitrang der deutschen Erstanmeldung. Das heißt, die Anmeldung wird so behandelt, als wäre sie bereits zum deutschen Anmeldetag dort eingegangen. Wird die zwölfmonatige Prioritätsfrist versäumt, ist es **unwiderruflich nicht mehr möglich** ein technisches Schutzrecht rückwirkend auf das Ausland auszudehnen. Die Auslandsanmeldung erhält nach Ablauf der Prioritätsfrist lediglich den **tatsächlichen, späteren ausländischen Anmeldetag** zugeordnet. Regelmäßig steht dann die eigene deutsche Anmeldung der aus-

Deutscher Anmeldetag gilt auch im Ausland

ländischen Nachanmeldung neuheitsschädlich entgegen und wird im Ausland daher nicht in das ausländische Register eingetragen.

Strategie der nationalen Einzelanmeldungen

Beabsichtigt der Anmelder seine Erfindung **nur in wenigen ausländischen Staaten zu patentieren**, können u.U. einzelne Patent- oder Gebrauchsmusteranmeldungen in den jeweiligen Ländern kostentechnisch sinnvoll sein.

Kein einheitliches Weltrecht

Einen einheitlichen europäischen oder gar internationalen Gebrauchsmusterschutz gibt es bisher noch nicht. Seit 1998 existiert zwar der **Entwurf einer EU-Richtlinie zum Gebrauchsmusterschutz**. Diese wurde jedoch bis heute nicht verabschiedet.

Kein „Weltpatent" – aber einheitliche Sammelstelle für eine Anmeldung

Speziell für Patente bestehen – sofern der Anmelder einen territorial weiter gefassten Patentschutz seiner Erfindung anstrebt – **verschiedene effiziente Möglichkeiten**, mit denen jeweils nur über zentralisierte Verfahren Patentschutz für eine Vielzahl von Staaten erlangt werden kann. Ein "Weltpatent" gibt es allerdings nicht. Die ihm hierbei zur Verfügung stehenden Möglichkeiten sind das sog. PCT- und das EP-Verfahren, die im Folgenden vorgestellt werden sollen.

3.28 ▶ Wie erlangt man ein Europäisches Patent (EP)?

Eigenständiges Patenterteilungsverfahren

Für die Erlangung eines sog. Europäischen Patentes (EP) bedarf es einer **Anmeldung beim Europäischen Patentamt in München**, welches für Europäische Patente ein eigenständiges Europäisches Patenterteilungsverfahren durchführt.

Eigenständige Rechtsgrundlage

Grundlage hierfür ist das **Europäische Patentübereinkommen (EPÜ)**. Über ein europäisches Patent kann man derzeit bis zu **34 Vertragsstaaten** erreichen.

Kein einheitlicher Schutz

Der Schutz gilt jedoch nicht einheitlich für die gesamten Vertragsstaaten des Europäischen Patentübereinkommens. Nach der Erteilung **zerfällt das Europäische Patent in einzelne nationale Schutzrechte**. Diese entstehen mit der Bekanntmachung des Europäischen Patents in den jeweiligen Vertragsstaaten des EPÜ. Der Anmelder bestimmt dabei selbst, in welchen Staaten des EPÜ sein Europäisches Patent gelten soll.

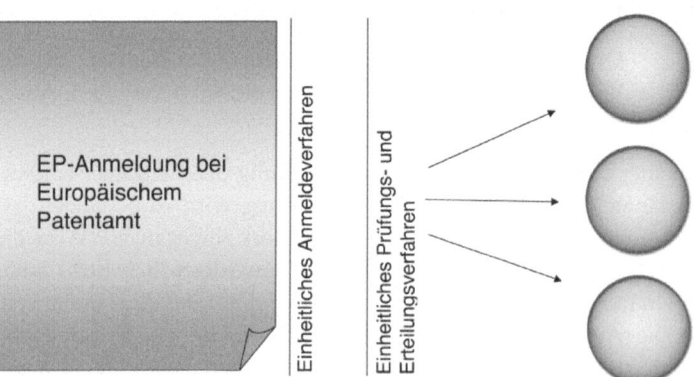

Einspruch gegen die Patenterteilung kann **jedermann** innerhalb von **neun Monaten** nach der Bekanntmachung der Erteilung einlegen. Widerrufen wird ein Europäisches Patent, wenn **wichtige Voraussetzungen** seiner Erteilung, z.B. die Patentfähigkeit fehlen. Auch ein **Teilwiderruf** des Patents ist möglich. Gegen Entscheidungen der Prüfungs- und der Einspruchsabteilungen kann **Beschwerde** zu den beim Europäischen Patentamt errichteten Beschwerdekammern eingelegt werden.

Angriffe

Europäische Patente, die mit Wirkung für die Bundesrepublik Deutschland erteilt worden sind, können außerdem im Wege einer Nichtigkeitsklage vor dem Bundespatentgericht angegriffen werden.

M3 Anmeldeunterlagen Europäisches Patent (Auszug)

HÄUFIGER IRRTUM: Das Europäische Patent ist ein EU-weites Recht. – Falsch (!): Das europäische Patent basiert auf einem internationalen Abkommen (EPÜ), welches keinen supranationalen Rechtsakt der Europäischen Union darstellt und sich weder kompetenztechnisch noch territorial mit dem Gebiet der EU deckt.

3.29 ▶ Wie funktioniert das PCT-Verfahren?

Die zweite neben dem EP-Verfahren bestehende transnationale Verfahrensoption für Patentschutzerlangung besteht in einer internationalen Anmeldung nach dem sog. Patentzusammenarbeitsvertrag (Patent Cooperation Treaty, PCT). Die PCT-Anmeldung stellt dabei ein **Bündel mehrerer Anmeldungen** dar.

Transnationales Verfahren neben EP-Verfahren

Anders als beim EP-Verfahren wird besagtes Anmeldebündel aber nicht einheitlich geprüft und erteilt, sondern **spaltet sich im Lauf des Verfahrens in den einzelnen Staaten zu jeweils nationalen Erteilungsverfahren auf** und führt dort zu nationalen Schutzrechten. Die angestrebten Schutzrechte werden nach nationalem Recht behandelt.

Unterschied zum EP-Verfahren

Der PCT umfasst gegenwärtig **141 Vertragsstaaten**, die im Wege einer internationalen Anmeldung für ein Patent „bestimmt" werden können. Dazu kann eine **Anmeldung beim Deutschen Patent- und Markenamt** als **Übermittlungsbehörde** eingereicht werden. Das DPMA übermittelt die Anmeldung sodann an die **Weltorganisation für Geistiges Eigentum (WIPO)**, die das weitere internationale Verfahren steuert.

Bestimmung der Zielstaaten

In der internationalen Phase, die mit der internationalen Anmeldung beginnt, erstellt eine der internationalen Recherchebehörden den internationalen Recherchebericht, welcher dem Anmelder zugeht. Der Anmelder kann daraufhin einen **Antrag auf vorläufige Prüfung** stellen und sich so einen ersten Eindruck von der Schutzfähigkeit seiner Erfindung verschaffen.

Internationaler Recherchebericht

Nationale bzw. regionale Phase

Spätestens nach 30 Monaten ab dem Prioritätsdatum hat der Anmelder vor jedem Bestimmungsamt gesondert die nationale (oder regionale) Phase einzuleiten. Hier kann neben einzelnen Staaten auch ein Territorium, etwa das von einem Europäischen Patent erfasste Gebiet gewählt werden.

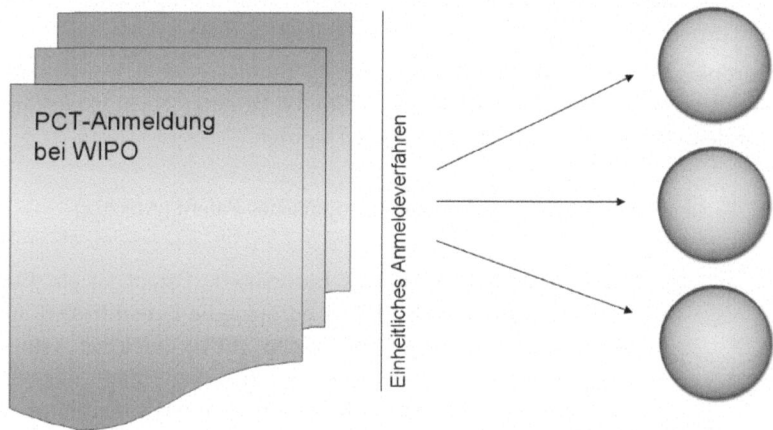

Regionale Prüfungsanträge vor regionalen Ämtern

Erst in der nationalen (bzw. regionalen) Phase muss der Anmelder in den Staaten oder bei den regionalen Ämtern, bei denen er das Patent weiterverfolgen will, jeweils einen Prüfungsantrag stellen. Das Folgeverfahren bis zur Erteilung läuft sodann jeweils separat vor den nationalen und den regionalen Ämtern.

 M4 Anmeldeunterlagen PCT-Anmeldung (Auszug)

3.30 ▶ Lassen sich das nationale Patentsystem, das PCT-System und das EP-System kombinieren?

Eine von Anmeldern oft gewählte Option ist die Benennung der vom EPÜ erfassten Region in einer PCT-Anmeldung. Dieser Weg kann auch im Nachgang zu einer nationalen Anmeldung innerhalb der 12-monatigen Unionspriorität gegangen werden.

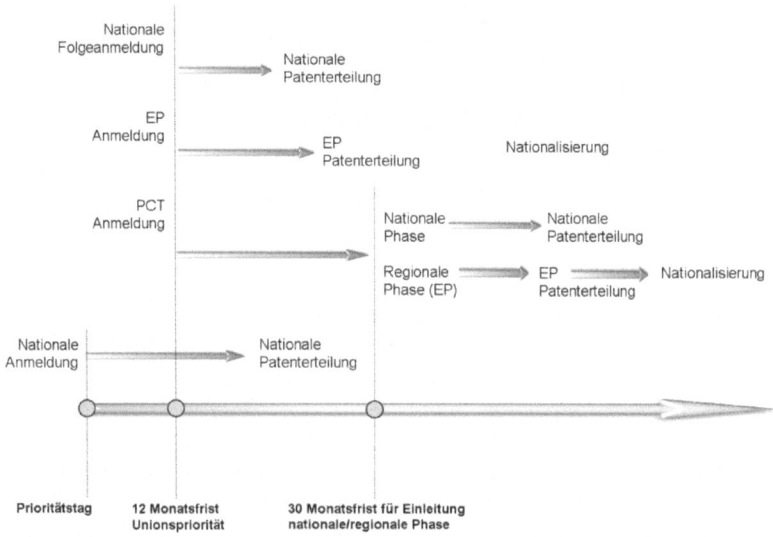

PRAXISFALL: „Fristen dürfen vollständig ausgeschöpft werden!"

Das Unternehmen D hat eine Innovation entwickelt, die **noch nicht vor der Marktreife** steht und deren **Vermarktungschancen international unklar** sind. Um sich alle Optionen offen zu halten, fragt das Unternehmen nach einem Weg den **Zeitpunkt einer finalen Entscheidung um die größtmöglichste Zeitspanne in die Zukunft zu verschieben.**

Welche Möglichkeiten bestehen?

Lösung: Geeigneterweise sollte die Innovation zunächst prioritätsbegründend etwa durch eine **nationale Patentanmeldung** geschützt werden. Innerhalb von 12 Monaten sollte darauf eine **Nachanmeldung** gestützt werden. Entweder in Form einer **PCT-** oder einer **EP-Anmeldung** oder einer **kombinierten PCT-EP-Anmeldung** (d.h. einer PCT-Anmeldung, in der das EP-Territorium mit benannt ist.) Auf diese Weise kann wertvolle Zeit gewonnen und der optionale Umfang späteren Schutzes territorial maximiert werden.

3.31 ► Gibt es supranationalen, einheitlichen EU-Patentschutz?

Nach jahrzehntelangen Verhandlungen zwischen den Mitgliedsstaaten der Europäischen Union erfolgte im Jahr 2012 der Durchbruch zur Schaffung eines einheitlichen Patents und eines einheitlichen europäischen Patentgerichts. Das geplante europäische Einheitspatent wird Anmeldern echten supranationalen Schutz in den Mitgliedersstaaten der Europäischen Union verschaffen. Das Übereinkommen zum Europäischen Patentgericht steht aber noch zur Ratifikation durch die EU-Mitgliederstaaten an. Es muss von mindestens 13 Staaten , darunter Deutschland, Frankreich und das Vereinigte Königreich, ratifiziert werden, um in Kraft treten zu können.

VIII. Hinweis auf technische Schutzrechte gegenüber dem Rechtsverkehr

3.32 ▶ Wie wird auf den Bestand technischer Schutzrechte hingewiesen?

Hinweismöglichkeiten

Bei Patenten findet man folgende Hinweise: **Patent angemeldet** (nach Offenlegung), **DBP** (Deutsches Bundespatent, veraltet), **Patent-Nr.**, **patentiert**.

Bei Gebrauchsmustern trifft man bisweilen auf Folgendes: **Gebrauchsmuster**, **geschütztes Muster**, **Gebrauchsmusterschutz**, **DBGM** (Deutsches Bundesgebrauchsmuster, veralteter Begriff)

Irreführungsverbot

Aber Vorsicht: Wer Gegenstände oder ihre Verpackung mit einer Bezeichnung versieht, die geeignet ist, den Eindruck zu erwecken, dass die Gegenstände als technisches Schutzrecht geschützt seien, oder wer in öffentlichen Anzeigen, auf Aushängeschildern, auf Empfehlungskarten oder in ähnlichen Kundgebungen eine Bezeichnung dieser Art verwendet, **ist verpflichtet, jedem, der ein berechtigtes Interesse an der Kenntnis der Rechtslage hat, auf Verlangen Auskunft darüber zu geben**, auf **welches Schutzrecht** sich die Verwendung der Bezeichnung stützt. Das Werben mit einem in **Wirklichkeit nicht bestehenden Schutz** ist irreführend und unlauter.

 WO IST DAS GEREGELT?

Die wichtigsten Gesetzesnormen: Irreführungsverbot § 146 PatG, § 30 GebrMG

D. Weitere Informationen

Ansprechpartner

Deutsches Patent- und Markenamt
Zweibrückenstr. 12
80331 München
Telefon: (089) 2195-0
Telefax: (089) 2195-2221
E-Mail: post@dpma.de

EPA/EPO/OEB Europäische(s) Patentamt / -organisation
Erhardtstraße 27, 80469 München
Postanschrift: 80298 München
Telefon: (089) 2399-0
Telefax: (089) 2399-44 65
E-Mail: info@epo.org
Internet: http://www.epo.org

WIPO/OMPI Weltorganisation für Geistiges Eigentum

(World Intellectual Property Organization)
(Organisation Mondiale de la Propriété Intellectuelle)
34, chemin des Colombettes
P.O. Box 18 1211
Genève 20, Schweiz
Telefon: (41 22) 338 91 11
Telefax: (41 22) 733 54 28
E-Mail: wipo.mail@wipo.int
Internet: http://www.wipo

Fachliteratur:

Kraßer/Ann, Patentrecht – Ein Lehr- und Handbuch, 7. Auflage, C.H. Beck, München 2016

Osterrieth, Patentrecht, 5. Auflage, C.H. Beck, München 2015

Benkard, Patentgesetz, Gebrauchsmustergesetz, Kommentar, 11. Auflage 2015 C.H. Beck, München

Schulte, Patentgesetz mit Europäischem Patentübereinkommen, Kommentar auf der Grundlage der deutschen und europäischen Rechtsprechung, 9. Auflage, Carl Heymanns, Köln 2014

Busse, Patentgesetz, Kommentar, 7. Auflage, De Gruyter, Berlin 2013

Loth, Gebrauchsmustergesetz, Kommentar, C. H. Beck, München 2001

Onlinequellen:

http://www.deutscher-erfinder-verband.de

http://www.technologieallianz.de

http://www.technologieboerse.ihk.de/cgi-bin/techboerse.pl?job=start

TEIL 4
What's in a name? – Schutz von Unterscheidungszeichen (Marken, Firmierungen, Werktiteln, Namen und geographische Herkunftsangaben)

A. Worum geht's? – Der Schwerpunkt dieses Teils

Die Kennzeichnung am Markt, die **Individualisierung des Profils von Waren, ihrer lokalen Herkunft oder des Warenanbieters** selbst zählt seit Jahrhunderten zu den wichtigsten unternehmerischen Bestrebungen. Die **Marke** als häufig verwendetes Synonym für jegliche Art von Kennzeichenrechten ist sicher die bekannteste Kennzeichenform. Neben den klassischen Markenrechten gibt es aber noch **zahlreiche weitere Arten kommerzieller Designatoren**, die allesamt in diesem Kapitel vorgestellt werden sollen.

B. Die Kernaussagen auf einen Blick 👁

• **Definition des Schutzgegenstandes der Kennzeichenrechte:** ▶ Kennzeichenrechte schützen **menschlich wahrnehmbare Individualisierungsmittel**, etwa zur Kennzeichnung von Produkten, Unternehmen, Personen, Werken oder Regionen. ▶ Der Schutzgegenstand ist dabei in einem von dem zu individualisierenden Objekt (Produkt, Unternehmen, Person, Werk, Region) gelösten **geistigen Symbol** begründet.

• **Systematische Einführung in vier verschiedene Kennzeichenrechte:** ▶ Die Kennzeichenrechte kann man u.a. in **vier verschiedene Arten unterteilen.** ▶ Neben den **Marken**, als den wohl bekanntesten Kennzeichen, gibt es noch ▶ die **geschäftlichen Bezeichnungen**, ▶ geographische Herkunftsangaben ▶ und das **allgemeine Namensrecht.** ▶ Bei den geschäftlichen Bezeichnungen differenziert man abermals zwischen **Unternehmenskennzeichen** und **Werktiteln.** ▶ Unternehmenskennzeichen zerfallen schließlich in Geschäftsbezeichnungen und Geschäftsabzeichen.

▶ Die vorbenannte Differenzierung folgt dabei vor allem der **Individualisierungsfunktion** des jeweiligen Kennzeichens. ▶ So kennzeichnen Marken Waren oder Dienstleistungen. ▶ **Unternehmenskennzeichen** kennzeichnen Unternehmen. ▶ **Werktitel** kennzeichnen geistige Inhalte. ▶ **Geographische Herkunftsangaben** kennzeichnen die regionale Herkunft eines Erzeugnisses. ▶ Neben ihrer Individualisierungsfunktion können Kennzeichenrechte aber **auch nach ihrer Entstehung unterschieden** werden. ▶ So gibt es Registerrechte und Kennzeichenrechte, die durch bloße Benutzung entstehen können.

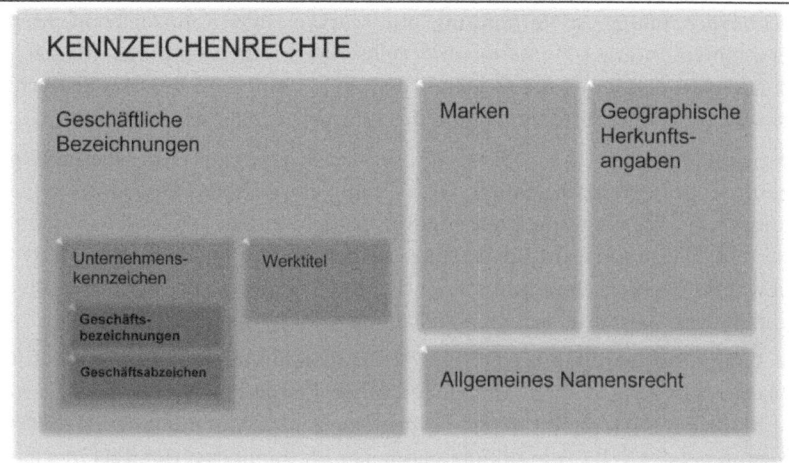

- **Kennzeichenrechte als Monopole:** ▶ Es ist eine Vorbedingung für die Erfüllung des Zwecks eines Kennzeichens, dass dieses **stets ein Ausschließlichkeitsrecht seines Inhabers** verkörpert. ▶ Die Inhaberschaft eines Kennzeichens **begründet am Markt** und im Wettbewerb mithin **ein Monopol,** aufgrund dessen der Inhaber bzw. der Berechtigte kraft Gesetzes gegen jeden unberechtigten Gebrauch seines Zeichens geschützt ist. ▶ Allerdings wird der Kennzeichenschutz **durch zahlreiche Schranken limitiert.**

- **Besonderheiten in Bezug auf die Existenzbindung von Kennzeichen:** ▶ **Unternehmenskennzeichen** sind hingegen streng akzessorisch an die Existenz eines Geschäftsbetriebes geknüpft. ▶ **Werktitel** sind akzessorisch an die Existenz eines Werkes geknüpft. ▶ **Klassische Geographische Herkunftsangaben** oder Benutzungsmarken bestehen nur solange, wie der Verkehr sie als Individualisierungsmittel kennt. ▶ Nur **Registermarken** sind letztlich wirklich unabhängige Rechte und bestehen, solange an der Registrierung festgehalten und die Marke ordnungsgemäß benutzt wird.

- **Schutz auf nationaler Ebene:** ▶ Auf nationaler Ebene ist der Kennzeichenschutz für Marken, geschäftliche Bezeichnungen und geographische Herkunftsangaben **im Markengesetz verankert.** ▶ **Markenschutz** wird klassischerweise über eine Anmeldung beim Deutschen Patent- und Markenschutz erlangt, kann aber bei entsprechender Bekanntheit auch durch eine bloße Benutzung begründet werden. ▶ Auch der **Schutz geschäftlicher Bezeichnungen** entsteht durch Benutzung im Verkehr. ▶ Die wohl **wichtigste Schutzvoraussetzung** für Marken und geschäftliche Bezeichnungen ist die sogenannte **Unterscheidungskraft.** ▶ **Geographische Herkunftsangaben** werden durch eine historische Entwicklung begründet oder können (sofern sie Lebensmittel kennzeichnen) auch in ein spezielles Register der EU-Kommission eingetragen werden. ▶ Neben die gewerblichen Kennzeichen tritt das **Allgemeine Namensrecht,** welches einen wichtigen Ausfluss des allgemeinen Persönlichkeitsrechtes darstellt. ▶ Die schließlich häufig in Verbindung mit Marken- und Kennzeichenrechten erwähnten **Internet-Domains** sind selbst keine eigenständigen Kennzeichenrechte, sondern müssen lediglich als eine **besondere Benutzungsform** eines Zeichens im virtuellen Raum des Internets verstanden werden.

• <u>Schutzdauer:</u> ▶ Der Schutz von Kennzeichenrechten wird **regelmäßig zeitlich unbegrenzt** gewährt, ist aber an einen **Benutzungszwang** geknüpft. ▶ Bei **eingetragenen Marken** sind in einem Intervall von zehn Jahren jeweils **Aufrechterhaltungsgebühren** zu entrichten. ▶ Zu unrecht gewährte Kennzeichenrechte können über verschiedene amtliche oder gerichtliche Verfahren jederzeit zu Fall gebracht werden.

• <u>Grenzüberschreitender Schutz:</u> ▶ **Transnationaler Schutz** kann für Marken **auf zwei Wegen** erlangt werden. ▶ Einerseits über das sogenannte **Madrider System**, mit welchem über eine zentrale internationale Hinterlegung bei der WIPO ein Bündel nationaler Eintragungsverfahren eingeleitet werden kann. ▶ Zudem gibt es die Möglichkeit der Anmeldung und Eintragung einer **sogenannten Unionsmarke**, die ein unitäres, einheitlich in der gesamten Europäischen Union wirkendes Markenrecht gewährt.

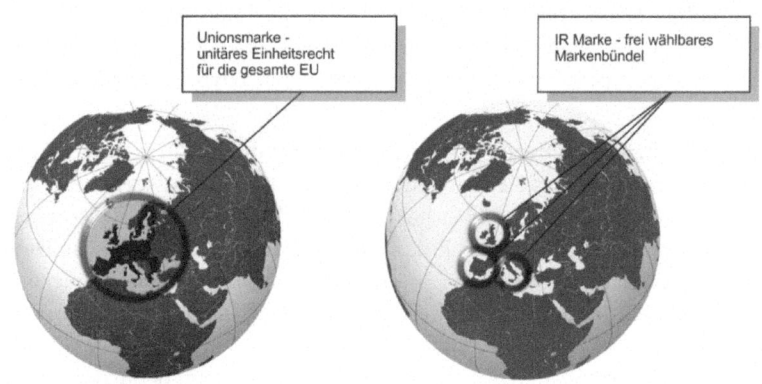

▶ Für **Unternehmenskennzeichen und Werktitel** gibt es **keine derartigen Verfahren**. ▶ Für den Schutz einer **Herkunftsangabe für Lebensmittel** offeriert die EU-Kommission das bereits oben angesprochene EU-weite Schutzregister.

C. Vertiefung

I.   Kennzeichenrechte im Überblick

4.1 ▶   Was versteht man unter dem Begriff „Kennzeichenrechte"?

Der Begriff der Kennzeichenrechte wird im Gesetz nicht unmittelbar definiert.

Keine gesetzliche Definition

> **MERKE:** Kennzeichenrechte sind all diejenigen **Rechte**, welche an **menschlich wahrnehmbaren Individualisierungsmitteln** bestehen können, die **zur Unterscheidung** am Markt, im Wettbewerb oder allgemein im Rechtsverkehr **eingesetzt** werden.

Im internationalen Sprachgebrauch stößt man mitunter auf den Begriff der „**Commercial Designations**". Der Begriff des Kennzeichenrechtes steht häufig im Spannungsverhältnis zum Begriff des Markenrechtes.

International als „Commercial Designations" bezeichnet

U.a. vier verschiedene Arten von Kennzeichenrechte können unterschieden werden.

Dem Grunde nach stellt der **Terminus des Kennzeichenrechtes den Oberbegriff**, der des **Markenrechtes** lediglich einen **Unterbegriff** dar. Denn die Marke ist nur eine von mehreren in der heutigen Praxis relevanten Kennzeichenformen. **Daneben** treten beispielsweise

- **geographische Herkunftsangaben,**

- Rechte an **Firmen- und Unternehmensbezeichnungen,**

- aber auch die – zumindest in Deutschland – gesondert geschützten **Namen geistiger Werke.**

Der Schutzgegenstand ist dabei in einem von dem zu individualisierenden Produkt, dem Unternehmen oder der Person gelösten geistigen Symbol zu sehen.

In den entsprechenden legislativen Regelungen zum Kennzeichenschutz ist die normative Aufgabe der Kennzeichen verankert, die primär in einer „**Herkunfts- und Unterscheidungsfunktion**" besteht. **Zusätzlich** kommen den Kennzeichen im Verkehr aber auch weitere, sogenannte **wirtschaftliche Funktionen** zu, die je nach der besonderen Verwendung und der Art verschieden sein mögen. Von diesen wirtschaftlichen Funktionen seien vor allem

Viele Funktionen mit dem Kennzeichenschutz verbunden

- die **Qualitätsfunktion,**

- die **Werbefunktion** und

- die **Wettbewerbsfunktion** der Kennzeichen im engeren Sinne erwähnt.

II.   Marken – Begriff, Schutzvoraussetzungen, Schutz-begründung

4.2 ▶   Was ist eine Marke?

Marken sind Unterschei-dungskennzeichen

Im Rechtssinne ist eine Marke ein Zeichen, das dazu dient, die **Waren und Dienstleistungen** eines Unternehmens **von denen eines anderen zu unter-scheiden**. Waren sind dabei im Sinne des Markenrechtes **alle handelsfähi-gen Gegenstände**. Eine Dienstleistung besteht in der auftragsgemäßen Vornahme von Handlungen und Geschäftsbesorgungen.

 HÄUFIGER IRRTUM: Produktnamen kann man sich „paten-tieren" lassen. Falsch (!): Patentieren kann man nur technische Lösungen. Produktnamen werden über das Markenrecht ge-schützt.

4.3 ▶   Was versteht man unter dem Begriff der abstrakten Mar-kenfähigkeit?

Offener Katalog der Zeichen, die Marke sein können

Die abstrakte Markenfähigkeit betrifft die Frage, **welche wahrnehmbaren Leistungssymbole abstrakt als Marke in Betracht kommen oder anders ausgedrückt, welche Zeichen Marke sein können.** Dabei hat der Gesetz-geber der Vielfältigkeit moderner werblicher Kommunikation Rechnung getragen und einen **bewusst offenen Katalog** aufgestellt. Abstrakt mar-kenfähig und damit schutzfähig sind **nahezu alle Zeichen**, insbesondere Wörter einschließlich Personennamen, Abbildungen, Buchstaben, Zahlen, Hörzeichen sowie sonstige Aufmachungen einschließlich Farben und Farbzusammenstellungen.

Auch dreidimensionale Gestaltungen können markenfähig sein

Ebenfalls ausdrücklich **als mögliches Produktunterscheidungszeichen** gesetzlich genannt sind dreidimensionale Gestaltungen einschließlich der **Form einer Ware** oder ihrer Verpackung. Auch die Form eines Produktes kann also bei einem entsprechenden Wiedererkennungswert als Produkt-individualisierungs- und identifizierungsmittel für das Produkt fungieren. Allerdings hat der Gesetzgeber hier auch erkannt, dass im markenrechtli-chen Formschutz **erhebliche Überschneidungen zu anderen Schutzrech-ten**, wie etwa dem **Patent** oder dem **eingetragenen Design** schlummern. **Deshalb** wird die abstrakte Markenfähigkeit der Formmarke **gesondert beschränkt**.

Nicht markenfähige Formen

Dem Schutz als Marke nicht zugänglich sind Zeichen die ausschließlich aus einer Form bestehen,

- die **durch die Art der Ware selbst bedingt** ist,

- die **zur Erreichung einer technischen Wirkung** erforderlich ist oder

- die der Ware einen **wesentlichen Wert** verleiht.

WO IST DAS GEREGELT?

Die wichtigsten Gesetzesnormen: § 3 MarkenG

PRAXISFALL: „Da hat sich die Firma aber an ihrer Scherkopfgestaltung geschnitten"

Die Firma P vertreibt seit vielen Jahren einen **Rasierapparat** mit einem Scherkopf bei dem **drei Scherköpfe in einem gleichseitigen Dreieck** angeordnet sind und kreisförmig angeordnete Schlitze aufweisen. Diese Anordnung schaffe nach Ansicht der Firma P einen **wesentlichen Wiedererkennungswert** für das Produkt, den man sich gern als dreidimensionale Marke schützen lassen möchte.

Was kann hier gegen die Schutzfähigkeit einer solchen Marke sprechen?

Lösung: Die zentrale Frage bei der Beurteilung der Markenfähigkeit der **Scherkopfgestaltung** als dreidimensionale Marke ist, ob diese ausschließlich aus der Form, die zur Erreichung einer technischen Wirkung erforderlich ist, besteht. Das ist hier der Fall, denn bei der Anordnung der drei Scherköpfe in einem gleichseitigen Dreieck sowie bei den kreisförmig angeordneten Schlitzen, durch die die Barthaare den in den Scherköpfen sich bewegenden Messern zugeführt werden, handelt es sich um **Gestaltungsmerkmale, die allein der technischen Wirkung zuzuschreiben sind,** zumal es ausgeslossen erscheint, **ob mit anderen Gestaltungsformen dieselbe technische Wirkung erzielt werden könnte.** Ein Markenschutz scheidet daher hier aus.

4.4 ▶ Wie entsteht Markenschutz?

Markenschutz kann in Deutschland zunächst durch die Eintragung eines Zeichens als Marke in das vom Patentamt geführte Register erlangt werden. Diese Möglichkeit gewährt sogleich einen in der gesamten Bundesrepublik wirkenden Schutz.

Möglichkeit Nr. 1 – Markenschutz durch Eintragung ins Register

Zudem kann Markenschutz auch durch die Benutzung eines Zeichens im geschäftlichen Verkehr entstehen, **soweit das Zeichen innerhalb beteiligter Verkehrskreise als Marke Verkehrsgeltung erworben hat.** Hier kann der Markenschutz durchaus auch nur **regional begrenzt** sein.

Möglichkeit Nr. 2 – Markenschutz durch Benutzung

Die dritte und an dieser Stelle nur der Vollständigkeit halber erwähnte Möglichkeit betrifft die Schutzgewährung für sog. **notorisch bekannte Marken** im Sinne von Artikel 6bis der Pariser Verbandsübereinkunft zum Schutz des gewerblichen Eigentums (Pariser Verbandsübereinkunft). Erfasst sind hiervon etwa Marken wie **Coca Cola**, die – ohne, dass es auf eine tatsächliche Benutzung oder Registrierung in Deutschland ankäme – per se Schutz beanspruchen können.

Möglichkeit Nr. 3 – sog. Notorisch bekannte Marken

WO IST DAS GEREGELT?

Die wichtigsten Gesetzesnormen: § 4 MarkenG

**4.5 ▶ Unter welchen Voraussetzungen wird eine Marke einge-
tragen?**

Um markenrechtlichen Schutz zu erlangen, dürfen weder **absolute** noch
relative Schutzausschlussgründe bestehen.

4.6 ▶ Was sind absolute Schutzausschlussgründe?

*Ausdrücklich ausge-
schlossene Zeichen*

Von der Eintragung sind zunächst alle Zeichen ausgeschlossen, die sich
nicht graphisch darstellen lassen.

*Spezifische Eintragungs-
verbote*

Sodann zählt das Gesetz spezifische Eintragungsverbote auf.

Die beiden wichtigsten absoluten Schutzausschlussgründe stellen die **fehlende konkrete Unterscheidungskraft** und das **sog. Freihaltebedürfnis**
dar.

 MERKE: Nicht als Marke schutzfähig sind danach Zeichen,
die die konkreten **Produkte nicht unterscheidbar machen**,
sondern lediglich beschreiben (**fehlende Unterscheidungskraft**) und solche Zeichen, die – in prognostischer Hinsicht –
**vom Verkehr derzeit oder zukünftig einmal zur Beschrei-
bung von Produkten benötigt werden** und daher „freizuhal-
ten sind (**Freihaltebedürfnis**).

Ein Bäcker kann daher seine Backwaren nicht einfach durch die Marke
„**Brötchen**" kennzeichnen und es erscheint problematisch ein bestimmtes
Produktmaterial zur markenmäßigen Kennzeichnung des Produktes zu
wählen, selbst wenn man derzeit der einzige Hersteller von Produkten aus
diesem bestimmten Material ist. Die Anwendungsbereiche dieser Schutzhindernisse können sich teilweise überschneiden. Es bsteht zudem in den
vorbenannten Fällen die Möglichkeit der Eintragung aufgrund von Ver-
kehrsdurchsetzung.

*Unüberwindbar unein-
tragbare Zeichen*

Sodann regelt das Markengesetz weitere (unüberwindbare) Eintragungshindernisse. Dies sind etwa Zeichen,

- die geeignet sind, das Publikum insbesondere über die Art, die Beschaf-
fenheit oder die geographische Herkunft der Waren oder Dienstleistungen zu **täuschen**,

- die **gegen die öffentliche Ordnung** oder die **gegen die guten Sitten**
verstoßen,

- die **Staatswappen, Staatsflaggen** oder andere **staatliche Hoheitszeichen** oder **Wappen** eines inländischen Ortes oder einer inländischen
Gemeinde oder eines weiteren Kommunalverbandes enthalten,

- die **amtliche Prüf- oder Gewährzeichen** enthalten, die nach einer Bekanntmachung des Bundesministeriums der Justiz im Bundesgesetzblatt von der Eintragung als Marke ausgeschlossen sind,

- die **Wappen, Flaggen oder andere Kennzeichen, Siegel oder Bezeichnungen internationaler zwischenstaatlicher Organisationen** enthalten, die nach einer Bekanntmachung des Bundesministeriums der Justiz im Bundesgesetzblatt von der Eintragung als Marke ausgeschlossen sind,

- deren Benutzung ersichtlich **nach sonstigen Vorschriften im öffentlichen Interesse untersagt** werden kann,

- die **bösgläubig angemeldet** worden sind.

Die absoluten Schutzausschlussgründe werden immer **von Amts wegen**, d.h. durch das Deutsche Patent- und Markenamt selbstständig im Eintragungsverfahren geprüft. Eventuelle Fehlentscheidungen kann das Amt später von sich heraus oder auf Antrag korrigieren.

Prüfung von Amts wegen

WO IST DAS GEREGELT?

Die wichtigsten Gesetzesnormen: Absolute Schutzhindernisse § 8 MarkenG

4.7 ▶ Was sind relative Schutzausschlussgründe?

Die Klärung der Frage, ob eine neu eingetragene Marke mit älteren Drittrechten kollidiert, **wird gänzlich den Inhabern dieser Drittrechte überlassen**. Diese müssen ihre Rechtspositionen pflegen und gegen die Eintragung der Marke vorgehen. Dabei sind folgende Kollisionen mit älteren Drittrechten denkbar:

Kollision mit älteren Drittrechten

- Ältere Rechte, die einer jüngeren Marke entgegengehalten werden können, sind zunächst **eingetragene und angemeldete Marken**,

- aber auch solche **Markenrechte, die durch Benutzung entstanden** sind, sofern sie bundesweite Geltung haben.

- Ferner können jüngere Marken mit **älteren bundesweit wirkenden geschäftlichen Bezeichnungen** kollidieren.

- Schließlich können **auch Namensrechte**, das **Recht an der eigenen Abbildung, Urheberrechte, Sortenbezeichnungen, geographische Herkunftsangaben** und **sonstige gewerbliche Schutzrechte** (wie insbesondere eingetragene Designs) relative Schutzausschlussgründe darstellen.

WO IST DAS GEREGELT?

Die wichtigsten Gesetzesnormen: Relative Schutzhindernisse §§ 9, 10, 12, 13 MarkenG

4.8 ► Was versteht man unter dem sogenannten Benutzungszwang?

Verfall des Markenschutzes bei Nichtnutzung

Der Benutzungszwang besagt im Markenrecht, dass der Markenschutz verfällt, wenn eine Marke **fünf Jahre (Benutzungsschonfrist) nicht vom Markeninhaber benutzt worden** ist. Unter Benutzung versteht man die **ernsthafte Benutzung der Marke** für die Produkte, für welche sie Schutz genießt. Wird dem Benutzungszwang nicht nachgekommen, wird die Marke **löschungsreif**. Der Inhaber einer nicht benutzten Marke kann seinerseits keine Rechte gegenüber Dritten geltend machen.

 WO IST DAS GEREGELT?

Die wichtigsten Gesetzesnormen: § 26 MarkenG

4.9 ► Wie läuft das Eintragungsverfahren ab?

Amtliche Anmeldeunterlagen ausfüllen

Zur Anmeldung einer Marke in das Register des Deutschen Patent- und Markenamtes sollte man sich des vom Amt herausgegebenen Formulars bedienen. Der Vordruck ist auszufüllen, die **Waren und Dienstleistungen**, die mit der Marke gekennzeichnet werden sollen, sind **unbedingt anzugeben** (falls der Platz des Formblattes hier nicht ausreicht, ist ein gesondertes Waren- und Dienstleistungsverzeichnis 2-fach beizufügen). **Gesonderte Anlagen** sind auch in Bezug auf die Wiedergabe der Marke erforderlich, falls es sich hierbei um eine andere Markenform, als um eine reine Wortmarke handelt. Den Antrag sendet man in der Regel **an das Deutsche Patent- und Markenamt in München**. Die Anmeldung kann aber auch in den Dienststellen **Jena** oder **Berlin** eingereicht werden. Auch einige **Patentinformationszentren** nehmen Markenanmeldungen für das Deutsche Patent- und Markenamt entgegen.

Eingangsbestätigung und begrenzte Sachprüfung

Das **Deutsche Patent- und Markenamt** führt zunächst eine **Eingangsprüfung** durch und sendet dem Anmelder eine **Eingangsbestätigung** zusammen mit dem offiziellen Aktenzeichen der Markenanmeldung. Im Anschluss erfolgt die Sachprüfung **auf die oben erwähnten absoluten Schutzhindernisse**. Das Amt prüft indes **nicht, ob ältere Drittrechte bestehen**.

Eintragung im Markenregister, Veröffentlichung und Zusendung einer Urkunde

Entspricht die Anmeldung **den gesetzlichen Anforderungen** und liegt **kein Eintragungshindernis** vor, trägt das Deutsche Patent- und Markenamt die Marke in das Register ein. Die Eintragung wird **im Markenblatt veröffentlicht**. Der Inhaber erhält eine **Urkunde** über die Eintragung.

Beanstandungsbescheid und Abweisungsbeschluss bei Mängeln

Erachtet die Markenstelle eine Anmeldung ganz oder teilweise nicht für eintragungsfähig so **weist sie diese durch Beschluss** zurück. Zuvor gibt sie dem Anmelder aber mittels Beanstandungsbescheid **Gelegenheit zur Stellungnahme**.

Rechtsmittel

Gegen Zurückweisungsbeschlüsse kann der Anmelder die sog. „**Erinnerung**" beim DPMA oder die **Beschwerde** an das Bundespatentgericht erheben. Hat er auch vor dem Bundespatentgericht keinen Erfolg, verbleibt ihm noch die Möglichkeit der **Rechtsbeschwerde** an den Bundesgerichtshof.

 M5 Anmeldeformular Deutsche Marke mit amtlichem Merkblatt als Auszug

4.10 ▶ Über welche Verfahren kann eine eingetragene Marke zu Fall gebracht werden?

Nach der Veröffentlichung haben **Inhaber von älteren Rechten** die Möglichkeit, Widerspruch gegen die Eintragung einzulegen. Widerspruch kann grundsätzlich erhoben werden, **wenn** befürchtet wird, dass **zwischen der jüngeren Marke und dem eigenen älteren Recht eine Verwechslungsgefahr** besteht. Der Widerspruch muss **schriftlich**, innerhalb einer **Frist** von **drei Monaten** nach der Veröffentlichung der Eintragung eingelegt werden. Über den Widerspruch wird im Widerspruchsverfahren entschieden. Widerspruchsentscheidungen des DPMA können wie Zurückweisungen der Markenanmeldung mit der Erinnerung, der Beschwerde oder der Rechtsbeschwerde überprüft werden. *Widerspruch durch Dritte*

 WO IST DAS GEREGELT?

Die wichtigsten Gesetzesnormen: § 42 MarkenG

Auch **nach Ablauf der Widerspruchsfrist** haben Inhaber älterer Rechte die Möglichkeit, eine Löschungsklage zu erheben. Das Löschungsverfahren wird **vor** den **ordentlichen Gerichten** durchgeführt. Die Eintragung einer Marke kann in einem Löschungsklageverfahren (dem allerdings ein amtliches Vorverfahren vorgeschaltet werden kann) auch wegen Verfalls gelöscht werden, wenn die Marke nach der Eintragung innerhalb eines Zeitraums von fünf Jahren nicht ordnungsgemäß benutzt worden ist. *Löschungsklage*

Die Eintragung einer Marke kann ferner auf Antrag **eines jeden Dritten** vor dem DPMA wegen Nichtigkeit **aufgrund absoluter Schutzhindernisse** gelöscht werden, wenn ihr die Markenfähigkeit fehlte, der Anmelder nicht Inhaber einer Marke sein konnte oder absolute Schutzhindernisse entgegen standen. Der Löschungsantrag muss schriftlich, **innerhalb von zehn Jahren** nach Eintragung der Marke gestellt werden. Hat der Antrag Erfolg, wird die Markeneintragung für nichtig erklärt und aus dem Register gelöscht. *Löschung auf Antrag*

Schließlich kann der Inhaber einer Marke auf diese jederzeit verzichten. *Verzicht des Markeninhabers*

 WO IST DAS GEREGELT?

Die wichtigsten Gesetzesnormen: §§ 48 – 55 MarkenG

4.11 ▶   Unter welchen Voraussetzungen kann eine Marke durch Benutzung erlangt werden?

Verkehrsgeltung durch intensive Benutzung

Auch **ohne die Vornahme einer Anmeldung** kann ein Markenschutz für ein bestimmtes Zeichen begründet werden, wenn die Benutzung dieses Zeichens zur sogenannten Verkehrsgeltung geführt hat. Dafür muss das Zeichen **bei einem wesentlichen Teil der einschlägigen Verkehrskreise**, also der potentiellen Abnehmer der Waren- oder Dienstleistungen, die unter dem Zeichen vertrieben werden, **so bekannt geworden** sein, dass es zu einem **Wiedererkennungsmittel** geworden ist.

Einzelfallabhängiger Prozentsatz

Wie hoch der Prozentsatz einer solchen Bekanntheit sein muss, ist dabei eine Frage des Einzelfalls. Die **Rechtsprechung** hat es bislang ausdrücklich **abgelehnt**, sich auf bestimmte Mindestprozentsätze festzulegen.

   WO IST DAS GEREGELT?

Die wichtigsten Gesetzesnormen: § 4, Abs. 2 MarkenG

III.   Dauer, Umfang und Schranken des Markenschutzes

4.12 ▶   Wie lange währt der Markenschutz?

Eingetragene Marken: zehn Jahre Schutz, beliebig verlängerbar

Bei eingetragenen Marken kann der Schutz durch Zahlung der Aufrechterhaltungsgebühr alle zehn Jahre beliebig oft verlängert werden. Die eingetragene Marke kann zudem jederzeit durch ein Löschungsverfahren zu Fall gebracht werden. Allerdings gelten hier besondere Verwirkungs- und Bestandsschutzfristen.

Nicht eingetragene Marken: andauernde Verkehrsgeltung

Bei den nicht eingetragenen Benutzungsmarken ist die andauernde Verkehrsgeltung Bedingung für die Aufrechterhaltung des Schutzes. Wenn sie entfällt, endet auch der Markenschutz.

   WO IST DAS GEREGELT?

Die wichtigsten Gesetzesnormen: § 47 MarkenG

4.13 ▶   Welche Rechte gewährt der Markenschutz?

Recht auf ausschließliche Benutzung

Der Inhaber einer Marke hat das ausschließliche **Recht zur Benutzung**.

- Dritten ist es untersagt, ohne Zustimmung des Inhabers der Marke im geschäftlichen Verkehr ein **mit der Marke identisches Zeichen** für Waren oder Dienstleistungen zu benutzen, **die mit denjenigen identisch sind, für die sie Schutz genießt**; ein Zeichen zu benutzen, wenn wegen der Identität oder Ähnlichkeit des Zeichens mit der Marke und der Identität oder Ähnlichkeit der durch die Marke und das Zeichen erfassten Waren oder Dienstleistungen für das Publikum die **Gefahr von**

Verwechslungen besteht, einschließlich der Gefahr, dass das Zeichen mit der Marke gedanklich in Verbindung gebracht wird;

- oder **ein mit der Marke identisches Zeichen oder ein ähnliches Zeichen für Waren oder Dienstleistungen zu benutzen**, die nicht denen ähnlich sind, für die die Marke Schutz genießt, wenn es sich bei der Marke um eine im Inland bekannte Marke handelt und die Benutzung des Zeichens die **Unterscheidungskraft oder die Wertschätzung der bekannten Marke ohne rechtfertigenden Grund in unlauterer Weise ausnutzt oder beeinträchtigt.**

- Dabei ist es insbesondere untersagt, **das Zeichen auf Waren oder ihrer Aufmachung oder Verpackung anzubringen**, unter dem Zeichen Waren anzubieten, in den Verkehr zu bringen oder zu den genannten Zwecken zu besitzen, unter dem Zeichen Dienstleistungen anzubieten oder zu erbringen, unter dem Zeichen Waren einzuführen oder auszuführen, das Zeichen in Geschäftspapieren oder in der Werbung zu benutzen.

 WO IST DAS GEREGELT?

Die wichtigsten Gesetzesnormen: § 14 MarkenG

4.14 ▶ Welche Schranken bestehen für den Markenschutz?

Ansprüche aus Markenrechten unterliegen der **Verjährung.** Geht der Rechteinhaber zudem nicht **innerhalb von 5 Jahren ab Kenntnis** gegen die Beeinträchtigung seiner Schutzposition vor, so **verwirkt** er seine Abwehransprüche u.U.vollständig.

Schranke Nr. 1 – Verjährung und Verwirkung

Der Inhaber einer Marke hat ferner nicht das Recht, einem Dritten zu untersagen, im geschäftlichen Verkehr dessen Namen oder Anschrift zu benutzen, ein mit der Marke identisches Zeichen oder ein ähnliches Zeichen **als beschreibende Produktangabe** oder als Hinweis auf die Bestimmung einer Ware als Zubehör oder Ersatzteil zu nutzen, **sofern die Benutzung nicht gegen die guten Sitten verstößt.**

Schranke Nr. 2 – Beschreibende Benutzung

Der Inhaber einer Marke hat schließlich auch nicht das Recht, einem Dritten zu untersagen, die Marke für solche **Waren** zu benutzen, die **mit Zustimmung des Markeninhabers in Verkehr gebracht worden sind.** Dieser Grundsatz der Erschöpfung, den die Rechtsordnung auch für andere Immaterialgüter vorsieht, gilt allerdings nur für markenmäßig gekennzeichnete Waren, nicht für Dienstleistungen, da diese nicht „in Verkehr gebracht werden können".

Schranke Nr. 3 – Erschöpfung

In Bezug auf die weitere Schranke der Undurchsetzbarkeit nicht ordnungsgemäß benutzter Marken wird auf die obigen Ausführungen verwiesen.

Schranke Nr. 4 – Undurchsetzbarkeit bei Verfall

Eine Verletzung von Marken im Privatbereich ist ausgeschlossen.

Schranke Nr. 5 – Rein private Nutzung

WO IST DAS GEREGELT?

Die wichtigsten Gesetzesnormen: §§ 20, 21, 23, 24 MarkenG

IV.   Systeme des grenzüberschreitenden Markenschutzes

4.15 ▶   Welche Möglichkeiten bestehen, um grenzüberschreitenden Markenschutz zu erlangen?

Für grenzüberschreitenden Markenschutz existieren **zwei unterschiedliche Wege.** Einerseits das **sog. EU-Markensystem** und andererseits das **Madrider System** zur internationalen Registrierung einer Marke.

4.16 ▶   Wie funktioniert das EU-Markensystem?

Eine einzige Anmeldung in Alicante

Die beim Amt der Europäischen Union für Geistiges Eigentum (EUIPO) in Alicante, Spanien anzumeldende EU-Marke ermöglicht einen **einheitlichen Schutz** für alle (derzeit 27) Mitgliedstaaten der Europäischen Union. Die EU-Marke „wächst" dabei sogar u.U. **mit der territorialen Entwicklung** der EU mit. Im Falle einer künftigen Erweiterung der Europäischen Union erstrecken sich nämlich alle bis dato eingetragenen oder angemeldeten EU-Marke **automatisch auch auf die hinzutretenden Mitgliedstaaten,** ohne dass weitere Formalitäten oder Gebührenzahlungen erforderlich wären.

Schutzdauer zehn Jahre – beliebig verlängerbar – einheitliches Eintragungs- und Erteilungsverfahren

Die Schutzdauer der EU-Marke beträgt zunächst zehn Jahre. Sie kann beliebig oft um jeweils weitere zehn Jahre verlängert werden. Das EU-Markesystem sieht eine einheitliche Anmeldung und ein einheitliches Eintragungsverfahren vor. Es gibt zu jeder Marke nur **eine einzige** beim EUIPO verwaltete **Akte.**

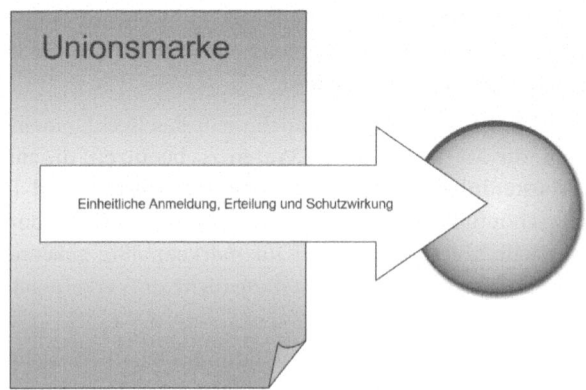

Unionsmarke

Einheitliche Anmeldung, Erteilung und Schutzwirkung

Die Schutzvoraussetzungen einer EU-marke entsprechen weitgehend denen einer deutschen Marke.

Eine EU-marke gewährt ihrem Inhaber ein **ausschließliches Recht**, die ohne seine Zustimmung erfolgende, **unbefugte Benutzung** der Marke im gesamten Gebiet der EU **zu unterbinden**. Insbesondere kann der Inhaber unbefugten Dritten Folgendes untersagen:

- die eingetragene EU-marke auf ihren Waren oder Verpackungen **abzu-bilden**;

- Waren, die die eingetragene EU-marke enthalten, **anzubieten**, auf den Markt zu bringen oder zu gewerblichen Zwecken **vorrätig zu halten;**

- Dienstleistungen unter Verwendung der eingetragenen EU-marke **anzubieten** oder zu **erbringen**;

- Waren unter der EU-marke **ein- oder auszuführen** bzw. die EU-marke auf Geschäftspapier oder **in der Werbung zu benutzen.**

Soweit unbefugte Dritte Derartiges tun, verletzen sie das ausschließliche Recht des Inhabers.

Der Inhaber einer EU-marke kann gegen derartige Verletzungen vor für jeden Mitgliedstaat der EU speziell benannten Gerichten (sog. EU-markengerichten) vorgehen.

Er muss allerdings – wie dies für deutsche Marken ebenfalls vorgesehen ist – innerhalb von fünf Jahren nach der Eintragung mit der ernsthaften Benutzung beginnen. Eine solche liegt aber auch dann schon vor, wenn die Marke **nur in einem Teil der EU**, etwa nur in einem Mitgliedstaat oder nur in einem Teil eines Mitgliedstaats, benutzt wird.

Nicht benutzte Marken können wegen Verfalls durch jeden Dritten angegriffen werden. Für die Geltendmachung von Ansprüchen aus älteren Rechten steht eine dem deutschen Verfahren **ähnliche Widerspruchsmög-lichkeit** zur Verfügung. Auch **nach Ablauf von Widerspruchsfristen** oder bei Scheitern eines Widerspruches kann die EU-marke mit einem **Nichtig-keitsantrag** vor dem EUIPO angegriffen werden. Die Nichtigkeit einer EU-marke kann aber **auch als Widerklage in einem Verletzungsverfahren vor den nationalen EU-markengerichten** geltend gemacht werden.

 M6 Anmeldeformular EU-marke

Allerdings gelten die in Deutschland bestehenden abstrakten Schutzhindernisse für Formmarken auf EU-Markenebene für sämtliche Markengattungen.

PRAXISFALL: „Ein Europa – ein Recht – eine einheitlicher Untergang"

Das **deutsche Unternehmen X** ist Inhaberin der **EU-marke Y**. Die **italienische Wettbewerberin Z** greift die EU-marke des Unternehmers X mittels eines Nichtigkeitsantrages vor dem spanischen EUIPO in Alicante an, den sie auf ihre ältere identische **italienische Marke Y2** stützt.

Das **Unternehmen X** fragt sich, welche Konsequenzen dieser Angriff für die EU-marke Y hat?

Lösung: Da die EU-marke ein **unitäres Recht** ist, kann sie **nur mit einheitlicher Wirkung für die gesamte EU angegriffen** werden. Dies gilt auch dann, wenn die Basis, auf die der Angriff gestützt wird, etwa nur ein nationales, also regional begrenztes Markenrecht ist. Hat der Widerspruch daher Erfolg, verliert die Firma X den **für die gesamte EU begründeten Markenschutz** vollständig.

Ein sehr **kostspieliger Ausweg** wäre dann nur noch die **sog. Konversion**, in der die EU-marke nachträglich in zahlreiche nationale Marken „umgewandelt werden kann". Diesen Weg könnte die Firma X für die wichtigsten Zielmärkte außerhalb Italiens einschlagen.

4.17 ▶ Wie funktioniert das Madrider System?

Grenzüberschreitende internationale Verträge MMA und PMMA

Grenzüberschreitender Markenschutz ist für eine Vielzahl von Staaten über das sog. Madrider System möglich. Dieses setzt sich aus zwei internationalen Verträgen, nämlich dem **Madrider Markenabkommen (MMA)** und dem **Protokoll zum Madrider Markenabkommen (PMMA)** zusammen.

Internationale Registrierung nach Basisanmeldung

Damit ist es möglich, eine Marke in ein **von der Weltorganisation für Geistiges Eigentum (WIPO) geführtes internationales Register** eintragen zu lassen. Wichtig ist, dass es für die internationale Hinterlegung bereits immer schon einer **Markenanmeldung als Basis bedarf** (sog. Basisanmeldung). Aus Sicht deutscher Anmelder kommt als Markenbasis eine **deutsche Markenanmeldung** oder eine **EU-Markenanmeldung** in Betracht. Der entsprechende Antrag auf internationale Registrierung ist – in Abhängigkeit der vorhandenen Basismarke – entweder über das Deutsche Patent- und Markenamt oder das EUIPO zur Weiterleitung an die WIPO zu stellen.

Auswahl der gewünschten Staaten/Territorien durch den Anmelder

In seinem Gesuch um internationale Registrierung wählt der Anmelder bestimmte Staaten oder Territorien aus, in denen die Marke hinterlegt werden soll. Neben einer Art Grundgebühr sind hierfür jeweils weitere Gebühren in Abhängigkeit des Umfanges der benannten „Ziele" zu entrichten.

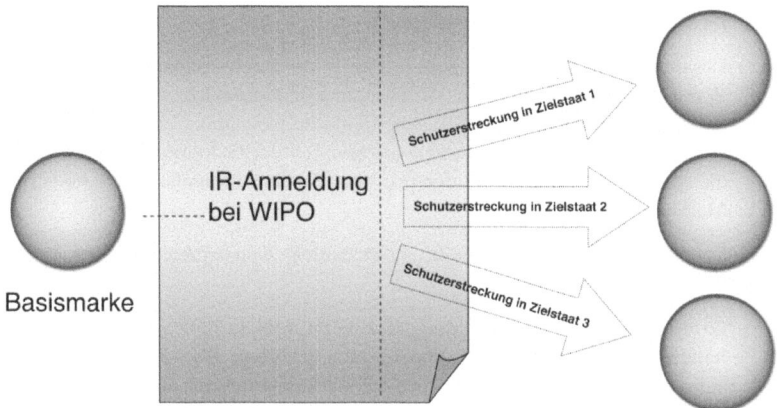

Nach **Weiterleitung** des Antrages **an die WIPO prüft** diese den Antrag, trägt, wenn alle Voraussetzungen erfüllt sind, die Marke in das internationale Register ein und **veröffentlicht die Registrierung** in der "**Gazette des marques internationales**". Die Marke – oder besser das Markenbündel – ist nun zunächst in jedem der benannten Länder **als Schutzgesuch hinterlegt.**

WIPO prüft Antrag, registriert und hinterlegt Marken in benannten Ländern als Schutzgesuch

Die betroffenen Vertragsparteien haben aber innerhalb eines Jahres (unter dem PMMA im Einzelfall auch **innerhalb von 18 Monaten**) die Möglichkeit, nach ihren nationalen Gesetzen den Schutz zu verweigern. Wird der Schutz gewährt, hat der IR-Markeninhaber die vollen Rechte eines nationalen Markeninhabers. Wird **in einem der Länder** die Marke zurückgewiesen, so bleibt der **Markenschutz in den anderen gewählten Ländern bestehen**.

Einzelstaaten können nach nationalen Gesetzen Schutz verweigern

Die Schutzdauer der IR-Marke beträgt nach dem MMA 20 Jahre, nach dem PMMA zehn Jahre. Sie kann beliebig oft verlängert werden.

zehn bzw. 20 Jahre Schutz – beliebig oft verlängerbar

Das IR-Markenbündel kann durch Dritte auf zweierlei Wegen angegriffen werden. Da das Bündel an Hinterlegungen **für die Dauer von 5 Jahren** an das Schicksal der Basismarke geknüpft ist, führt in dieser Zeitspanne ein **Angriff auf die Basis** zum Wegfall des gesamten Bündels. Ist ein Angriff auf die Basismarke nicht möglich oder nicht gewünscht, können auch lediglich die **einzelnen Hinterlegungen angegriffen** werden.

Löschung auf zwei Wegen möglich

 M7 Anmeldeunterlagen für IR Marke

PRAXISFALL: „Nicht alles verloren"

Das **deutsche Unternehmen X** ist Inhaberin der **internationalen Registrierung Y** mit Schutzerstreckung in Großbritannien, Frankreich, der Schweiz und Italien. Als Basismarke fungiert eine deutsche Heimatmarke. Die **italienische Wettbewerberin Z** greift den italienischen Teil der IR-Marke mittels eines auf die Marke Y2 gestützten Widerspruches **vor dem italienischen Patent- und Markenamt** an.

Das deutsche Unternehmen X fragt sich, **welche Konsequenzen** dieser Angriff für die IR-Marke Y hat!?

Lösung: Gegenstand des Widerspruchsverfahrens in Italien ist **lediglich der italienische Teil** der internationalen Registrierung. Die Entscheidung des italienischen Patent- und Markenamtes hat **ausschließlich Konsequenzen für das Schicksal dieses italienischen** Markenteils. Die anderen Schutzerstreckungsgebiete sind nicht betroffen. Dort verfügt die Firma X ungeachtet des Ausgangs des italienischen Widerspruchsverfahrens weiterhin über Markenschutz. Der einzige Weg, ein IR-Bündel vollständig mit einem Zentralangriff zu beseitigen, ist ein Angriff auf die **Basismarke (in diesem Fall die deutsche Marke)** während der 5-jährigen Abhängigkeitsfrist. Da die italienische Wettbewerberin aber über keine älteren Rechte **in Deutschland** verfügt, ist ihr dieser Weg versperrt.

Für das deutsche Unternehmen X hätte dieser Angriff daher nur in Italien Konsequenzen.

4.18 ▶ Kann man das IR-System und das EU-markensystem miteinander kombinieren?

Beitritt der EU zum Madrider System

Durch den Beitritt der EU zum Protokoll des Madrider Markenabkommens vor einigen Jahren ist es möglich, eine EU-Markenanmeldung zur Basis einer darauf gestützten internationalen Registrierung zu machen und andererseits das Gebiet der EU als Zielterritorium in das Bündel einer internationalen Registrierung aufzunehmen.

V. Hinweis auf Marken gegenüber dem Rechtsverkehr

4.19 ▶ Wie wird auf eine Marke hingewiesen?

Ein Hinweis auf bestehenden Markenschutz durch Eintragung ist mit Bezeichnungen wie **eingetragene Marke, eingetragenes Warenzeichen, Schutzmarke, registered trademark** oder vergleichbare Formulierungen oder den Zeichen **TM** bzw. ® möglich.

Hinweismöglichkeiten

Ersichtlich täuschend und damit wettbewerbswidrig ist die Hinzufügung des **Symbols** ® als Schutzrechtshinweis, **wenn tatsächlich keinerlei Anmeldung** oder **Registrierung** besteht.

Irreführungsverbot

VI. Geschäftliche Bezeichnungen – Begriff, Schutzvoraussetzungen, Schutzbegründung

4.20 ▶ Was sind geschäftliche Bezeichnungen?

Die Systematik der geschäftlichen Bezeichnungen ist recht kompliziert. Schon die häufig im allgemeinen Schrifttum anzutreffenden Begrifflichkeiten stimmen mit der juristischen Fachterminologie oftmals nicht überein. So wird häufig z.B. auch bei Unternehmen, die gar keine Firma im Handelsregister eingetragen haben, von einer „Firma" gesprochen oder wird die Sonderkennzeichenform des Werktitels dem Urheberrecht zugeordnet.

Komplizierte Systematik

Im Sinne „geistigen Eigentums" zählen zu den Kennzeichenrechten zunächst nur die im Markengesetz geregelten Kennzeichenformen.

MERKE: Geschäftliche Bezeichnungen bilden dabei den **Oberbegriff** für **Unternehmenskennzeichen** und **Werktitel.**

WO IST DAS GEREGELT?

Die wichtigsten Gesetzesnormen: § 5, Abs. 1 MarkenG

4.21 ▶ Was sind Unternehmenskennzeichen?

MERKE: Unternehmenskennzeichen sind **Zeichen**, die im **geschäftlichen Verkehr** als Name, als Firma oder als sonstiges **besonderes Bezeichnungsmittel** eines Geschäftsbetriebs oder eines Unternehmens **benutzt** werden.

Es wird zwischen den **Geschäfts- oder Unternehmensbezeichnungen** (gemeint ist eine Bezeichnung im sprachlichen Sinne) und den **Geschäftsabzeichen** (also z.B. Firmenlogos) unterschieden.

WO IST DAS GEREGELT?

Die wichtigsten Gesetzesnormen: § 5, Abs. 2 MarkenG

Die **Firma** im Sinne des Handelsgesetzbuches hingegen ist der **Name**, unter dem Kaufleute im Handel ihre Geschäfte betreiben (Handelsname des Kaufmanns). Die Firma wird im Handelsregister eingetragen.

WO IST DAS GEREGELT?

Die wichtigsten Gesetzesnormen: § 17 HGB

4.22 ▶ Wie entsteht der Schutz an einem Unternehmenskennzeichen?

Unterscheidungskraft

Ob ein Schutz eines Unternehmenskennzeichens nach dem MarkenG möglich ist, hängt dabei allein von der Frage ab, **ob das Unternehmenskennzeichen selbst Unterscheidungskraft aufweist.**

WO IST DAS GEREGELT?

Die wichtigsten Gesetzesnormen: § 5, Abs. 2 MarkenG

Schutz von Geschäftsbezeichnungen

Bei Geschäftsbezeichnungen entsteht der Schutz schon mit Benutzungsaufnahme des unterscheidungskräftigen Zeichens.

Geschäftsabzeichen: Benutzung und Bekanntheit

Bei Geschäftsabzeichen (Logos) muss eine gewisse Bekanntheit im Verkehr hinzutreten.

Ob eine Bezeichnung oder ein Firmenlogo Kennzeichenschutz im Sinne des Markengesetzes begründen, ist losgelöst von den Anforderungen des HGB zu beurteilen. Schutz genießen auch Namen von nicht im Handelsregister eingetragenen Unternehmen.

4.23 ▶ Welche Anforderungen bestehen an die Kennzeichnungs- und Unterscheidungskraft eines Unternehmenskennzeichens?

Kriterium der Unterscheidbarkeit

Kennzeichnungs- und Unterscheidungskraft hat ein Zeichen, wenn es geeignet ist, ein **ganz bestimmtes Unternehmen** von anderen **unterscheidbar** zu machen. Typischerweise sind dazu **Fantasiebezeichnungen** („Ergolex GmbH") am besten geeignet.

In **folgenden Fällen** haben Unternehmenskennzeichen **keine** Unterscheidungskraft:

• Die Kennzeichnungseignung fehlt bei **rein beschreibenden Branchen- oder Sachbegriffen „Bäcker KG"** oder **„Textil OHG"**. Zudem besteht hier ein Freihaltebedürfnis. Derartige Sach- und Branchenfirmen wird daher häufig ein **weiterer Zusatz** beigestellt, der die erforderliche Kennzeichnungskraft bewirkt (z.B. Personennamen oder Abkürzungen).

- Eine Kennzeichnungseignung wird auch Zeichen abgesprochen, die **nicht kommunizierbar** sind, etwa Satzzeichen wie Ausrufezeichen, Kommas etc.

- Wegen der Gefahr der Irreführung sind schließlich auch solche **Begriffe** nur eingeschränkt verwendbar, **die eine besondere Leistungsfähigkeit, Marktbedeutung oder den Umweltbezug eines Unternehmens anklingen lassen,** wenn dies nicht mit einer **entsprechenden Sachlage** korrespondiert. „Bio", „Öko" oder geschützte Berufsbezeichnungen. Dies verbietet einerseits das HGB, andererseits aber auch das **Wettbewerbsrecht** (UWG). Problematisch sind in diesem Zusammenhang auch Zusätze, die Zweifel über die Rechtsform des Unternehmens aufkommen lassen.

4.24 ▶ Was muss ich als Kleingewerbetreibender beachten?

Kleingewerbetreibende sind i.d.R. nicht im Handelsregister eingetragen und dürfen dann auch keinen eigenen, verselbstständigten Firmennamen führen. Für den Bereich außerhalb des Handelsregisters enthielt die Gewerbeordnung bislang die maßgeblichen Bezeichnungsvorschriften. Diese Sondervorschriften wurden aber im Jahre 2009 aufgehoben.

Keine Scheinfirma

Zulässig ist in jedem Fall die Benutzung einer **sog. Geschäfts- bzw. Etablissementbezeichnung,** die zwar ein Phantasiebegriff sein kann, aber wiederum nicht den Eindruck einer eingetragenen Handelsregisterfirma hervorrufen darf, z.B. „**Gasthof zum Hirschen**".

Sog. Geschäfts- bzw. Etablissementbezeichnungen sind zulässig

4.25 ▶ Was ist ein Werktitel?

Werktitel sind die **Namen geistiger Werke.** Sie haben also mit Firmierungen oder Unternehmensnamen **nichts gemein** und sind aber systematisch etwas unglücklich an gleicher Stelle im Gesetz verankert.

Kennzeichnung geistiger Inhalte

Wichtig ist, dass der Werktitel immer nur den geistigen Inhalt des Werkes kennzeichnet. Dieser kann auch in einem wiedererkennbaren Konzept begründet sein, so dass etwa eine Fernsehserie nicht nur für jede einzelne Folge, sondern für die Gesamtheit aller Handlungsepisoden Werktitelschutz genießt.

4.26 ▶ Was versteht man unter dem kennzeichenrechtlichen Werkbegriff?

Welche Werke im geschäftlichen Verkehr üblicherweise **mit einem Titel** versehen werden, listet das Gesetz auf. Genannt werden:

Werke, welche „üblicherweise" gekennzeichnet werden

- Druckschriften,
- Filmwerke,
- Tonwerke,
- Bühnenwerke
- oder sonstige vergleichbare Werke.

Als sonstige vergleichbare Werke sind etwa Computerprogramme, mitunter Websites oder Seminarreihen anerkannt.

 WO IST DAS GEREGELT?

Die wichtigsten Gesetzesnormen: § 5, Abs. 3 MarkenG

4.27 ▶ Wie entsteht der Schutz an einem Werktitel?

Keine Registrierung

Wie bei den Unternehmenskennzeichen entsteht der Schutz mit **Benutzungsaufnahme eines unterscheidungskräftigen Titels**. Das Werk muss aber zu diesem Zeitpunkt vollständig fertig gestellt sein, d.h. der geistige Inhalt muss endgültig konzipiert sein.

Sog. Titelschutzanzeige möglich

Es ist möglich, durch eine sog. Titelschutzanzeige die Priorität der Schutzbegründung vorzuverlegen. Sinn der Titelschutzanzeige ist es, den Verkehr noch während der Entstehung des Werkes von der geplanten Titelnutzung zu informieren.

 HÄUFIGER IRRTUM: Die Titelschutzanzeige begründet den Werktitelschutz. **Falsch(!)**: Die Anzeige eines Werktitels dient lediglich der Vorverlagerung der Priorität also des Zeitranges der Schutzbegründung. Die eigentliche Schutzbegründung setzt die Benutzung des Titels für ein vollständig fertig gestelltes Werk voraus.

4.28 ▶ Welche Anforderungen bestehen an die Kennzeichnungs- und Unterscheidungskraft eines Werktitels?

Da der Verkehr bei Werktiteln an „sprechende" also nahezu beschreibende Angaben gewöhnt ist, **gelten hier geringere Anforderungen**, als bei anderen Kennzeichen. So ist die Bezeichnung „Eltern" für ein „Elternmagazin" als Werktitel eben **nicht schutzfähig**, als Marke möglicherweise schon.

VII. Akzessorietät, Umfang und Schranken des Schutzes von geschäftlichen Bezeichnungen

4.29 ▶ Was bedeutet im Falle des Schutzes geschäftlicher Bezeichnungen der Begriff der Akzessorietät?

Geschäftliche Bezeichnungen sind akzessorisch

Anders als Marken, sind geschäftliche Bezeichnungen **nicht ohne weiteres bestands- und transferfähig.** Sie sind an den Bestand des Objektes geknüpft, welches sie kennzeichnen und identifizieren sollen.

• Bei Unternehmenskennzeichen ist dies der Geschäftsbetrieb,

• beim Werktitel das Werk.

Aufgabe bzw. fehlende Fertigstellung führen zum Erlöschen

Wird der Geschäftsbetrieb aufgegeben, erlischt das Unternehmenskennzeichen, wird das Werk nicht fertig gestellt, kann **kein Werktitelschutz** begründet werden. Will man Unternehmenskennzeichen oder Werktitel auf einen Dritten **übergehen lassen,** so geht dies **nur zusammen mit dem Geschäftsbetrieb oder dem Werk.**

 SIEHE AUCH: Ausführungen in Teil 12

PRAXISFALL: „Miese Zeiten, bessere Zeiten" im Fernsehen

Der **Fernsehsender RTN** strahlt seit vielen Jahren eine Serie im Vorabendprogramm aus, die das Schicksal einer **Hand voll junger Leute in Berlin** zeigt und in der deren Alltagserlebnisse episodenhaft miteinander verwoben werden. Die Serie läuft unter dem Titel „**Miese Zeiten, bessere Zeiten**". Der **Verantwortliche V** glaubt angesichts sinkender Quoten mit einigen „Veränderungen" den Erfolg der Serie wieder deutlich erhöhen zu können. So will er das Format der Serie künftig **eher im kriminalistischen Bereich ansiedeln** und denkt daran, einen **Polizisten mit seinem Schäferhund zu den Hauptprotagonisten** zu machen, die täglich neue Fälle zu lösen haben. Die inhaltlichen Änderungen sollen ohne weitere thematische Überleitung erfolgen. Das Publikum soll dafür aber mit großem Werbeaufwand zum „**radikal neuen Konzept auf neuem Sendeplatz**" hingeführt werden.

Würde ein bis dahin bestehender **Werktitelschutz weiterbestehen?**

Lösung: Grundsätzlich sind auch **Serien,** die nie gänzlich abgeschlossen werden, dem **Werktitelschutz zugänglich,** da auch sie einen **wieder erkennbaren,** inhaltlich-konzeptionalen geistigen **Inhalt** haben können.

Die **vollständige Veränderung** dieses Inhaltes lässt den bis dahin bestehenden Werktitelschutz **indes enden.**

Wird der alte Titel **für das neue Konzept fortgeführt,** so handelt es sich bei diesem Werktitel dann rechtlich um eine **neu begründete geschäftliche Bezeichnung.**

4.30 ► Welche Rechte gewährt der Schutz einer geschäftlichen Bezeichnung?

Der Inhaber einer geschäftlichen Bezeichnung hat das ausschließliche Recht zur deren Benutzung. Dritten ist es **untersagt,** das Unternehmenskennzeichen oder den Werktitel oder ein ähnliches Zeichen im geschäftlichen Verkehr unbefugt in einer Weise zu **benutzen, die geeignet ist, Verwechslungen mit der geschützten Bezeichnung hervorzurufen.**

Recht auf ausschließliche Benutzung

Handelt es sich bei der geschäftlichen Bezeichnung um eine im Inland bekannte geschäftliche Bezeichnung, so ist es Dritten ferner untersagt, die geschäftliche Bezeichnung oder ein ähnliches Zeichen im geschäftlichen Verkehr zu benutzen, wenn zwar keine Verwechslungsgefahr besteht, aber die Benutzung des Zeichens dafür die **Unterscheidungskraft oder die Wertschätzung der geschäftlichen Bezeichnung ohne rechtfertigenden Grund in unlauterer Weise ausnutzt oder beeinträchtigt.**

WO IST DAS GEREGELT?

Die wichtigsten Gesetzesnormen: § 15 MarkenG

4.31 ▶ Welche Schranken bestehen in Bezug auf den Schutz geschäftlicher Bezeichnungen?

Schranken wie für Marken – aber kein Benutzungszwang

Es gelten weitgehend dieselben Beschränkungen wie für Marken. Allerdings gibt es bei geschäftlichen Bezeichnungen **keinen gesetzlich gesondert geregelten Benutzungszwang**. Dieser ergibt sich aber mittelbar aus der Akzessorietät und ist letztlich sogar noch strenger, denn es gibt **keine 5-jährige Benutzungsschonfrist** wie bei Marken.

Sobald die Kontinuität des Geschäftsbetriebes oder des geschäftlich gekennzeichneten Werkes **endet** (z.B. Aufgabe des Unternehmens, Abverkauf einer Buchauflage ohne Neuauflage), **endet** in aller Regel auch das **Recht am Monopol** der geschäftlichen Bezeichnung.

SIEHE AUCH: Benutzungszwang im Markenrecht, Schranken des Markenschutzes

WO IST DAS GEREGELT?

Die wichtigsten Gesetzesnormen: Anwendung finden die Schrankenbestimmungen der §§ 20 – 24 MarkenG

VIII. Hinweis auf geschäftliche Bezeichnungen gegenüber dem Rechtsverkehr

4.32 ▶ Wie wird auf geschäftliche Bezeichnungen hingewiesen?

Bei Werktiteln findet man mitunter den Vermerk „Werktitelschutz", ein gesonderter Hinweis auf den an Unternehmenskennzeichen bestehenden Schutz ist eher unüblich.

IX. Geographische Herkunftsangaben im Überblick

4.33 ▶ Was ist eine geographische Herkunftsangabe?

Geographische Herkunftsangaben kennzeichnen die **Herkunft einer Ware aus einer bestimmten Region** (Ort, Land, Gegend, Landschaft). Dabei verbinden die Verkehrskreise mit der Information über die geographische Herkunft eine **besondere Vorstellung von Güte oder Eigenschaft** der entsprechend aus besagter Region stammenden Produkte. Dies kann seinen Grund darin haben, dass das entsprechende Produkt seine **besonderen Eigenschaften der Gegend verdankt**, aus der es stammt. Letztlich ist es gerade diese besondere Verbindung zwischen dem Hinweis auf eine bestimmte Herkunft und der damit einhergehenden Erwartungshaltung der Verkehrskreise, die der geographischen Herkunftsangabe ihre wirtschaftliche Bedeutung verleihen.

 WO IST DAS GEREGELT?

Die wichtigsten Gesetzesnormen: § 126, Abs. 1 MarkenG

Die Besonderheit geographischer Herkunftsangaben ist der durch sie protektierte „kollektive Goodwill". Die Rechtspositionen stehen dabei also nie einem bestimmten Individuum, sondern immer nur **einer berechtigten Gemeinschaft von Trägern** besagten „kollektiven Goodwills" zu.

„Kollektiver Goodwill"

Geographische Herkunftsangaben müssen von sogenannten Gattungsbezeichnungen unterschieden werden. Unter Gattungsbezeichnungen versteht man solche Angaben, die allgemein auf eine **bestimmte Warenart hinweisen**, auch wenn sie auf den ersten Blick den Charakter einer geographischen Herkunftsangabe haben.

Abgrenzung zu Gattungsbezeichnungen

 WO IST DAS GEREGELT?

Die wichtigsten Gesetzesnormen: § 126, Abs. 2 MarkenG

Der Schutz geographischer Herkunftsangaben ist auf drei Ebenen gegeben.

Schutz auf drei Ebenen

- Es gibt zunächst den Schutz auf der **nationalen Grundlage des Markengesetzes.**

- Daneben existiert auf europäischer Ebene die Möglichkeit, den Schutz geographischer Herkunftsangaben auf der Grundlage der Verordnung Nr. 510/06 (vormals Verordnung Nr. 2081/92) in ein **bei der Europäischen Kommission geführtes Register** eintragen zu lassen. Die Verordnung Nr. 510/06 gilt für Lebensmittel und Agrarerzeugnisse. Sie unterscheidet zwischen Ursprungsangaben und geographischen Angaben und gewährt für diese einen sehr weitgehenden Schutz. Ferner ist in der Verordnung festgehalten, dass die eingetragenen Bezeichnungen sich nicht in Gattungsbezeichnungen umwandeln können.

- Schließlich besteht Schutz durch **zweiseitige Abkommen**, die Deutschland etwa mit Frankreich, Italien, Griechenland, der Schweiz und Spanien geschlossen hat.

4.34 ▶ Welche Rolle spielen sog. Kollektivmarken für den Schutz geographischer Herkunftsangaben?

Kollektivmarken mit Bezeichnungen der geographischen Herkunft

Abweichend von den allgemeinen Grundsätzen können Kollektivmarken auch **ausschließlich aus Zeichen oder Angaben** bestehen, die im Verkehr zur Bezeichnung der geographischen Herkunft der Waren oder der Dienstleistungen dienen können.

Ergänzendes Schutzinstrument

Diese Besonderheit macht sie zu einem idealen Instrument für einen ergänzenden Registerschutz. Die Kollektivmarke unterscheidet sich von Individualmarken dadurch, dass ihr **Inhaber nur ein rechtsfähiger Verband bzw. eine juristische Person des öffentlichen Rechts** sein kann. Zudem ist der Anmeldung einer Kollektivmarke eine **Satzung beizufügen,** auf deren Grundlage die Regelung für die Benutzung der Kollektivmarke durch all diejenigen erfolgt, die die satzungsgemäßen Voraussetzungen erfüllen. Damit ist die Kollektivmarke kein echtes Individualrecht, sondern zugangsfrei für all diejenigen, die sich den Satzungsbedingungen unterwerfen wollen.

 WO IST DAS GEREGELT?

Die wichtigsten Gesetzesnormen: §§ 97, 99 MarkenG

X. Hinweis auf geographische Herkunftsangaben gegenüber dem Rechtsverkehr

4.35 ▶ Wie wird im Verkehr auf geographische Herkunftsangaben hingewiesen?

Typischerweise erfolgt die Angabe **in adjektivischer Form**, z.B. „**Dresdner Stollen"**. Es gibt aber auch andere Hinweisformen, bei denen **Symbole** verwendet werden, die für einen bestimmten Ort, manchmal für ein ganzes Land stehen.

XI. Das Allgemeine Namensrecht

4.36 ► **Was schützt das Allgemeine Namensrecht und wie ist das Verhältnis zu den übrigen Kennzeichenrechten?**

Der über das Allgemeine Zivilrecht gesondert geschützte Name ist die **sprachliche Kennzeichnung einer Person**, durch die sie von anderen unterschieden wird. Er ist **Ausdruck der Individualität** und dient der Identifikation des Namensträgers.

Namen unterscheiden Personen

Das Namensrecht ist nach ganz herrschender Meinung – wie die übrigen Kennzeichenrechte – ein absolutes Verbietungsrecht. Umstritten ist indes, ob das Namensrecht dogmatisch als Persönlichkeitsrecht oder als Immaterialgüterrecht zu qualifizieren ist. Jedenfalls schirmt das Namensrecht sowohl immaterielle wie auch Vermögensinteressen des Berechtigten **gegen rechtswidrige Angriffe** ab. Zudem wird der allgemeine Namensschutz auch häufig als **Auffangtatbestand** für den Namensschutz von Unternehmen herangezogen. Während beim bürgerlichen Namen nach wie vor der Schutz der Persönlichkeit des Namensträgers im Vordergrund steht, erweisen sich solche Namen, **die im geschäftlichen Verkehr verwendet werden**, überwiegend eher als Immaterialgüterrechte.

Recht auf Verbietung gleicher Namen im geschäftlichen Verkehr

In einem gewissen Zwischenbereich bewegen sich Wahlnamen natürlicher Personen, wie etwa Künstlernamen oder Pseudonyme, sowie die Namen von Vereinen, Gemeinden, Körperschaften des öffentlichen Rechts, Parteien und Religionsgesellschaften.

Sonderfälle: Künstlernamen oder Pseudonyme

WO IST DAS GEREGELT?

Die wichtigsten Gesetzesnormen: Das allgemeine Namensrecht ist in § 12 BGB geregelt

XII. Internetdomains

4.37 ► **Was sind Domainnamen und wie sind sie in das Kennzeichensystem einzuordnen?**

Als Domain bezeichnet man eine Internetadresse wie z.B. „htw-dresden.de". Diese wird durch einen Nameserver einer IP-Adresse zugeordnet um einen Rechner im Internet zu identifizieren. Das Domain-Name-System (DNS) übersetzt also die kaum im Gedächtnis zu behaltenden mehrstelligen Zahlencodes der IP-Adressen **in „merkbare" Begriffe** und ermöglicht es, eine Website im Internet über einen Browser bequem anzusteuern. Das Recht der Internetdomains ist ein **vollkommen neues Teilgebiet des Kennzeichenrechtes**.

Domain-Name-System als neues Teilgebiet des Kennzeichenrechtes

Die ersten Urteile auf diesem Gebiet hatten sich zunächst intensiv mit dem technischen Wesen der Internet-Domains auseinanderzusetzen. Da das DNS – wie gezeigt – ursprünglich als anwenderfreundliches „Zuordnungs-

Internet-Domains haben nicht nur eine Adressfunktion

system" für die vom Menschen nur schwierig zu erfassenden und im Gedächtnis zu bewahrenden numerischen IP-Adressen der Internethosts
geschaffen wurde, ging man zunächst davon aus, dass auch den Domain
Namen lediglich eine bloße Adressfunktion zukäme. Sie dienten allein der
Identifizierung eines Gerätes, nämlich eines bestimmten an das Netzwerk
angeschlossenen Rechners.

Diese Auffassung hat sich jedoch nicht durchsetzen können, geht sie doch
in ihrem Ansatz nicht über eine rein technisch-formale Betrachtungsweise
hinaus, die der Bedeutung von Domains damals wie heute keinesfalls
gerecht wird.

Anwendbarkeit des Kennzeichenrechts auf Domain-Namen wenn konkrete Werbeinhalte vermittelt werden

Das „Domain-Kennzeichenrecht" soll nun jedoch nicht den Eindruck erwecken, als handle es sich bei Domainnamen selbst um neue Kennzeichen
„sui generis", die schon „per se" nach reformierten gesetzgeberischen
Regelungsmechanismen verlangten. In jüngster Zeit ist es zwar verstärkt
zu einer Diskussion um die rechtliche Gestalt der Domains gekommen.
Dabei wurden insbesondere auch die vertraglichen Rahmenbedingungen
zwischen den an einer Domain-Registrierung Beteiligten – insbesondere
zwischen den Domainanmeldern und den Vergabestellen – beleuchtet.
Eine solche Betrachtungsweise, die für die Beurteilung der Verkehrsfähig-
keit des Wirtschaftswertes einer Domain-Inhaberschaft sinnvoll und be-
grüßenswert ist, soll indes nicht darüber hinwegtäuschen, dass die Nutzung einer Bezeichnung innerhalb einer Domain letztlich nichts anderes als
eine weitere – wenn auch in dieser Form neue – **mögliche zeichenmäßige
Verwendungsform im Sozial- und Geschäftsverkehr** darstellt. Die bestehenden kennzeichen- und namensrechtlichen Regelungen sind dabei auf
die neue Verwendungsform der Domain unter Berücksichtigung der bestehenden Besonderheiten **interessengerecht anzuwenden**.

WO IST DAS GEREGELT?

Die wichtigsten Gesetzesnormen: Es gibt keine Gesetze, die
sich speziell mit Domains befassen. Im wesentlichen fußt das
deutsche Domainrecht auf drei Säulen – §§ 12 BGB, 4, 14 MarkenG und 5, 15 MarkenG.

HÄUFIGER IRRTUM: Mit einer Domainregistrierung erhalte
ich **automatisch ein Kennzeichenrecht. Falsch (!):** Da die
Domainregistrierung lediglich auf einem Vertragsverhältnis
zwischen dem Domainregistranten und dem Provider bzw.
der Domainvergabestelle fußt, kann mit ihr **keinerlei hoheit-
liches Monopol** erworben werden. **Allerdings** kann aus der
Nutzung eines unterscheidungskräftigen Begriffes im Rahmen
einer Domain ein Recht an einer geschäftlichen Bezeichnung
oder gar an einer Benutzungsmarke **erwachsen**. Hierfür muss
über die Domain aber ein **konkreter Webinhalt** abrufbar sein.

D. Weitere Informationen

Ansprechpartner

Deutsches Patent- und Markenamt
Zweibrückenstr. 12
80331 München
Telefon: (089) 2195-0
Telefax: (089) 2195-2221
E-Mail: post@dpma.de

Amt der Europäischen Union für
Geistiges Eigentum (EUIPO)
Avenida de Europa, 4
E-03008 Alicante
SPANIEN
Telefon: (0034) 96 513 9100
Telefax: (0034) 96 513 1344
http://euipo.europa.eu

WIPO/OMPI Weltorganisation für geistiges Eigentum
(World Intellectual Property Organization)
(Organisation Mondiale de la Propriété Intellectuelle)
34, chemin des Colombettes
P.O. Box 18 1211
Genève 20, Schweiz
Telefon: (41 22) 338 91 11
Telefax: (41 22) 733 54 28
E-Mail: wipo.mail@wipo.int
Internet: http://www.wipo

Deutsches Institut zum Schutz
von geographischen Herkunftsangaben e. V.
Konrad-Adenauer-Ufer 11
50668 Köln
Telefon: (0221) 65 0 65 – 137
Telefax: (0221) 65 0 65 – 135
E-Mail: info@digh.org
Internet: www.digh.org

DENIC Domain Verwaltungs- und Betriebsgesellschaft eG
Kaiserstraße 75-77
60329 Frankfurt
Telefon: (0049) 69 27235 0
E-Mail: info@denic.de
Internet: www.denic.de

Fachliteratur:

Fezer, Markenrecht, Kommentar zum Markengesetz, zur Pariser Verbandsübereinkunft und zum Madrider Markenabkommen, 5. Auflage, C.H. Beck, München 2016

Ingerl / Rohnke, Markengesetz, Kommentar 3. Auflage, C.H. Beck, München 2010

Hoffmann, Kleespies, Formular-Kommentar Markenrecht, 2. Auflage Heymanns, Köln 2010

Hacker, Markenrecht – Einführung in das deutsche Markensystem, 3. Auflage, Heymanns, Köln, 2013

Baronikians, Der Schutz des Werktitels, 2. Auflage, Heymanns, Köln 2014

Goldmann, Der Schutz des Unternehmenskennzeichens, 3. Auflage, Heymanns, Köln 2014

Omsels, Geografische Herkunftsangaben, 1. Auflage, Heymanns Köln 2007

Bettinger, Handbuch des Domain-Rechts, 2. Auflage, Heymanns, Köln 2016

Onlinequellen:

http://www.markenverband.de

http://www.ecta.org

http://www.inta.org

TEIL 5
Etwas für's Auge – Schutz von gewerblichen Designschöpfungen (eingetragenes Design)

A. Worum geht's? – Der Schwerpunkt dieses Teils

Das "Äußere" eines Produktes ist angesichts des zunehmenden Wettbewerbs und der Angleichung qualitativer Standards mehr und mehr **zum wichtigen Instrument für den Warenabsatz** geworden. Der Einsatz hochwertigen Designs wird von modernen Unternehmen oft als Wettbewerbselement **in Marktnischen** verwendet. Für den Schutz von Designleistungen steht dabei das sogenannte **eingetragene Design** zur Verfügung, welches in diesem Teil näher beleuchtet werden soll.

B. Die Kernaussagen „auf einen Blick" ◉

> • <u>**Definition des designrrechtlichen Schutzgegenstandes:**</u> ▶ Der Designbegriff wird im Gesetz als **zweidimensionale** oder **dreidimensionale** Erscheinungsform eines Erzeugnisses oder eines Teils davon beschrieben. ▶ Man kann also in Anlehnung an die Begrifflichkeiten der technischen Schutzrechte bei Designleistung von der „**Lösung einer ästhetischen Gestaltungsaufgabe"** sprechen.
>
> • <u>**Schutzvoraussetzungen:**</u> ▶ Ästhetische Gestaltungen werden geschützt, wenn sie **Neuheit** und **Eigenart** aufweisen und **keine sonstigen Schutzausschlussgründe** bestehen. ▶ Ein Design ist **neu**, wenn **vor dem Anmeldetag kein (identisches Design) offenbart** worden ist, welches sich nur in unwesentlichen Einzelheiten unterscheidet. ▶ Offenbart ist ein Design, wenn es – vereinfacht gesprochen – gegenüber den europäischen Fachkreisen **bekannt gemacht** wurde. ▶ Es besteht für eigene Veröffentlichungen des Inhabers/Entwerfers eine **Neuheitsschonfrist von 12 Monaten**. ▶ Ein Design hat **Eigenart**, wenn sich der Gesamteindruck, den es beim informierten Benutzer hervorruft, **von dem Gesamteindruck unterscheidet**, den ein anderes Design bei diesem Benutzer hervorruft, das vor dem Anmeldetag offenbart worden ist.
>
> • <u>**Das eingetragene Design als Monopol:**</u> ▶ Das Design monopolisiert ästhetische Gestaltungen für den Schutzrechtsinhaber in der Weise, dass **nur er allein berechtigt ist**, diese zu nutzen und zu verwerten.
>
> • <u>**Zeitliche Geltung:**</u> ▶ Der Schutz kann **bis zu 25 Jahre** andauern. ▶ Wurde das Design **zu Unrecht** gewährt, kann es auch schon vor dem Ablauf der Höchstfristen **zu Fall** gebracht werden. ▶ Dasselbe gilt, wenn der Inhaber seine **Verlängerungsgebühren nicht fristgerecht entrichtet.**

> • **Schutz auf nationaler Ebene:** ▶ Schutz erlangt man durch Anmeldung beim **Deutschen Patent- und Markenamt.** ▶ Das Design wird als **ungeprüftes Recht** eingetragen.
>
> • **Grenzüberschreitender Schutz:** ▶ Für transnationalen Designschutz gibt es einerseits die Möglichkeit der Anmeldung und Eintragung eines sog. **Gemeinschaftsgeschmacksmusters** mit unitärer Wirkung für die gesamte Europäische Union. ▶ Andererseits kann auf das sog. **Haager System** zurückgegriffen werden, bei dem über eine zentrale Hinterlegung eines Designs in ausgewählten Zielstaaten ein Bündel nationaler Rechte erlangt werden kann.

C. Vertiefung

I.   Der Designbegriff

5.1 ▶   Was ist ein Design im Sinne des Gesetzes?

Der Designbegriff

Ein Design ist die **zweidimensionale** oder **dreidimensionale Erscheinungsform** eines ganzen Erzeugnisses oder eines Teils davon, die sich insbesondere aus den Merkmalen der **Linien, Konturen, Farben, der Gestalt, Oberflächenstruktur** oder der **Werkstoffe** des Erzeugnisses selbst oder seiner **Verzierung** ergibt.

WO IST DAS GEREGELT?

Die wichtigsten Gesetzesnormen: § 1, Abs. 1 DesignG

5.2 ▶   Was ist ein Erzeugnis?

Der Erzeugnisbegriff

Ein Erzeugnis ist jeder **industrielle oder handwerkliche Gegenstand**, einschließlich Verpackung, Ausstattung, grafischer Symbole und typografischer Schriftzeichen sowie von Einzelteilen, die zu einem komplexen Erzeugnis zusammengebaut werden sollen; ein Computerprogramm gilt nicht als Erzeugnis.

WO IST DAS GEREGELT?

Die wichtigsten Gesetzesnormen: § 1, Abs. 2 DesignG

II. Voraussetzungen und Erlangung von Designschutz

5.3 ▶ **Welche Schutzvoraussetzungen bestehen für den Design-schutz?**

Schutzfähig ist ein Design, **das neu ist** und **Eigenart hat**.

Neuheit und Eigenart

 WO IST DAS GEREGELT?

Die wichtigsten Gesetzesnormen: § 2, Abs. 1 DesignG

Wie auch beim Patent- und Gebrauchsmusterschutz werden im Gesetz unabhängig von Neuheit und Eigenart **einige Ausschlusskriterien** aufge-führt. Dem Designschutz danach per se nicht zugänglich sind:

Ausschlusskriterien

Erscheinungsmerkmale von Erzeugnissen, die ausschließlich **durch deren technische Funktion** bedingt sind;

- Erscheinungsmerkmale von Erzeugnissen, die **zwangsläufig in ihrer genauen Form und ihren genauen Abmessungen nachgebildet werden müssen**, damit das Erzeugnis, in das das Desing aufgenommen oder bei dem es verwendet wird, mit einem anderen Erzeugnis mechanisch zusammengebaut oder verbunden oder in diesem, an diesem oder um dieses herum angebracht werden kann, so dass beide Erzeugnisse ihre Funktion erfüllen;
- Desings, die gegen die **öffentliche Ordnung oder gegen die guten Sitten** verstoßen und schließlich
- Desings, die eine missbräuchliche Benutzung eines **international ge-schützten Zeichens** oder von sonstigen Abzeichen, Emblems und Wappens von öffentlichem Interesse darstellen.

 WO IST DAS GEREGELT?

Die wichtigsten Gesetzesnormen: § 3 DesignG

PRAXISFALL: „Wer Banknoten nachmacht oder verfälscht…"

Anmelder A begehrt mit seiner eingereichten Designanmeldung die Eintra-gung des Designs einer **Tasse** mit **Abbildungen von DM-Banknoten** und von deutschen Münzen.

Das Deutsche Patent- und Markenamt hat die **Eintragung versagt**. Es hat angenommen, die Abbildung staatlicher Hoheitszeichen, zu denen die gesetz-lichen Zahlungsmittel gehören, verstoße auf einem Design oder Modell regel-mäßig gegen die **öffentliche Ordnung**, weil staatliche Hoheitszeichen wegen der **Aushöhlung ihres ideellen Wertes von jeder gewerblichen Verwertung ausgeschlossen** sein sollen.

Hiergegen wendet sich der Anmelder A mit der **Beschwerde** zum Bundespa-tentgericht. Wie wird dieses entscheiden?

Lösung: Richtiger weise werden Designs, die gegen die **öffentliche Ordnung**

---

oder gegen die guten Sitten verstoßen nicht eingetragen. Aber auch Designs, die eine missbräuchliche **Benutzung eines Abzeichens, Emblems oder Wappens** von öffentlichem Interesse darstellen, kann der Schutz versagt werden (§ 3, Abs. 1 Nr. 3 und 4 DesignG).

Ein **allgemeines Verbot, gesetzliche Zahlungsmittel** auf Produkten abzubilden und diese Produkte zu vertreiben, **gibt es indes nicht.** Ohne das **Hinzutreten weiterer Umstände** kann die Verwendung staatlicher Hoheitszeichen in Designs und Modellen daher keinen Verstoß gegen die öffentliche Ordnung zur Folge haben oder eine missbräuchliche Benutzung darstellen.

Im Streitfall ergeben sich aus der Art der staatlichen Hoheitszeichen, den Schutzgegenständen und ihrer konkreten Gestaltung (**dekorative Abbildung** gesetzlicher Zahlungsmittel auf Kaffeetassen) **keine besonderen Umstände**, die die Annahme eines Verstoßes gegen die öffentliche Ordnung rechtfertigen könnten.

Die Beschwerde des **Anmelders wird Erfolg haben**, sein Designs kann eingetragen werden, wenn alle sonstigen Voraussetzungen gegeben sind.

5.4 ▶ Was versteht man unter dem Begriff der designrechtlichen Neuheit?

Neuheitsbegriff

Ein Design gilt als neu, wenn **vor dem Anmeldetag kein identisches Design offenbart** worden ist. Designs gelten als **identisch**, wenn sich ihre **Merkmale nur in unwesentlichen Einzelheiten** unterscheiden.

 WO IST DAS GEREGELT?

Die wichtigsten Gesetzesnormen: § 2, Abs. 2 DesignG

Ein Design ist **offenbart**, wenn es bekannt gemacht, ausgestellt, im Verkehr verwendet oder auf sonstige Weise der Öffentlichkeit zugänglich gemacht wurde, es sei denn, dass dies den in der Gemeinschaft tätigen Fachkreisen des betreffenden Sektors im normalen Geschäftsverlauf vor dem Anmeldetag des Designs nicht bekannt sein konnte.

 WO IST DAS GEREGELT?

Die wichtigsten Gesetzesnormen: § 5 DesignG

PRAXISFALL: „Dschungelwissen gegen europäisches Wissen?!"

Der **Designer D** hat ein **Tapetenmuster** mit verschiedenen ineinander verschlungenen Formelementen entwickelt. Er meldet dafür ein deutsches Design an. Ca. 2 Jahre nach Eintragung des Designs wird **im brasilianischen Regenwald** ein bislang unbekannter Stamm urzeitlich lebender **Dschungelbewohner** entdeckt, an deren Tempelstätten die Wände mit einem Muster geschmückt sind, welches dem vom Designer D **entwickelten Formgestaltungen täuschend ähnlich** sieht.

D fragt sich, ob sein Design durch diesen **„neuentdeckten" Formschatz** nunmehr schutzunfähig ist.

> **Lösung:** Der im Designrecht im Rahmen der Neuheitsprüfung zu berücksichtigende Stand des vorbekannten Formschatzes ist gegenüber dem Stand der Technik im Patentrecht **weniger umfassend.** Eine neuheitsschädliche Offenbarung scheidet im Designrecht aus, wenn den **in der europäischen Gemeinschaft** tätigen Fachkreisen des betreffenden Sektors **im normalen Geschäftsverlauf** vor dem Anmeldetag das Designs **nicht bekannt sein konnte.** Dies ist vorliegend der Fall.
>
> Das Design des D ist also insofern **weiter rechtsbeständig.**

5.5 ▶ Was passiert, wenn mein Design vor der Anmeldung veröffentlicht wird?

Wie das Gebrauchsmuster kennt **auch das Design eine Neuheitsschonfrist.** Eine **Offenbarung bleibt** für die Neuheitsbeurteilung **unberücksichtigt,** wenn ein Design während der **zwölf Monate vor dem Anmeldetag** durch den Entwerfer oder seinen Rechtsnachfolger oder durch einen Dritten als Folge von Informationen oder Handlungen des Entwerfers oder seines Rechtsnachfolgers der Öffentlichkeit **zugänglich** gemacht wurde. **Missbräuchliche Offenbarungshandlungen** sind von dieser Regelung eingeschlossen.

Neuheitsschonfrist von 12 Monaten

 WO IST DAS GEREGELT?

Die wichtigsten Gesetzesnormen: § 6 DesignG

5.6 ▶ Was versteht man unter dem Begriff der designrechtlichen Eigenart?

Ein Design hat Eigenart, wenn sich der Gesamteindruck, den es beim informierten Benutzer hervorruft, **von dem Gesamteindruck unterscheidet, den ein anderes Design bei diesem Benutzer hervorruft,** das vor dem Anmeldetag offenbart worden ist.

Gesamteindruck bestimmt die Eigenart

 WO IST DAS GEREGELT?

Die wichtigsten Gesetzesnormen: § 2, Abs. 3 DesignG

Bei der Beurteilung der Eigenart wird der Grad der Gestaltungsfreiheit des Entwerfers bei der Entwicklung des Designs berücksichtigt, d.h. **wie viele Gestaltungsalternativen dem Entwerfer objektiv zur Verfügung** standen.

5.7 ▶ Wie läuft das Eintragungsverfahren ab?

Die Designanmeldung ist beim **Deutschen Patent- und Markenamt** in den Dienststellen **München, Jena** oder **Berlin** einzureichen. Auch einige **Patentinformationszentren** nehmen Patentanmeldungen entgegen und leiten sie an das DPMA weiter.

Zuständigkeit

Für den Antrag stellt das Deutsche Patent- und Markenamt auf der Website **dpma.de** ein Formblatt zur Verfügung. Der Antrag muss folgende notwendige Angaben enthalten:

Offizielles Antragsformular mit Mindestinhalten

- Angaben zur **Identität des Anmelders**,

- eine zur Bekanntmachung geeignete **Wiedergabe des Designs**. Dabei kann die Wiedergabe des Designs entweder auf dem offiziellen Wiedergabeformblatt (Teil des Antragsvordruckes) aufgeklebt oder aufgedruckt oder als JPEG-Datei (*.jpg) auf einem elektronischen Datenträger (CD oder DVD) eingereicht werden.

- Zudem muss mindestens **ein Erzeugnis**, in das das Design **aufgenommen** oder bei dem es verwendet werden soll angegeben werden. Erzeugnisbezeichnungen   können   über   eine   Suchmaschine http://www.dpma.de/service/klassifikationen/locarnoklassifikation/suc he/suchen.html recherchiert werden.

Anmeldung mehrerer Designs möglich

Möglich ist es auch, eine **sog. Sammelanmeldung** einzureichen. Hier können **bis zu 100 Designs** in einer Anmeldung kostengünstig zusammengefasst werden. Voraussetzung ist aber, dass die Design mindestens eine **gemeinsame Locarno-Warenklasse** haben. Bei der Sammelanmeldung muss zusätzlich ein offizielles Anlageblatt eingereicht werden.

WO IST DAS GEREGELT?

Die wichtigsten Gesetzesnormen: Sammelanmeldung § 12 DesignG

Eingeschränkter Prüfungsumfang

Das Amt prüft die eingereichte Anmeldung sodann auf **Formfehler** und darauf, ob einer Eintragung des angemeldeten Design bestimmte **Eintragungshindernisse** entgegenstehen. So prüft das Amt etwa, ob die Anmeldung mit der **öffentlichen Ordnung** und den **guten Sitten** vereinbar ist, und dass keine **missbräuchliche Verwendung** staatlicher Hoheitszeichen oder anderer Zeichen von öffentlichem Interesse gegeben ist.

Nicht geprüft wird aber, ob das angemeldete Design **tatsächlich die sachlichen Schutzvoraussetzungen wie Neuheit und Eigenart** erfüllt. Diese Voraussetzungen prüfen erst im Streitfall die Zivilgerichte.

Eintragung und im Regelfall auch Bekanntmachung

Sind die formalen Voraussetzungen erfüllt, trägt das Amt das Design in das **Register ein**. Die Eintragung wird anschließend **elektronisch bekannt gemacht**, das heißt veröffentlicht, sofern der Anmelder keinen Antrag auf **Aufschiebung der Bekanntmachung** gestellt hat. Eine solche Aufschiebung ist bis zu 30 Monaten möglich. Sie bietet sich an, wenn der Anmelder zunächst abwarten möchte, ob sein Produkt vom Markt angenommen wird oder er das Design z.B. aus marketingrelevanten Gründen **vorläufig geheim halten** will.

Schutz bei aufgeschobener Bekanntmachung

Bei Aufschiebung der Bekanntmachung ist der Designschutz zunächst auf 30 Monate begrenzt. In dieser Zeit kann der Anmelder entscheiden, ob er den Schutz auf 5 Jahre ab dem Anmeldetag "erstrecken" will. Dies muss nicht gesondert beantragt werden. Es genügt, wenn der Anmelder innerhalb der Aufschiebungsfrist die Erstreckungsgebühr und die Kosten der Bekanntmachung zahlt. Nach der Erstreckung wird das Design veröffentlicht.

M8 Anmeldeformular Deutsches Design mit amtlicher Ausfüllhilfe

5.8 ▶ Was ist bei typografischen Schriftzeichen zu beachten?

Ein Design kann auch für typografische Schriftzeichen angemeldet werden. Unter typografischen Schriftzeichen versteht man Alphabete inklusive **Akzenten, Satzzeichen, Ziffern und Symbolen.**

Besonderheiten bei Alphabeten

Geschützt ist das **Schriftbild als Gesamtheit.** Ein Schutz ist nur möglich, wenn die Wiedergabe des Designs folgende Voraussetzungen zeigen kann:

- **alle Buchstaben** des Alphabets in **Groß- und Kleinschreibung,**

- alle **arabischen Ziffern**

- sowie **fünf Zeilen Text**, jeweils in Schriftgröße 16 Punkt.

 WO IST DAS GEREGELT?

Die wichtigsten Gesetzesnormen: § 6, Abs. 6 DesignV

5.9 ▶ Was regelt das Recht auf Entwerferbenennung?

Der Entwerfer eines Designs hat gegenüber dem Anmelder oder dem Rechtsinhaber das **Recht**, im Verfahren vor dem Deutschen Patent- und Markenamt und im Register **als Entwerfer benannt zu werden**. Wenn das Design das Ergebnis einer **Gemeinschaftsarbeit** ist, kann **jeder einzelne** Entwerfer seine Nennung verlangen. Das Recht auf Entwerferbenennung ist damit ein dem **Erfinderpersönlichkeitsrecht** vergleichbares Recht. Es ist ebenfalls Ausfluss des Allgemeinen Persönlichkeitsrechtes.

Entwerferpersönlichkeitsrecht

 WO IST DAS GEREGELT?

Die wichtigsten Gesetzesnormen: Entwerferpersönlichkeitsrecht §§ 7, 10 DesignG, i.V.m. § 823 Abs. 1 BGB, Art. 1, 2 GG

 SIEHE AUCH: Ausführungen zum Erfinderpersönlichkeitsrecht

5.10 ▶ Über welche Verfahren kann ein Design zu Fall gebracht werden?

Seit dem 01.01.2014 gitb es ein neues **amtliches Löschungsverfahren**, mit dem eingetragene Designs angegriffen werden können. Die bei der Eintragung nicht geprüften Schutzvoraussetzungen der Neuheit und Eigenart können nicht mehr einem isolierten **Klageverfahren vor den ordentlichen Gerichten** in Frage gestellt werden. Möglich ist eine Klärung der Schutzfähigkeit vor den ordentlichen Gerichten nur noch als sogeannte Widerklage

Neues amtliches Löschungsverfahren möglich

in reaktion auf eine Verletzungsklage des Designinhabers. Ohne Erhebung eien rsoclhen Widerklage muss das Gericht von der Rechtsgültigkeit des eingetragenen Designs ausgehen. Ein laufendes Verletzungsvfahren kann ausgesetzt werden, wenn parallel ein amtliches Angriffsverfahren gegen das Design anhängig ist.

Bei den amtlichen Angriffen ist zu differenzeiren: Der amtliche Antrag auf **Feststellung** der Nichtigkeit kann auf absolute Schutzhindernisse (fehlende Designfähigkeit, Neuheit, Eigenart, Ausschluss vom Designschutz) gestüzt werden. Der Antrag auf **Erklärung** der Nichtigkeit betrift relative Schutzhindernisse (Urheberrechte, prioritätsältere eingetragene Designs oder prioritätsältere Zeichen mit Unterscheidungskraft).

Das amtliche Verfahren ist gebührenpflichtig (aktuell 300,00 EUR). Der Verlierer trägt die gesamten Verfahrenskosten. Anträge müssen schriftlich mit einer Begründung eingereicht werden.

Das DPMA unterrichtet den Inhaber des eingetragenen Designs über den Nichtigkeitsantrag. Widerspricht dieser nicht innerhalb eines Monats, wird die Nichtigkeit festgestellt bzw. erklärt; Andernfalls wird das Nichtigkeitsverfahren vor der Designabteilung des DPMA durchgeführt.

Ist das eingetragene Design nichtig, wird es aus dem Designregister gelöscht. Die Schutzwirkungen der Eintragung gelten dann als von Anfang an nicht eingetreten.

WO IST DAS GEREGELT?

Die wichtigsten Gesetzesnormen: § 33 ff. DesignG

III. Dauer, Schutzumfang und Schranken des Designschutzes

5.11 ▶ Wie lange währt der Designschutz?

Die erste Schutzperiode dauert **zunächst 5 Jahre**, bei aufgeschobener Bildbekanntmachung **30 Monate**. Der Schutz kann maximal viermal bis zur **Höchstschutzdauer** von **25 Jahren** aufrecht erhalten werden.

WO IST DAS GEREGELT?

Die wichtigsten Gesetzesnormen: § 27 DesignG

5.12 ▶ Welche Rechte gewährt der Designschutz?

Ausschließlichkeitsrecht

Das Design gewährt seinem Rechtsinhaber das ausschließliche Recht, es zu **benutzen** und **Dritten zu verbieten**, es ohne seine Zustimmung zu benutzen. Eine Benutzung schließt insbesondere die **Herstellung**, das **Anbieten**, das **Inverkehrbringen**, die **Einfuhr**, die **Ausfuhr**, den **Gebrauch** eines Erzeugnisses, in das das Design aufgenommen oder bei dem es verwendet wird, und den Besitz eines solchen Erzeugnisses zu den genannten Zwecken ein.

Der Schutz erstreckt sich auf **jedes Design, das beim informierten Benutzer keinen anderen Gesamteindruck** erweckt. Bei der Beurteilung des Schutzumfangs wird wiederum der Grad der Gestaltungsfreiheit des Entwerfers bei der Entwicklung seines Designs berücksichtigt, wie dies schon bei Beurteilung der Eigenart der Fall ist.

Umfang des Schutzes

Der Schutz wird immer nur für diejenigen Merkmale der Erscheinungsform eines Desing begründet, die in der Anmeldung sichtbar wiedergegeben sind.

 WO IST DAS GEREGELT?

Die wichtigsten Gesetzesnormen: § 38 DesignG

5.13 ▶ Welche Schranken bestehen für den Designschutz?

Wie schon das Patent- und Markenrecht kennt auch das Designrecht den Grundsatz der Erschöpfung.

Schranke Nr. 1 = Erschöpfung

Rechte aus einem eingetragenen Design können ferner insbesondere nicht geltend gemacht werden gegenüber:

- Handlungen, die im **privaten Bereich** zu nichtgewerblichen Zwecken vorgenommen werden;

Schranke Nr. 2 = Privathandlungen

- Handlungen zu **Versuchszwecken**;

Schranke Nr. 3 = Versuche

- Wiedergaben zum **Zwecke der Zitierung oder der Lehre**, vorausgesetzt, solche Wiedergaben sind mit den Gepflogenheiten des redlichen Geschäftsverkehrs vereinbar, beeinträchtigen die normale Verwertung des Designs nicht über Gebühr und geben die Quelle an;

Schranke Nr. 4 = Lehre

- Einrichtungen in **Schiffen und Luftfahrzeugen**, die im Ausland zugelassen sind und nur vorübergehend in das Inland gelangen.

Schranke Nr. 5 = Schiff- unf Luftfahrt

Das Designgesetz normiert – wie das Patent- und Gebrauchsmustergesetz ein sog. Vorbenutzungsrecht. Aus dem Design kann **gegenüber einem Dritten nicht vorgegangen** werden, der **vor dem Anmeldetag** im Inland ein identisches Design, das unabhängig von einem eingetragenen Design entwickelt wurde, **gutgläubig in Benutzung genommen oder wirklicht und ernsthafte Anstalten dazu getroffen hat,** nicht geltend gemacht werden. Der Dritte ist berechtigt, das Design zu **verwerten**. Die **Vergabe von Lizenzen ist ausgeschlossen**. Die Rechte des Dritten sind auch nicht übertragbar, es sei denn, der Dritte betreibt ein Unternehmen und die Übertragung erfolgt **zusammen mit dem Unternehmensteil**, in dessen Rahmen die Benutzung erfolgte oder die Anstalten getroffen wurden.

Schranke Nr. 6 = Recht auf Vorbenutzung

WO IST DAS GEREGELT?

Die wichtigsten Gesetzesnormen: Erschöpfung § 48 DesingG, Beschränkungen § 40 DesingG, Vorbenutzungsrecht § 41 DesingG

IV.   Grenzüberschreitende Schutzsysteme

5.14 ▶ Welche Möglichkeiten bestehen, um grenzüberschreitenden Schutz zu erlangen?

Zwei Möglichkeiten transnationalen Schutzes

Designleistungen können im Gebiet der Europäischen Union über das **europäische Gemeinschaftsgeschmacksmuster** im Sinne eines einheitlich wirkenden unitären Schutzrechtes protektiert werden.

 HÄUFIGER IRRTUM: Der auf europäischer Ebene immer noch verwendete Begriff des „Geschmacksmusters" kann verwirren. Ein Irrtum wäre es anzunehmen, dass Geschmacksmuster schützt Nahrungsmittel. **Falsch(!):** Mit „Geschmack" hat das Geschmacksmuster nur im ästhetischen Sinn zu tun.

Wie das Gemeinschaftsmarkensystem ist das Gemeinschaftsgeschmacksmustersystem ein sog. **Singleschutzsystem**. Eine Beschränkung des geographischen Schutzumfangs auf bestimmte Mitgliedstaaten oder eine Teilschutzerlangung ist – wie bei der Gemeinschaftsmarke – nicht möglich.

Daneben besteht die Möglichkeit durch das Bündelsystem nach dem **Haager Abkommen** über eine zentrale Hinterlegung in zahlreichen Zielstaaten national wirkenden Designschutz zu erlangen.

5.15 ▶ Wie stellt sich das europäische Gemeinschaftsgeschmacksmustersystem dar?

EU-Verordnung nennt zwei Arten von Mustern

Die sog. **Gemeinschaftsgeschmacksmusterverordnung (GGV)** nennt das **eingetragene** und das **nicht eingetragene** Gemeinschaftsgeschmacksmuster. Unterschiede bestehen zwischen beiden Schutzmöglichkeiten in Bezug auf die Art der Schutzerlangung, die Schutzdauer, sowie den Umfang der Abwehrrechte.

Eingetragenes Gemeinschaftsgschmacksmuster

Das eingetragene Gemeinschaftsgeschmacksmuster wird über **eine singuläre Anmeldung** in einer Anmeldesprache durch Registrierung beim EUIPO in **Alicante** erlangt. Es besteht zudem die Möglichkeit, **Sammelanmeldungen** einzureichen (Zusammenfassung mehrerer Geschmacksmuster in einer Anmeldung, z.B. einer Gruppe ähnlicher Erzeugnisse). Die **Bekanntmachung** des Geschmacksmusters kann – aus betriebsstrategischen Gründen – um bis zu 30 Monate aufgeschoben werden. Die **Schutzdauer** eines eingetragenen Gemeinschaftsgeschmacksmusters beträgt zunächst fünf Jahre ab dem Anmeldetag und ist mehrmals um einen Zeitraum von jeweils fünf Jahren bis zu einer maxima**len Schutz-**

dauer von 25 Jahren verlängerbar. Der Inhaber eines rechtsbeständigen eingetragenen Geschmacksmusters besitzt das **ausschließliche Recht**, das betreffende Geschmacksmuster zu benutzen und es Dritten zu verbieten, dieses irgendwo in der Europäischen Union zu benutzen. Er genießt damit **Schutz sowohl vor absichtlichen Nachahmungen** als auch vor der **selbständigen Entwicklung eines ähnlichen Musters.** Damit können die Herstellung, das Anbieten, das Inverkehrbringen, die Einfuhr, die Ausfuhr oder die Benutzung eines Erzeugnisses, in das das Geschmacksmuster aufgenommen oder bei dem es verwendet wird, oder der Besitz des Erzeugnisses zu den genannten Zwecken untersagt werden.

Sofern eine Designgestaltung der Öffentlichkeit in der Weise zugänglich gemacht wird, dass die in der Gemeinschaft tätigen interessierten **Fachkreise** davon **im normalen Geschäftsverkehr Kenntnis erlangen könnten** (nachweisbar z.B. durch datierte Artikel in Zeitschriften, Massenwerbung, Messepräsentationen), kann dafür **auch ohne Anmeldung** und **Eintragung** Schutz durch das sog. nicht eingetragene Gemeinschaftsgeschmacksmuster erlangt werden. Das nicht eingetragene Geschmacksmuster **schützt** allerdings anders als das eingetragene Gemeinschaftsgeschmacksmuster **nur gegen vorsätzliche Nachbildungen Dritter.** Das nicht eingetragene Gemeinschaftsgeschmacksmuster verleiht seinem Inhaber **Schutz für drei Jahre** ab Schutzerlangung durch die entsprechende Veröffentlichung. Die Durchsetzung von Abwehransprüchen aus einem Gemeinschaftsgeschmacksmuster erfolgt vor **speziellen Gemeinschaftsgeschmacksmustergerichten.**

Nicht eingetragenes Geschmacksmuster

 M9 Anmeldeformular Gemeinschaftsgeschmacksmuster

 SIEHE AUCH: Ausführungen zur Gemeinschaftsmarke

5.16 ▶ Wie funktioniert das Haager Abkommen?

Das Haager Übereinkommen ermöglicht über **eine einzige internationale Eintragung**, die beim Internationalen Büro der WIPO beantragt wird, den Schutz in einer ganzen Reihe von Ländern zu erreichen, **ohne eine Vielzahl von Einzeleintragungen bei nationalen und regionalen Ämtern** durchführen zu müssen. Dieses vereinfachte Anmeldeverfahren führt dann zu nationalen Rechten in den Mitgliedstaaten des Abkommens. Es bietet erhebliche **Kosteneinsparungen** für die Unternehmen. So müssen **keine Übersetzungen** mehr vorgelegt, **keine unterschiedlichen Fristen** für die Verlängerung verschiedener nationaler Eintragungen beachtet und auch **keine unterschiedlichen Gebühren** der nationalen Ämter und Vertreter in verschiedenen Ländern gezahlt werden. Die Anmeldung erfolgt bei der WIPO in Genf. Die **längstmögliche Schutzdauer** richtet sich nach der nationalen Gesetzgebung **jedes einzelnen Staates**, auf den sich die Hinterle-

Vereinfachtes Anmeldeverfahren bei der WIPO

gung erstreckt. Dem Haager Abkommen sind **nicht alle bedeutenden Staaten** beigetreten, in denen ein nationaler Schutz erreichbar ist.

 SIEHE AUCH: Ausführungen zur Internationalen Markenregistrierung nach dem Madrider System

5.17 ▶ Kann man die Schutzerlangung über das Gemeinschaftsgeschmacksmuster und das Haager-System kombinieren?

Der Beitritt der EU zum Haager Abkommen ermöglicht die **Benennung der EU** bei einer internationalen Eintragung. Diese internationale Eintragung kann dann dieselben Wirkungen auf dem Gebiet der EG entfalten, wie ein Gemeinschaftsgeschmacksmuster.

V. Hinweis auf Designschutz gegenüber dem Rechtsverkehr

5.18 ▶ Wie wird auf bestehenden Designschutz hingewiesen?

Üblicherweise finden sich folgende Hinweise in der Werbung: **Geschmacksmuster, GSM, Geschütztes Design**

Wer allerdings eine Bezeichnung verwendet, die geeignet ist, den Eindruck zu erwecken, dass ein Erzeugnis durch ein eingetragenes Design geschützt sei, ist verpflichtet, jedem, der ein berechtigtes Interesse an der Kenntnis der Rechtslage hat, **auf Verlangen Auskunft darüber zu geben**, auf welches Design sich die Verwendung der Bezeichnung stützt.

 WO IST DAS GEREGELT?

Die wichtigsten Gesetzesnormen: § 59 DesingG

D. Weitere Informationen

Ansprechpartner

Deutsches Patent- und Markenamt
Zweibr ckenstr. 12
80331 München
Telefon: (089) 2195-0
Telefax: (089) 2195-2221
E-Mail: post@dpma.de

Amt der Europäischen
Union für Geistiges Eigentum
Avenida de Europa, 4
E-03008 Alicante
SPANIEN
Telefon: (0034) 96 513 9100

Telefax: (0034) 96 513 1344

http://euipo.europa.eu

WIPO/OMPI Weltorganisation für geistiges Eigentum
(World Intellectual Property Organization)
(Organisation Mondiale de la Propriété Intellectuelle)
34, chemin des Colombettes
P.O. Box 18 1211
Genève 20 Schweiz
Telefon: (41 22) 338 91 11
Telefax: (41 22) 733 54 28
E-Mail: wipo.mail@wipo.int
Internet: http://www.wipo

Deutscher Designertag
Dachverband deutscher Designer-Verbände,
Interessenverband deutscher Designer
Grindelberg 15 A
20144 Hamburg
Telefon (040) 45 48 34
Telefax (040) 45 48 32
info@designertag.de
www.designertag.de

Allianz deutscher Designer (AGD) e.V.
Steinstraße 3 D-38100 Braunschweig
Telefon: (0049) 531 167 57
Telefax: (0049) 531 169 89
E-Mail: info@agd.de

Fachliteratur:

Eichmann/Kur, Designrecht – Handbuch, 2009, Nomos, Baden-Baden, 2009

Ruhl, Gemeinschaftsgeschmacksmuster, Kommentar, Heymanns, Köln 2007

Onlinequellen:

www.handsoffmydesign.com

TEIL 6
War das schon alles an gewerblichen Schutzrechten? – Sorten- und Halbleiterschutz

A. Worum geht's? – Der Schwerpunkt dieses Teils

Der Schutz von Pflanzenzüchtungen entfaltet seine Funktion naturgemäß vor allem **im Agrarsektor** und hat für die übrige Wirtschaft keine mit den bislang vorgestellten Schutzinstrumenten vergleichbare Bedeutung. Gleichwohl ist der Sortenschutz für den Züchterfortschritt und damit für den **Fortschritt der Allgemeinheit eine wesentliche Grundlage**.

Das Halbleiterschutzrecht als speziell für die Mikroelektronik geschaffene Schutzmöglichkeit muss demgegenüber selbst in diesem Bereich als **eher unbedeutend** angesehen werden. So wurden im Jahr 2007 gerade einmal 2 Topographien neu angemeldet.

Trotz des Umstandes, dass Sorten- und Halbleiterschutz im Gesamtgefüge der gewerblichen Schutzrechte in ihrer Bekanntheit und ihrem Einfluss eher zurücktreten, verdienen sie an dieser Stelle als Teil des gewerblichen Rechtsschutzes eine entsprechende Vorstellung.

B. Die Kernaussagen auf einen Blick 👁

• **Definition des Schutzgegenstandes im Sorten- sowie im Halbleiterschutzrecht:** ▶ Der immaterielle Gegenstand des Sortenschutzes ist **schwer zu definieren**. ▶ Wenn eine Erfindung eine technische Innovation darstellt, dann kann die „Sortenfindung" als die durch eine auf stete Eigenschaftsverbesserung gerichtete schöpferisch-systematische Auswahl hervorgebrachte **biologische Innovation** gesehen werden. ▶ Mit dem hier gewählten Begriff der „Sortenfindung" soll der selbstverständlich auch dem Sortenschutz immanente immaterielle Charakter des Schutzgegenstandes zum Ausdruck kommen. ▶ Beim Halbleiterschutz – auch Topographieschutz genannt – geht es um die Effektivierung der Chiptechnologie durch eine **besonders kluge räumliche Schaltungsanordnung**. ▶ Der Schutzgegenstand liegt hier also in der Findung einer **räumlich orientierten Anordnungsidee**.

• **Schutzvoraussetzungen:** ▶ Eine Pflanzensorte muss **unterscheidbar**, **homogen**, **beständig** und **neu** sein und zudem durch eine eintragbare Sortenbezeichnung **bezeichnet** werden. ▶ Topographien sind schutzfähig, wenn sie das Merkmal der **Eigenart** aufweisen, d.h. wenn sie als **Ergebnis geistiger Arbeit** nicht nur durch bloße Nachbildung einer anderen Topographie hergestellt wurden und **nicht alltäglich** sind.

• **Sorten- sowie Halbleiterschutzrechte als Monopole:** ▶ Der **Sorten-schutz** hat vor allem die Wirkung, dass **allein der Sortenschutzinhaber berechtigt** ist, Vermehrungsmaterial der geschützten Sorte zu **erzeugen**, für Vermehrungszwecke **aufzubereiten**, in den Verkehr zu bringen, ein- oder **auszuführen** oder zu einem der genannten Zwecke **aufzubewahren**. ▶ Der Schutz der **Topographie** hat die Wirkung, dass **allein der Inhaber des Schutzes** befugt ist, sie zu **verwerten**. ▶ Sowohl das Sortenschutz-recht, als auch der Halbleiterschutz werden durch **Schranken** limitiert.

• **Zeitliche Geltung:** ▶ Die Dauer des **Sortenschutzes** beträgt **25 Jahre;** ▶ bei Hopfen, Kartoffel, Rebe und Baumarten **30 Jahre.** ▶ **Halbleiterschutz** währt für **zehn Jahre.**

• **Schutz auf nationaler Ebene:** ▶ Schutz für eine **Sorte** erlangt man durch Anmeldung beim **Bundessortenamt.** ▶ **Halbleiterschutz** wird durch eine Anmeldung beim **Deutschen Patent- und Markenamt** erlangt.

• **Grenzüberschreitender Schutz:** ▶ Aufgrund der Verordnung (EG) 2100/94 des Rates vom 27. Juli 1994 kann seit dem 27. April 1995 ein **EU-weites Sortenschutzrecht** beantragt und erteilt werden. ▶ Zudem ist auf das **sog. UPOV-Abkommen** zu verweisen. Das Übereinkommen bezweckt sicherzustellen, dass die Verbandsmitglieder die Leistung der Züchter neuer Pflanzensorten anerkennen, indem sie ihnen ein **Eigentumsrecht anbieten**, und zwar auf der Grundlage **klar umrissener Grundsätze.**

C. Vertiefung

I.   Der Begriff der Sorte

6.1 ▶   Was ist ein Sortenschutzrecht?

Der Sortenschutz ist – **wie etwa das Patent** – ein gewerbliches Ausschließ-lichkeitsrecht und schützt das **geistige Eigentum an Pflanzenzüchtungen**. Nach der (sehr komplexen) legislativen Definition des Sortenschutzgeset-zes ist eine "Sorte" eine **pflanzliche Gesamtheit innerhalb eines einzigen botanischen Taxons der untersten bekannten Rangstufe**, die unabhängig davon, ob die Bedingungen für die Erteilung des Sortenschutzes vollstän-dig erfüllt sind,

Gewerbliches Ausschließ-lichkeitsrecht

• durch die sich aus einem bestimmten Genotyp oder einer bestimmten Kombination von **Genotypen ergebende Ausprägung der Merkmale** definiert,

• zumindest durch die Ausprägung eines der erwähnten Merkmale **von jeder anderen pflanzlichen Gesamtheit unterschieden** und

• in Anbetracht ihrer Eignung, unverändert vermehrt zu werden, als **Einheit** angesehen werden kann.

WO IST DAS GEREGELT?

Die wichtigsten Gesetzesnormen: § 2, Nr. 1a SortSchG

Im Mittelpunkt des Schutzes steht das durch ein züchterisches Auswahl-verfahren erlangte Ergebnis, also die Sortenfindung.

II. Voraussetzungen und Begründung des Sorten-schutzes

6.2 ▶ Welche Schutzvoraussetzungen bestehen?

Eine Pflanzensorte ist nach dem SortSchG schutzfähig, wenn sie **unter-scheidbar, homogen, beständig und neu** ist und zudem durch eine ein-tragbare Sortenbezeichnung **bezeichnet** ist.

 WO IST DAS GEREGELT?

Die wichtigsten Gesetzesnormen: § 1, Abs. 1, §§ 3-7 SortSchG

6.3 ▶ Wie wird Sortenschutz erlangt?

Um Sortenschutz zu erlangen bedarf es eines **Antrages beim Bundessor-tenamt** auf der Grundlage des Sortenschutzgesetzes (SortSchG). Schutz kann für Sorten des gesamten Pflanzenreiches erlangt werden.

6.4 ▶ Wie verläuft das Sortenschutzeintragungsverfahren?

Das Bundessortenamt prüft auf Antrag der Pflanzenzüchter für jede neue Sorte mittels sorgfältiger **Anbauprüfungen**, ob die Voraussetzungen für die Erteilung des Sortenschutzes oder für die Sortenzulassung erfüllt sind.

Die Prüfung der Unterscheidbarkeit, Homogenität und Beständigkeit er-folgt **anhand der Ausprägung der Merkmale der Sorte.**

Für die Prüfung von Pflanzensorten stehen dem Sortenamt über **13 Prüf-stellen mit insgesamt ca. 630 ha landwirtschaftlicher Nutzfläche** zur Verfügung, die sich über verschiedene Anbaugebiete und Naturräume Deutschlands verteilen.

6.5 ▶ Über welche Verfahren kann ein Sortenschutzrecht zu Fall gebracht werden?

Gegen die Eintragung einer Sorte kann primär im **Drittwiderspruchsver-fahren** vorgegangen werden. Dieses Verfahren stellt ein Popularverfahren dar, kann also **von jedermann** eingeleitet werden.

III. Dauer, Umfang und Schranken des Sortenschutzes

6.6 ▶ Wie lange währt der Sortenschutz?

Die Dauer des Sortenschutzes beträgt **25 Jahre**; bei Hopfen, Kartoffel, Rebe und Baumarten **30 Jahre**.

WO IST DAS GEREGELT?

Die wichtigsten Gesetzesnormen: § 13 SortSchG

6.7 ▶ Welche Rechte gewährt der Sortenschutz?

Der Sortenschutz hat vor allem die Wirkung, dass **allein der Sortenschutzinhaber berechtigt** ist, **Vermehrungsmaterial** der geschützten Sorte zu **erzeugen**, für Vermehrungszwecke **aufzubereiten, in den Verkehr zu bringen, ein- oder auszuführen** oder zu einem der genannten Zwecke **aufzubewahren**.

WO IST DAS GEREGELT?

Die wichtigsten Gesetzesnormen: § 10, Abs. 1 SortSchG

6.8 ▶ Welche Schutzschranken bestehen?

Auch im Sortenschutz gibt es den **Grundsatz der Erschöpfung**, d.h. wurde der Schutzgegenstand durch den Rechtsinhaber selbst oder mit seiner Zustimmung auf den Markt gebracht, so erschöpft sich sein Recht zumindest an diesen auf den Markt gebrachten Gegenständen. Er hat keinen weiteren Einfluss mehr auf das Schicksal der weiteren Verwendung. Der Erschöpfungsgrundsatz ist – wegen der Besonderheiten des Sortenschutzrechtes aber mit einigen recht komplexen gesetzlichen Ausnahmen ausgestaltet.

Besonderheiten beim Erschöpfungsgrundsatz

Die Wirkung des Sortenschutzes erstreckt sich ferner nicht auf Handlungen

- im **privaten Bereich** zu nicht gewerblichen Zwecken,

- zu **Versuchszwecken**, die sich auf die geschützte Sorte beziehen,

- oder zur **Züchtung neuer Sorten** (mit einigen Ausnahmen).

Die Wirkung des Sortenschutzes erstreckt sich ferner **nicht auf Erntegut**, das ein Landwirt durch Anbau von Vermehrungsmaterial einer geschützten Sorte im eigenen Betrieb gewonnen hat und dort als Vermehrungsmaterial verwendet (Nachbau), soweit der Landwirt gesondert festgelegten Verpflichtungen nachkommt.

WO IST DAS GEREGELT?

Die wichtigsten Gesetzesnormen: Beschränkung der Wirkung § 10a, Abs. 1, 2, Erschöpfung §10b SortSchG

IV.   Die Sortenschutzbezeichnung

6.9 ▶   Welche Bedeutung hat die sog. Sortenbezeichnung?

Information des Rechts-verkehrs verpflichtend

Vermehrungsmaterial einer geschützten Sorte darf, außer im privaten Bereich zu nichtgewerblichen Zwecken, nur in den Verkehr gebracht werden, wenn hierbei die **Sortenbezeichnung angegeben** ist; bei schriftlicher Angabe muss diese **leicht erkennbar** und **deutlich lesbar** sein. Dies gilt auch, wenn der Sortenschutz abgelaufen ist.

Verhältnis zur Marken-anmeldung

Aus einem Recht an einer mit der Sortenbezeichnung übereinstimmenden Bezeichnung kann die Verwendung der Sortenbezeichnung für die Sorte **nicht untersagt** werden. Das bedeutet nichts anderes, als dass etwa aus einer mit der Sortenbezeichnung gleichlautenden (zusätzlich angemeldeten) **Marke kein Verbotsrecht** gegenüber der **Verwendung identischer Sortenbezeichnungen** hergeleitet werden kann. Ältere Rechte Dritter bleiben aber unberührt.

Andererseits kann sich die Sortenbezeichnung selbst als älteres Recht gegenüber jüngeren Kennzeichenrechten, wie etwa Marken, durchsetzen.

WO IST DAS GEREGELT?

Die wichtigsten Gesetzesnormen: § 14 SortSchG

PRAXISFALL: „Sortenanmeldungen lohnen sich!"

Der **Züchter B** will eine neue Zierpflanzensorte beim Bundessortenamt anmelden und denkt über eine entsprechende Sortenbezeichnung nach. Er fragt sich, ob er aus seiner Sortenbezeichnung später gegen Dritte vorgehen kann, die **nach ihm** z.B. verwechselbare Marken für das Produkt *„Zierpflanzen"* anmelden.

Lösung: Züchter B kann gegen jüngere Markenanmeldungen vorgehen. Nach § 13 Nr. 4 MarkenG kann die Eintragung einer Marke grundsätzlich aufgrund einer älteren Sortenbezeichnung gelöscht werden.

V. Grenzüberschreitende Sortenschutzsysteme

6.10 ▶ Welche Möglichkeiten grenzüberschreitender Schutzerlangung bestehen?

Aufgrund der **Verordnung (EG) 2100/94** des Rates vom 27. Juli 1994 kann seit dem 27. April 1995 ein EU-weites Sortenschutzrecht beantragt und erteilt werden. Zuständig ist das **Gemeinschaftliche Sortenamt in Angers, Frankreich**. Das Amt verfügt über einen **Verwaltungsrat**, der aus je einem Vertreter eines jeden Mitgliedstaates und einem Vertreter der Kommission besteht. Unter anderem werden durch den Verwaltungsrat die technischen Prüfungen für den Gemeinschaftlichen Sortenschutz an geeignete Ämter in den Mitgliedstaaten übertragen. Das Gemeinschaftliche Sortenamt unterhält **keine eigenen technischen Prüfeinrichtungen**. Für zahlreiche Pflanzenarten werden die Prüfungen auf Unterscheidbarkeit, Homogenität und Beständigkeit beim Bundessortenamt durchgeführt.

EU-weiter Sortenschutz möglich

Ein **weltweites Bündelsystem** für grenzüberschreitenden Sortenschutz (**vergleichbar mit dem PCT, dem EPÜ oder dem Madrider Markensystem**) **existiert bislang nicht**. Allerdings ist auf das sog. **UPOV-Abkommen** zu verweisen. Das Übereinkommen bezweckt sicherzustellen, dass die **Verbandsmitglieder** die Leistung der Züchter neuer Pflanzensorten anerkennen, indem sie ihnen ein Eigentumsrecht anbieten, und zwar auf der Grundlage klar umrissener Grundsätze. Maßgeblich verantwortlich für die Umsetzung und Fortentwicklung des Abkommens und des internationalen Sortenschutzes ist der **Internationale Verband zum Schutz von Pflanzenzüchtungen** (Union internationale pour la protection des obtentions végétales, kurz UPOV). Der UPOV ist eine **zwischenstaatliche Organisation** zum Schutz von Pflanzenzüchtungen mit Sitz in Genf. Die UPOV wurde 1961 durch das Internationale Übereinkommen zum Schutz von Pflanzenzüchtungen eingerichtet.

Internationaler Sortenschutz nur auf der Basis einer zwischenstaatlichen Organisation (UPOV)

VI. Hinweis auf Sortenschutz gegenüber dem Rechtsverkehr

6.11 ▶ Wie kann man im Rechtsverkehr auf bestehenden Sortenschutz hinweisen?

Möglich und zulässig sind Hinweise wie **g.S., geschützte Sorte, Sortenschutz**. Es gilt das schon bei den übrigen gewerblichen Schutzrechten angesprochene Verbot einer unlauteren Schutzrechtsberühmung.

 SIEHE AUCH: Möglichkeiten des Schutzhinweises bei Patenten, Marken und Designs

VII.   Der Begriff der Topographie

6.12 ▶   Was ist eine Topographie?

Topographiebegriff

Eine Topographie ist eine bestimmte **dreidimensionale Struktur eines mikroelektronischen Halbleitererzeugnisses.** Es geht darum, eine **Schaltungsanordnung** auf einem Mikrochip **möglichst platzsparend** und zugleich **leistungseffizient** anzuordnen. Diese besondere Entwicklungsleistung der Forschungsindustrie in der Mikroelektronik wird durch den Halbleiterschutz erfasst. Dieser erstreckt sich aber **nicht auf die der Topographie zugrunde liegenden Entwürfe, Verfahren, Systeme,** Techniken oder auf die in einem mikroelektronischen Halbleitererzeugnis gespeicherten Informationen, sondern nur auf die Topographie als solche.

 HÄUFIGER IRRTUM: Der Topographieschutz hat etwas mit **Geographie** zu tun. **Falsch(!):** Mit dem Topographieschutz ist der Halbleiterschutz gemeint.

 WO IST DAS GEREGELT?

Die wichtigsten Gesetzesnormen: § 1, Abs. 1, 4 HalblSchG

VIII.   Voraussetzungen und Begründung des Topographieschutzes

6.13 ▶   Welche Schutzvoraussetzungen bestehen?

Topographien sind schutzfähig, wenn sie das **Merkmal der Eigenart** aufweisen. Eine Topographie weist Eigenart auf, wenn sie als **Ergebnis geistiger Arbeit** nicht nur durch bloße Nachbildung einer anderen Topographie hergestellt und **nicht alltäglich** ist.

 WO IST DAS GEREGELT?

Die wichtigsten Gesetzesnormen: § 1, Abs. 2 HalblSchG

6.14 ▶   Wie wird Halbleiterschutz erlangt?

Zuständigkeit

Eine Topographie, für die Schutz geltend gemacht wird, ist **beim Patentamt** anzumelden. Für jede Topographie ist eine besondere Anmeldung erforderlich.

6.15 ▶   Wie verläuft das Schutzerlangungsverfahren?

Inhalte der Anmeldung

Eine Anmeldung zur Beantragung von Halbleiterschutz muss insbesondere enthalten:

- einen Antrag auf Eintragung des Schutzes der Topographie, in dem diese kurz und genau **bezeichnet** ist;

- Unterlagen zur **Identifizierung oder Veranschaulichung** der Topographie;

- das **Datum des Tages** der ersten nicht nur vertraulichen geschäftlichen Verwertung der Topographie, wenn dieser Tag vor der Anmeldung liegt;

- Angaben, aus denen sich die **Schutzberechtigung** ergibt.

Entspricht die Anmeldung den Anforderungen, so verfügt das Patentamt die Eintragung in das Register für Topographien, **ohne die Berechtigung** des Anmelders zur Anmeldung, die Richtigkeit der in der Anmeldung angegebenen Tatsachen und die Eigenart der Topographie zu prüfen. Sind die Erfordernisse für eine **ordnungsgemäße Anmeldung** nicht erfüllt, so teilt das Patentamt dem Anmelder die Mängel mit und fordert ihn auf, diese innerhalb einer Frist von zwei Monaten nach Zustellung der Nachricht zu beheben. Wird der **Mangel** innerhalb der Frist behoben, so gilt der Zeitpunkt des Eingangs des Schriftsatzes beim Patentamt als Zeitpunkt der Anmeldung der Topographie. Das Patentamt stellt diesen Zeitpunkt fest und teilt ihn dem Anmelder mit. Entscheidungen des Amtes können durch das Bundespatentgericht überprüft werden.

Ungeprüfte Eintragung in das Register für Topographien

WO IST DAS GEREGELT?

Die wichtigsten Gesetzesnormen: §§ 3, 4 HalblSchG

6.16 ▶   Über welche Verfahren kann ein Halbleiterschutzrecht zu Fall gebracht werden?

Jeder Dritte kann den Bestand einer möglicherweise zu Unrecht eingetragenen Topographie in einem **Löschungsverfahren** überprüfen lassen. Hierbei gelten im Wesentlichen die Regelungen zum Gebrauchsmusterlöschungsverfahren.

WO IST DAS GEREGELT?

Die wichtigsten Gesetzesnormen: § 8 HalblSchG

IX.   Dauer, Umfang und Schranken des Topographieschutzes

6.17 ▶   Wie lange währt der Halbleiterschutz?

Der Schutz der Topographie entsteht entweder schon an dem Tag der ersten nicht nur vertraulichen geschäftlichen Verwertung der Topographie, **wenn sie innerhalb von zwei Jahren nach dieser Verwertung beim Patentamt angemeldet wird**, oder aber an dem Tag, an dem die Topographie beim Patentamt angemeldet wird, wenn sie zuvor noch nicht oder nur vertraulich geschäftlich verwertet worden ist. Er endet mit **Ablauf des**

Zehn Jahre

zehnten Kalenderjahres nach dem Jahr des Schutzbeginns.

 WO IST DAS GEREGELT?

Die wichtigsten Gesetzesnormen: § 5 HalblSchG

6.18 ▶ Welche Rechte gewährt der Halbleiterschutz?

Der Schutz der Topographie hat die Wirkung, dass **allein der Inhaber des Schutzes befugt ist, sie zu verwerten.** Der Schutz der Topographie kann nur geltend gemacht werden, wenn die Topographie beim Patentamt angemeldet worden ist. Der Schutz der Topographie kann nicht mehr in Anspruch genommen werden, wenn die Topographie nicht innerhalb von fünfzehn Jahren nach dem Tag der ersten Aufzeichnung nicht nur vertraulich geschäftlich verwertet oder beim Patentamt angemeldet wird.

 WO IST DAS GEREGELT?

Die wichtigsten Gesetzesnormen: § 6 HalblSchG

6.19 ▶ Welche Schutzschranken bestehen?

Privathandlungen, Analyse

Die Wirkung des Schutzes der Topographie erstreckt sich **nicht** auf:

- Handlungen, die im privaten Bereich zu nichtgeschäftlichen Zwecken vorgenommen werden;

- die Nachbildung der Topographie zum Zwecke der Analyse, der Bewertung oder der Ausbildung;

- die geschäftliche Verwertung einer Topographie, die das Ergebnis einer Analyse oder Bewertung nach Nummer 2 ist und **selbst Eigenart** aufweist.

 WO IST DAS GEREGELT?

Die wichtigsten Gesetzesnormen: § 6, Abs. 2 HalblSchG

X.   Grenzüberschreitende Topographieschutzsysteme

6.20 ▶ Welche Möglichkeiten grenzüberschreitender Schutzerlangung bestehen?

Kein transnationales System

Ein internationales Registrierungsverfahren für Halbleiterschutzrechte existiert **bislang nicht**.

XI.   Hinweis auf Topographieschutz gegenüber dem Rechtsverkehr

6.21 ▶   Wie kann man im Rechtsverkehr auf bestehenden Topographieschutz hinweisen?

Möglich und zulässig ist der Hinweis „**Topographieschutz**" oder „**Halbleiterschutz**", sofern ein solcher tatsächlich beantragt wurde.

 SIEHE AUCH: Möglichkeiten des Schutzhinweises bei Patenten, Marken und Designs

D. Weitere Informationen

Ansprechpartner

Bundessortenamt
Osterfelddamm 80, 30627 Hannover
Postfach 61 04 40, 30604 Hannover
Telefon: 0511 9566-5
Telefax: 0511 563362
E-Mail: BSA@bundessortenamt.de

CPVO Community Plant Variety Office
3, bd. Maréchal Foch
B.P. 10121
Angers Cedex 02 , 49101
France
Telefon: (0033) 241256400
Telefax: (0033) 241256410
cpvo.europa.eu

Fachliteratur:

Wuesthoff/Leßmann/Würtenberger: Handbuch zum deutschen und euro-päischen Sortenschutz, 2 Bände, WILEY-VCH Verlag, Weinheim 1999

Goldbach / Vogelsang-Wenke / Zimmer: „Protection of Biotechnological Matter under European and German Law" A Handbook for Applicants, VCH Verlag, Weinheim 1997

Geissler: Halbleiterschutzgesetz / Semiconductor Protection Act (Textaus-gabe mit Erläuterungen), Carl Heymanns Verlag 1988

Heilein: Die Bedeutung des Rechtsschutzes für integrierte Halbleiterschalt-kreise in der Praxis – Prognose und Probleme eines sondergesetzlichen Schutzes, Peter Lang, 2003

Werum: Der Schutz von Halbleitererzeugnissen der Mikroelektronik im deutschen Rechtssystem, 1990

Onlinequellen:

http://www.jki.bund.de
Bundesforschungsinstitut für Kulturpflanzen

http://www.eeca.eu
European Electronic Component Manufacturers Association

TEIL 7
Fair im Markt – Das Wettbewerbsrecht

A. Worum geht's? – Der Schwerpunkt dieses Teils

Neben den bisher vorgestellten individuellen Schutzpositionen des gewerblichen Rechtsschutzes in Form der gewerblichen Schutzrechte geht es in diesem Teil um das Wettbewerbsrecht, welches in einem wichtigen Teilbereich **Überschneidungen zum gewerblichen Rechtsschutz aufweist.**

Dieser Überschneidungsbereich betrifft den sogenannten **ergänzenden wettbewerbsrechtlichen Leistungsschutz.** Daneben geht es im Wettbewerbsrecht nicht um den Schutz von individuellen Leistungen, sondern vielmehr um das **Fairplay am Markt.** Auch dieser Bereich soll nachfolgend kurz beleuchtet werden.

B. Die Kernaussagen auf einen Blick 👁

> • **Das Gesetz gegen den unlauteren Wettbewerb (UWG) als zentrale Kodifizierung des gewerblichen Marktverhaltens:** ▶ Das wichtigste Gesetz des Wettbewerbsrechtes ist das **UWG**, welches auf die Verhinderung **unlauterer geschäftlicher Handlungen** abzielt. ▶ Es ist eng verknüpft mit anderen Nebengesetzen, die u.a. demselben Ziel dienen.
>
> • **Das UWG und das Kartellrecht:** ▶ Das Wettbewerbsrecht im engeren Sinne, also bezogen auf das **lautere/unlautere Verhalten von Marktteilnehmern im Wettbewerb** ▶ ist vom **Kartellrecht** als dem Recht zur Bekämpfung von Marktverzerrungen durch **rechtswidrige Zusammenschlüsse** oder Absprachen abzugrenzen.
>
> • **Wichtige Begriffe des Wettbewerbsrechtes:** ▶ Zu den wichtigsten Begriffen im Wettbewerbsrecht, zählen der Begriff der **Mitbewerber**, der **Verbraucher**, der **Marktteilnehmer** und schließlich der Begriff der **geschäftlichen Handlung.**
>
> • **Die einzelnen Wettbewerbsverbote:** ▶ Die im wettbewerbsrechtlichen „Verhaltenskodex" aufgeführten Verbote betreffen schwerpunktmäßig bestimmte **unlautere Geschäftspraktiken,** ▶ **Irreführungshandlungen** und ▶ **unlautere Werbung.** ▶ Zudem ist auch die wettbewerbswidrige **Verwertung von Geschäftsgeheimnissen** im UWG erfasst.
>
> • **Der ergänzende wettbewerbsrechtliche Leistungsschutz:** ▶ Das UWG gewährt im Unterschied zu den gewerblichen Schutzrechten eigentlich **keine Ausschließlichkeitsrechte.** ▶ Gleichwohl nennt es Fälle, in denen die Übernahme fremder Leistungen wettbewerbsrechtlich unzulässig wird. ▶ Diese Fälle, in denen über das wettbewerbsrechtliche Verbot der Nachahmung quasi ein **individueller, allgemeiner Schutz gewerblicher**

Leistungen erreicht wird, nennt man den **ergänzenden wettbewerbs-rechtlichen Leistungsschutz.**

● **Grenzüberschreitender Schutz:** ▶ Ein internationales Unlauterkeits-recht gibt es **nicht.** ▶ Allerdings sind die Gesetze der Mitgliedstaaten der **europäischen Union** gegen den unlauteren Wettbewerb weitgehend **har-monisiert.**

C. Vertiefung

I.   Der gesetzliche Rahmen des Wettbewerbsrechtes

7.1 ▶   Was ist das UWG?

Zentrale Rechtsgrundlge für das Wettbewerbsrecht

Das wichtigste Gesetz im Bereich des Wettbewerbsrechtes stellt das soge-nannte **Gesetz gegen den unlauteren Wettbewerb (UWG)** dar. Das UWG stammt bereits **aus dem Jahre 1909** und blieb in seiner Struktur zunächst über viele Jahrzehnte weitgehend unverändert. Parallel entwickelte sich aber eine **starke Kasuistik,** die sich zuletzt in einer **komplexen Fallgrup-penrechtsprechung** darstellte. Eine wichtige **Novelle** des UWG, bei der zahlreiche dieser judikativen Fallgruppen in den legislativen Gesetzestext übernommen wurden, erfolgte im Jahre 2004.

Europäische Vorgaben wurden im UWG umge-setzt

Durch das Zuletzt wurde das UWG im Jahre 2015 modifiziert. Gesetz gegen den unlauteren Wettbewerb werden wichtige europarechtliche Vor-gaben umgesetzt. Im Zuge der Europäisierung des Wettbewerbsrechtes wurden insbesondere einige in Deutschland umstrittene Vorschriften, wie etwa die über **Sonder- und Räumungsverkäufe abgeschafft.** Bereits zuvor war das Preisrabattgesetz ersatzlos entfallen. Am 22. Dezember 2008 er-folgte eine weitere Reform des UWG bei der u.a. Vorgaben der Richtlinie 2005/29/EG des Europäischen Parlamentes und des Rates vom 11. Mai 2005 über **unlautere Geschäftspraktiken** im binnenmarktinternen Geschäfts-verkehr zwischen Unternehmen und Verbrauchern umgesetzt wurden.

7.2 ▶   Welchen Schutzzweck verfolgt das UWG?

Fairplay am Markt

Nach dem UWG sollen **Mitbewerber, Verbraucherinnen** und **Verbraucher** und sonstige Marktteilnehmer vor unlauteren geschäftlichen Handlungen geschützt werden und dabei dem **Interesse der Allgemeinheit** an unver-fälschtem Wettbewerb Rechnung getragen werden. Das UWG regelt also **das faire Verhalten** der Marktteilnehmer untereinander.

 WO IST DAS GEREGELT?

Die wichtigsten Gesetzesnormen: § 1 UWG

7.3 ▶ Gibt es noch andere wettbewerbsrechtliche Regelungen als das UWG?

Wenngleich das UWG das **„Herzstück"** deutschen Lauterkeitsrechtes darstellt, so wird es gleichwohl durch zahlreiche Nebengesetze, die insgesamt eine im Wesentlichen **marktverhaltensregelnde Funktion** haben, ergänzt. Zu nennen sind hier vor allem die **Preisangabenverordnung** oder das **Ladenschlussgesetz** und Nebengesetze, die neben anderen Bestimmungen auch wettbewerbsrechtliche Vorschriften enthalten, wie das **Heilmittelwerbegesetz** oder das **Telemediengesetz**.

Zahlreiche Nebengesetze

7.4 ▶ Wie verhält sich das UWG zum Kartellrecht?

Der Begriff des Wettbewerbsrechts ist häufig im Kontext mit dem Recht gegen Wettbewerbsbeschränkungen (= Kartellrecht) anzutreffen, das im Gesetz gegen Wettbewerbsbeschränkungen (GWB) geregelt ist. In einem sehr weiten Verständnis **teilt** sich das Wettbewerbsrecht damit in das **Lauterkeitsrecht** und das **Kartellrecht**. Wenn im Rahmen dieses Werkes der Begriff des Wettbewerbsrechtes verwendet wird, so meint dieser nur das Wettbewerbsrecht im engeren Sinne, also das Lauterkeitsrecht.

Abgrenzung des UWG zum GWB

Das Kartellrecht hingegen betrifft Regelungen bezüglich wirtschaftlicher Kartelle, die zwischen Unternehmen und sonstigen Marktakteuren getroffen werden.

Kartellrecht betrifft Kartelle

 MERKE: Als Kartell bezeichnet man eine **Vereinbarung** oder eine aufeinander abgestimmte **Verhaltensweise zwischen Unternehmen**, mit dem **Ziel** oder der Wirkung, den **Wettbewerb** zu **beschränken**, zu **verfälschen** oder zu **verhindern**.

Flankierende Normen wenden sich gegen die Erringung und den Missbrauch von Marktmacht sowie gegen die Koordination und Begrenzung des Wettbewerbsverhaltens unabhängiger Marktteilnehmer. Gegenstände des Kartellrechts sind insbesondere die Überprüfung von Kartellen sowie die Kontrolle von Unternehmenszusammenschlüssen (Zusammenschlusskontrolle) und schließlich das Verbot des Missbrauchs einer marktbeherrschenden Stellung.

WO IST DAS GEREGELT?

 Die wichtigsten Gesetzesnormen: Kartellverbot § 1 GWB, Missbrauch einer marktbeherrschenden Stellung § 19 GWB, Zusammenschlusskontrolle §§ 35 ff. GWB

II. Wichtige Begriffe

7.5 ▶ Was versteht man unter Mitbewerbern, Verbrauchern und Marktteilnehmern?

Mitbewerber

„**Mitbewerber**" ist jeder Unternehmer, der mit einem oder mehreren Unternehmern als Anbieter oder Nachfrager von Waren oder Dienstleistungen **in einem konkreten Wettbewerbsverhältnis** steht.

Unternehmer

Als Unternehmer kommt jede natürliche oder juristische Person in Betracht, die geschäftliche Handlungen im Rahmen ihrer **gewerblichen, handwerklichen oder beruflichen Tätigkeit** vornimmt, und jede Person, die im Namen oder Auftrag einer solchen Person handelt; in Abgrenzung hierzu steht der **Verbraucherbegriff**.

Verbraucher

Hier verweist das UWG unmittelbar auf den **zivilrechtlichen Verbraucherbegriff** und meint damit jede **natürliche Person**, die ein Rechtsgeschäft zu einem Zwecke abschließt, der **weder ihrer gewerblichen noch ihrer selbstständigen beruflichen Tätigkeit** zugerechnet werden kann.

Marktteilnehmer

Als „Marktteilnehmer" definiert das Gesetz schließlich neben Mitbewerbern und Verbrauchern alle Personen, die als **Anbieter oder Nachfrager von Waren oder Dienstleistungen** tätig sind.

WO IST DAS GEREGELT?

Die wichtigsten Gesetzesnormen: Definitionen § 2 UWG, zivilrechtlichen Verbraucherbegriff § 13 BGB

7.6 ▶ Was ist eine geschäftliche Handlung?

Definition der geschäftlichen Handlung

Darunter versteht man jedes **Verhalten einer Person zugunsten des eigenen oder eines fremden Unternehmens**, bei oder nach einem Geschäftsabschluss, das mit der **Förderung des Absatzes** oder des **Bezugs von Waren** oder Dienstleistungen oder mit dem Abschluss oder der Durchführung eines Vertrags über Waren oder Dienstleistungen **objektiv zusammenhängt**. Als Waren gelten auch Grundstücke, als Dienstleistungen auch Rechte und Verpflichtungen.

WO IST DAS GEREGELT?

Die wichtigsten Gesetzesnormen: § 2 UWG

7.7 ▶ Gibt es Unterschiede bei der wettbewerbsrechtlichen Beurteilung einer geschäftlichen Handlung gegenüber Verbrauchern und Nicht-Verbrauchern?

Unterschiedliche Sorgfaltsanforderungen bzw. Interessenabwägungen

Das UWG differenziert in seiner Struktur wesentlich zwischen geschäftlichen Handlungen gegenüber Verbrauchern und Nicht-Verbrauchern.

Gegenüber Verbrauchern werden an die Lauterkeit in bestimmten Abschnitten des Gesetzes regelmäßig noch strengere Anforderungen gestellt bzw. keinerlei Interessenabwägungen vorgenommen. Gegenüber Verbrauchern hat der **Unternehmer zudem eine besondere „fachliche Sorgfalt"** **walten** zu lassen, die als Standard an Fachkenntnissen definiert wird, von welchem billigerweise angenommen werden kann, dass ein Unternehmer ihn in seinem Tätigkeitsbereich gegenüber Verbrauchern nach Treu und Glauben unter Berücksichtigung der Marktgepflogenheiten einhält.

 WO IST DAS GEREGELT?

Die wichtigsten Gesetzesnormen: §§ 2, 3, Abs. 2 UWG

III. Die einzelnen Wettbewerbsverbote

7.8 ▶ Wie sind die einzelnen Wettbewerbsverbote im UWG untergliedert?

Zunächst findet sich zu Beginn des Gesetzes eine Generalklausel, die nicht mehr nur – wie in der Vorgängerfassung – auf die guten Sitten im Wettbewerb abstellt, sondern schlicht **jede unlautere geschäftliche Handlung** **verbietet**. Die Norm enthält zudem aber seit neustem auch eine spezielle Klausel, die geschäftliche Handlungen von Unternehmern gegenüber Verbrauchern für unlauter erklärt, wenn diese nicht der für den Unternehmer geltenden fachlichen Sorgfalt entsprechen und geeignet sind, die Fähigkeit des Verbrauchers, sich auf Grund von Informationen zu entscheiden, **spürbar beeinträchtigen** und ihn zu einer **Entscheidung veranlassen, die** **er sonst nicht getroffen hätte**. Der **praktische Wert** dieses Auffangtatbestandes wird sich erst **noch erweisen** müssen.

Generalklausel zu Beginn

Derzeit von erheblich größerer Relevanz ist die sog. Black-List, die als Anlage zur Generelaklausel **insgesamt 30 streng verbotene geschäftliche** **Handlungen** gegenüber Verbrauchern aufzählt, die in jedem Fall und ohne jede Rechtfertigung untersagt sind.

Schwarze Liste als Anlage

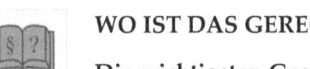 **WO IST DAS GEREGELT?**

Die wichtigsten Gesetzesnormen: Generalklausel § 3 UWG

Sodann nennt das UWG Beispiele unlauterer geschäftlicher Handlungen, wie etwa die **Beeinflussung der Entscheidungsfreiheit**, das **Ausnutzen** **von Zwangslagen**, das **Verschleiern** von werblichen geschäftlichen Handlungen; die Durchführung von **Verkaufsförderungsmaßnahmen** oder **Gewinnspielen** mit uneindeutigen Bedingungen; das **Herabsetzen oder** **Verunglimpfen** von anderen Wettbewerbern sowie das Verbreiten unwahrer Tatsachen; das gezielte Behindern von Mitbewerbern, sowie schließlich die Irreführung.

Beispiele unlauterer geschäftlicher Handlungen

WO IST DAS GEREGELT?

Die wichtigsten Gesetzesnormen: §§ 4 – 5a UWG

Geregelt sind auch die vergleichende Werbung und Fälle der umzumutbaren Belästigung (SPAM).

 WO IST DAS GEREGELT?

Die wichtigsten Gesetzesnormen: §§ 6 und 7 UWG

Sonstige Regelungen Schließlich enthält das UWG insoweit zum Nebenstrafrecht zählende Vorschriften wie etwa den Verrat von Betriebsgeheimnissen.

 WO IST DAS GEREGELT?

Die wichtigsten Gesetzesnormen: §§ 16 – 19 UWG

IV. Der ergänzende wettbewerbsrechtliche Leistungsschutz

7.9 ▶ Was versteht man unter ergänzendem wettbewerbsrechtlichem Leistungsschutz?

Ausschließlichkeitsrecht grundsätzlich nicht im Wettbewerbsrecht Grundsätzlich sind die Ausschließlichkeitsrechte des Geistigen Eigentums in den Spezialgesetzen, wie etwa dem **Patentgesetz**, dem **Markengesetz** oder dem **Designgesetz**, geregelt. Das UWG gewährt **im Unterschied zu den gewerblichen Schutzrechten** eigentlich **keine Ausschließlichkeitsrechte**, sondern regelt eben **nur das Marktverhalten** zwischen den Mitbewerbern.

Wettbewerbsfreiheit schützt grundsätzlich die Freiheit, etwas nachzuahmen Dabei gilt vor dem Hintergrund des wettbewerbsoffenen **Prinzips der Nachahmungsfreiheit,** dass es grundsätzlich nicht unlauter ist, wenn man die Leistungen von Wettbewerbern, die es versäumt haben, Sonderschutz über oben genannte Gesetze zu erlangen, imitiert. Gleichwohl nennt das UWG **Fälle, in denen die Übernahme fremder Leistungen wettbewerbsrechtlich unzulässig wird.**

Ausnahmsweise doch „Ausschließlichkeitsrecht" im UWG Die (vor Nachahmung ergänzend geschützte) Leistung muss dabei aber eine wettbewerbliche Eigenart besitzen und es müssen spezielle Umstände hinzutreten, die das Nachahmen als unlauter erscheinen lassen. Unlauter handelt demnach, wer Waren oder Dienstleistungen anbietet, die eine Nachahmung der Waren oder Dienstleistungen eines Mitbewerbers sind, wenn er

a) eine vermeidbare **Täuschung** der Abnehmer **über die betriebliche Herkunft** herbeiführt,

b) die **Wertschätzung** der nachgeahmten Ware oder Dienstleistung unangemessen **ausnutzt oder beeinträchtigt** oder

c) die für die Nachahmung erforderlichen **Kenntnisse oder Unterlagen**

unredlich erlangt hat.

WO IST DAS GEREGELT?

Die wichtigsten Gesetzesnormen: § 4 Nr 3a – c UWG

MERKE: Fälle, in denen **über das wettbewerbsrechtliche Verbot der Nachahmung** quasi ein **individueller allgemeiner Schutz gewerblicher Leistungen** erreicht wird, nennt man den ergänzenden wettbewerbsrechtlichen Leistungsschutz.

PRAXISFALL: „Wer kocht denn da nur mit Wasser?!"

Das **Unternehmen U** vertreibt einen **Wasserkocher in eiförmigem Design** mit grüner Farbe, der **vor 4 Jahren** erstmals auf einer Messe vorgestellt wurde. Das Gerät weist eine **mehrstufige LED-Anzeige** in **ovalem Design** an der Außenkante auf, mit der der Fortschritt der Wassererwärmung angezeigt werden kann. **Gewerbliche Schutzrechte hat man nicht in Anspruch genommen.** Dafür hat man den Wasserkocher **stark beworben** und meint eine **hohe Bekanntheit** am Markt erreicht zu haben. Unlängst hat zumindest eine **repräsentative Verkehrsbefragung** der Marketingabteilung des Unternehmens U ergeben, **das 78% der Bevölkerung den „Kocher aus dem Hause U"** kennen.

Der **Konkurrent K** hat in China vor 6 Monaten **100%ige Kopien des Wasserkochers anfertigen lassen** und vertreibt diese in Deutschland. Dabei hat er auch wesentliche Details, wie etwa die ovale LED-Blende identisch übernommen, ohne dass diese aber über die Funktion einer Fortschrittsanzeige verfügt und nichts weiter als ein **funktionsloses Leuchtelement** darstellt.

Hat Unternehmer U irgendwelche Abwehrrechte gegenüber Konkurrent K?

Lösung: Da **Unternehmer U** keine gewerblichen Schutzrechte erworben hat, das **nichteingetragene Gemeinschaftsgeschmacksmuster bereits abgelaufen** ist und **Urheberrechte** bei **Gebrauchsgegenständen des täglichen Bedarfs regelmäßig nicht** gegeben sind, kann U sich lediglich auf den „**ergänzenden wettbewerbsrechtlichen Leistungsschutz"** berufen.

Geht man davon aus, dass die Verbraucher wegen der Bekanntheit des Produktes mit diesem eine **Herkunftsvorstellung** verbinden, so liegt im Verhalten des K eine **vermeidbare Täuschung der Abnehmer** über die betriebliche Herkunft, die zudem die Wertschätzung der nachgeahmten Ware oder Dienstleistung unangemessen ausnutzt oder beeinträchtigt.

Unternehmer U kann daher gegen den Konkurrenten K aus Wettbewerbsrecht vorgehen.

V.   Die Anspruchsberechtigten des Wettbewerbsrechtes

7.10 ▶   Wer darf gegen unfaire Mitspieler im Wettbewerb vorgehen?

Kein Rechtsanspruch aller Betroffenen

Anders als bei den meisten Gesetzen liefert das UWG keinen Rechtsanspruch an alle Betroffenen, also z. B. an Verbraucher gegen einen unlauter Handelnden (z. B. Händler).

Rechtsansprüche haben vielmehr **nur Mitbewerber** und – das ist wiederum eine Besonderheit des Wettbewerbsrechtes – auch bestimmte **Interessenverbände von Marktteilnehmern** (zu nennen sind hier vor allem die Wettbewerbszentrale und die Verbraucherverbände).

WO IST DAS GEREGELT?

Die wichtigsten Gesetzesnormen: § 8 Abs. 3 UWG

M10 Formular für Beschwerde an Wettbewerbszentrale mit Hinweisen

M11 Muster der Wettbewerbszentrale für Eidesstattliche Versicherung

VI.   Einigungsstellen

7.11 ▶   Welche Aufgabe haben die Einigungsstellen zur Beilegung von Wettbewerbsstreitigkeiten?

Anlaufstelle für gütliche Einigung

Eine **kostengünstige Alternative** zu einem Verfahren vor den ordentlichen Gerichten kann die Einigungsstelle zur Beilegung von Wettbewerbsstreitigkeiten sein. Sie hat die Aufgabe, in Wettbewerbsstreitfällen eine **gütliche Einigung** anzustreben. Als echte Schiedsstelle ist sie bei den **Industrie- und Handelskammern** angesiedelt. Anträge und Zuschriften an die Einigungsstelle sind an die örtlich zuständige IHK zu richten. Antragsberechtigt sind Gewerbetreibende, die mit dem Antragsgegner in einem direkten Wettbewerbsverhältnis stehen sowie Verbände zur Förderung gewerblicher Interessen, soweit sie in bürgerlichen Rechtsstreitigkeiten klagen können.

WO IST DAS GEREGELT?

Die wichtigsten Gesetzesnormen: § 15 UWG

VII. Das Wettbewerbsrecht im grenzüberschreitenden Kontext

7.12 ▶ Gibt es ein grenzüberschreitendes Wettbewerbsrecht?

Ein grenzüberschreitendes Lauterkeitsrecht gibt es **nicht**. Erwähnenswert sind hier aber die **Bestrebungen der Europäischen Union** zur Harmonisierung dieses Rechtsgebietes im Binnenmarkt. Eine echte Ausprägung supranationaler und unmittelbar wirkender Vorgaben findet sich in Art. 101 und 102 des Vertrags über die Arbeitsweise der EU (sog. **AEUV**, Nachfolgevertrag des EG-Vertrages), die aber nicht das Wettbewerbsrecht im Sinne des Lauterkeitsrechtes, sondern vielmehr die kartellrechtliche Ausprägung des Wettbewerbsrechts im weiteren Sinne betreffen.

Kein grenzüberschreitendes Lauterkeitsrecht

D. Weitere Informationen

Ansprechpartner

Zentrale zur Bekämpfung unlauteren Wettbewerbs e.V.
Landgrafenstraße 24 B
61348 Bad Homburg vor der Höhe
Telefon: (06172) 12150
Telefax: (06172) 84422
mail@wettbewerbszentrale.de
wettbewerbszentrale.de

Verbraucherzentrale Bundesverband e.V.
Markgrafenstraße 66
10969 Berlin
Telefax: (030) 25800-218
info@vzbv.de
www.vzbv.de

Fachliteratur

Boesche: „Wettbewerbsrecht" – Systematische Darstellung der wichtigsten Rechtsgebiete anhand von Fällen, 4. Auflage, C.F. Müller Verlag, Heidelberg 2011

Dorndorf: „Schutz vor Herkunftstäuschung und Rufausbeutung" – Zugleich zum Anwendungsbereich des ergänzenden Leistungsschutzes in Anbetracht des markenrechtlichen Schutzes – Reihe: Geistiges Eigentum und Wettbewerb GEW, Band 2, Carl Heymanns, Köln, 2005

Onlinequellen:

http://www.frankfurt-main.ihk.de/recht/themen/wettbewerbsrecht/a-z/
index.html (Wettbewerbsrecht von A-Z)

TEIL 8
Copyrights zwischen Feingeist und Zeitgeist – Das Urheberrecht

A. Worum geht's? – Der Schwerpunkt dieses Teils

Anders als die gewerblichen Schutzrechte hat das Urheberrecht seine Wurzeln im musisch-künstlerischen Bereich. Der anhaltende Fortschritt bedingt aber auch verstärkt eine enge Beziehung zur Forschung und Ergebnissen der technischen Wissenschaften. Das moderne Urheberrecht kann heute daher für sich in Anspruch nehmen, **nicht nur ein Grenzgebiet zwischen Juristerei und Kunst**, sondern auch ein Bindeglied zwischen Recht und Technik zu sein.

In diesem Teil soll es daher schwerpunktmäßig um die Urheberrechte – im angelsächsischen Raum häufig auch als Copyrights bezeichnet – gehen.

B. Die Kernaussagen auf einen Blick 👁

> • <u>**Schutzgegenstand des Urheberrechtes**</u>: ▶ Das Urheberrecht schützt **persönliche Geistesschöpfungen** in Gestalt von Werken der **Literatur, Wissenschaft** und **Kunst**. ▶ Um schutzfähig zu sein, muss das Werk eine **individuelle Schöpfungshöhe** aufweisen, wobei die Schutzfähigkeit nicht allgemeinverbindlich, sondern immer nur **einzelfallbezogen** bestimmt werden kann. ▶ Daneben schützt das Gesetz über die **sog. verwandten Schutzrechte** auch solche künstlerischen, wissenschaftlichen oder gewerblichen Leistungen, die keine geistigen Schöpfungen sind und damit einem urheberrechtlichen Schutz nicht direkt zugänglich sind, ähnlich wie urheberrechtlich geschützte Werke.
>
> • <u>**Begründung der Urheberschaft**</u>: ▶ Das Urheberrecht wird mit Entstehung eines **geistigen Schaffensresultates einer Person** begründet. ▶ Urheber können daher immer **nur natürliche Personen**, nicht aber Unternehmen sein. ▶ Einer gesonderten **Registrierung** bedarf es hingegen **nicht**.
>
> • <u>**Zeitliche Geltung**</u>: ▶ Das Urheberrecht erlischt **70 Jahre nach dem Tod des Urhebers**. ▶ Bei **verwandten Schutzrechten** endet der Schutz bereits regelmäßig **50 Jahre nach Beginn der Nutzung** und **Verwertung,** ▶ bei **Datenbanken** sogar schon nach **15 Jahren**.
>
> • <u>**Das Urheberrecht als (unechtes) Monopol**</u>: ▶ Anders als bei den gewerblichen Schutzrechten gewährt das Urheberrecht primär ein „**Recht gegen das Kopieren**". ▶ Eine nicht auf einer Nachahmung beruhende **Doppelschöpfung eines Werkes bleibt möglich**. ▶ Das Urheberrecht wird von einer Vielzahl von **Schranken** limitiert. Eine sehr wichtige

Schranke stellt die **Privatkopie** dar. ► Gleichwohl ist eine **Verletzung** von Urheberrechten – anders als bei den gewerblichen Schutzrechten – **auch im Privatbereich** grundsätzlich möglich.

• **Urheberrecht und Patentschutz**: ► Das Urheberrecht bildet im Bereich des **Softwareschutzes** eine wichtige aber auch ebenso hoch umstrittene **Schnittfläche zum Patentrecht**.

• **Verwertungsgesellschaften**: ► Für die effektive Wahrnehmung von Verwertungsrechten der Urheber im **Massenverkehr** spielen Verwertungsgesellschaften eine **wesentliche Rolle**.

• **Grenzüberschreitender Schutz**: ► Internationalen Schutz für Urheber bietet die **Berner Übereinkunft** zum Schutze von Werken der Literatur und Kunst von 1886, die das sog. „Schutzlandprinzip" enthält.

C. Vertiefung

I.   Das Urheberrecht – Schutzgegenstand und Schutzvoraussetzungen

8.1 ►   Was schützt das Urheberrecht?

Das Urheberrecht erfasst in seiner gesetzlichen Eingangsformel zunächst allgemein Werke der **Literatur, Wissenschaft und Kunst**.

 WO IST DAS GEREGELT?

Die wichtigsten Gesetzesnormen: § 1 UrhG

8.2 ►   Welche Schutzvoraussetzungen bestehen für das Urheber-recht an einem Werk?

Die Urheberrechtsfähigkeit eines Werkes setzt folgende 4 Punkte voraus: *Vier Schutzvorausset-zungen*

• Es muss eine persönliche Schöpfung des Urhebers vorliegen.

• Die Schöpfung muss einen geistigen Gehalt haben.

• Sie muss eine wahrnehmbare Formgestaltung aufweisen.

• Es muss in ihr die Individualität des Urhebers zum Ausdruck kommen.

Eine persönliche Schöpfung schließt **Hervorbringungen der Natur** aus.   *Persönliche Schöpfung* Ergebnisse, die **maschinengeneriert** sind, die etwa allein auf vorprogram-mierten Algorithmen in Datenverarbeitungsprogrammen beruhen (z.B. die bekannten Mandelbrot-Prismen), sind ebenfalls keine Ergebnisse mensch-lich-gestalterischer Tätigkeit; gleiches gilt von den **Farbtupfern**, die ein Schimpanse beliebig auf eine Leinwand aufträgt.

Geistiger Gehalt

Beim Kriterium des geistigen Gehaltes wird verlangt, dass in der persönlichen Schöpfung der **(menschliche) Geist** im Werk zum Ausdruck kommt.

Formgestaltung

Zudem muss die Schöpfung eine bestimmte Form angenommen haben, die der Wahrnehmung durch die **menschlichen Sinne zugänglich** geworden ist. Nicht nötig ist, dass die Schöpfung körperlich fixiert wurde, denn auch Aufführungen von Bühnenstücken genießen Urheberschutz.

Individualität

Das bedeutendste Kriterium ist schließlich die sog. Individualität. Sie gilt als zentrales Kriterium des Werkbegriffs. Je stärker die Individualität des Urhebers im Werk zum Ausdruck kommt, desto eher liegt die **erforderliche Schöpfungshöhe** vor. Damit grenzt sich das Urheberrecht stark von den gewerblichen Schutzrechten ab, bei denen die kreative Entäußerung des Individuums weit weniger im Mittelpunkt der Beurteilung der Schutzfähigkeit steht. Das wahrnehmbar gewordene Geistesschaffen zeigt nur durch seine Individualität die nötige Schöpfungshöhe.

Bei den einzelnen Werkarten wird die Schöpfungshöhe unterschiedlich angesetzt.

WO IST DAS GEREGELT?

Die wichtigsten Gesetzesnormen: § 2, Abs. 1 UrhG

8.3 ▶ Welche Werkgattungen gibt es?

Werkgattungen sind nicht abschließend

Zu den eingangs erwähnten nicht abschließend aufgeführten Werken der Literatur, Wissenschaft und Kunst gehören **insbesondere**:

- **Sprachwerke**, wie Schriftwerke, Reden und Computerprogramme;

- Werke der **Musik**;

- **pantomimische** Werke einschließlich der Werke der **Tanzkunst**;

- Werke der **bildenden Künste** einschließlich der Werke der Baukunst und der angewandten Kunst und Entwürfe solcher Werke;

- **Lichtbildwerke** einschließlich der Werke, die ähnlich wie Lichtbildwerke geschaffen werden, zudem Filmwerke einschließlich der Werke, die ähnlich wie Filmwerke geschaffen werden;

- **Darstellungen** wissenschaftlicher oder technischer Art, wie Zeichnungen, Pläne, Karten, Skizzen, Tabellen und plastische Darstellungen.

WO IST DAS GEREGELT?

Die wichtigsten Gesetzesnormen: § 2 UrhG

PRAXISFALL: „Zwei Gemälde- zwei Maler – ein identischer Name = geht das?"

Der Künstler K hat ein prächtiges Gemälde geschaffen. Er nennt es „Sommerlandschaft". Kurz danach erfährt er, dass der Maler M ebenfalls ein Bild mit diesem Titel in seiner Galerie ausstellt.

Vorausgesetzt der Maler M hätte den Titel vom Künstler K bewusst „übernommen", könnte K etwas dagegen tun?

Lösung:

Der Künstler K kann vorliegend **keine Abwehrrechte** geltend machen. Als **Werktitel** werden nur die **Namen von Druckschriften** (Printmedien jeder Art wie Bücher, Zeitungen, Zeitschriften), **Filmwerken** (auch Fernsehsendungen), **Tonwerken** (auch Hörfunksendungen), **Bühnenwerke** oder **sonstigen vergleichbaren Werken** (Computerprogramme, Multimedia-Werke) geschützt.

Gemälde versieht der Rechtsverkehr **nicht mit einer geschäftlichen Bezeichnung.**

Der Titel „Sommerlandschaft" ist **zudem selbst nicht urheberrechtsfähig (etwa als Schriftwerk). Er ist zu kurz und unindividuell.** Daher scheidet schließlich auch eine Verletzung des allgemeinen Persönlichkeitsrechtes des Künstlers K aus.

8.4 ▶ Was bezeichnet der Begriff der „kleinen Münze" des Urheberrechtes?

Erfüllt eine Schöpfung **zwar** die **Anforderungen an den urheberrechtlichen Werkbegriff**, erreicht sie das **notwendige Maß** an Schöpfungshöhe aber nur **knapp**, so bezeichnet man sie als „kleine Münze".

Grenzen des urheberrechtlichen Schutzes

Der Begriff bezeichnet die **Untergrenze des urheberrechtlich möglichen Schutzes.** Wegen des Konkurrenzverhältnisses zum Designrecht wurde die „kleine Münze" von der Rechtsprechung im Bereich der **bildenden Künste Lange zeit verneint** bzw. wurden die Anforderungen an die Schöpfungshöhe dort wesentlich höher angesetzt. Begründet wurde dies mit einem ansonsten anzunehmenden **„Leerlaufen" des Designrechtes**, denn wenn jede noch so kleine Leistung im Designgestaltungsbereich urheberrechtsfähig wäre, **brauchte man auf den Designschutz nicht mehr zurückgreifen.** Das Instrument wäre vom Gesetzgeber dann sinnentleert geschaffen worden. Diese Rechtsprechung wurde zwischenzeitlichen aber aufgegeben.

8.5 ▶ Was sind urheberrechtliche Leistungsschutzrechte bzw. verwandte Schutzrechte?

Als verwandte Schutzrechte (Leistungsschutzrechte) bezeichnet man in der Rechtswissenschaft ausschließliche Rechte, **die eine Beziehung oder Ähnlichkeit zum Urheberrecht aufweisen, also mit diesem „verwandt" sind.** Durch verwandte Schutzrechte werden künstlerische, wissenschaftliche

Fehlende eigentümliche geistige Schöpfungshöhe

oder gewerbliche Leistungen, die keine eigentümlichen geistigen Schöpfungen sind und damit einem urheberrechtlichen Schutz nicht direkt zugänglich sind, ähnlich wie urheberrechtlich geschützte Werke geschützt.

Geringerer Schutzumfang als das Urheberrecht

Jedoch bleibt die Schutzdauer, zum Teil auch der Schutzumfang, deutlich hinter der des Urheberrechts zurück.

Zu den „klassischen" verwandten Schutzrechten zählen:

- der Schutz von **Vorträgen** und Aufführungen von Werken bzw.

- der Schutz **ausübender Künstler**,

- der **Schutz der Lichtbildner**,

- der **Tonträgerhersteller**,

- der **Sendeunternehmen** oder etwa

- der **Datenbankhersteller**.

WO IST DAS GEREGELT?

Die wichtigsten Gesetzesnormen: Teil 2 UrhG

II.   Die Urheberschaft

8.6 ▶   Wer kann Urheber sein?

Werke können nur von Personen geschaffen werden

Urheber können **nur natürliche Personen**, also Menschen, sein. Davon zu unterscheiden sind urheberrechtliche Nutzungs- und Verwertungsrechte, die auch Firmen besitzen können.

WO IST DAS GEREGELT?

Die wichtigsten Gesetzesnormen: § 7 UrhG

8.7 ▶   Wie entsteht ein Urheberrecht?

Keine Registrierung möglich

Anders als bei den meisten Rechtspositionen des gewerblichen Rechtsschutzes **entsteht** der Urheberschutz **selbsttätig** mit der Schaffung des Werkes. Der Urheber muss also **keinerlei behördliches Registerverfahren** durchlaufen.

Faktisch ein „ungeprüftes" Recht

Allerdings wird die Frage, ob das geschaffene Arbeitsresultat tatsächlich dem Urheberschutz unterfällt und die entsprechenden Anforderungen an ein schöpferisches Werk erfüllt, **erst dann (gerichtlich) geprüft**, wenn sich der Urheber **gegen die Nachahmung eines Dritten durchsetzen** will.

8.8 ▶ Wie wird der Nachweis erbracht, wem das Urheberrecht zusteht?

Oft ist es nicht erforderlich, das Werk bei einer Stelle zu hinterlegen. Der Urheber muss aber darauf achten, dass er später nachweisen kann,

Hinterlegung nicht erforderlich, aber manchmal sinnvoll

- dass er **Urheber** des Werkes ist,

- zu welchem **Zeitpunkt** das Werk entstand und

- welchen **Inhalt** das Werk zum damaligen Zeitpunkt hatte,

um bei einer Nachahmung seine Ansprüche auf Unterlassung und **Schadensersatz durchsetzen zu können. Hierzu kann es dann doch** von Vorteil sein, das Werk an einer zuverlässigen Stelle zu hinterlegen. Diese Stelle kann ein Patentanwalt, Rechtsanwalt oder Notar sein. Hierbei sollte vorab gefragt werden, zu welchen Kosten eine Hinterlegung führt.

8.9 ▶ Was ist eine Doppelschöpfung?

Ein wichtiger Unterschied des Urheberrechtes zu den gewerblichen Schutzrechten besteht in der theoretischen Möglichkeit einer Doppelschöpfung. Das **Urheberrecht schützt** den Urheber **nur vor der Kopie** seines Werkes, **nicht davor**, dass zeitgleich oder später ein anderer unabhängig eine **identische Werkidee** verwirklicht. Hier zeigen sich **Parallelen zum ergänzenden wettbewerbsrechtlichen Leistungsschutz**, der ebenfalls nur vor Nachahmung schützt. Diesem Ansatz folgt schließlich auch das nicht eingetragene Gemeinschaftsgeschmacksmuster. Als einziges gewerbliches Schutzrecht **erlaubt es die Doppelschöpfung**.

Identische Werkideen

III. Dauer, Umfang und Schranken des Urheberrechtes

8.10 ▶ Wie lange währt das Urheberrecht?

Das Recht des **Urhebers** endet grundsätzlich 70 Jahre **nach dem Tod des Urhebers**. Bei mehreren Miturhebern nach dem **Tod des Letztversterbenden**.

70 Jahre Frist beim Urheberrecht

Eine andere Regelung gilt bei den sog. verwandten Schutzrechten – also bei den Nutzungs- und Verwertungsrechten, die an einen dritten Leistungsschutzberechtigten abgetreten wurden. Hier beginnt die Frist nicht mit dem Tode, sondern zu Beginn der Nutzung und Verwertung. Zu beachten ist, dass hier **keine einheitliche Schutzfrist** existiert. Sie beträgt

50, 25 oder 15 Jahre bei verwandten Schutzrechten

- für die **klassischen verwandten Schutzrechte** 50 Jahre,

- während für den **Erstherausgeber nachgelassener Werke** lediglich 25 Jahre

- und für einen Hersteller von **Datenbanken** lediglich 15 Jahre gelten.

WO IST DAS GEREGELT?

Die wichtigsten Gesetzesnormen: §§ 64, 65, Abs. 1 UrhG, verwandte Schutzrechte §§ 70, 71, 87d UrhG

8.11 ▶ Welche Rechte gewährt der Urheberschutz?

Unverzichtbare und nicht transferfähige „Kern-Rechte"

Der Umfang der Abwehrpositionen des Urheberrechtes hat mehrere Ausprägungen. Den unverzichtbaren und nicht transferfähigen Kern bildet das sog. **Urheberpersönlichkeitsrecht,** welches sich im Anspruch des Urhebers

- auf Anerkennung seiner **Urheberschaft,**

- im **Schutz vor der Entstellung** seines Werkes und

- schließlich im Recht bestimmen zu können, ob und wie sein Werk **veröffentlicht** wird, widerspiegeln.

Verwertungsrechte

Sodann spricht das Urheberrecht bestimmte Verwertungsrechte ausschließlich dem Urheber zu. Hier kann der Urheber aber bereits Dritten Gestattungsrechte einräumen. Zu den wichtigsten Verwertungsrechten zählen

- das Vervielfältigungsrecht und

- das Verbreitungsrecht.

Sonstige Rechte

Schließlich gesteht das Urheberrecht dem Werkschöpfer noch einige weitere „sonstige" Rechte zu, wie etwa das **Recht auf Zugang zu den eigenen Werkstücken,** soweit dies zur Herstellung von Vervielfältigungsstücken oder Bearbeitungen des Werkes erforderlich ist und nicht berechtigte Interessen des Besitzers entgegen stehen.

Aus den obigen Ausführungen wird deutlich, dass das Urheberrecht anders als die gewerblichen Schutzrechte also **keine absoluten Verbietungsrechte** in Bezug auf das Werk gewährt, sondern primär vor dem Kopieren der geistigen Schöpfung bewahrt.

SIEHE AUCH: Doppelschöpfung

WO IST DAS GEREGELT?

Die wichtigsten Gesetzesnormen: Urheberpersönlichkeitsrecht §§ 12 – 14 UhrG, Vervielfältigungsrecht § 16 UhrG, Verbreitungsrecht § 17 UhrG, sonstige Rechte §§ 25 – 27 UrhG

8.12 ▶ Wie verhalten sich der Urheberrechtsschutz für Software und der softwareimplementierte Patentschutz zueinander?

Urheberrechtlicher Schutz nur gegen unrechtmäßiges Kopieren

Das Urheberrecht **schützt nicht Ideen und Grundsätze** eines Programms losgelöst vom Programm. Schutz ist nur für die **konkrete Programmver-**

sion gegeben, wie sie auf einem Datenträger gespeichert oder auf Papier ausgedruckt ist.

Damit ist in der Regel nicht der Kern bzw. das wesentlich Neue eines Programms geschützt. So lässt sich durch das Urheberrecht auch **nicht der Algorithmus** eines Programms schützen. Infolgedessen ist das Urheberrecht im Wesentlichen **nur ein Schutz gegen ein unrechtmäßiges Kopieren** von Programmen.

Durch ein **Patent** kann dagegen das Konzept oder die Idee eines Programms geschützt werden, **wenn das Konzept oder die Idee technischer Natur sind.** Es kann durch ein Patent eine technische Erfindung geschützt werden, die sich auf ein Programm stützt. Schutzfähig ist also nicht das Können des Programmierers, sondern es sind die Überlegungen zu einem technischen Verfahrensablauf, wenn dieser neu ist und nicht nahe lag.

Abgrenzung zum Patent

8.13 ▶ Welche Schranken kennt das Urheberrecht?

Die Schranken des Urheberrechtes sind **wesentlich mannigfaltiger ausgestaltet** als die Schranken anderer Immaterialgüter. Die Einzelheiten aller Beschränkungen des Urheberrechtes aufzuzeigen würde den Rahmen dieser Abhandlung sprengen, so dass nachfolgend nur auf einige der insgesamt geregelten Limitierungen der urheberrechtlichen Abwehransprüche eingegangen werden soll. Beschränkungen erfährt das Urheberrecht etwa im Bereich der **Rechtspflege** und vor dem Hintergrund der öffentlichen Sicherheit. Privilegiert sind Sammlungen für **Kirchen-, Schul- oder Unterrichtsgebrauch, Schulfunksendungen, öffentliche Reden, Zeitungsartikel** und **Rundfunkkommentare** sowie die Berichterstattung über **Tagesereignisse.** Eine weitere wichtige Schranke ist das **Zitatrecht.**

Umfangreiche Regelungen der Schranken im UrheberG

 WO IST DAS GEREGELT?

Die wichtigsten Gesetzesnormen: §§ 44a bis 60 UrhG

8.14 ▶ Was erlaubt die sogenannte Privatkopieschranke?

Eine praktisch für jedermann besonders wichtige Schranke des Urheberrechtes ist die Schranke der sogenannten Privatkopie, die es erlaubt, Kopien von geschützten Werken, wie CDs, DVDs oder Fernsehsendungen herzustellen, um sie für private Zwecke zu nutzen. Diese Schranke wurde bereits 1965 gesetzlich eingeführt, weil es technisch unmöglich war, das private Kopieren zu verhindern oder einzeln abzurechnen.

Privatkopien sind zulässig

Als Ausgleich erhalten die Urheber die pauschale Vergütung auf Vervielfältigungsgeräte und Leerträger.

Pauschaler Ausgleich für Urheber

Wichtig dabei ist, dass ein **Veröffentlichen** des kopierten Werkes keine private Nutzung mehr darstellt. Ebenso ist es **nicht** von der Privatkopieprivilegierung gedeckt und damit unzulässig, einen **Kopierschutz zu umgehen.** Das Gesetz sieht einen „Schutz technischer Maßnahmen" vor. So

Enge Grenzen der Privatkopie

dürfen wirksame technische Maßnahmen ohne Zustimmung des Rechtsinhabers nicht umgangen werden. Was den **Download von Daten aus dem
Internet** angeht, so ist dies nur gestattet, wenn diese aus einer **legitimen
Quelle**, bzw. **nicht aus einer offensichtlich illegitimen Quelle** stammen,
denn Filme und Musik aus dem Internet darf man nur dann herunterladen
– das heißt zu privaten Zwecken vervielfältigen – wenn die Vorlage **nicht
„offensichtlich rechtswidrig hergestellt wurde".** Allerdings ist die Frage,
wann eine über das Netz angebotene Datei allgemein erkennbar rechtswidrig hergestellt wurde, **weitgehend ungeklärt.** Nach dem Willen des Ge-
setzgebers erfasst die Schrankenausnahme **gezielt illegale Tauschbörsen**
im Internet wie etwa **KaZaA, Bittorrent, Emule** etc.

 WO IST DAS GEREGELT?

Die wichtigsten Gesetzesnormen: §§ 95, 95a UrhG

8.15 ▶ Welche Besonderheiten gibt es für das private Kopieren von Computersoftware?

*Geringere Freiräume als
bei Musik oder Filmen*

Für das private Kopieren von Computersoftware gelten wichtige Sonder-
regeln. Anders als beim Kopieren von Musik oder Filmen sind die Freiräume hier geringer. In aller Regel **entscheidet die Lizenzbestimmung** des
Anbieters. Andererseits gibt es eine Regelung, die nur für Software gilt und
die wie folgt lautet: Die **Erstellung einer Sicherungskopie** durch eine
Person, die zur Benutzung des Programms berechtigt ist, darf nicht vertraglich untersagt werden, wenn sie für die Sicherung künftiger Benutzung
erforderlich ist.

 WO IST DAS GEREGELT?

Die wichtigsten Gesetzesnormen: §§ 69d Abs. 2 UrhG

*Umstrittene Rechtslage
bei der Sicherungskopie*

Ob Sicherungskopien von Computerprogrammen gemacht werden dürfen,
wenn ein Computerprogramm oder Computerspiel kopiergeschützt **vertrieben wird, ist eine derzeit weitgehend ungeklärte Rechtsfrage.** Eine
Ansicht erklärt dies als **zulässig**, da das Recht zur Anfertigung einer Sicherungskopie etwaigen Regelungen zum Schutz von Kopierschutztechnolo-
gien bei Software vorgehe. Diese Ansicht führt in letzter Konsequenz dazu,
dass der Nutzer die Kopierschutzmaßnahme selbst umgehen dürfte, um
seine Sicherungskopie herzustellen. Nach dieser Ansicht ergäbe sich eine
andere Rechtslage als bei Musik, Texten, Fotos oder Filmen, wo so etwas
nicht erlaubt ist. Begründet werden kann dies mit dem gesetzgeberischen
Zweck der Sicherungskopie, die das u.U. ausgesprochen teure Software-
programm für den Käufer sichern soll, **falls der Datenträger des Originals
beschädigt wird.** Nach der Gegenansicht soll eine solche Umgehung auch
dann unzulässig sein, wenn sie nur vorgenommen wird, um eine Sicherungskopie herzustellen. Wird das Original der Software also zerstört,
müsste sich der Käufer an den Hersteller wenden und darum bitten, einen

neuen Datenträger zugeschickt zu bekommen. Was hier zulässig und unzulässig ist, erscheint bislang ungeklärt und muss erst noch einer höchst-
richterlichen **Entscheidung zugeführt** werden.

IV. Die Verwertungsgesellschaften und die Schieds-stelle für Urheberrechtsangelegenheiten

8.16 ▶ Was ist eine Verwertungsgesellschaft?

Im Zeitalter der Massennutzung urheberrechtlich geschützter Werke wäre
es einem **einzelnen Urheber nahezu unmöglich**, seine Vergütungsansprü-
che gegen alle erdenklichen Nutzer durchzusetzen. Er ist daher regelmäßig
auf die **Hilfe einer Verwertungsgesellschaft angewiesen**, um die ihm
zustehende Vergütung zu erhalten und die widerrechtliche Nutzung seiner
Werke und Leistungen zu verhindern.

Verwertung der Massen-nutzung

Verwertungsgesellschaften sind **privatrechtlich organisierte Vereinigun-gen** von Urhebern und Inhabern von Leistungsschutzrechten (zum Beispiel
Komponisten, Schriftsteller, bildende Künstler, Fotografen, Tonträgerher-
steller, Filmproduzenten). Die Berechtigten räumen der jeweiligen Verwertungsgesellschaft ihre urheberrechtlichen Nutzungsrechte sowie Vergü-
tungsansprüche ein. Die Verwertungsgesellschaften nehmen die kommer-
ziellen Rechte sodann **treuhänderisch** wahr. Verwertungsgesellschaften
unterliegen **im Hinblick auf ihre Monopol- und Treuhandstellung einer
staatlichen Aufsicht**. Das Deutsche Patent- und Markenamt übt diese
Aufsicht auf der Grundlage des Urheberrechtswahrnehmungsgesetzes aus.

Nur unter staatlicher Aufsicht – ansonsten privatrechtlich

Zur Zeit verfügen etwa **ein Dutzend** Verwertungsgesellschaften über die
Erlaubnis zum Geschäftsbetrieb, die das Deutsche Patent- und Markenamt
jeweils im Einvernehmen mit dem Bundeskartellamt erteilt hat und auch
laufend prüft.

8.17 ▶ Welche Aufgabe hat die Schiedsstelle nach dem Gesetz über die Wahrnehmung von Urheberrechten?

Die Schiedsstelle nach dem Urheberrechtswahrnehmungsgesetz **vermittelt
bei Streitigkeiten** zwischen urheberrechtlichen Verwertungsgesellschaften
und den Nutzern urheberrechtlich geschützter Werke. Dazu gehören beispielsweise Meinungsverschiedenheiten zwischen der Gesellschaft für
musikalische Aufführungs- und mechanische Vervielfältigungsrechte
(GEMA) und Konzertveranstaltern, Diskothekenbetreibern, Sendeunternehmen und Tonträgerherstellern.

Ebene Verwertungsgesell-schaften und Urheber-rechtsnutzer

Daneben befasst sich die Schiedsstelle auch mit **Auseinandersetzungen
zwischen Sendeunternehmen und Kabelnetzbetreibern**. In den Verfahren
geht es häufig um die Frage, ob die von den Verwertungsgesellschaften
aufgestellten Tarife im Einzelfall anwendbar und angemessen sind.

Ebene Sendeunternehmen und Kabelnetzbetreiber

WO IST DAS GEREGELT?

Die wichtigsten Gesetzesnormen: § 14, Abs. 1 UrhWG

Ziel ist die gütliche Einigung, z.B. auch durch Einigungsvorschläge

Die Schiedsstelle bemüht sich um eine gütliche Beilegung der Streitigkeiten. Gelingt dies nicht schon im Laufe des Verfahrens, beispielsweise durch einen Vergleich, so unterbreitet sie den Beteiligten einen **Einigungsvorschlag**. Dieser Vorschlag entfaltet – wenn ihm keine Seite widerspricht – ähnliche **Wirkung wie ein gerichtliches Urteil**. Die Schiedsstelle ist zwar organisatorisch in das DPMA eingebunden, sie ist jedoch eine eigenständige Institution, das heißt mit dem DPMA als Aufsichtsbehörde der Verwertungsgesellschaften nicht identisch.

V. Grenzüberschreitender Urheberschutz

8.18 ▶ Welche Möglichkeiten bestehen, um grenzüberschreitenden Schutz zu erlangen?

Internationales Abkommen mit gleichstellendem „Schutzlandprinzip"

Direkter Schutz ist nur durch die Rechtsordnungen ausländischer Staaten nach Maßgabe ihrer nationalen Gesetze möglich. Das wichtigste internationale Abkommen zum Urheberrecht, die **sog. Berner Übereinkunft** zum Schutze von Werken der Literatur und Kunst von 1886, sieht in Artikel 5.1. vor, dass jeder Vertragsstaat den Schutz an Werken von Bürgern anderer Vertragspartner **genauso anerkennt wie den Schutz von Werken der eigenen Bürger** („Schutzlandprinzip").

Mindestschutzdauer in allen Vertragsstaaten: 50 Jahre ab dem Todes des Urhebers

Diese **Gleichstellung ausländischer Urheber mit inländischen Urhebern** erübrigt, hier nach den ausländischen Schutzvorschriften zu forschen. Der Schutz erfolgt gemäß der Berner Übereinkunft **automatisch**, d.h. es werden **keine Registrierung** und **kein Copyright-Vermerk** vorausgesetzt. Garantiert wird eine **minimale Schutzdauer** von mindestens fünfzig Jahren über den Tod des Urhebers (post mortem auctoris) hinaus. Den Vertragsstaaten steht es offen, diese Zeitspanne zu verlängern.

VI. Hinweis auf Urheberschutz im Rechtsverkehr

8.19 ▶ Wie wird auf das Urheberrecht hingewiesen?

Deklaratorischer Hinweis

Es ist auch in Deutschland **ausgesprochen üblich**, auf proklamierten Urheberschutz mit einem „c" im Kreis, gefolgt vom **Namen des Urhebers** oder Rechteinhabers und einer **Jahresangabe** (z.B.: © Karl Kreativ, 2002) hinzuweisen. Dies entspricht insofern auch den **Vorgaben der DIN 34**. Eine juristische Bedeutung hat dieser Hinweis allerdings nur im angelsächsischen Rechtskreis. Dort dient er der Absicherung von Schadensersatzansprüchen im Verletzungsfall. In Deutschland hat dieser Vermerk **rein deklaratorische Bedeutung**.

D. Weitere Informationen

Ansprechpartner

GEMA Gesellschaft für musikalische Aufführungs- und mechanische Vervielfältigungsrechte
Generaldirektion
Postfach 30 12 40
10722 Berlin
Telefon: (030) 2124500
Telefax: (030) 21245950
gema@gema.de
www.gema.de

GVL Gesellschaft zur Verwertung von Leistungsschutzrechten mbH
Podbielskiallee 64
14195 Berlin
Telefon: (030) 48483600
Telefax: (030) 48483700
gvl@gvl.de
www.gvl.de

VG-Wort Verwertungsgesellschaft Wort – Rechtsfähiger Verein kraft Verleihung
Goethestraße 49
80336 München
Telefon: (089) 5141254
vgw@vgwort.de
www.vgwort.de

VG Bild – Kunst Verwertungsgesellschaft Bild – Kunst
Weberstr. 61
53113 Bonn
Telefon: (0228) 9153440
Telefax: (0228) 9153439
info@bildkunst.de
www.bildkunst.de

VG Musikedition Verwertungsgesellschaft – Rechtsfähiger Verein kraft Verleihung
Königstor 1A
34117 Kassel
Telefon: (0561) 1096560
Telefax: (0561) 10965620
info@vg-musikedition.de
www.vg-musikedition.de

GÜFA Gesellschaft zur Übernahme und Wahrnehmung von Filmaufführungsrechten mbH

Vautierstraße 72
40235 Düsseldorf
Telefon: (0211) 914190
Telefax: (0211) 6798887
info@güfa.de
www.guefa.de

VFF Verwertungsgesellschaft der Film- und Fernsehproduzenten mbH
Brienner Strasse 26
80333 München
Telefon: (089) 28628382
Telefax: (089) 28628247
anna.nassl@vff.org
www.vff.org

VGF Verwertungsgesellschaft für Nutzungsrechte an Filmwerken mbH
Beichstraße 8
80802 München
Telefon: (089) 18937840
Telefax: (089) 189378429
info@vgf.de
www.vgf.de

GWFF Gesellschaft zur Wahrnehmung von Film- und Fernsehrechten mbH
kontakt@gwff.de
www.gwff.de

AGICOA Urheberrechtsschutz Gesellschaft mbH
Marstallstraße 8
80539 München
Deutschland
Telefon: (089) 222668
Telefax: (089) 229560
info@agicoa.org
www.AGICOA.org

VG Media Gesellschaft zur Verwertung der Urheber- und Leistungsschutzrechte von Medienunternehmen mbH
Eichhornstraße 3
10785 Berlin
Telefon: (030) 20902215
Telefax: (030) 20902214
info@vgmedia.de
www.vgmedia.de

Fachliteratur

Rehbinder: Urheberrecht, 17. Auflage, C.H.-Beck, München 2015

Schack: Urheber- und Urhebervertragsrecht, Lehrbuch, 7. Auflage, Mohr Siebeck, Tübingen 2015

Onlinequellen

http://www.bpb.de/themen/0GNUL9,0,0,Urheberrecht.html

Bundeszentrale für politische Bildung: Online-Dossier zum Urheberrecht

TEIL 9
Mein oder Dein? – Geistiges Eigentum in Arbeits-, Dienst-, Auftrags- und Kooperationsverhältnissen

A. Worum geht's? – Der Schwerpunkt dieses Teils

Immaterialgüterrechtlich schutzfähige Leistungen entstehen nicht im „rechtsfreien" Raum, sondern **häufig als Ergebnis ganz bestimmter Rechtsbeziehungen, wie etwa Arbeits-, Dienst- oder Auftragsverhältnisse.** Ebenso häufig sind sie auch das Resultat von betrieblichen Kooperationen, z.B. im Forschungs- und Entwicklungssektor.

Dieser Teil widmet sich den nicht **immer ganz unkomplizierten gesetzlichen Vorgaben**, die in Bezug auf das Schicksal und die Inhaberschaft insofern geschaffener Immaterialgüter bestehen.

B. Die Kernaussagen auf einen Blick 👁

> • **Differenzierung nach verschiedenen Immaterialgütern:** ▶ Wem in welcher **Konstellation** welche Rechtspositionen zustehen, ist von Immaterialgut zu Immaterialgut **unterschiedlich** zu beantworten.
>
> • **Grundsatzregelungen bzw. Auslegungsvorschriften:** ▶Es existieren in den Einzelgesetzen zum Schutze immaterialgüterrechtlicher Leistungen mitunter für bestimmte Konstellationen **Grundsatzregelungen bzw. Auslegungsvorschriften**, die durch individuelle Vereinbarungen zwischen den Parteien verdrängt werden können.
>
> • **Sonderfall Arbeitnehmererfinderrecht:** ▶Im Bereich der technischen Schutzrechte hat der Gesetzgeber mit dem **Arbeitnehmererfindungsgesetz** nicht abdingbare Vorschriften für sog. Diensterfindungen geschaffen.
>
> • **Sonderfall Agentenmarke:** ▶ Da die Schaffung eines Kennzeichenrechtes als solches nicht „beauftragt" oder von Arbeitnehmern geschaffen werden kann, erschöpft sich die Frage, wem das Recht an einem kennzeichenrechtlichen Individualisierungsmittel zusteht im seltenen Fall der sog. **Agentenmarke.**
>
> • **Immaterialgüter in Joint-Venture-Projekten:** ▶ Bei Joint-Venture-Projekten geht es nicht nur um die Aufteilung der immateriellen Joint-Venture Resultate, sondern auch darum, das auf Seiten der Partner (z.B. durch Arbeitnehmer) geschaffene Geistige Eigentum **ordnungsgemäß überzuleiten.**

C. Vertiefung

I. Konstellationen der Begründung Geistigen Eigentums in mehrseitigen Rechtsverhältnissen

9.1 ▶ In welchen mehrseitigen Rechtsverhältnissen können Immaterialgüter entstehen?

Die wichtigsten mehrseitigen Rechtsverhältnisse, die im Rahmen der Frage nach der Inhaberschaft und dem Schicksal immaterialgüterrechtlicher Assets Relevanz entfalten, sind **Auftragsverhältnisse, Arbeits- oder Dienstverhältnisse oder aber F&E-Vorhaben**.

Eigene gesetzliche Regelungen für manche mehrseitige Rechtsverhältnisse

Vor allem für die beiden erstgenannten Konstellationen existieren in den jeweiligen Gesetzen häufig spezielle Regelungen. Schutzfähige Leistungen können zudem auch immer von mehreren Personen gemeinschaftlich erbracht werden.

II. Schicksal und Inhaberschaften von Urheberrechten in mehrseitigen Rechtsverhältnissen

9.2 ▶ Wem steht das Nutzungsrecht an einer schöpferischen urheberischen Leistung zu, wenn diese in einem mehrseitigen Verhältnis geschaffen wurde?

Haben mehrere Personen ein Werk gemeinsam geschaffen, ohne dass sich ihre Anteile gesondert verwerten lassen, so sind sie **gemeinschaftliche Miturheber des Werkes**.

Mehrere Personen

Bei einer individuellen Beauftragung eines Urhebers zur Erstellung eines bestimmten Werkes, bestimmt sich der Umfang der dem Auftraggeber zustehenden Rechte – sofern der **Auftragsvertrag** diese Fragen nicht eindeutig klärt – **nach dem von beiden Partnern zugrunde gelegten Vertragszweck**. Diese sog. **Zweckübertragungslehre** stellt eine gegenüber der Auslegungsregel nach Treu und Glauben speziellere Auslegungsvorschrift dar, die dazu führt, dass der Vertrag im Zweifel vor dem Hintergrund auszulegen ist, dass der Urheber regelmäßig nicht bereit sein wird, mehr an Nutzungsrechten zu übertragen, als unbedingt für die zweckgerechte Vertragserfüllung notwendig erscheint.

Vertragszweck entscheidet über den Umfang der Rechte jedes Einzelnen

 WO IST DAS GEREGELT?

Die wichtigsten Gesetzesnormen: § 31 ff. UrhG

Das Schicksal der Inhaberschaft von Nutzungsrechten an urheberrechtlichen Leistungen in Arbeits- oder Dienstverhältnissen ist in Bezug auf die Inhaberschaft mit folgendem Auslegungsgrundsatz verankert:

Arbeits- oder Dienstverhältnisse

MERKE: Hat der Urheber das Werk **in Erfüllung seiner Verpflichtungen** aus einem Arbeits- oder Dienstverhältnis geschaffen, so **bleibt er Inhaber** aller urheberrechtlichen Schutzpositionen, soweit sich aus **dem Inhalt oder dem Wesen** des Arbeits- oder Dienstverhältnisses **nichts anderes** ergibt.

Mit anderen Worten kommt es also wiederum auf die konkrete Regelung im Arbeits- oder Dienstvertrag bzw. dessen Auslegung an. Die Zweckübertragungslehre gilt hier im Rahmen der allgemeinen, mit der arbeits- oder dienstvertraglichen Anstellung des Urhebers verfolgten Zwecke fort.

Ausnahme: Computerprogramm

Eine Ausnahme gibt es im Bereich des Softwareschutzes. Wird ein Computerprogramm von einem Arbeitnehmer in Wahrnehmung seiner Aufgaben oder nach den Anweisungen seines Arbeitgebers geschaffen, so ist **ausschließlich der Arbeitgeber** zur Ausübung aller vermögensrechtlichen Befugnisse an dem Computerprogramm berechtigt, sofern nichts anderes vereinbart ist. Die Norm ist auf Dienstverhältnisse entsprechend anzuwenden. Der Grundsatz wird also umgekehrt, bleibt aber durch die Parteien frei regelbar.

 WO IST DAS GEREGELT?

Die wichtigsten Gesetzesnormen: §§ 43, 69b UrhG

III. Designrechte in mehrseitigen Rechtsverhältnissen

9.3 ▶ Wem steht das Ergebnis einer designrechtlichen Leistung zu, wenn diese in einem mehrseitigen Verhältnis geschaffen wurde?

Entwerfer ist originärer Rechtsinhaber

Wie im Urheberrecht kann das Recht auf das Designrecht mehreren Entwerfern zustehen, wenn diese das Design gemeinschaftlich entworfen haben. In individuellen Designauftragsverhältnissen steht das Recht auf das Design **zunächst originär dem (beauftragten) Entwerfer** zu.

 WO IST DAS GEREGELT?

Die wichtigsten Gesetzesnormen: § 7, Abs. 1 DesignG

Die Parteien können indes jederzeit **etwas anderes regeln**. Zudem unterfallen derartige Verträge auch der allgemeinen **richterlichen Auslegung** nach Treu und Glauben.

Entstehung im Rahmen von Arbeitsverhältnissen

Wird ein Muster **von einem Arbeitnehmer** in Ausübung seiner Aufgaben oder nach den Weisungen seines Arbeitgebers entworfen, so steht das Recht an dem Design nach dem Gesetz **grundsätzlich dem Arbeitgeber** zu, sofern vertraglich nichts anderes vereinbart wurde. Wie gesagt, gilt dieser Grundsatz aber nur für solche Leistungen, die **in Erfüllung der arbeitsver-**

traglichen **Pflichten** oder **nach arbeitsrechtlicher Weisung** erfolgt sind. Designschöpfungen, die außerhalb des Arbeitsplatzes, etwa im Privatbereich geschaffen wurden, fallen nicht hierunter.

WO IST DAS GEREGELT?

Die wichtigsten Gesetzesnormen: § 7, Abs. 2 DesignG

IV. Sortenschutz- und Halbleiterschutzrechte in mehrseitigen Rechtsverhältnissen

9.4 ▶ Wie verhält es sich mit Leistungen, die dem Halbleiterschutz oder dem Sortenschutz unterfallen?

Auch Topographie- und Sortenschutzleistungen können zunächst im Rahmen von Auftragsentwicklungen oder in Dienst- bzw. Arbeitsverhältnissen erbracht werden.

Im Halbleiterschutzgesetz existiert **für Arbeits- und Auftragsverhältnisse** in eine Sonderregelung. Ist eine Topographie nach dem Halbleiterschutzgesetz im Rahmen eines Arbeitsverhältnisses oder im Auftrag eines anderen geschaffen worden, so steht das **Recht auf den Schutz der Topographie dem Arbeitgeber oder dem Auftraggeber** zu, soweit durch Vertrag nichts anderes bestimmt ist. *Sonderregelungen im Halbleiterschutzrecht*

WO IST DAS GEREGELT?

Die wichtigsten Gesetzesnormen: § 2 Abs. 2 HalbSchG

Für den Sortenschutz existieren ausdrückliche Regelungen weder für Auftrags- noch für Dienst- oder Arbeitsverhältnisse. Das Gesetz sagt hier lediglich aus, dass das **Recht auf den Sortenschutz dem Ursprungszüchter oder dem Entdecker der Sorte** zusteht. Auch die Begriffe Ursprungszüchter oder Entdecker sind nicht gesondert definiert, so dass **offen** bleibt, **ob hier nur natürliche Personen** in Betracht kommen und wie sich Dienst- bzw. Auftragsverhältnisse auf die Inhaberschaft auswirken. Es kommt also auch hier maßgeblich auf das an, **was die Parteien vereinbart** haben, bzw. was sich nach einer **Auslegung des Vertrages** unter Berücksichtigung von Treu und Glauben ergibt. *Sortenschutzrechtliche Regelung ungenau*

WO IST DAS GEREGELT?

Die wichtigsten Gesetzesnormen: § 242 BGB

Im Übrigen können sowohl eine schutzfähige Topographieleistung als auch eine Sortenschutzleistung von mehreren gemeinschaftlich erbracht werden, die sodann gemeinschaftlich Anspruch auf die Erlangung der registerrechtlichen Schutzposition haben. *Gemeinschaftliche Erbringung möglich*

## V.	Technische Schutzrechte in mehrseitigen Rechtsverhältnissen

**9.5 ►	Wem steht das Recht an einer Erfindung zu, wenn diese in einem mehrseitigen Verhältnis geschaffen wurde?**

Freie Vereinbarungen außerhalb von Arbeitsverhältnissen möglich

Bei individuellen Beauftragungen, die keine Arbeitsverhältnisse sind, gilt wiederum der Grundsatz, dass die Parteien frei , über das Schicksal und die Inhaberschaft eventuell aus der Auftragsentwicklung entstehender schutzfähiger Arbeitsresultate eine Vereinbarung zu treffen. Im Zweifel gilt es, den Auftrag entsprechend auszulegen. Bei freien Erfindergemeinschaften teilen sich die Miterfinder das Recht auf das technische Schutzrecht.

Arbeitnehmererfindungsgesetz enthält für Arbeitsverhältnisse eine Sonderregelung

Im Bereich der Arbeitsverhältnisse existiert eine sehr wichtige sondergesetzliche Regelung in Gestalt des Arbeitnehmererfindergesetzes. Dieses Gesetz erfasst grundsätzlich alle während der Dauer eines Arbeitsverhältnisses von einem Arbeitnehmer fertig gestellten Erfindungen, und zwar – anders als bei den übrigen Immaterialgütern – **gleichgültig wie, wo, auf welchem Gebiet und aus welchen Gründen bzw. Motiven die Erfindung entwickelt bzw. gemacht worden ist**. Die Dauer des Arbeitsverhältnisses erstreckt sich über den Zeitraum von dessen rechtlicher Begründung bis hin zu seiner Beendigung im Rechtssinne, wobei es nicht darauf ankommt, wann der Arbeitnehmer seine Arbeit tatsächlich aufnimmt bzw. beendet. Das ArbNEerfG differenziert zunächst zwischen **zwei Arten von Arbeitnehmererfindungen**. Einerseits der sog. **Diensterfindungen** und andererseits den **freien Erfindungen**.

Diensterfindungen des Arbeitnehmers

Diensterfindungen sind während der Dauer des Arbeitsverhältnisses gemachte Erfindungen, die entweder aus der dem Arbeitnehmer im Betrieb (oder der öffentlichen Verwaltung) **obliegenden Tätigkeit** entstanden sind oder maßgeblich **auf Erfahrungen oder Arbeiten des Betriebes** (oder der öffentlichen Verwaltung) **beruhen**. Sie bilden den Kern der gesetzlichen Regelungen. Das sie betreffende Verfahren wird sogleich dargestellt.

 WO IST DAS GEREGELT?

Die wichtigsten Gesetzesnormen: § 4, Abs. 2 ArbNErfG

Freie Erfindungen des Arbeitnehmers

Für **alle anderen** vom Arbeitnehmer gemachten **Erfindungen** während der Dauer eines Arbeitsverhältnisses besteht eine **Mitteilungspflicht**. U.U. muss der Arbeitnehmer selbst eine freie Erfindung zumindest **dem Arbeitgeber anbieten**, wenn der Arbeitnehmer die freie Erfindung während der Dauer des Arbeitsverhältnisses anderweitig verwerten will und der Erfindungsgegenstand in den vorhandenen oder vorbereiteten Arbeitsbereich des Arbeitgebers fällt.

WO IST DAS GEREGELT?

Die wichtigsten Gesetzesnormen: § 4, Abs. 3 ArbNErfG

Noch wesentlich strenger sind die Vorgaben für Diensterfindungen. Diese sind immer meldepflichtig und unterliegen dem Inanspruchnahmerecht des Arbeitgebers.

Meldepflichtige Dienst-erfindungen

M12 Formular für die Meldung einer Diensterfindung durch den Arbeitnehmer

Als „in Anspruch genommen" gilt eine Diensterfindung automatisch, wenn der Arbeitgeber sie **nicht ausdrücklich innerhalb von 4 Monaten nach der Meldung freigibt.**

Fristen für die Freigabe

M13 Formular für Freigabe einer Diensterfindung durch den Arbeitgeber

WO IST DAS GEREGELT?

Die wichtigsten Gesetzesnormen: Meldepflicht § 5, Abs. 1 ArbNErfG, Inanspruchnahme § 6 ArbNErfG

Gibt er sie frei, **kann der Arbeitnehmer frei über „seine" Erfindung verfügen** und muss die Interessen seines Arbeitgebers lediglich über den Vorbehalt eines einfachen Nutzungsrechtes wahren.

Bei Nichtfreigabe erlangt der Arbeitgeber die Erfindung und muss diese sodann durch ein technisches Schutzrecht prioritätswahrend schützen (**Anmeldepflicht**). Letztere besteht - streng genommen- sogar schon vor der finalen Entscheidung, ob der Arbeitgeber die Erfindung beansprucht oder nicht. Um den Erfindungsgedanken nicht zu gefährden soll die Erfindung unmittelbar nach der Meldung schon als Patentanmeldung oder Gebrauchsmusteranmeldung hinterlegt werden. Zudem hat er dem Arbeitnehmer eine **angemessene Vergütung** zu zahlen. Diese kann er einseitig festsetzen oder mit dem Arbeitnehmer vereinbaren.

Nichtfreigabe führt zu Verpflichtungen des Arbeitgebers

M14 Vergütungsvereinbarung für Diensterfindungen

> **Arbeitnehmer kann selbst über Erfindung weitgehend frei verfügen**

Freigabe

Erfindungsmeldung

Schutzrechtsanmeldung

Inanspruchnahme

> **Erfindung geht auf Arbeitgeber über; Zahlung einer angemessenen Vergütung, die der Arbeitgeber einseitig festsetzen oder zweiseitig vereinbaren ann:**

Spätere Aufgabe durch den Arbeitgeber

Bei einer späteren Aufgabe des Schutzrechtes oder bei Nichtanmeldung im Ausland hat der Arbeitnehmer Optionsrechte auf den Schutzerwerb bzw. darauf, selbst Schutz zu erlangen.

Angemessene Vergütung des Arbeitgebers

Die Angemessenheit der zu leistenden Vergütung bemisst sich nach einem **komplizierten System**, welches durch die **sog. ministerialen Vergütungsrichtlinien** vorgegeben wird. Diese sind im Anhang abgedruckt.

M15 Vergütungsrichtlinien zur Bestimmung einer angemessenen Vergütung für Diensterfindungen

WO IST DAS GEREGELT?

Die wichtigsten Gesetzesnormen: §§ 9-12 ArbNErfG

Haben mehrere Arbeitnehmererfinder die Diensterfindung gemeinsam gemacht, so gelten die obigen Rechte und Pflichten für sie entsprechend ihrer Anteile. Insbesondere verteilt sich die Vergütung nach dem jeweiligen anteiligen Beitrag an der Erfindung.

Schiedsstellen bei Streitigkeiten zuständig

Bei Streitigkeiten zwischen dem Arbeitnehmer und Arbeitgeber muss vor einer gerichtlichen Auseinandersetzung in vielen Fällen zunächst die Schiedsstelle angerufen werden. Diese unterbreitet den Beteiligten Einigungsvorschläge. Die Parteien können diese als verbindlich annehmen, können den Vorschlägen aber auch widersprechen oder sich außeramtlich einigen. Die Schiedsstelle für Arbeitnehmererfinderangelegenheiten ist beim **DPMA** eingerichtet und wird mit **drei Personen** besetzt: einem Juristen als Vorsitzendem und zwei Patentprüfern des DPMA, die das jeweilige technische Gebiet betreuen.

HÄUFIGER IRRTUM: Das in einem Arbeitsverhältnis geschaffene geistige Eigentum **gehört immer dem Arbeitgeber**. **Falsch (!):** Häufig ist dies von konkreten Regelungen im **Arbeitsvertrag abhängig** und es gelten nur gesetzliche Vermutungen. Allein im Patent- und Gebrauchsmusterrecht hat der Arbeitgeber stets die Möglichkeit Diensterfindungen durch Inanspruchnahme **an sich zu ziehen.**

 WO IST DAS GEREGELT?

Die wichtigsten Gesetzesnormen: §§ 28 ff. ArbNErfG

Eine Sonderstellung nehmen schließlich die Organe von juristischen Personen ein, die nicht dem Arbeitnehmererfindergesetz unterfallen. Erfindet etwa der Geschäftsführer einer GmbH etwas, so bestimmt sich seine Pflicht zur Übertragung der Erfindung auf das Unternehmen sowie die Pflicht des Unternehmens ihn hierfür gesondert vergüten zu müssen, allein nach dem Inhalt des Geschäftsführervertrages. *Besonderheiten bei Organen juristischer Personen*

PRAXISFALL „Ein Vertrag schützt nicht immer!"

Der bei der **Softwarefirma AG** primär zu Beratungszwecken aber auch als **Programmierer angestellte** E hat in Ausübung seiner Tätigkeit ein Verfahren zum Schutz von computerlesbaren Daten gegen unberechtigte Nutzung entwickelt, welches mehrere bekannte Abfolgeschritte umfasst, sich aber insbesondere dadurch auszeichnet, dass die Verschlüsselung der Daten in Abhängigkeit eines frei wählbaren Firmenschlüssels initialisiert wird, die Verschlüsselung der Übertragung der Parameter in Abhängigkeit eines geheimen Privatschlüssels erfolgt und schließlich die Entschlüsselung der Daten wiederum in Abhängigkeit vom gewählten Firmenschlüssel initialisiert wird.

Der aus Indien stammende Programmierer E zählt zu den weltweit führenden Spezialisten und konnte sich wegen seiner großen Reputation bei den Verhandlungen mit seinem deutschen Arbeitgeber im **Arbeitsvertrag** eine Regelung vorbehalten, die in Abweichung der gesetzlichen Vorschriften vorsieht, dass zunächst **alle Rechte an einer vollständig von ihm allein entwickelten Softwarelösung bei ihm verbleiben** und der Softwarefirma AG **lediglich die Option** zur Übertragung aller Verwertungsrechte gegen eine in jedem Einzelfall auszuhandelnde Sondervergütung eingeräumt wird.

E fragt sich nun, ob der Softwarefirma AG in diesem Fall weitergehende Rechte als die vertraglich vereinbarten zustehen.

Lösung: Bei rein urheberrechtlicher Betrachtung, also bei bloßer Betrachtung des von E verfassten Programmquellcodes, findet § 69b UrhG keine Anwendung, denn die Parteien des Arbeitsverhältnisses haben vorliegend eine **abweichende Regelung** vom Prinzip, dass bei Softwareentwicklungen aus Arbeitsverhältnissen ausschließlich der Arbeitgeber zur Ausübung aller vermögensrechtlichen Befugnisse an dem Computerprogramm berechtigt ist, **getroffen.**

Die von E entwickelte Lösung beinhaltet aber **auch ein technisches Verfahren** und muss daher als computerimplementierte Erfindung angesehen werden.

143

> Die im technischen „Prinzip" verkörperte **Verfahrenserfindung** der Lösung
> kann die Software AG daher über eine Inanspruchnahme **gemäß dem Arbeit-
> nehmererfindergesetz an sich ziehen.**
>
> Es stehen daher weitergehende Rechte als die vertraglich vereinbarten der
> Softwarefirma AG zu.

VI. Kennzeichenrechte in mehrseitigen Rechtsverhältnissen

**9.6 ▶ Werden die Rechte von Dienst- und Arbeitnehmerleistun-
gen im Marken- und Kennzeichenrecht nicht tangiert?**

Markenrechte werden im Rechtssinne nicht von Arbeitnehmern „geschaffen"

In der Tat hat das Kennzeichenrecht für die ansonsten recht komplexe Frage, wem ein in einem Auftrags-, Arbeits- oder Dienstverhältnis geschaffenes Immaterialgut zusteht, **keine größere Bedeutung.** Kennzeichenrechte schützen stets eine **unternehmerische Leistung, die der Arbeitnehmer nicht erbringt.** Eine schöpferische, innovative oder ästhetische Leistung wird insoweit nicht erbracht.

Zwar können **mit der Gestaltung z.B. eines Logos Urheber- oder Designrechte begründet werden.** Ein Kennzeichenrecht kann aber erst durch die Individualisierung von Produkten mit dem Logo entstehen. Bei **sog. Markenentwicklungsverträgen** geht es also eher darum, zu klären, dass der **Logogestalter** bei einer späteren Anmeldung des Logos als Marke **auf die Geltendmachung sämtlicher ihm eventuell zustehender Drittrechte in Form etwa von Urheberrechten verzichtet** bzw. der Anmeldung als Marke zustimmt.

Sonderregelungen zur sog. Agentenmarke

Die einzige echte Spezialregelung, die das Kennzeichenrecht im weiteren Sinne in diesem Problembereich kennt, ist **die zur sog. Agentenmarke.** Diese betrifft etwa den **Vertrieb von Markenprodukten durch Handelsvertreter oder Distributoren (Agenten) im Auftrage eines Dritten (Geschäftsherr).** Dabei kommt es bisweilen vor, dass sich diese Agenten die **Marke des Geschäftsherrn selbst noch einmal durch eine eigenmächtige Registrierung „sichern".** Eine solche Anmeldung durch den Vertreter/Agenten wird als Agentenmarke bezeichnet. Insbesondere dann, wenn es zu Schwierigkeiten zwischen dem Geschäftsherren und dem Agenten kommt, wird der Agent einwenden, **dass die Marke auf ihn registriert ist.** Um derlei Problem vorzubeugen, ist beispielsweise im deutschen Markengesetz eine Regelung vorgesehen, **dass der Geschäftsherr von dem Agenten die Übertragung der Marke auf sich selbst verlangen kann.** Diese Regelung basiert auf einer Bestimmung in der Pariser Verbandsübereinkunft (kurz PVÜ), wonach der Exporteur auf der Basis seiner Heimatmarke gegenüber dem Agenten seine besseren, prioritätsälteren Rechte durchsetzen kann. Gemäß Artikel 6septies PVÜ sind diese Rechte dann auch in dem Mitgliedsland der PVÜ zugunsten des Inhabers der Heimatmarke in der örtlichen Gesetzgebung vorzusehen.

WO IST DAS GEREGELT?

Die wichtigsten Gesetzesnormen: §§ 11, 17 MarkenG

VII.   Geistiges Eigentum in Joint-Venture-Vorhaben

9.7 ▶   Was passiert, wenn in einem Joint-Venture zwischen verschiedenen Unternehmen Immaterialgüter geschaffen werden?

Joint-Venture-Projekte sind letztlich lediglich ein **besonders komplexer Spezialfall der oben dargestellten Konstellationen.** Partner von Verträgen auf diesem Gebiet sind Unternehmen, Hochschulen, staatliche und private Einrichtungen, die ausschließlich Forschung und Entwicklung betreiben, und der Staat, der öffentliche Mittel für die Forschung und Entwicklung vergibt. Grundsätzlich kann zwischen horizontalen Forschungs- und Entwicklungskooperationen, vertikalen Forschungs- und Entwicklungsverträgen und schließlich Forschungs- und Entwicklungsaufträgen differenziert werden.

Joint-Venture mit komplexen Rechtsbeziehungen zwischen selbständig weiterbestehenden Partnern

F&E-Vorhaben zwischen **Unternehmen auf derselben Wirtschaftsstufe** werden häufig als horizontale Kooperationen bezeichnet. Die kooperierenden Unternehmen verfolgen dabei zumindest in der Forschungs- und Entwicklungsphase einen **gemeinsamen Zweck**, nämlich die gemeinsame Erreichung des angestrebten Entwicklungserfolgs. Auch bei der anschließenden Verwertungsphase kann der gemeinsame Zweck fortgesetzt werden, wenn die Vertragsparteien eine **gemeinsame Fruchtziehung vereinbaren**. Verwerten die Vertragsparteien das gemeinsam Erreichte jedoch getrennt, etwa indem sie das gemeinsam entwickelte Produkt im Wettbewerb untereinander fertigen und vertreiben, endet nach der Entwicklungsphase der gemeinsame Zweck.

Horizontale Kooperationen

Schließen **Unternehmen auf verschiedenen Produktions- oder Handelsstufen** Forschungs- und Entwicklungsverträge miteinander ab, handelt es sich um sogenannte vertikale Verträge, bei denen ein Unternehmen (z.B. der Abnehmer oder Käufer) ein neues Produkt entwickelt und hierfür von seinem Zulieferanten (dem Verkäufer) bestimmte Komponenten benötigt, die dieser für das neue Produkt erst entwickeln muss.

Vertikale Verträge

Neben den vertikalen Forschungs- und Entwicklungsverträgen gibt es schließlich den schon oben mehrfach angesprochenen Entwicklungsauftrag, bei dem es darum geht, dass ein Unternehmen sich gegenüber einem anderen Unternehmen dazu verpflichtet, **eine bestimmte Entwicklungsleistung zu erbringen** und dafür vom Auftraggeber entlohnt wird.

Entwicklungsauftrag

Das **vor Abschluss des Joint-Ventures** auf den Seiten der Partner bereits vorhandene IP wird regelmäßig zum Zwecke der Weiterentwicklung wechselseitig zur Nutzung überlassen. In Bezug auf das im Rahmen eines Joint-Ventures neu geschaffene Geistige Eigentum sehen die einschlägigen

Einbringungspflicht in einen gemeinsamen Pool

Vertragsklauseln häufig die Pflicht der Vertragspartner zur ordnungsgemäßen Überleitung der innovativen Resultate von den eigenen Arbeitnehmern bzw. Dritten in einen gemeinsamen Pool vor.

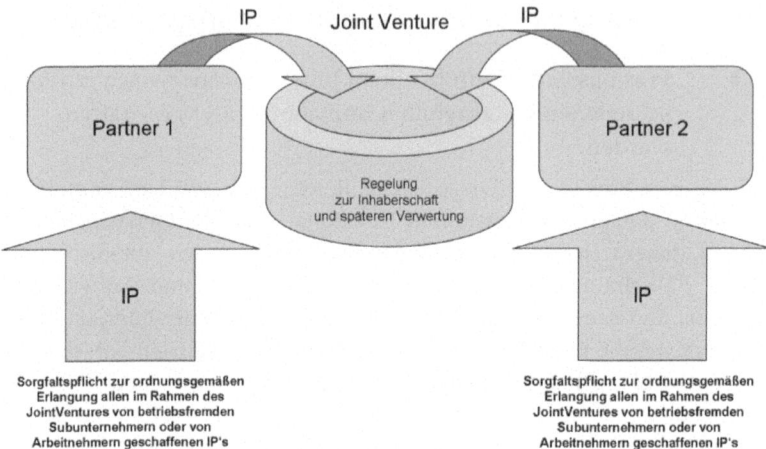

Sorgfaltspflicht zur ordnungsgemäßen Erlangung allen im Rahmen des JointVentures von betriebsfremden Subunternehmern oder von Arbeitnehmern geschaffenen IP's

Sorgfaltspflicht zur ordnungsgemäßen Erlangung allen im Rahmen des JointVentures von betriebsfremden Subunternehmern oder von Arbeitnehmern geschaffenen IP's

Das anschließende Schicksal der IP-Assets hängt stark vom Kräfteverhältnis der Parteien ab. So werden bei horizontalen Joint-Ventures häufig Rechtsgemeinschaften an den Immaterialgütern begründet, während bei vertikalen Vertragsverhältnissen mitunter ein Partner Rechtsinhaber wird und dem anderen Partner Rücklizenzen einräumt.

D. Weitere Informationen

Ansprechpartner:

Schiedsstelle nach dem Gesetz über Arbeitnehmererfindungen
beim Deutschen Patent- und Markenamt
Zweibrückenstraße 12
80331 München

Fachliteratur:

Winzer: Forschungs- und Entwicklungsverträge, 2. Auflage, C.H. Beck München 2011

Bartenbach-Fock: Arbeitnehmererfindungen im Konzern, 3. Auflage, Carl Heymanns, Köln 2015

Bartenbach / Volz: Kommentar zum Gesetz über Arbeitnehmererfindungen, 5. Auflage, Carl Heymanns, Köln 2013

Onlinequellen:

http://transpatent.com/ra_krieger/arberfin.html

Übersicht zum Arbeitnehmererfindungsrecht

TEIL 10
Ein scharfes Schwert! – Geistiges Eigentum in der Durchsetzung

A. Worum geht's? – Der Schwerpunkt dieses Teils

Die bisherigen Ausführungen bezogen sich primär auf die Erlangung von Immaterialgütern, ihre Schutzvoraussetzungen und ihren Schutzumfang. Die wichtige Frage, wie derartige Rechte praktisch gegenüber Verletzern geltend gemacht werden können, welche Ansprüche aus den immaterialgüterrechtlichen Monopolen erwachsen und mit welchen **außerprozessualen und prozessualen Mitteln** man diese durchsetzt, soll Gegenstand der nachfolgenden Darstellung dieses Teils sein.

B. Die Kernaussagen auf einen Blick 👁

• **Wirtschaftliche Dimension von IP-Rechtsverletzungen**: ▶ Die Verletzung von Immaterialgüterrechten hat ein **erhebliches Schädigungspotential** für den einzelnen Betrieb und die Volkswirtschaft insgesamt.

• **Ansprüche**: ▶ Wichtige Ansprüche, die aus einem Immaterialgut erwachsen können, sind der Anspruch auf **Unterlassung**, ▶ **Auskunftserteilung**, ▶ **Vorlage und Sicherung** von Beweismitteln, ▶ **Vernichtung** der Verletzungsobjekte sowie der ▶ Anspruch auf **Schadensersatz**.

• **Verfahren**: ▶ Immaterialgüterrechtliche Streitigkeiten, die vor Spezialgerichten ausgefochten werden, laufen häufig in **wiederkehrenden Schemen** ab. ▶ Dabei stehen sich **Angriffs- und Verteidigungsinstrumente** vereinfacht wie nachfolgend dargestellt gegenüber.

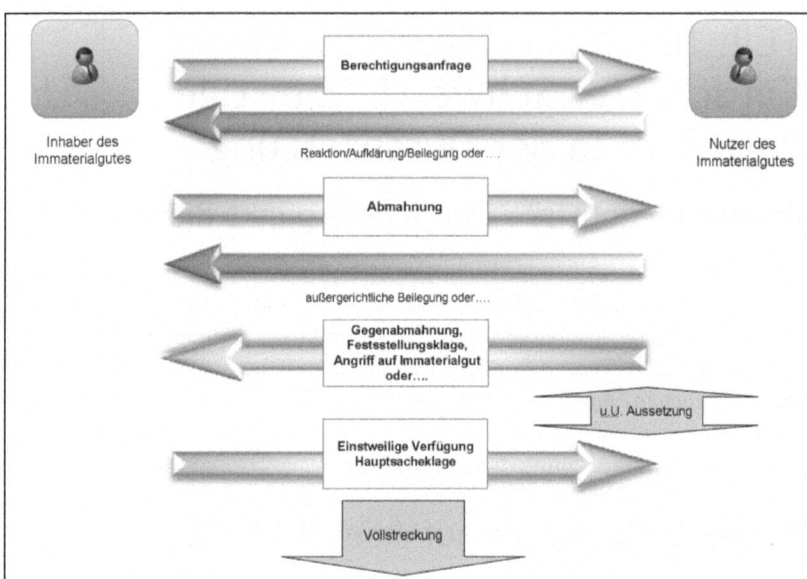

- **Außerzivilrechtliche Verfolgung**: ▶ Neben den vorbenannten zivil-rechtlichen Konsequenzen können Immaterialgutsverletzungen auch Straf-taten darstellen. ▶ Im Fall der internationalen Produktpiraterie können Verletzungsobjekte per Grenzbeschlagnahme schon an den Außengrenzen Deutschlands bzw. der EU abgefangen werden.

C. Vertiefung

I. Wirtschaftliche Bedeutung von Immaterialguts-verletzungen

10.1 ▶ Welche wirtschaftliche Dimension hat die Verletzung von Immaterialgüterrechten in Deutschland?

Verletzungen von Immaterialgütern zeigen sich in zweierlei Gestalt.

Zufällige Kollision

Zum einen entspricht es angesichts der wachsenden Bestrebungen der Unternehmen, sich um effektiven immaterialgüterrechtlichen **Schutz** zu bemühen, und dem daraus immer **dichter werdenden Bestand an Dritt-rechtspositionen** fast einem natürlichen unternehmerischen „Lebensrisi-ko", einmal zu dicht an den Schutzbereich des Geistigen Eigentums eines Wettbewerbers zu geraten, ohne dass hier eine schädigende Intention be-stand.

Industrie der Plagiat-herstellung

Zum anderen leben heute ganze Industriezweige von der Herstellung von vorsätzlichen Plagiaten. Dieses als **Produktpiraterie** bekannte Geschäfts-gebaren ist in den letzten Jahren zu einem weltweiten Phänomen gewor-den. An den Außengrenzen der Europäischen Union werden jährlich fast 100 Millionen Fälle von Produkt- und Markenpiraterie festgestellt.

Nach Angaben der EU fallen durch Produktpiraterie, illegale Überproduktion, Parallel- und Re-Importe mittlerweile bereits **10% des Welthandels** auf Plagiate oder Fälschungen, was **einem internationalen Schaden von über 300 Milliarden Euro** gleichgesetzt wird. Allein in Deutschland sollen nach Schätzungen des Justizministeriums **jährlich ca. 50.000 Arbeitsplätze** hierdurch verloren gehen.

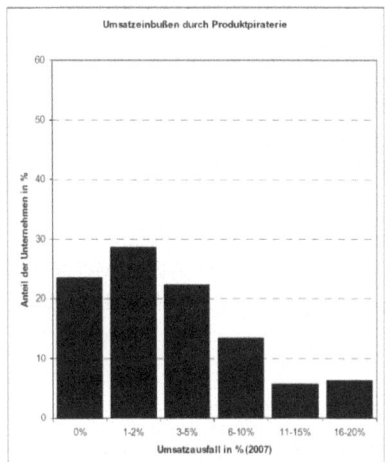 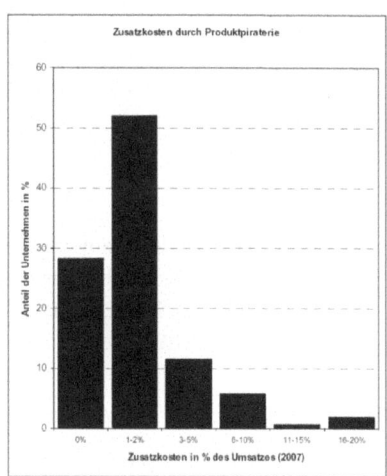

Umsatzeinbußen und Zusatzkosten als Folge von Produktpiraterie (Quelle: Die volkswirtschaftliche Bedeutung geistigen Eigentums und dessen Schutzes mit Fokus auf den Mittelstand, Endbericht – Studie im Auftrag des Bundesministeriums für Wirtschaft und Technologie, Berlin, im Februar 2009)

II. Materielle Ansprüche bei Immaterialgutsverletzungen

10.2 ▶ Welche prozessualen Ansprüche stehen dem Inhaber eines Immaterialgutes in aller Regel zu?

Die wichtigsten Ansprüche, die den in ihrem Geistigen Eigentum Verletzten vom Gesetzgeber an die Hand gegeben werden, sind der Anspruch auf:

Sechs Anspruchsgruppen

- **Unterlassung,**
- **Auskunft,**
- **Vorlage und Sicherung von Beweismitteln,**
- **Vernichtung,**
- **Rückruf** und **Entfernung** aus den Vertriebswegen und
- **Schadensersatz.**

Durch die sog. EU-Enforcement-Richtlinie (Richtlinie 2004/48/EG vom 29.4.2004 zur Durchsetzung der Rechte des geistigen Eigentums; ABl. EU Nr. L 195 S. 16), wurden obige Ansprüche unter Beibehaltung der bestehenden Strukturen und durch weitgehend inhaltsgleiche Änderungen der einzelnen Gesetze des geistigen Eigentums 2008 reformiert.

EU-weite Vereinheitlichung der nationalen Gesetze

10.3 ▶ Worauf ist der Unterlassungsanspruch gerichtet?

Ziel ist die Beseitigung der Verletzung und Verhinderung einer Wiederholung

Der Unterlassungsanspruch besteht in Bezug auf die **Fortsetzung der Verletzung**. Anspruchsziel ist die künftige Ausräumung der Verletzung und eine Absicherung der sog. Wiederholungsgefahr.

Schon bei drohender Gefahr zulässig

Er ist aber ausnahmsweise auch dann schon zulässig, wenn eine noch nicht eingetretene Verletzung ernsthaft droht, **sog. Erstbegehungsgefahr.** Der Anspruch ist gerichtet gegen den Verletzer oder Störer.

MERKE: Auf **Verschulden**, d.h. z.B. auf **Kenntnis** vom bestehenden Design-, Marken- oder Urheberrechten, kommt es für den Unterlassungsanspruch **nicht an!**

WO IST DAS GEREGELT?

Die wichtigsten Gesetzesnormen: zivilrechtlicher Unterlassungsanspruch § 1004 BGB, § 139 PatG, § 24 GebrMG, § 128 MarkenG, § 42 DesignG, § 37 SortSchG, § 9, Abs. 1 HalbISchG, § 97 UrhG

10.4 ▶ Worauf ist der Auskunftsanspruch gerichtet?

Ziel ist die Kenntniserlangung vom Verletzungsumfang

Der Auskunftsanspruch gibt Auskunft über den Verletzungsumfang. Das Anspruchsziel ist gerichtet auf **Kenntniserlangung von Fakten** zur **effektiveren Durchsetzung** der übrigen Ansprüche (z.B. auf Unterlassung, Beseitigung u. Schadensersatz), beispielsweise Vertriebswege, Umfang und Dauer der Verletzung etc.

Der Auskunftsanspruch richtet sich in erster Linie **gegen den Verletzer und Störer**, ist aber seit kurzem **auch gegen Dritte** möglich. Letzteres in Fällen offensichtlicher Rechtsverletzung oder in Fällen, in denen der Rechtsinhaber gegen den Verletzer Klage erhoben hat. Allerdings besteht der Anspruch nur gegen solche Dritte, sofern diese in gewerblichem Ausmaß handelten.

WO IST DAS GEREGELT?

Die wichtigsten Gesetzesnormen: § 140b PatG, § 24b GebrMG, § 19 MarkenG, § 46 DesignG, § 37b SortSchG, § 9, Abs. 2 HalbISchG i.V.m. § 24b GebrMG, § 101 UrhG

10.5 ▶ Worauf ist der Besichtigungsanspruch gerichtet?

Ziel ist die Aufklärung einer Rechtsverletzung

Im Vorfeld einer Verletzungsstreitigkeit gibt es die ergänzende Möglichkeit der Durchsetzung eines sog. Besichtigungsanspruches zur Klärung der Frage, **ob ein Erzeugnis überhaupt rechtsverletzend ist.** Diese Möglichkeit hat ihre größte Bedeutung bei den technischen Schutzrechten, wo es auf nicht immer evident ersichtliche technische Merkmale ankommt.

WO IST DAS GEREGELT?

 Die wichtigsten Gesetzesnormen: § 140c PatG, § 24c GebrMG, § 19a MarkenG, § 46a DesignG, § 37c SortSchG, § 9, Abs. 2 HalblSchG i.V.m. § 24c GebrMG, § 101a UrhG

10.6 ▶ Worauf ist der Schadensersatzanspruch gerichtet?

Der Schadensersatzanspruch bezieht sich auf den **Ersatz bisheriger und künftiger Schäden**, die **kausal** aus der begangenen Verletzungshandlung resultieren.

Ziel ist der Schadensausgleich

Voraussetzung für diesen Anspruch ist stets ein **Verschulden** des Verletzers. Die t geht hier aber von einer **sehr geringen Fahrlässigkeitsgrenze** aus, so dass Verschulden fast immer vorliegt.

Verschulden gefordert – aber geringe Anforderungen

Anders als im allgemeinen Zivilrecht wird bei der Verletzung von Immaterialgütern die gesetzliche **Möglichkeit einer dreifachen Schadensberechnung** eröffnet.

Drei Methoden der Schadensberechnung

- Der Verletzte kann wahlweise den **tatsächlichen, durch die Verletzungen entstandenen Vermögensschaden** als entgangenen Gewinn fordern,

- seinen Schaden nach der **Methode der Lizenzanalogie** berechnen

- oder aber sich den **Verletzergewinn auskehren** lassen.

Wichtig ist zunächst die Feststellung, dass die drei Schadensberechnungsmethoden nicht kumulativ, sondern nur alternativ herangezogen werden können. Der Verletzte muss sich also im Klageverfahren entscheiden, welche Berechnungsmethode er zur Begründung seiner Forderung heranziehen will.

Die Berechnungsart nach dem entgangenen Gewinn des Verletzten wird selten gewählt, weil der Schutzrechtsinhaber dafür detailliert über seine betriebsinterne Gewinnstruktur Auskunft geben muss und weil eine unmittelbare Kausalität zwischen dem Absatz der Verletzungserzeugnisse und der Umsatzverringerung des Immaterialgutsinhabers **oftmals nur schwer darzulegen** ist.

Konkreter Schaden

Bei der Methode der Lizenzanalogie erhält der verletzte Rechtsinhaber einen Ausgleich dafür, dass der Verletzer einen Vermögensvorteil durch eine unerlaubte Nutzung des Immaterialgutes erlangt hat. Der Verletzte soll **so gestellt werden, als hätte er mit dem Verletzer eine Lizenz vereinbart**. Die hypothetische Lizenzeinnahme soll dann der Mindestverletzungsschaden sein. Auszugehen ist davon, welchen Lizenzsatz vernünftige Vertragspartner in Kenntnis der tatsächlichen Entwicklung während des Verletzungszeitraums, insbesondere hinsichtlich des Verletzungsumfangs, gewählt hätten.

Methode der Lizenzanalogie

Methode des
Gewinnauskehrs

Bei der Schadensberechnungsmethode der Herausgabe des Verletzerge-winns muss der Verletzer den Gewinn herausgeben, den er mit der rechtswidrigen Benutzung des Immaterialgüterrechtes des Verletzten er-zielt hat. Hervorzuheben ist, dass durch die aktuelle Rechtsprechung die **Abzugsfähigkeit von Gemeinkosten bei der Kalkulation des Verletzer-gewinns drastisch reduziert** wurde und diese Entscheidung letztlich die Herausgabe eines adäquaten fiktiven Gewinns ermöglicht.

WO IST DAS GEREGELT?

Die wichtigsten Gesetzesnormen: zivilrechtlicher Schadens-ersatzanspruch § 823 BGB, § 139, Abs. 2 PatG, § 24, Abs. 2 GebrMG, § 15, Abs. 5 MarkenG, § 42, Abs. 2 DesignG, § 37, Abs. 2 SortSchG, § 9, Abs. 1 HalblSchG, § 97, Abs. 2 UrhG, § 9 UWG

10.7 ▶ Worauf ist der Beseitigungsanspruch gerichtet?

Der Beseitigungsanspruch bezieht sich auf die **Beseitigung eines noch existenten Verletzungserfolges.** Der Anspruch ist gerichtet auf die Ver-nichtung der Verletzungserzeugnisse einschließlich der hierfür eingesetz-ten Herstellungsmittel.

WO IST DAS GEREGELT?

Die wichtigsten Gesetzesnormen: § 1004 BGB, § 140a PatG, § 24a GebrMG, § 18 MarkenG, § 42 DesignG, § 37 SortSchG, § 9, Abs. 2 HalblSchG i.V.m. § 24a GebrMG, § 97, Abs. 1 UrhG, § 8, Abs. 1 UWG

10.8 ▶ Worauf ist der Rückrufanspruch gerichtet?

Ergänzt wird der bestehende Vernichtungsanspruch um einen sogenann-ten Rückrufs- und Entfernungsanspruch. Die **praktische Bedeutung** dieses Anspruches ist derzeit jedoch **fraglich.**

WO IST DAS GEREGELT?

Die wichtigsten Gesetzesnormen: § 140a, Abs. 3 PatG, § 24a, Abs. 2 GebrMG, § 18, Abs. 2 MarkenG, § 43, Abs. 2 DesignG, § 37a, Abs. 2 SortSchG, § 9, Abs. 2 HalblSchG i.V.m. § 24a, Abs. 2 GebrMG, § 98, Abs. 2 UrhG,

III. Außergerichtliche Instrumente des Verletzten

10.9 ▶ Welche außergerichtlichen Mittel hat der Immaterialgutsinhaber zur Durchsetzung seiner Rechte?

Dem potentiell Verletzten stehen das Instrument der sogenannten **Berechtigungsanfrage** sowie die Einleitung eines **außergerichtlichen Abmahnverfahrens** zur Verfügung, um seine Rechte außergerichtlich geltend zu machen.

10.10 ▶ Was ist eine Berechtigungsanfrage?

Mit einer Berechtigungsanfrage **klärt der Immaterialgutsinhaber den potentiellen Gegner über seine Ansicht die Rechtslage betreffend auf** und **verlangt die Beantwortung der Frage**, warum der Gegner meint, zur Nutzung trotz dieser Rechte berechtigt zu sein. Eine Berechtigungsanfrage stellt die Vorstufe zur Abmahnung dar. Insbesondere beim ungewissen Schicksal bestimmter älterer Rechte kann sich eine vorherige Berechtigungsanfrage lohnen, da der Anfragende sich so eine fehlerhafte Abmahnung sparen kann. War die Abmahnung nämlich unberechtigt, kann der Abgemahnte unter Umständen die Kosten seiner Verteidigung gegen die Abmahnung ersetzt verlangen.

Vorstufe der Abmahnung

 M16 Muster Berechtigungsanfrage

10.11 ▶ Was ist eine Abmahnung?

Eine Abmahnung ist ein Schreiben, mit dem die aus der Verletzung eines Schutzrechtes resultierenden **Ansprüche** des Schutzrechtsinhabers **außergerichtlich geltend gemacht** werden. Die Abmahnung dient der **Vermeidung des Prozesskostenrisikos**.

WO IST DAS GEREGELT?

 Die wichtigsten Gesetzesnormen: Eine ausdrückliche allgemeine Rechtsgrundlage für Abmahnungen existiert nicht. Sie ist daher eine Herleitung der Rechtsprechung. Gesetzliche Regeln gibt es im § 12, Abs. 1 UWG und § 97a UrhG

10.12 ▶ Welchen Zweck verfolgt eine Abmahnung?

Die Abmahnung hat die Funktion, **Streitigkeiten um die Verletzung eines Immaterialgutes außergerichtlich beizulegen**. Sie ist aber **keine Zulässigkeitsvoraussetzung** für die Beschreitung des Gerichtsweges.

Freiwillige, außergerichtliche Streitbeilegung

Vermeidung des Kostenrisikos im Prozess bei sofortiger Anerkennung durch die Gegnerseite

Aus Sicht des Verletzten ist sie sinnvoll, um dem Risiko zu begegnen, dass die gegnerische Seite eines gerichtlichen Verfahrens ihre Unterlassungspflicht sofort anerkennt, wenn sie im Übrigen keinen Anlass zum Betreiben des Verfahrens gegeben hat. In einem solchen Fall würde der Verletzte zwar materiell vollständig obsiegen, weil er den anderen aber mit einer eigentlich unnötigen Klage zur Durchsetzung seiner Rechte „überfallen" hat, hat er sämtliche entstandenen Verfahrenskosten (auch die des Gegners) zu tragen.

 WO IST DAS GEREGELT?

Die wichtigsten Gesetzesnormen: § 93 ZPO

10.13 ▶ Welchen regelmäßigen Inhalt hat eine Abmahnung?

Eine Abmahnung umfasst in aller Regel die folgenden Punkte:

- kurze Beschreibung des zugrunde liegenden **Sachverhalts** und Darlegung des **Umfanges und Inhaltes des Schutzrechtes**;

- **rechtliche Begründung**, warum eine Schutzrechtsverletzung vorliegt;

- **Aufforderung** ein bestimmtes Verhalten zu unterlassen;

- **Aufforderung** ein **Vertragsstrafeversprechen** abzugeben (**Primäransprüche**);

- **Aufforderung** zur Erteilung von **Auskunft und Rechnungslegung** (**Sekundäransprüche**);

- **Ankündigung** von **Schadensersatzansprüchen** und Aufforderung zum Grundanerkenntnis;

- andernfalls **Androhung gerichtlicher Schritte** unter **Fristsetzung**.

10.14 ▶ Was ist eine Unterlassungsverpflichtungserklärung?

Abgrenzung von der Abmahnung

Die Unterlassungsverpflichtungserklärung ist **strikt von der Abmahnung zu trennen** und es fällt in den **Pflichtenkreis des potentiellen Verletzers**, eine die Wiederholungsgefahr beseitigende Formulierung zu finden. Eine Abmahnung kann also durchaus **auch vollkommen ohne eine vorformulierte Unterlassungsverpflichtungserklärung wirksam erfolgen**.

Bei Verbindung mit Abmahnung stellt diese nur ein Angebot dar

Gleichzeitig wird eine vorformulierte, aber u.U. zu weit gehende Unterlassungsverpflichtungserklärung nicht zwangsläufig zur teilweisen oder vollständigen Rechtswidrigkeit der Abmahnung als solcher führen. Indes kann etwas anderes gelten, wenn die Unterlassungsverpflichtungserklärung nicht als Angebot formuliert wird, sondern stattdessen die Abgabe der Vorformulierung zwingend gefordert wird. Dann nämlich füllt der konkrete Inhalt der Unterlassungsverpflichtungserklärung zugleich immanent die in der Abmahnung enthaltenen Anspruchsberühmungen aus. Es **empfiehlt sich daher stets die Darstellung der Unterlassungserklärung als bloßes Angebot.**

Die strafbewehrte Unterlassungsverpflichtungserklärung setzt sich aus zwei Bestandteilen zusammen:

Zwei Teile der strafbewehrten Unterlassungsverpflichtungserklärung

- der **Unterlassungsverpflichtungserklärung** sowie
- dem **Vertragsstrafeversprechen.**

Die Unterlassungsverpflichtungserklärung ist die kurz gefasste Beschreibung der konkreten Verletzungsform. Für ihre Formulierung und ausreichende **Bestimmtheit** gelten die gleichen Grundsätze **wie für einen späteren gerichtlichen Klageantrag.** Die Formulierung muss sich immer **an der konkreten Verletzung des geltend gemachten Immaterialgutes orientieren.** Die Benutzungshandlungen sind in der Verpflichtungserklärung **aufzuführen**, sofern für sie Wiederholungs- oder Begehungsgefahr besteht. Ist z.B. bisher kein Herstellen nachweisbar, so ist das Verbot des Herstellens in die vorbereitete Unterlassungsverpflichtungserklärung nicht einzubeziehen.

Unterlassungsverpflichtungserklärung beschreibt die Form der Verletzung

Der zweite Bestandteil der Unterlassungsverpflichtungserklärung, nämlich die Vertragsstrafeverpflichtung, bindet die Unterlassungspflicht für jeden Fall der Zuwiderhandlung an das Versprechen einer dann zu leistenden Vertragsstrafe. Nur diese Vertragsstrafe ist geeignet, die Wiederholungsgefahr außergerichtlich entfallen zu lassen. Denn weil der Verletzte ja gerade nicht zu Gericht zieht, benötigt er ein adäquates Druckmittel.

Vertragsstrafeversprechen bindet eine Zuwiderhandlung an eine pauschale Summe

M17 Muster Abmahnung mit Unterlassungsverpflichtungserklärung

10.15 ▶ Wer trägt die Kosten einer (berechtigten) Abmahnung?

Ist die Abmahnung berechtigt, so trägt der Abgemahnte die Kosten der Abmahnung. Diese Kostentragungspflicht wird vor dem Hintergrund einer sog. „Geschäftsführung ohne Auftrag" begründet. Die Abmahnung wird allgemein als ein im Interesse des Verletzers geführtes Geschäft angesehen, weil ihm hiermit die **Möglichkeit eingeräumt wird, ein langwieriges kostenintensives Gerichtsverfahren zu vermeiden.** Die Kosten dieser Geschäftsbesorgung sollen nicht den Verletzten, sondern den Verletzer treffen.

Abmahnung stellt eine Geschäftsführung für den Verletzter dar

Im Urheberrecht gibt es eine **Obergrenze der Kostenerstattung** für die den Erstverstoß verfolgende Abmahnung im nicht gewerblichen Bereich.

Höhe der Kosten

WO IST DAS GEREGELT?
Die wichtigsten Gesetzesnormen: § 97a, Abs. 3 UrhG

PRAXISFALL: „Internet ist kein rechtsfreier Raum!"

Der B erhält von der Kanzlei Rasch-Kohle eine Abmahnung wegen einer angeblichen **Urheberrechtsverletzung im Internet**. Der **Gegenstandswert** für die Rechtsanwaltsrechnung des beauftragten Anwaltes ist mit einer **halben Million EUR** geschätzt, die Anwaltsgebühr am obersten Limit des gesetzlich möglichen angesetzt. Eine **Vollmacht** fehlt ebenso, wie ein **Aktenzeichen des Anwalts**. Es wird Unterlassung und ein **pauschaler Schadensersatz von 15.000,00 EUR** gefordert. Da die Beschreibung des **Sachverhaltes offensichtlich so allgemein gefasst** ist, dass sie auf eine Vielzahl von Fällen passt und sich nicht individuell mit dem abgemahnten Vorwurf auseinander setzt, recherchiert B im Internet und erfährt, dass die Kanzlei Rasch-Kohle während der letzten Tage **wohl mehrere hundert Internetnutzer** angeschrieben hat.

Was kann B tun?

Lösung: B sollte zunächst **selbst anwaltlichen Rat** in Anspruch nehmen. Unabhängig von einer **sauberen Prüfung des Rechtsvorwurfes** kann der Anwalt auch die **Höhe der Abmahnkosten** auf ihre Angemessenheit hin prüfen. Ist die Abmahnung unberechtigt scheidet, eine Unterwerfung aus.

Häufig kann die Unterwerfung aber auch in **professionell eingeschränkter Form** erfolgen. Vorliegend ist sogar Raum für den **Vorwurf einer rechtsmissbräuchlichen Abmahnung,** auch als **Massenabmahnung** bezeichnet. Nach § 8 **Abs. 4 UWG** ist die Geltendmachung von Ansprüchen im Wege der Abmahnung unzulässig, wenn sie unter Berücksichtigung der gesamten Umstände missbräuchlich ist, insbesondere, wenn sie vorwiegend dazu dient, gegen den Zuwiderhandelnden einen Anspruch auf Ersatz von Aufwendungen oder Kosten der Rechtsverfolgung entstehen zu lassen.

IV.   Gerichtliche Instrumente des Verletzten

10.16 ▶   Welche gerichtlichen Mittel hat der Immaterialgutsinhaber zur Durchsetzung seiner Rechte?

Hat das außergerichtliche Vorgehen keinen Erfolg gebracht, kann der potentiell Verletzte:

- ein **Verfahren des einstweiligen Rechtsschutzes** einleiten oder

- eine **Hauptsacheklage** erheben.

10.17 ▶   Was ist eine Einstweilige Verfügung?

Schutzinstrument um irreparable Schäden zu vermeiden

Die Gerichtsmühlen mahlen zeitweise langsam. Gerade im sensiblen Bereich des Immaterialgüterrechtes können Verstöße zu irreparablen Schäden für den Verletzten führen, lange bevor dieser einen rechtskräftigen Titel in der Hand hält und vollstrecken kann. Um solche Nachteile für den Rechtsinhaber zu verhindern, gibt es ein **vorläufiges Rechtsschutzverfahren**, zu dem auch die Einstweilige Verfügung im Zivilprozess zählt. Dadurch kann **innerhalb weniger Tage, manchmal sogar Stunden, ein Titel erwirkt werden**. Die Einstweilige Verfügung soll den Rechtsfrieden sichern. Die

Einstweilige Verfügung ist zulässig, wenn „zu besorgen ist, dass durch eine Veränderung eines bestehenden Zustands die Verwirklichung eines Rechtes einer Partei vereitelt oder wesentlich erschwert werden könnte".

 WO IST DAS GEREGELT?

Die wichtigsten Gesetzesnormen: §§ 935 ff., 940 ZPO

Die Einstweilige Verfügung wird demnach unter folgenden **drei Voraussetzungen** erlassen:

Der Antragsteller muss einen Anspruch gegen den Schuldner haben. Im Immaterialgüterrecht können primär die **Unterlassungsansprüche** über Einstweilige Verfügungen vorläufig durchgesetzt werden. **Nicht** Gegenstand einer Einstweiligen Verfügung kann der Anspruch auf **Schadensersatz** sein, weil die Verfügung ja immer nur vorläufig wirkt und keine endgültigen Tatsachen schaffen darf. Eine Geldzahlung stellt insofern immer eine sog. Vorwegnahme der Hauptsache dar. Ähnlich ist dies beim Anspruch auf Auskunft, der nur in seltenen Fällen über eine Einstweilige Verfügung durchgesetzt werden kann. *Voraussetzung Nr. 1 = Verfügungsanspruch*

Ein Verfügungsgrund besteht, wenn ohne die Verfügung die Durchsetzung des Anspruchs gefährdet wäre oder zur Erhaltung des Rechtsfriedens notwendig erscheint. *Voraussetzung Nr. 2 = Verfügungsgrund*

Das Gesuch muss den zu sichernden Anspruch und den Verfügungsgrund enthalten. Es kann entweder schriftlich oder zu Protokoll der Geschäftsstelle erklärt werden. Zuständig ist grundsätzlich das Gericht der Hauptsache. *Voraussetzung Nr. 3 = Gesuch enthält Anspruch und Grund*

Grundsätzlich beraumt das Gericht auch bei einer Einstweiligen Verfügung eine mündliche Verhandlung an. In dringenden Fällen – wenn die mündliche Verhandlung den Erfolg der Maßnahme gefährden könnte – kann aber **auch ohne mündliche Verhandlung entschieden werden.** Im Immaterialgüterrecht ist dies häufig der Fall. *Klärung grundsätzlich in einer mündlichen Verhandlung*

Das Gericht prüft den Inhalt des Verfügungsgesuches auf **Schlüssigkeit,** also ob nach dem Vorbringen ein Verfügungsanspruch und ein Verfügungsgrund bestehen. Der Antragsteller muss die Tatsachen nicht beweisen, sondern nur **glaubhaft** machen. Gelingt ihm das nicht hinreichend, kann die Einstweilige Verfügung dennoch, aber nur gegen Sicherheitsleistung, angeordnet werden. *Umfang der gerichtlichen Prüfung*

Nach Erlass wird die Verfügung zunächst vom Gericht an den Antragsteller **übersandt** und muss innerhalb von vier Wochen dem Verfügungsgegner durch einen gesondert zu beauftragenden Gerichtsvollzieher **zugestellt** werden. *Fortgang des Verfahrens nach Erlass*

Gegen den Erlass einer Einstweiligen Verfügung kann der Verfügungsgegner in **Widerspruch** gehen. Er kann den vorläufigen Regelungszustand aber auch zunächst hinnehmen und die **Hauptsache ausfechten.** Obsiegt er hier kann er die Aufhebung der Einstweiligen Verfügung beantragen.

10.18 ▶ Was ist ein Abschlussschreiben?

Verzicht auf Klärung im Hauptsacheverfahren

Nach Erlass einer Einstweiligen Verfügung kann der Verletzte zur endgültigen Beilegung des Rechtsstreits an den Verletzer ein so genanntes Abschlussschreiben übersenden. Hierbei fordert der Verletzte den Verletzer auf, die Regelungen der einstweiligen Verfügung **als abschließend verbindlich anzuerkennen** und auf die Einlegung eines Widerspruchs oder anderer Rechtsbehelfe zu **verzichten** und damit den **Fortgang in einem regulären Hauptsacheverfahren zu vermeiden**. Das Anerkenntnis und der Verzicht des Verletzers erfolgen in einer sog. Abschlusserklärung. Für die Übersendung eines Abschlussschreibens und der Abschlusserklärung fallen Kosten an, die der Verletzer in der Regel zu erstatten hat.

10.19 ▶ Was ist eine Hauptsacheklage?

Vollumfängliche inhaltliche Klärung der Rechtslage

Mit der sogenannten Hauptsacheklage wird über den Anspruch bzw. die Immaterialgutsverletzung rechtskräftig entschieden. Das Rechtsschutzbedürfnis für eine Hauptsacheklage entfällt nur, wenn der Verletzer zuvor etwa eine gegen ihn ergangene Einstweilige Verfügung unter Verzicht auf die gegebenen Rechtsbehelfe als endgültige Regelung anerkennt und sie dadurch in ihrer Bestandskraft dem im Hauptsacheverfahren zu erstreitenden Titel gleich stellt, oder wenn er eine strafbewehrte Unterlassungsverpflichtungserklärung abgibt.

Urteile der erstinstanzlich zuständigen Landgerichte können mit der Berufung vor dem Oberlandesgericht überprüft werden. Gegen dessen Entscheidungen findet die Revision zum Bundesgerichtshof statt.

10.20 ▶ Vor welchen Gerichten werden Verletzungsfragen in Bezug auf Geistiges Eigentum geklärt?

Sachliche Zuständigkeit bei den Landgerichten (Ausnahme: Urheberrecht)

Bis auf den Bereich des Urheberrechtes sind für Streitigkeiten um Immaterialgüter stets und streitwertunabhängig die **Landgerichte sachlich zuständig**. Nur bei Urheberstreitsachen entscheidet der Streitwert darüber, ob die Angelegenheit in den Zuständigkeitsbereich der Amtsgerichte fällt (Streitwert ≤ 5.000,00 EUR) oder in den der Landgerichte (Streitwert > 5.000,00 EUR).

Örtliche Zuständigkeit abhängig vom Beklagtenwohnsitz oder dem Ort der Verletzungshandlung

Die örtliche Zuständigkeit, also die Frage, ob die Klage beim LG Hamburg oder dem LG Berlin einzureichen ist, hängt u.a. davon ab, **wo der Beklagte seinen Wohn- oder Geschäftssitz hat** (sog. allgemeiner Gerichtsstand) oder danach, wo die schädigende Handlung begangen wurde (sog. **Verletzungsgerichtsstand**). Für die Begründung des Verletzungsgerichtsstands genügt heute häufig **ein einzelnes Angebot im Internet** oder eine Testbestellung an den Ort des Klägers. Damit kann im Immaterialgüterrecht der Gerichtsstand durch den Kläger häufig beeinflusst werden (sog. **Forum shopping**). Nur im Urheberrecht wird das forum shopping gesetzlich beschränkt.

Weil es sich bei Streitigkeiten im Bereich des Geistigen Eigentums um eine komplexe Spezialmaterie mit vielen rechtlichen Besonderheiten handelt, hat der Gesetzgeber zudem **sogenannte Konzentrationsverordnungen** geschaffen. Mit ihnen wird **ein bestimmtes Fachgericht** in einem Bundesland als allein zuständig erklärt.

Konzentrationsverordnungen

10.21 ▶ Warum dürfen in Streitsachen um Geistiges Eigentum zwei Anwälte pro Partei auftreten?

In Streitsachen um Geistiges Eigentum lassen sich die Betroffenen häufig durch einen Rechtsanwalt und zusätzlich durch einen Patentanwalt vertreten.

Rechtsanwalt und Patentanwalt – ein gutes Team

Ein **Patentanwalt** kann auf ein **abgeschlossenes naturwissenschaftliches oder technisches Hochschulstudium** und eine juristische Zusatzausbildung zurückblicken, die ihn berechtigt, Dritte primär in Sachen des gewerblichen Rechtsschutzes oder in Angelegenheiten, die die Sachkunde des Patentanwaltes erfordern, zu beraten und zu vertreten. Letzteres gilt vor allem für die Bereiche des ergänzenden wettbewerbsrechtlichen Leistungsschutzes und den Softwareschutz nach dem Urheberrecht.

In Verfahren vor den Landgerichten, den Oberlandesgerichten sowie dem BGH ist den Patentanwälten auf Antrag **neben dem prozessführenden Rechtsanwalt das Wort zu gestatten**. Die Kosten des Patentanwaltes sind im Falle seiner berechtigten Mitwirkung vom unterliegenden Gegner gleich den Kosten des Rechtsanwaltes zu erstatten.

WO IST DAS GEREGELT?

Die wichtigsten Gesetzesnormen: § 4 PatAnwO

10.22 ▶ Was ist eine Urteilsveröffentlichung?

Ist eine Klage auf Grund der Verletzung eines Immaterialgutes erhoben worden, kann nach Maßgabe der einschlägigen Gesetze der obsiegenden Partei im Urteil die Befugnis zugesprochen werden, das Urteil auf Kosten der unterliegenden Partei öffentlich bekannt zu machen, **wenn sie ein berechtigtes Interesse darlegt**. Art und Umfang der Bekanntmachung werden im Urteil bestimmt. Der Anspruch **dient dem Rehabilitationsinteresse** der obsiegenden Partei, also auch dem unberechtigt in Anspruch Genommenen.

V.   Strafverfahren und Grenzbeschlagnahme

10.23 ▶ Sind Verletzungshandlungen in Bezug auf Geistiges Eigentum Dritter auch strafbar?

Vorschriften des Neben-strafrechts in allen Geset-zen des geistigen Eigen-tums enthalten

Grundsätzlich sehen alle Gesetze zum Schutz von Immaterialgütern auch Vorschriften des Nebenstrafrechtes vor. Somit kann grundsätzlich **jede zivilrechtlich verfolgbare Verletzung,** sofern sie rechtswidrig und schuld-haft begangen wurde, **auch strafrechtlich geahndet** werden. Unproblema-tisch ist dies in den Fällen, bei denen es um ein gewerbliches Handeln geht.

Im Privatbereich existie-ren aber Beschränkungen

Bei den meisten Gesetzen sind private Handlungen regelmäßig als Schran-ke privilegiert und stellen schon gar keine Verletzungen dar. Im Urheber-recht sind teilweise auch Privathandlungen urheberrechtsrelevant für eine Verletzung. In den Bereich der Strafbarkeit wollte man **Privathandlungen indes nicht führen.** Nicht strafrechtlich verfolgt werden urheberrechtsre-levante Handlungen, die **ausschließlich zum eigenen privaten Gebrauch** des Täters oder mit dem Täter persönlich verbundener Personen erfolgen oder sich auf einen derartigen Gebrauch beziehen. Persönlich verbunden sind Familie, Haushaltsangehörige und enge Freunde.

10.24 ▶ Was ist eine Grenzbeschlagnahme?

Ziele der Grenzbeschlag-nahme: Vernichtung und Aufdeckung der Ver-triebswege

Die zollrechtliche Grenzbeschlagnahme gibt dem Schutzrechtsinhaber zum einen die **Möglichkeit,** Verletzungsprodukte **aus dem Verkehr ziehen** und vernichten zu lassen.

Zum anderen eröffnet sie die Möglichkeit, die **Vertriebswege und die Identität der Marken- und Produktpiraten aufzudecken.** Somit stellt sie eine Maßnahme zum unmittelbaren Schutz gegen gefälschte Produkte als auch eine Möglichkeit zur zukünftigen Verhinderung von Marken- und Produktpiraterie durch bestimmte Hersteller dar, die bereits illegal tätig geworden sind.

Grenzbeschlagnahme bedeutet dabei, dass aus Drittländern stammende Plagiate unmittelbar an der Grenze abgefangen und beschlagnahmt wer-den.

Einheitliches EU-Recht sichert gleichmäßige Anwendung im Binnen-markt

Die Zollbehörden werden bei der Grenzbeschlagnahme auf Grundlage der EU-Verordnung Nr. 608/2013/ handeln. Nationales Recht ist subsidiär nur in Fällen anzuwenden, die vom EU-Recht nicht abgedeckt sind. So gelten in Deutschland beispielsweise für Parallelimporte innerhalb der EU wei-terhin spezielle Bestimmungen.

WO IST DAS GEREGELT?

Die wichtigsten Gesetzesnormen: Nationale Rechtsvorschrif-ten: §§ 142a, b PatG, § 25a GebrMG, § 55 DesignG, § 40a SortSchG, § 9, Abs. 2 i.V.m. § 25a GebrMG, § 111b UrhG,

Mit der neuen EU-Richtlinie besteht nun ein für alle EU-Mitgliedstaaten einheitliches Antragsverfahren. Im Rahmen der EU-Richtlinie sind zwei wichtige Fälle zu unterscheiden:

Unterschiedliche Vorgehensweise je nach Umfang der geschützten Rechtsposition

Ist **ein in der gesamten EU wirkendes Recht** verfügbar (EU-Marke, Gemeinschaftsgeschmacksmuster), so kann die nationale Behörde, bei der der Antrag eingereicht wurde, dem Antrag für alle anderen Mitgliedstaaten stattgeben. Mit nur einem Antrag können die Zollstellen aller Mitgliedstaaten aktiviert werden.

Kann sich der Berechtigte **nur auf nationale Schutzrechte** berufen, so muss für jedes Land, in dem ein Schutzrecht besteht, ein eigener Antrag gestellt werden.

VI. Verteidigungsmittel des zu Unrecht in Anspruch Genommenen

10.25 ▶ Welche Mittel hat der vom Immaterialgutsinhaber in Anspruch Genommene für seine Verteidigung?

Im außergerichtlichen Bereich kann der Angegriffene zunächst **mit einer Gegenabmahnung reagieren.** Die unberechtigte Geltendmachung eines Immaterialgüterrechtes kann in den Geschäftsbetrieb des angeblichen Verletzers eingreifen und einen Anspruch auf Unterlassung dieser Geschäftsstörung begründen.

Gegenmittel Nr. 1 = Gegenabmahnung

Zudem kann der Angegriffene eine **eigene Einstweilige Verfügung** gegen den vermeintlichen Anspruchsinhaber erwirken. Häufig wird dieses Mittel in Fällen mit Drittbezug ergriffen. Beispielsweise, wenn der vermeintliche Inhaber eines Immaterialgutes an Kunden und Abnehmer des angeblichen Verletzers herantritt. Hier kann dieses Herantreten bis zur Klärung im Hauptsacheverfahren einstweilen unterbunden werden.

Gegenmittel Nr. 2 = Eigene Einstweilige Verfügung gegen den angeblichen Anspruchsinhaber

Der Angegriffene kann zudem eine **eigene** Hauptsacheklage (meist Feststellungsklage auf Feststellung, dass die Ansprüche des angeblichen Immaterialgutsinhabers NICHT bestehen) erheben.

Gegenmittel Nr. 3 = Erhebung einer eigenen Klage

Ein wichtiger und vor allem bei technischen Schutzrechten oder Designrechten sehr häufig gewählter Verteidigungsschritt liegt in einem **Gegenangriff zur „Vernichtung"** der immateriellen Rechtsposition (Löschungsantrag, Nichtigkeitsklage).

Gegenmittel 4 = Angriff auf das Immaterialgut

Für Grenzbeschlagnahmeverfahren existieren **gesonderte Rechtsmittel,** mit denen einem unberechtigt eingeleiteten Verfahren entgegengetreten werden kann.

Gegenmittel Nr. 5 = Rechtsmittel gegen Grenzbeschlangnahmen

HÄUFIGER IRRTUM: Die Inhaberschaft eines eigenen Schutzrechtes gewährleistet, dass ich im Markt keine Dritt-rechte verletze – Falsch (!): Bei Bestehen eines älteren Dritt-rechtes, welches denselben Schutzgegenstand betrifft, ist nicht nur das **eigene Schutzrecht zumeist invalide**, sondern besteht auch ein Unterlassungsanspruch des Gegners in Bezug auf die etwaige Benutzungshandlung im Markt.

D. Weitere Informationen

Ansprechpartner

Bundesrechtsanwaltskammer
Littenstraße 9
10179 Berlin
Telefon: (030) 28 49 39 – 0
Telefax: (030) 28 49 39 – 11
zentrale@brak.de

Patentanwaltskammer
Tal 29
80331 München
Telefon: (089) 242278-0
Telefax: (089) 242278-24
dpak@patentanwalt.de

Informations- und Wissensmanagement Zoll (insbesondere bezogen auf Grenzbeschlagnahme)
Auskunft für Unternehmen
Telefon: (0351) 44834-520
Telefax: (0351) 44834-590
info.gewerblich@zoll.de

Fachliteratur:

Münchener Prozessformularbuch, Gewerblicher Rechtsschutz, Urheber- und Presserecht, Handbuch, 4. Auflage, C. H. Beck 2014

Onlinequellen:

http://transpatent.com/ra_krieger/gerzust.html

TEIL 11
Lizenzieren oder selbst nutzen? – Bewertung und Verwertung Geistigen Eigentums

A. Worum geht's? – Der Schwerpunkt dieses Teils

Die **betriebsinterne oder -externe Verwertung** immaterialgüterrechtlicher Assets kann eine wesentliche Quelle zur Schaffung eines „**Economic Value**" für das Unternehmen darstellen.

Aber wie verwertet man Immaterialgüter und wie bestimmt man ihren **konkreten Wert**? Auf diese Fragen soll im Nachfolgenden detailliert eingegangen werden.

B. Die Kernaussagen auf einen Blick 👁

> • **Bedeutung der Verwertung geistigen Eigentums für das Unternehmen**: ► Die Verwertung von Immaterialgütern hat in Zeiten stärkerer Globalisierung **verstärkt an Bedeutung gewonnen**. ► Immaterialgüter sind heute für moderne Unternehmen so relevant **wie traditionelle, physische Unternehmensassets**.
>
> • **Formen immaterialgüterrechtlicher Transaktionen**: ► Bei den möglichen immaterialgüterrechtlichen Transaktionen sind **verschiedene Formen** zu unterscheiden: ► **Immaterialgutsübertragung**, ► Begründung von immaterialgüterlichen **Rechtsgemeinschaften**, ► die wichtige Form der **Immaterialgutslizenzierung**. ► Ob und wieweit diese Transaktionen rechtlich durchführbar sind, hängt vom jeweiligen **Charakter des konkreten Immaterialgutes** ab.
>
> • **Bewertung geistigen Eigentums**: ► Die **monetäre Bewertung** von Immaterialgütern ist für eine Vielzahl unternehmensinterner und -externer Anlässe entweder eine wesentliche Entscheidungsbasis oder durch Rechnungslegungsstandards bzw. von den Finanzbehörden **vorgeschrieben**. ► Von Bedeutung ist die IP-Bewertung etwa im Rahmen des **Einzelerwerbs von Immaterialgütern** ► oder im Zuge von **Unternehmensakquisitionen** ► bei der **Kreditvergabe** (als „Sicherheiten"), ► bei **steuerlich motivierten Transaktionen**, ► als **Basis eines wertorientierten Intellectual-Property Managements** ► sowie bei der Anwendung nationaler und internationaler **Rechnungslegungsvorschriften**. ► Die finanzielle Bewertung von Patenten ist jedoch nicht trivial und **erfordert** nicht nur bei der Beurteilung der technischen und rechtlichen Sachverhalte eine **entsprechende Expertise**, sondern vor allem auch in betriebswirtschaftlicher und ökonomischer Hinsicht. ► Von einem Bewerter ist stets der **Bewertungsanlass zu be-**

rücksichtigen. ▶ Dies erfordert immer die **Einbeziehung des externen ökonomischen Umfelds** und der **konkreten Bewertungssituation**.

C. Vertiefung

I.   Bedeutung immaterialgüterrechtlicher Transaktionen für das moderne Unternehmen

11.1 ▶   Welche Bedeutung haben immaterialgüterrechtliche Transaktionen für ein Untenehmen?

Bedeutung geistigen Eigentums als Transaktionsgut hat zugenommen

Immaterielle Schutzpositionen haben für Unternehmen der Wirtschaft in den letzten Jahren verstärkt an ökonomischer Bedeutung gewonnen. Verwertungshandlungen stellen inzwischen einen nicht unwesentlichen Anteil potentieller Einnahmequellen dar.

Hohes Exportaufkommen Deutschlands wirkt sich aus

Auch hier spielt der Umstand des hohen Exportaufkommens in Deutschland eine wichtige Rolle. Denn durch den Immaterialgutstransfer können – etwa auf aktiver oder passiver Lizenzbasis – wirtschaftliche Vorteile auch in Märkten erreicht werden, in denen das Unternehmen über kein eigenes Monopol verfügt oder keine eigene Marktposition aufbauen möchte.

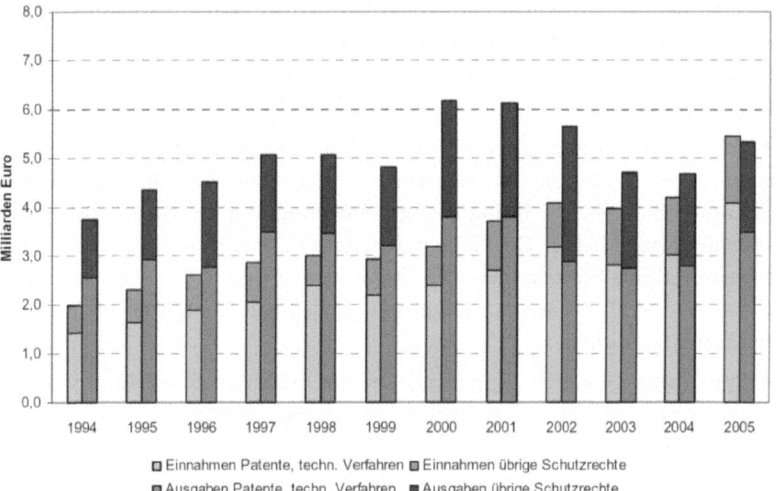

Entwicklung der Einnahmen und Ausgaben für die internationale Lizenzierung von Patenten und anderen Schutzrechten in den Jahren 1994 – 2005 Quelle: Die volkswirtschaftliche Bedeutung geistigen Eigentums und dessen Schutzes mit Fokus auf den Mittelstand, Endbericht – Studie im Auftrag des Bundesministeriums für Wirtschaft und Technologie, Berlin, im Februar 2009 mit Verweis auf Bundesbank

II. Grundlagen der immaterialgüterrechtlichen Transaktionen

11.2 ▶ Welche Formen immaterialgüterrechtlicher Transaktionen gibt es?

Es kann zwischen

- der **Immaterialgüterübertragung,**

- der Einräumung von immaterialgüterrechtlichen **Mitinhaberschaftsanteilen** und schließlich

- der **Lizenzierung** unterschieden werden.

Verschiedene Formen sind zu unterscheiden

Alle diese Transaktionen unterfallen grundsätzlich dem im deutschen Zivilrecht geltenden Abstraktionsprinzip, d.h. die Parteien müssen sich zunächst in einem **schuldrechtlichen Verpflichtungsgeschäft** einigen und diese Einigung sodann in eine **dingliche Verfügung** umsetzen.

Allerdings handhabt die höchstrichterliche Praxis das Trennungsprinzip, also den Grundsatz der Unabhängigkeit von schuldrechtlicher Verpflichtungs- und dinglicher Verfügungsebene recht locker und nimmt häufig bei Unwirksamkeit der Verpflichtungsebene eine automatische Unwirksamkeit der Verfügungsebene an.

11.3 ▶ Gibt es für immaterialgüterrechtliche Transaktionen irgendwelche Formvorschriften?

Verfügungen über Immaterialgüter gleich welcher Art unterliegen **keinerlei Formvorschriften**. Theoretisch sind sie damit also auch mündlich vollziehbar. In der Praxis sind mündliche Verfügungen schon aus Gründen der Beweisbarkeit sehr selten vorzufinden.

Keine Formvorschriften

11.4 ▶ Welche Rolle spielt die Umschreibung der Inhaberschaft von gewerblichen Schutzrechten oder die Eintragung einer Lizenz im betreffenden Schutzrechtsregister?

Ein **Erwerb von Immaterialgüterrechten** vollzieht sich – anders als etwa bei Grundstücken – **außerhalb der jeweiligen Register** (Markenrolle, Gebrauchsmusterregister etc.). Die entsprechende Umschreibung im Register hat daher **keinerlei konstitutive Wirkung** und ist fur die Wirksamkeit grundsätzlich nicht erforderlich.

Schutzrechtsregister müssen nicht die tatsächliche Rechtslage widerspiegeln

Die registerrechtliche Lage kann also von der tatsächlichen materiellrechtlichen Lage abweichen. Für ausschließliche Lizenzen besteht **teilweise** (für Patente) beim Deutschen Patent- und Markenamt die **Möglichkeit einer Registrierung**. Auch diese Eintragung ist aber für die wirksame Bestellung einer Lizenz unbeachtlich.

11.5 ▶ Gibt es bei immaterialgüterrechtlichen Transaktionen einen gutgläubigen Erwerb?

Ein gutgläubiger **Erwerb nicht bestehender oder ein lastenfreier Erwerb** belasteter Immaterialgüter oder davon abgespalteter Nutzungsrechte ist **nicht** möglich.

Auch die bei gewerblichen Schutzrechten einsehbare Registerlage hat keine konstituierende oder publizitäre Wirkung. Der materiell-rechtlich Nicht-Berechtigte kann keine wirksamen Verfügungen über das Immaterialgut treffen.

 WO IST DAS GEREGELT?

Die wichtigsten Gesetzesnormen: §§ 413, 404, 398 BGB

III.   Voll- und Teilübertragung

11.6 ▶ Was geschieht rechtlich bei der Immaterialgüterübertragung?

Vollübertragung

Bei einer Übertragung eines Immaterialgutes erfolgt ein **vollständiger Inhaberwechsel.** Die Rechtsposition wird gänzlich auf der Seite des Übertragenden aufgegeben und ebenso vollständig auf der Seite des Transaktionsempfängers neu begründet.

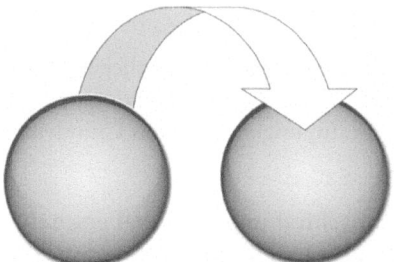

11.7 ▶ Was geschieht rechtlich bei der Einräumung von immaterialgüterrechtlichen Mitinhaberschaftsanteilen?

Teilübertragung und Mitinhaberschaften

Bei der Einräumung von Mitinhaberschaftsanteilen an einem Immaterialgut erfolgt keine vollständige, aber eine **teilweise Übertragung,** mit der eine Rechtsgemeinschaft begründet wird. Mehrere Inhaber teilen sich sodann das Immaterialgut.

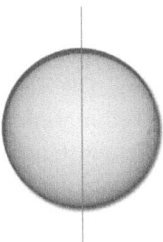

Derartige immaterialgüterrechtliche Gemeinschaften können auch originär entstehen, etwa im Falle einer gemeinschaftlichen Erfindungsleistung oder einer Urhebergemeinschaft.

11.8 ▶ Sind Patent und Gebrauchsmuster ganz oder teilweise übertragbar?

Patente und Gebrauchsmuster können frei übertragen werden. Allerdings kann die Übertragung nur für die den Schutzumfang bestimmende Erfindung, die sich in Ansprüchen widerspiegelt, **insgesamt** erfolgen.

Freie Transferfähigkeit

Eine „Teilübertragung" des Patentes oder Gebrauchsmusters, etwa getrennt nach bestimmten Schutzansprüchen ist **nicht möglich**. Dies gilt auch für Rechtsgemeinschaften, bei der alle Teilhaber unabhängig vom prozentualen Verhältnis ihrer Bruchteile an der Gemeinschaft die gesamte technische Lehre des Patentes oder Gebrauchsmusters nutzen und gegenüber Dritten durchsetzen können. Ist etwas anderes gewünscht, so kann hier nur durch schuldrechtliche Absprachen im Innenverhältnis Abhilfe geschaffen werden.

Keine Teilübertragung bei Patenten und Gebrauchsmustern getrennt „nach Schutzrechtsansprüchen" möglich

Eine europäische Patentanmeldung kann für einen oder mehrere der benannten Vertragsstaaten übertragen werden. Die rechtliche Behandlung erteilter europäischer Patente folgt separat nach dem jeweiligen nationalen Recht. Entsprechendes gilt für PCT-Anmeldungen.

Übertragung von international wirkenden Rechten

Nicht übertragbar ist hingegen das sog. Erfinderpersönlichkeitsrecht.

Keine Übertragung des Erfinderpersönlichkeitsrechts

SIEHE AUCH: Ausführungen zum Erfinderpersönlichkeitsrecht

WO IST DAS GEREGELT?

Die wichtigsten Gesetzesnormen: § 15 PatG, § 22 GebrMG

11.9 ▶ Sind Markenrechte ganz oder teilweise übertragbar?

Marken sind bezogen auf die Transferfähigkeit das flexibelste unter den Immaterialgütern. Sie sind **ganz oder teilweise frei übertragbar** und kön-

Markenrecht flexibel übertragbar

nen – anders als etwa Patente – als Immaterialgut **sogar aufgespaltet**, d.h. auf mehrere verschiedene, nicht in Rechtsgemeinschaft miteinander verbundene Inhaber „verteilt" werden.

Rechtsinstitut der sog.
Markenteilung

Möglich wird dies über eine **sog. Markenteilung.** Die Teilung bewirkt, dass die Eintragung der Marke für die in der **Teilungserklärung** aufgeführten Waren oder Dienstleistungen als abgetrennte Eintragung fortbestehen soll. Für jede Teileintragung bleibt der Zeitrang der ursprünglichen Eintragung erhalten. Die Teilung einer Marke ist also immer auf das Klassenverzeichnis zu beziehen. Der räumliche Geltungsbereich einer Marke kann beispielsweise nicht aufgeteilt werden. Die Teilung einer Marke ist unwiderruflich.

Übertragung von international wirkenden Rechten

Was IR-Marken anbelangt, können diese, selbst wenn die IR-Registrierung noch von der Basismarke abhängen würde (5 Jahre), dennoch unabhängig von der Basismarke übertragen werden. Eine Änderung des Inhabers der IR-Marke oder der Basismarke (oder beider) während der fünfjährigen Abhängigkeit hat keinen Einfluss auf die Wirkungen dieser Abhängigkeit. Wie das gesamte Bündel können aber auch nur die Teile der Internationalen Registrierung in den Zielstaaten getrennt übertragen werden.

WO IST DAS GEREGELT?

Die wichtigsten Gesetzesnormen: § 27 MarkenG

11.10 ▶ Sind geschäftliche Bezeichnungen ganz oder teilweise übertragbar?

Akzessorische Bindung

Bei Unternehmenskennzeichen und Werktiteln steht die Übertragung regelmäßig unter dem **Vorbehalt der akzessorischen Bindung** an den Geschäftsbetrieb bzw. an das Werk.

11.11 ▶ Sind geographische Herkunftsangaben ganz oder teilweise übertragbar?

Differenzierte
Betrachtung

Bei „geographischen Herkunftsangaben" im weiter verstandenen Sinne muss **differenziert** werden.

- **Klassische geographische Herkunftsangaben** sind schon ihrer Natur nach keine transferfähigen Rechtspositionen.

- Anders ist dies im Fall der **Protektierung einer geographischen Bezeichnung über eine sog. Kollektivmarke.** Hier kann es zu einem Transfer oder Inhaberwechsel kommen, sofern der neue Inhaber die Voraussetzungen der Trägerschaft als rechtsfähiger Verband erfüllt.

- Bei den für **Lebensmittel** in das Register der europäischen Kommission eintragbaren geschützten Ursprungsbezeichnungen und geschützten geographischen Angaben gilt Entsprechendes.

11.12 ▶ Sind Eingetragene Designs ganz oder teilweise übertragbar?

Designs sind grundsätzlich **ohne Einschränkungen übertragbar**. Als Recht „geteilt" werden können sie allerdings nur im Sinne der Begründung einer Rechtsgemeinschaft. Wie das Erfinderpersönlichkeitsrecht ist auch das sog. Recht auf Entwerferbenennung nicht transferfähig.

Volle Transferfähigkeit außer bezogen auf Entwerferpersönlichkeitsrecht

 SIEHE AUCH: Ausführungen zum Recht auf Entwerferbenennung.

 WO IST DAS GEREGELT?

Die wichtigsten Gesetzesnormen: § 29 DesignG

11.13 ▶ Sind Sorten- und Halbleiterschutzrechte ganz oder teilweise übertragbar?

Sortenschutzrechte sind **grundsätzlich transferfähige immaterielle Wirtschaftsgüter**. Allerdings kann eine Sortenbezeichnung nicht isoliert, sondern **nur zusammen mit dem gesamten Sortenschutzrecht** übertragen werden.

Besondere Beschränkungen bei grundsätzlicher Übertragbarkeit von Sortenrechten

Für die Übertragung des **gesamten Sortenschutzrechtes** gibt es die zusätzliche Beschränkung, dass eine Übertragung nur wirksam auf solche natürlichen oder juristischen Personen erfolgen kann, die dem (weiten) persönlichen Anwendungsbereich des Sortenschutzgesetzes unterfallen, was in der Praxis aber keine größere Bedeutung hat.

Im Bereich der Halbleiterschutzrechte finden die Vorschriften des Gebrauchsmustergesetzes über die Übertragung entsprechend Anwendung. Auch Halbleiterschutzrechte sind als Ganzes frei übertragbar oder können einheitlicher Gegenstand einer Rechtsgemeinschaft sein.

Freie Übertragbarkeit von Halbleiterschutzrechten

 WO IST DAS GEREGELT?

Die wichtigsten Gesetzesnormen: § 11 SortSchG, § 11 HalblSchG i.V.m. § 22 GebrMG

11.14 ▶ Sind Schutzpositionen des ergänzenden wettbewerbsrechtlichen Leistungsschutzes ganz oder teilweise übertragbar?

Ob Positionen, die aus dem ergänzenden wettbewerbsrechtlichen Leistungsschutz erwachsen, übertragbar sind, **ist umstritten**. Da diese Sonderschutzpositionen an einer betrieblichen Herkunftsvorstellung ansetzen, erscheint eine Übertragung richtigerweise ebenfalls **nur zusammen mit dem Geschäftsbetrieb** möglich.

Quasiakzessorietät

11.15 ▶ Ist das Urheberrecht ganz oder teilweise übertragbar?

*Trennung von Nutzungs-
und Verwertungsrechten
sowie der Urheberstellung*

Das Urheberrecht ist **nur eingeschränkt übertragbar**. So kann der Urheber nur die wirtschaftlich bedeutsamen, per Gesetz bei ihm mit der Werkschaffung als eigenständige Rechtspositionen entstehenden Nutzungs- und Verwertungsrechte auf Dritte übertragen. Die Urheberpersönlichkeitsrechte verbleiben hingegen vollumfänglich bei ihm.

 WO IST DAS GEREGELT?

Die wichtigsten Gesetzesnormen: § 29, Abs. 2 UrhG

**11.16 ▶ Werden Immaterialgüter beim Unternehmenskauf mit
übertragen?**

*Akzessorische Rechte
gehen mit über – ansons-
ten Vertragsfreiheit*

Ein Automatismus besteht nur in Bezug auf die zum Geschäftsbetrieb akzessorischen Unternehmenskennzeichen.

Ansonsten unterfällt diese Frage der Privatautonomie. Das Gesetz gibt bisweilen Außnahme-Regel-Prinzipien vor.

*Designs gehen
im Zweifel mit über*

Gehört das Design zu einem Unternehmen oder zu einem Teil eines Unternehmens, so wird das Design im Zweifel von der Übertragung oder dem Übergang des Unternehmens oder des Teils des Unternehmens, zu dem das Design gehört, erfasst.

*Bei fehlenden gesetzlichen
Vorgaben – Einzelüber-
tragung erforderlich*

Fehlen solche gesetzlichen Vorgaben, ist bei der Übertragung von Immaterialgüterrechten im Unternehmenskauf durch Einzelübertragung (asset deal) von dem Grundsatz auszugehen, dass die einzelnen Immaterialgüterrechte nicht automatisch mit dem zu erwerbenden Unternehmen oder Betriebsteil auf den Erwerber übergehen. Diese Rechte verbleiben daher ohne eine vertragliche Vereinbarung bei dem bisherigen Unternehmensinhaber.

 WO IST DAS GEREGELT?

Die wichtigsten Gesetzesnormen: § 29 DesignG

IV. Lizenzierung

11.17 ▶ Was geschieht rechtlich bei der Lizenzierung?

Bei der Lizenzierung muss zunächst streng zwischen der sog. Negativlizenz und der sog. Positivlizenz unterschieden werden.

Sog. Negativlizenz

Erstere ist nichts weiter als ein **bloßer immaterialgüterrechtlicher Verbotsverzicht,** so dass sich die Pflicht des Lizenzgebers darin erschöpft, von seinem ausschließlichkeitsrechtlichen Verbietungsrecht an seinem immaterialgüterrechtlichen Monopol gegenüber dem Lizenznehmer **keinen Gebrauch zu machen.** Die Negativlizenz hat vor allem bei Immaterialgütern mit Akzessorietätsbeschränkungen Bedeutung oder im Falle von Streitbeilegungsvereinbarungen.

Anders stellt sich der Rechtsvorgang bei der positiven Lizenz dar. Hier wird (gedanklich) **vom Mutterrecht (Immaterialgut) ein Tochterrecht (Nutzungsrecht) abgespalten** und im Sinne einer positiven Rechtseinräumung übertragen. Dabei ist es das entscheidende Wesensmerkmal der positiven Lizenzierung gegenüber dem vollständigen Rechtsübergang (Verkauf), dass es hier gerade nicht zu einer Übertragung des Immaterialgutes kommt, sondern dieses grundsätzlich beim Lizenzgeber verbleibt. Die Rechtseinräumung einer Lizenz hat dennoch **konstitutive Wirkung**. Das eingeräumte Nutzungsrecht ist nämlich gegenüber dem Immaterialgüterrecht ein zwar von diesem abgeleitetes, dennoch neues, eigenständiges Recht, das mit einem „Ausschnitt" des Immaterialgüterrechtes – nämlich den konkreten Nutzungsbefugnissen – übereinstimmt.

Sog. Positivlizenz

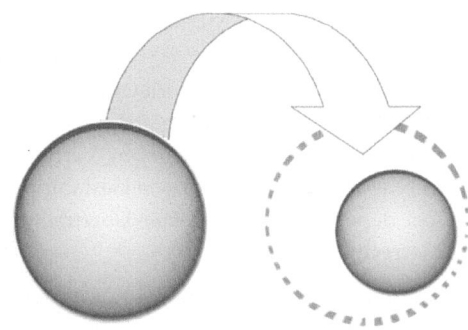

Als **Tochterrecht korrespondiert das eingeräumte Nutzungsrecht daher stets mit dem Mutterrecht** in Gestalt des Immaterialgüterrechtes. Eine solche positive Lizenz ist wie die Übertragung des Vollrechtes nur bei transferfähigen Immaterialgüterrechten möglich.

Die rechtlichen Abläufe der Einräumung einer Lizenz sind in der Rechtsdogmatik **umstritten**.

11.18 ▶ Was ist der Unterschied zwischen einer einfachen und einer ausschließlichen Lizenz?

Wie der Name sagt, hat die **ausschließliche Lizenz Exklusivcharakter**. Sie wird nur gegenüber **einem einzelnen Lizenznehmer** erteilt.

Ausschließliche Lizenz

Ein Sonderfall der ausschließlichen Lizenz ist die **Alleinbenutzungslizenz**, bei der selbst der Lizenzgeber auf das Recht verzichtet, das Immaterialgut zu nutzen.

Alleinbenutzungslizenz

Die einfache Lizenz hingegen wird **mehreren Lizenznehmern** auf gleicher Stufe eingeräumt.

Einfache Lizenz

11.19 ▶ **Welche Schutzrechte sind lizenzierbar – welche nur mit Einschränkungen bzw. nicht?**

Im Überblick ergibt sich folgendes Bild:

Patent und Gebrauchsmuster können ohne Einschränkungen Gegenstand einer Lizenz sein.

WO IST DAS GEREGELT?

Die wichtigsten Gesetzesnormen: § 15, Abs. 2 PatG, § 22, Abs. 2 GebrMG

Auch **Marken** sind ohne weiteres lizenzierbar.

WO IST DAS GEREGELT?

Die wichtigsten Gesetzesnormen: § 30 MarkenG

Bei **geschäftlichen Bezeichnungen** steht der Akzessorietätsgrundsatz (Bindung des Unternehmenskennzeichens an den Geschäftsbetrieb und des Werktitels an das Werk) einer echten Lizenzierung entgegen. Vertragliche „Lizenz-"Absprachen haben hier lediglich die Gestalt von Gestattungs- bzw. Duldungsvereinbarungen, bei denen es aber zu keiner Übertragung von Nutzungspositionen als Tochterrechte kommt.

Im Bereich der Protektion **geographischer Bezeichnungen** ist nur die über die Kollektivmarke erlangbare Schutzposition lizenzfähig.

Eingetragene Designs können ohne Einschränkungen Gegenstand einer Lizenz sein.

WO IST DAS GEREGELT?

Die wichtigsten Gesetzesnormen: § 31 DesignG

Der **Sortenschutz** kann ganz oder teilweise Gegenstand ausschließlicher oder nichtausschließlicher Nutzungsrechte sein. Auch das **Halbleiterschutzrecht** ist mithin vollumfänglich lizenzfähig.

WO IST DAS GEREGELT?

Die wichtigsten Gesetzesnormen: § 11 SortSchG, § 11 HalblSchG i.V.m. § 22 GebrMG

Im Kern, also bezogen auf den persönlichkeitsrechtlichen Teil, ist das **Urheberrecht nicht** lizenzierbar. Was die **Verwertungs- und Nutzungsrechte** angeht, so können diese im Wege der Lizenzeinräumung übertragen werden. Anders als bei den gewerblichen Schutzrechten hat der Gesetzgeber im Urheberrecht die Abstraktion zwischen Immaterialgut als Mutterrecht und dem daraus abgeleiteten Tochterrecht in Gestalt übertragbarer Nutzungsbefugnisse bereits de lege late vollzogen. Designrechte können ohne Einschränkungen Gegenstand einer Lizenz sein.

PRAXISFALL: „Bricht Kauf nicht Lizenz?!"

Das **Unternehmen LG** hat ein Patent, welches es an das **Unternehmen LN** für die Dauer von zehn Jahren unkündbar lizenziert hat. Unternehmer **LG** möchte das Patent **an die Firma K verkaufen**. Als Unternehmer LN davon erfährt, fürchtet man dort den Verlust des Lizenzrechtes.

Zu Recht?

Lösung: Nach § 15 Abs. 3 PatG **berührt ein Rechtsübergang nicht Lizenzen**, die Dritten vorher erteilt worden sind. Diese mit dem **Grundsatz „Kauf bricht nicht Miete"** vergleichbare Regelung ist im Übrigen nicht nur im Patentrecht, sondern auch in anderen Gesetzen des Immaterialgüterrechts verankert und ansonsten auch gefestigte Rechtsprechung. Das Unternehmen LN braucht demnach **keine Bedenken** bezüglich des Verlustes ihrer Rechte zu haben. Unter Umständen kann der Wechsel in der Person des Lizenzgebers allerdings ein **Sonderkündigungsrecht** für das Unternehmen LN nach § 314 BGB begründen. Damit hat das Unternehmen LN das Schicksal des Lizenzrechtsverhältnisses weitgehend in der eigenen Hand.

 M18 Muster Lizenzvertrag

V.   Bewertung von Immaterialgütern

11.20 ▶   Aus welchen Anlässen bewertet man in der Praxis häufig Immaterialgüter?

Die Konstellationen, in denen es notwendig erscheint, Immaterialgüter zu bewerten, sind an dieser Stelle **weder abschließend katalogisierbar noch aufzählbar**.

Sehr vielfältige Bewertungsanlässe

Das nachfolgende Schema soll daher nur einen mehr oder weniger **beispielhaften Überblick** über die wichtigsten Bewertungsanlässe geben.

Bewertungsanlässe

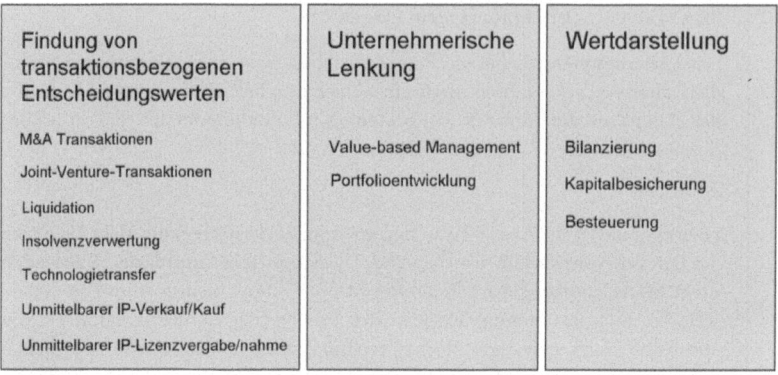

Findung von transaktionsbezogenen Entscheidungswerten	Unternehmerische Lenkung	Wertdarstellung
M&A Transaktionen	Value-based Management	Bilanzierung
Joint-Venture-Transaktionen	Portfolioentwicklung	Kapitalbesicherung
Liquidation		Besteuerung
Insolvenzverwertung		
Technologietransfer		
Unmittelbarer IP-Verkauf/Kauf		
Unmittelbarer IP-Lizenzvergabe/nahme		

 M19 Ablaufplan Schutzrechtsbewertung für Kreditsicherung

 M20 Fragebogen Schutzrechtsbewertung für Kreditsicherung

11.21 ▶ Welche Bewertungsansätze existieren in der Praxis?

Grundsätzlich kann man bei der Bewertung immaterieller Vermögenswerte zwischen **drei Bewertungsverfahren** differenzieren:

- das **marktpreisorientierte Verfahren** (market approach),

- das **kapitalwertorientierte Verfahren** (income approach) und

- das **kostenorientierte Verfahren** (cost approach).

Innerhalb dieser Verfahren stehen jeweils mehrere Bewertungsmethoden zur Verfügung.

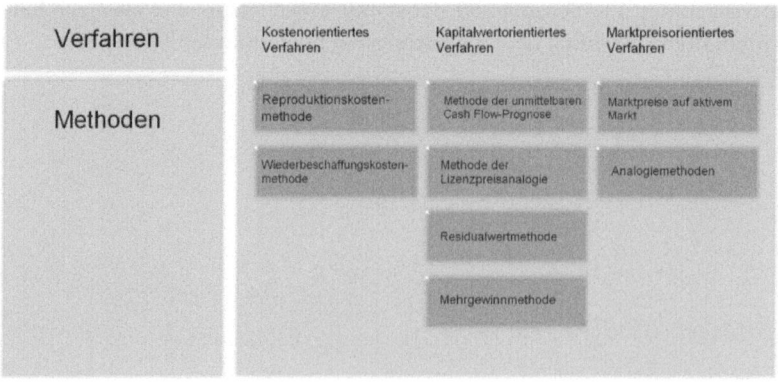

Verfahren	Kostenorientiertes Verfahren	Kapitalwertorientiertes Verfahren	Marktpreisorientiertes Verfahren
Methoden	Reproduktionskosten-methode	Methode der unmittelbaren Cash Flow-Prognose	Marktpreise auf aktivem Markt
	Wiederbeschaffungskosten-methode	Methode der Lizenzpreisanalogie	Analogiemethoden
		Residualwertmethode	
		Mehrgewinnmethode	

11.22 ▶ Was ist ein kostenorientiertes Wertermittlungsverfahren?

Bei Anwendung des kostenorientierten Verfahrens kann auf Kosten abge- *Reproduktionskosten*
stellt werden, die notwendig sind, um ein exaktes Duplikat des Vermögenswerts herzustellen (Reproduktionskostenmethode).

Alternativ ist es möglich, die Kosten für die Herstellung oder Beschaffung *Wiederbeschaffungskosten*
eines nutzenäquivalenten Vermögenswerts heranzuziehen (Wiederbeschaffungskostenmethode).

Gegebenenfalls sind **Abschläge** zur Berücksichtigung wirtschaftlicher,
technischer und funktionaler Veralterung vorzunehmen. Die Erfassung des
Wertverzehrs hat sich an der erwarteten, nach wirtschaftlichen Kriterien
bestimmten Nutzungsdauer zu orientieren.

Man unterscheidet in diesem Verfahren primär zwischen der Reproduk-
tionsmethode (Ermittlung der Kosten, die für die Herstellung eines exakten
Duplikats aufgewendet werden müssen) und der sehr ähnlichen Wieder-
beschaffungsmethode (Ermittlung der Kosten, die für die Herstellung eines
Nutzenäquivalentes des Vermögenswertes anfallen).

Beide Methoden weisen dieselben **Probleme** auf: *Probleme*

• Sie sind vergangenheitsbezogen und

• berücksichtigen nicht den zukünftigen Nutzen eines Immaterialgutes.

Eingesetzt werden diese Wertermittlungsmethoden für die Plausibilitäts-
prüfungen anderer Methoden sowie die Ermittlung von Preisuntergren-
zen.

11.23 ▶ Was ist ein kapitalwertorientiertes Wertermittlungsverfah-
ren?

Beim kapitalwertorientierten Verfahren geht man von der Annahme aus, *Erzielbares Kapital*
dass sich der Wert eines immateriellen Vermögenswerts in seiner Eigenschaft widerspiegelt, **künftige Erfolgsbeiträge in Form von Cashflows zu
erwirtschaften**. Der Wert eines Vermögenswerts ergibt sich danach aus der
Summe der Barwerte der künftig erzielbaren Cashflows zum Bewertungsstichtag (Discounted Cash Flow), die aus der Nutzung des immateriellen
Vermögenswerts während der erwarteten wirtschaftlichen Nutzungsdauer
und gegebenenfalls aus dem Abgang generiert werden.

Unterschieden werden dabei folgende Verfahren:

1. unmittelbare Cash Flow-Prognose,

2. Methode der Lizenzpreisanalogie (Relief-from-Royalty Method),

3. Residualwertmethode und

4. Mehrgewinnmethode (Incremental Cash Flow Method)

Bei der unmittelbaren Cash Flow-Prognose wird der Immaterialgutswert *Methode der unmittelba-*
über die Summe der künftigen Erfolgsbeiträge, die dem Vermögenswert *ren Cash Flow-Prognose*
zugerechnet werden können, in Form von Cash Flows zum Bewertungs-

stichtag ermittelt (Discounted Cash Flow).

Methode der Lizenzpreis-
analogie

Bei der Methode der Lizenzpreisanalogie (Relief-from-Royalty Method) wird gedanklich unterstellt, der Immaterialgutsinhaber müsste ohne sein eigenes Immaterialgut entsprechende Lizenzgebühren an Dritte entrichten.

Residualwertmethode

Die Residualwertmethode geht von dem operativen Ergebnis eines Geschäftsfeldes aus und leitet daraus den immaterialgutsspezifischen Cashflow ab. Dieses operative Ergebnis wird um den Wertbeitrag für so genannte verbundene Vermögenswerte bereinigt. Auf diesem Wege wird eine Überbewertung der Immaterialgüter vermieden. Verbundene Vermögenswerte können beispielsweise Produktionsanlagen, Fuhrpark, Vorräte, Marken, Personal und Kundenbeziehungen sein. Bei der Ermittlung der Wertbeiträge des verbundenen Vermögens ist sicherzustellen, dass sowohl eine Kompensation für den Werteverzehr durch den Gebrauch als auch eine angemessene Rendite auf das durch die Vermögenswerte gebundene Kapital berücksichtigt wird.

Mehrgewinnmethode

Bei der Mehrgewinnmethode (Incremental Cash Flow Method) wird schließlich ein prognostizierter Cash Flow einschließlich des immateriellen Vermögenswertes mit dem Cash Flow eines fiktiven Unternehmens ausschließlich dieses Vermögenswertes verglichen. Die Differenz in den Cash Flows zwischen den beiden Unternehmen gibt sodann den inkrementellen Cash Flow wieder. Der zusätzliche Cash Flow diskontiert mit dem vermögenswertspezifischen Kapitalkostensatz auf den Bewertungsstichtag.

Probleme

Problematisch ist bei all den vorbenannten Methoden die Verlässlichkeit der Datenlage.

11.24 ▶ Was ist ein marktpreisorientiertes Wertermittlungsverfahren?

Tatsächlicher Marktpreis

Schließlich ist es möglich, den **tatsächlichen Marktpreis** zur Bewertung eines Vermögenswerts heranzuziehen, soweit sich die beobachteten Marktpreise auf hinreichend vergleichbare Vermögenswerte beziehen. Ferner muss es sich um einen **aktiven Markt** handeln. Das marktpreisorientierte Verfahren basiert entweder auf der Preisbildungsfunktion aktiver Märkte, auf denen spezifische Vermögenswerte regelmäßig gehandelt werden, oder auf Analogien zu konkreten vergangenen Markttransaktionen. Die marktpreisorientierte Bewertung ist in allen Fällen eine **zukunftsgerichtete Bewertung**, da im Zuge der Marktpreisbildung die zukünftigen Ertragserwartungen aus der Verwertung eines immateriellen Vermögenswertes bestimmt werden.

Probleme

Die **Bedeutung** marktpreisorientierter Verfahren ist **eher gering**. Immaterielle Vermögenswerte werden regelmäßig nicht auf aktiven Märkten gehandelt werden, so dass es an einer **ausreichenden Datenmenge** fehlt. Auch für die **Analogiemethode** fehlen oft adäquate Vergleichstransaktionen.

11.25 ▶ Warum werden Marken- und Kennzeichenrechte im Rahmen der Immaterialgüterbewertung häufig differenziert behandelt?

Marken- und Kennzeichenrechte nehmen aus zweierlei Gründen eine Sonderposition in der Immaterialgutsbewertung ein:

- Zum einen **spiegelt sich ihr Mehrwert nicht unmittelbar in einem ästhetischen, technologischen oder sonstigen Erzeugnis bezogenen Merkmal wider**, sondern allein in der Reputation der Kennzeichnung selbst. Das Verbietungsrecht reicht bei Marken auch nicht so weit, den Vertrieb oder die Produktion von Nachahmungs- oder Äquivalenzerzeugnissen an sich zu untersagen, wie dies etwa bei den technischen Schutzrechten oder dem Design der Fall ist, sondern zielt immer nur auf die Produktion oder den Vertrieb von konkreten Erzeugnissen unter einem ganz bestimmten verwechselbaren Zeichen ab. Mehr als bei den anderen Immaterialgütern ist bei Kennzeichen daher nach dem immateriellen Mehrwert zu fragen, den das Produkt beim Absatz gerade durch die Kennzeichnung gegenüber anderen ästhetisch oder technologisch gleichwertigen Produkten erhält.

  Kennzeichenrechte sind reine Label

- Der zweite, noch wichtigere Unterschied bei Kennzeichen besteht in ihrer **theoretisch endlosen Laufdauer**. Während andere Schutzrechte mit ihrer Laufzeit an Wert verlieren, werden benutzte Marken- und Kennzeichen mit der Dauer ihrer Marktpräsenz **immer wertvoller**. Diesen wesensimmanenten Unterschied gilt es zu berücksichtigen.

  Marken- und Kennzeichenrechte laufen u.U. zeitlich unbgrenzt und werden immer wertvoller

11.26 ▶ Wie werden Immaterialgüter bilanziert?

Wichtigste Grundlage der Handelsbilanz unter deutschem Recht sind die Regeln des Handelsgesetzbuches, HGB. Im internationalen Rahmen existieren weitere Referenzsysteme, wie etwa die International Financial Reporting Standards (IFRS; vormals International Accounting Standards – IAS) oder die United States-Generally Accepted Accounting Principles (US-GAAP). Einige deutsche Großunternehmen gingen aus börsenrechtlichen Gründen Anfang der 90er Jahre dazu über, neben dem deutschen HGB-Abschluss ihren Konzernabschluss nach vorbenannten internationalen Standards zu erstellen. Die Integration der internationalen Rechnungslegung in die handelsrechtliche Berichterstattung wurde vom deutschen Gesetzgeber im Jahre 1996 mit einer Reform des HGB und im Jahre 1998 mit der Verabschiedung des **Kapitalaufnahmeerleichterungsgesetzes (KapAEG)** unterstützt. Für alle deutschen Unternehmen reicht es aus, Konzernabschlüsse nach den international gebräuchlichen Rechnungslegungsgrundsätzen IFRS oder US-GAAP zu erstellen.

Nationale und internationale Bilanzvorgaben

Diese Regelung schließt allerdings Abschlüsse von Einzel- und von Nicht-Kapitalgesellschaften aus. Zum Zwecke der Gewinn- und Steuerermittlung dient weiterhin die nationale Rechnungslegung nach dem HGB.

In Deutschland galt lange Zeit Aktivierungsverbot für immaterielles Eigentum, wenn es nicht entgeltlich erworben wurde

Ein wichtiger Unterschied zwischen den nationalen HGB-Vorgaben und den internationalen Standards bezogen auf Immaterialgüter bestand seit jeher darin, dass das **HGB ein Aktivierungsverbot für selbst geschaffene immaterielle Vermögensgegenstände des Anlagevermögens vorsah.** Aktiviert werden konnten und mussten Immaterialgüter **nur bei entgeltlichem Erwerb.** Die **IFRS** etwa sahen demgegenüber eine **weitgehende Aktivierungspflicht** auch für selbst geschaffene immaterielle Vermögensgegenstände vor, wenn künftige Zuflüsse **mit hinreichender Wahrscheinlichkeit** zu erwarten waren.

Heute ist die Aktivierung der in der Entwicklungsphase anfallenden Herstellungskosten wahlweise gestattet

Mit dem im Jahre 2009 in Kraft getretenen Bilanzierungsmodernisierungsgesetz (BilMoG) wurde ein **grundsätzliches Aktivierungswahlrecht für selbst geschaffene immaterielle Vermögensgegenstände des Anlagevermögens bezogen auf bestimmte Immaterialgüter geschaffen.** Der bisher das Aktivierungsverbot regelnde § 248 Abs. 2 HGB wurde insofern aufgehoben. Allerdings dürfen maximal **nur die in der Entwicklungsphase anfallenden Herstellungskosten angesetzt werden.**

Nicht aktivierbar: allgemeine Forschungsaufwendungen, Kosten für selbst geschaffene Marken, Drucktitel, Verlagsrechte, Kundenlisten oder vergleichbare immaterielle Vermögensgegenstände des Anlagevermögens

Allgemeine Forschungsaufwendungen sind weiterhin nicht aktivierbar. Auch soweit die Entwicklungs- und Forschungskosten nicht verlässlich voneinander abgegrenzt werden können, ist eine Aktivierung nicht möglich.

Nicht erfasst von der Aufhebung des Aktivierungsverbotes sind ferner selbst geschaffene Marken, Drucktitel, Verlagsrechte, Kundenlisten oder vergleichbare immaterielle Vermögensgegenstände des Anlagevermögens. Für steuerliche Zwecke gilt das Aktivierungsverbot vollumfänglich fort. Soweit für handelsrechtliche Zwecke das Aktivierungswahlrecht genutzt wird, führt dies zu einer Erhöhung passiver latenter Steuern in der Handelsbilanz.

WO IST DAS GEREGELT?

Die wichtigsten Gesetzesnormen: § 248, Abs. 2 HGB, § 255, Abs. 2 S. 1 HGB u. § 255, Abs. 2 S. 4 HGB

11.27 ▶ Sind die Bewertungsmethoden für Geistiges Eigentum in irgendeiner Weise standardisiert?

Keine gesetzlichen Vorgaben

Eine gesetzliche Vorgabe zur Bewertung von Immaterialgütern gibt es nicht. Hervorzuheben sind für die deutsche Praxis aber die Bemühungen des Institutes der Wirtschaftsprüfer in Deutschland e.V. (IDW), welches Wirtschaftsprüfer und Wirtschaftsprüfungsgesellschaften auf freiwilliger Basis vereint und dessen Bemühungen um eine einheitliche Aufbereitung der schwierigen Bewertung immaterieller Güter vor kurzem im Standard IDW S5: Grundsätze zur Bewertung immaterieller Vermögenswerte mündeten. Der IDW S5 differenziert in seinen Kriterien auch zwischen der Bewertung von Marken und sonstigen Immaterialgütern. Ferner zu nennen ist an dieser Stelle der sog. PAS 1070 „Grundsätze ordnungsgemäßer Patentbewertung", der als „publicly available specification" Ende 2006 von einer kleinen Gruppe bestehend aus Unternehmensvertretern, Anwälten, Wirtschaftsprüfern und Wissenschaftlern formuliert und verabschiedet wurde (erhältlich über www.beuth.de). Das DIN-Institut arbeitet derzeit an einer einschlägigen Bewertungsnorm.

 HÄUFIGER IRRTUM: Selbst geschaffene Immaterialgüter können grundsätzlich in einer HGB-Bilanz <u>nicht</u> **aktiviert werden – Falsch (!):** Mit Inkrafttreten des Bilanzierungsmodernisierungsgesetzes im Jahre 2009 ist dies **eingeschränkt** möglich.

PRAXISFALL „Juristen können doch rechnen!"

Der Angestellte der Kanzlei A bereitet im Auftrag eines Seniorpartners den immaterialgüterrechtlichen Teil einer **M & A – Due Dilligence Prüfung** vor. Er stößt bei Sichtung der Unternehmensunterlagen auch auf ein **eingetragenes Patent**, welches indes kurz vor dem Ablauf steht und nach ersten Recherchen eine Technologie schützt, die **kaum mehr am Markt nachgefragt** wird. Nach Rücksprache mit dem Seniorpartner entscheidet man sich, dieses Schutzrecht mit einem **kostenorientiertem Verfahren** zu bewerten.

Welche Investitionspositionen sollte A primär berücksichtigen?

Lösung: Im Wesentlichen sollte A **Ausgaben für die faktische Technologieerlangung** als auch die **Erlangung des vorliegenden Patentschutzes** berücksichtigen.

Bei den **Technologieerlangungskosten** sollte er nach **Buchungen für reine Entwicklungsausgaben (etwa Kosten für Prototypen oder Testverfahren), diesbezügliche Material- und Personalkosten** recherchieren.

Die **Patenterlangungskosten** setzen sich zusammen aus den amtlichen Kosten der Anmeldung, den diesbezüglichen Patentanwaltshonoraren, Kosten einer etwaigen Rechtsverteidigung sowie schließlich den Kosten der jährlichen Schutzrechtsaufrechterhaltung über den bisherigen Zeitraum.

D. Weitere Informationen

Ansprechpartner

Institut der Wirtschaftsprüfer in Deutschland e.V.
Wirtschaftsprüferhaus
Tersteegenstraße 14
40474 Düsseldorf
Telefon: (0211) 4561 0
Telefax: (0211) 4541 097
info@idw.de

Fachliteratur

Pagenberg/Beier: Lizenzverträge/License Agreements, 6. Auflage, Heymanns, Köln 2008

Beck'sches IFRS-Handbuch, 5. Auflage, C.H. Beck, München 2016

Beisel/Klumpp: Der Unternehmenskauf, 7. Auflage, C. H. Beck, München 2016

Schramm/Hansmeyer: Transaktionen erfolgreich managen, Vahlen, München 2010

Zimmermann, V.: 2007: „Immaterielle Vermögenswerte als Sicherheiten bei der Kreditvergabe", KfW Research – Mittelstands- und Strukturpolitik, Vol. 39.

Menninger / Wurzer Bewertungsstandards für Patente und Marken Wiley - VCH Verlag, Weinheim 2014

Onlinequellen:

http://www.markenbusiness.com

TEIL 12
Den Durchblick behalten – Strategische Steuerung Geistigen Eigentums im Unternehmen, IP-Management

A. Worum geht's? – Der Schwerpunkt dieses Teils

Wie in jedem Bereich der zweckorientierten Gestaltung, Lenkung und Entwicklung einer betrieblichen Organisation stellt auch im Bereich des Geistigen Eigentums ein **funktionierendes „Management" die Grundlage** dafür dar, die **Vorteile** der sich aus der Existenz des Systems des Geistigen Eigentums ergebenden Vorteile **nach innen und außen vollumfänglich zu nutzen** und die sich ergebenden unternehmerischen **Risiken** abzufedern bzw. auf ein vertretbares Maß zu **senken**.

Im Folgenden soll es insofern abschließend um die **Anforderungen an eine moderne Verwaltung** von Immaterialgütern in der Betriebspraxis gehen.

B. Die Kernaussagen auf einen Blick 👁

> • <u>**Begriff und Zielsetzung des IP-Managements**</u>: ▶ Verkürzt gesprochen bedeutet IP-Management nichts anderes als **Informationsmanagement**, wobei sich die zu verwaltenden Informationen auf betriebsinternes und betriebsexternes „Intellectual Property" (IP) beziehen können. ▶ Primär geht es darum, die eigenen Fruchtziehungen aus dem betriebsinternen Bestand an IP zu maximieren und Kollisionen mit Drittrechten zu vermeiden. ▶ Zugleich kann die Analyse von recherchierbaren Drittrechtspositionen Auskunft über Marktentwicklungen und -trends geben.
>
> • <u>**Informationsbeschaffung**</u>: ▶ Die Datenerhebung von IP-relevanten Informationen erfolgt bezogen auf interne Bestände durch ▶ gründliche Aufarbeitung im eigenen Unternehmen und ▶ bezogen auf IP-Rechtspositionen Dritter primär durch die Auswertung öffentlich zugänglicher Schutzrechtsdatenbanken.
>
> • <u>**Informationssteuerung**</u>: ▶ Zur effektiven Auswertung der erhobenen Informationen ist eine dichte Vernetzung quer durch alle relevanten Entscheidungsschnittstellen im Unternehmen erforderlich.

C. Vertiefung

I. IP-Management - Ziel und Definition

12.01 ▶ Welche Zielrichtungen sind mit der Verwaltung Geistigen Eigentums im Unternehmen verbunden?

Immaterialgüter mehren sowie aktiv und passiv schützen

Die Verwaltung Geistigen Eigentums zur Betriebslenkung im klassisch verstandenen Sinne hat die permanente Aufgabe, die nutzbaren **Kenntnisse und Fertigkeiten innerhalb des Unternehmens zu vermehren**, frei von Verfügungsrechten Dritter zu **halten**, vor einer Entwertung **zu schützen** und schließlich zur Erfüllung des Unternehmenszwecks **effektiv einzusetzen**.

12.02 ▶ Was genau versteht man eigentlich unter dem Begriff des „IP-Managements"?

IP-Management – ein schillernder Begriff

Wie in vielen anderen Bereichen des Rechtes am Geistigen Eigentum ist auch im Fall des IP-Managements eine abschließend **verbindliche Definition schwer auszumachen**. Der Begriff taucht in zahlreichen verschiedenen Zusammenhängen auf und wird mit einer recht schillernden Vielfalt von Bedeutungsinhalten gefüllt.

In der mit der wohl größten Allgemeingültigkeit verbundenen Erklärung kann das „IP-Management" als **„Verwaltung und Steuerung von IP-bezogener Information" verstanden werden.**

Begriff der IPRI

Dabei kann zwischen betriebsinterner und betriebsexterner IP-bezogener Informationen (IP-Related Information, IPRI) differenziert werden.

II. Betriebsinterne IP bezogene Information

12.03 ▶ Was umfasst die betriebsinterne IPRI?

Die betriebsinterne IPRI umfasst den **Gesamtbestand von Informationen** bezogen auf erlangte oder aber auch potentiell erlangbare Rechtspositionen an unternehmenseigenem Geistigen Eigentum.

Betriebsinterne Sphäre

Beispiele sind:

- der **betriebseigene Schutzrechtsbestand**,

- bestehende **Lizenzrechte** (aktiv an Dritte vergeben oder passiv von Dritten erlangt),

- geheimes **Fertigungs-Know-how**,

- aber auch das innovative **Gedankengut der eigenen Mitarbeiter** in Bezug auf Verbesserungen oder Neuentwicklungen.

Zum diesbezüglichen Informations- und Datenbestand, von dem es gilt Kenntnis zu besitzen, zählen der Entstehungszeitpunkt des Geistigen

Eigentums, der konkrete Schutzumfang, die räumliche Reichweite etwaigen Schutzes, aber auch Daten über die konkrete Person/die konkreten Personen, die das Geistige Eigentum im und für den Betrieb begründet haben.

12.04 ▶ Welche Entscheidungen werden durch die betriebsinterne IPRI beeinflusst?

Die Analyse betriebsinterner IPRI beeinflusst z.B. die **betriebsinterne Finanzplanung und Budgetierung**.

Beeinflusste Entscheidungen

Sie dient dem **Aufspüren verborgener Verwertungsreserven oder der Vorbereitung** von ökonomischen Transaktionen.

12.05 ▶ Welche unterschiedlichen Informationsbedürfnisse können innerhalb eines Unternehmens in Bezug auf betriebsinterne IPRI bestehen?

Die Interessen verschiedener Entscheidungsträger im mittleren und gehobenen Management eines Unternehmens sind unterschiedlich. Nicht für jede unternehmerische Entscheidungszelle sind dieselben individuellen Aspekte der betriebsinternen IPRI relevant.

Informationsbedürfnisse im Unternehmen

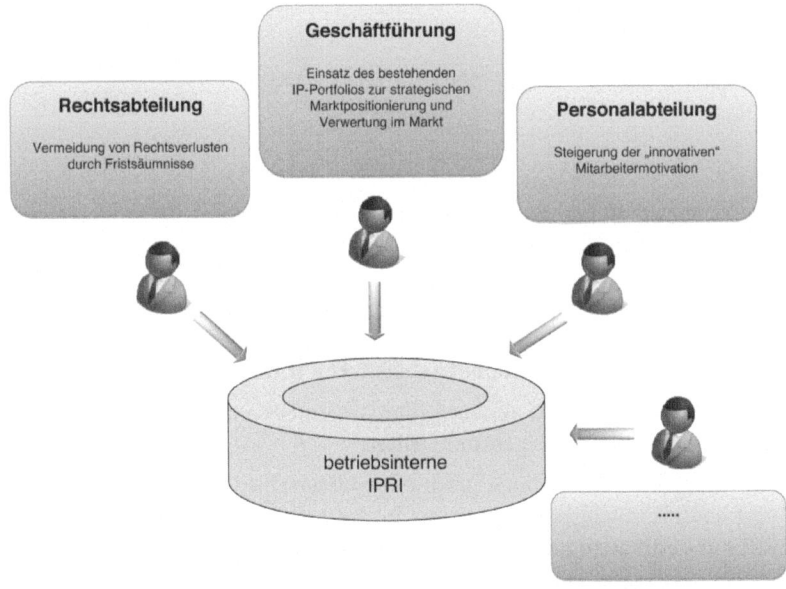

12.06 ▶ Welche Arbeitsschritte sind für die Auswertung der betriebsinternen IPRI erforderlich?

Ein erster elementarer Schritt betrifft die **Bestandsaufnahme**. Hier gilt es, alle Informationen betreffend das betriebsinterne Portfolio an Immaterialgütern, insbesondere gewerblichen Schutzrechten zu sammeln und zu ordnen. Als Mindestbestandsaufnahme sollten folgende Informationen zu

Schritt Nr. 1 – Bestandsaufnahme

Tage gefördert werden:

- **Priorität** und **Restlaufzeit,**

- **Nutzung des Rechtes** im Unternehmen, eigene/fremde Nutzung, Lizenzverträge, Umsatz unter dem Schutzrecht,

- **Umfang des Schutzes** (räumlich und sachlich-inhaltlich).

Schritt Nr. 2 – Ableitung von ersten Unternehmensentscheidungen In einem zweiten Schritt können aus der Analyse besagter Bestandsdaten sodann unternehmerische Entscheidungen abgeleitet werden.

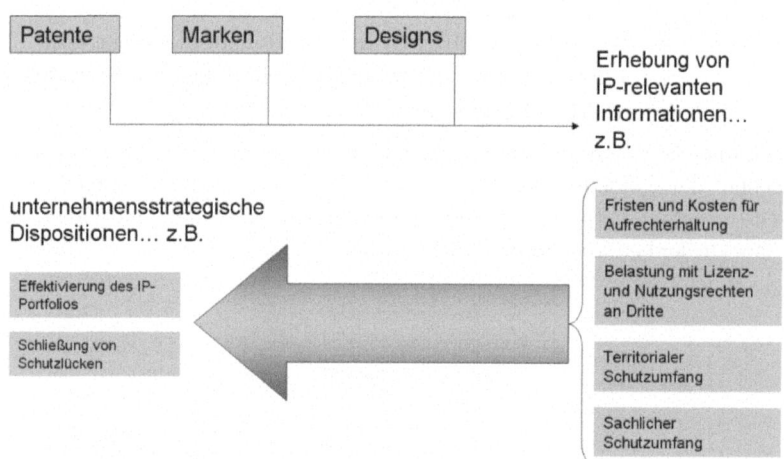

Einen eigenständigen Bereich betrifft die ordnungsgemäße Implementierung von Vorgaben des Arbeitnehmererfinderwesens.

III. Betriebsexterne IP bezogene Information

12.07 ► Was umfasst die betriebsexterne IPRI?

Betriebsextrene Sphäre Die betriebsexterne IPRI umfasst den Gesamtbestand von Informationen bezogen auf **Geistiges Eigentum Dritter.**

Obwohl es inhaltlich keinen graduellen Unterschied in der Relevanz des Informationsumfanges gibt, liegt es in der Natur der Sache, dass externe IPRI **nur bedingt zugänglich und auswertbar** sind.

Quellen, aus denen ein Unternehmen besagte Informationen schöpfen kann, stellen insbesondere die weltweit verfügbaren Schutzrechtsdatenbanken dar.

12.08 ▶ Welche Entscheidungen werden durch die betriebsexterne IPRI beeinflusst?

Das Erkennen und Analysieren externer IPRI hat u.a. eine erhebliche Bedeutung **für die eigenen Entwicklungs- und Vermarktungsstrategien.**

Beeinflusste Entscheidungen

Es hilft bei der Beantwortung der Frage,

- in welche **technologischen Nischen** noch vorgedrungen werden kann oder etwa

- welche **Produktindividualisierungselemente** im endlichen Markt der Identifizierungsmöglichkeiten noch frei sind.

- Ferner ermöglicht es, die **Entwicklungstendenz von Wettbewerbern zu prognostizieren** und tangiert damit die eigene Anmelde- und Schutzrechtsverletzungsstrategie des Unternehmens.

12.09 ▶ Welche unterschiedlichen Informationsbedürfnisse können innerhalb eines Unternehmens in Bezug auf betriebsexterne IPRI bestehen?

Wie bei der betriebsinternen IPRI ist auch das **Interesse verschiedener Verantwortlicher** an der betriebsexternen IPRI unterschiedlich. Nachfolgende Grafik soll dies beispielhaft verdeutlichen.

Informationsbedürfnisse im Unternehmen

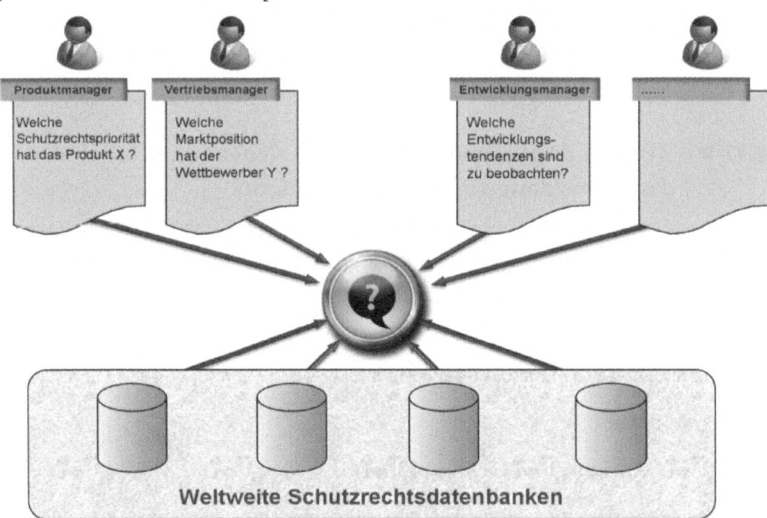

12.10 ▶ Welche Arbeitsschritte sind für den strategischen Einsatz der betriebsinternen IPRI erforderlich?

Der strategische Einsatz betriebsexterner IPRI vollzieht sich in der Praxis häufig in folgenden Schritten:

Die Informationen müssen zunächst über die frei verfügbaren Quellen, also öffentliche oder kommerzielle Schutzrechtsdatenbanken als „Rohdaten" beschafft werden.

Schritt Nr. 1 – Informationsbeschaffung

Schritt Nr. 2 – Betriebs-
interne Aufbereitung
Schritt Nr. 3 – Betriebsin-
terne Analyse

Sodann schließt sich ein Prozess der betriebsinternen Aufbereitung an.

So können die Daten nach bestimmten, im Vorfeld festgelegten strategischen Kriterien gefiltert und anschließend durch die jeweils interessierten Entscheidungsträger analysiert werden.

Schritt Nr. 4 – Ableitung
strategischer Konsequen-
zen

Diese Analyse bietet letztlich die Grundlage für kurz-, mittel- und langfristige unternehmensstrategische Entscheidungen.

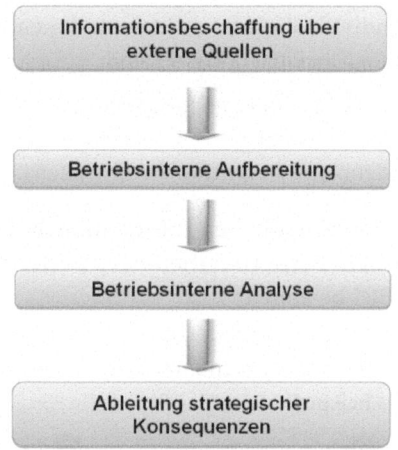

IV.   Informationsbeschaffung und -koordination

12.11 ▶ Welche Zugriffsmöglichkeiten bestehen hinsichtlich der Datenbestände von Immaterialgütern?

Weltweite Datenbanken

Eine der wichtigsten Recherchemöglichkeiten sind die **weltweiten patentamtlichen** Datenbankbestände. So können etwa auf der Website des Deutschen Patent- und Markenamtes geordnet nach Patenten, Gebrauchsmustern, Marken und Designrechten

- **Schutzrechtsveröffentlichungen,**
- **Registerdaten,**
- **Patent-, Marken- und Designblätter,**
- **Rechts- und Verfahrensstandsinformationen,**
- regelmäßige, systematische Informationen zu neu veröffentlichten Schutzrechten im Rahmen eines **Monitorings**

abgerufen werden.

Service DPMAdatenab-
gabe

Der Service DPMAdatenabgabe bietet die Möglichkeit, die Rohdaten zu allen Schutzrechten bequem über einen Webserver herunterzuladen. Professionelle Nutzer können diese Rohdaten zum Beispiel zum Aufbau eigener Schutzrechtsdatenbanken verwenden.

In den **Recherchesälen** des DPMA in München und Berlin unterstützen sachkundige Mitarbeiter den Interessierten. Dort können die umfangreiche Fachbibliothek des Deutschen Patent- und Markenamts genutzt und Markenrecherchen durchgeführt werden.

Recherchen vor Ort

Komplexe Recherchen werden auch von Patentinformationszentren angeboten, die man in folgenden Städten findet:

Patentinformationszentren

Eine Übersicht der Websites wichtiger nationaler Ämter weltweit findet sich auf der Website des deutschen Patent- und Markenamtes. Für Marken und Designs bestehen auf europäischer Ebene freie Recherchemöglichkeiten auf der Website des **EUIPO**. Die **WIPO** bietet Suchoptionen für internationale Markenregistrierungen und für Muster nach dem Haager Abkommen an.

Recherchedienste bieten auch andere nationale, europäische und internationale Patent- und Markenämter bzw. Organisationen an

Aufschluss bieten schließlich auch

Sonstige Quellen

• **Telefonverzeichnisse,**

- Handelsregister,
- Produktverzeichnisse,
- Titelschutzanzeiger,
- Internet-Suchmaschinen.

12.12 ► Was bedeutet Schnittstellenkoordination?

Fragen des Immaterialgüterrechtes berühren die verschiedensten Betriebsabteilungen.

Technikabteilungen

So ist etwa in den Technikabteilungen von Industrieunternehmen **die technische (Erfinder)expertise für die Vornahme von Schutzrechtsanmeldungen** oder der Beurteilung von Verletzungen evident vorhanden.

Vertriebsabteilung

Die Vertriebsabteilung verfügt in aller Regel über **optimale Marktkenntnisse** und ermöglicht ein frühes Erkennen von Trends.

Marketingabteilung

Die Marketingabteilung hat die Kompetenz beim **werblichen Einsatz** von Immaterialgütern.

Rechtsabteilung

Die Rechtsabteilung zeichnet sich in aller Regel durch die entsprechende **juristische Umsetzungskompetenz** bei der Erlangung, der Verwertung und der Durchsetzung von Immaterialgütern aus.

Personalabteilung

Die Personalabteilung betreut fachmännisch die Führung von Arbeitnehmern und koordiniert u.U. **Stimulationsprogramme des Arbeitnehmererfinderwesens**.

Abteilung Finanzen und Steuern

Die Abteilung Finanzen und Steuern beschäftigt sich professionell mit der **wirtschaftlichen Bewertung** betrieblicher Immaterialrechtspositionen.

Geschäftsführung

Der Geschäftsführung schließlich obliegt die **finale Entscheidungsfindung** für alle grundlegenden Strategiefragen.

Auslagerungsmodelle

Auch Unternehmen, die wegen ihrer geringen Größe und Aufstellung keine In-house-Abteilungen für sämtliche Ressorts unterhalten, werden die Aufgaben zumindest häufig über **Auslagerungsmodelle** lösen.

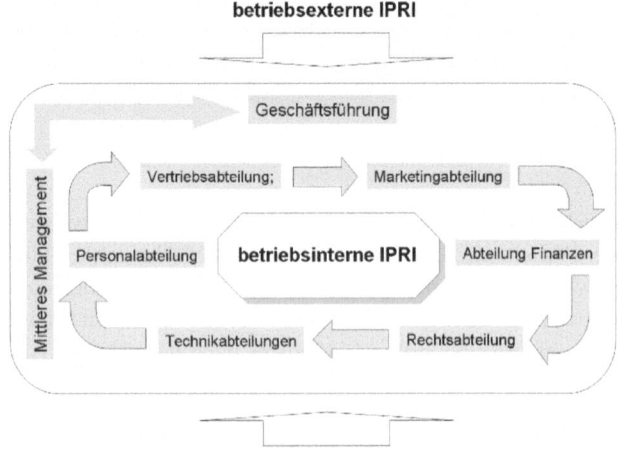

MERKE: Um Informations- und Steuerungsverluste zu vermeiden, ist es daher eine primäre Aufgabe im Unternehmen, für eine effektive Schnittstellenkoordination zu sorgen und die Informationsverwaltung über Intranetzwerke effizient zu kommunizieren.

D. Weitere Informationen

Ansprechpartner

Deutsches Patent- und Markenamt
Zweibrückenstr. 12
80331 München
Telefon: (089) 2195-0
Telefax: (089) 2195-2221
post@dpma.de

EPA/EPO/OEB Europäische(s) Patentamt / -organisation
Erhardtstraße 27 80469 München
Postanschrift: 80298 München
Telefon: (089) 2399-0
Telefax: (089) 2399-44 65
info@epo.org
Ihttp://www.epo.org

WIPO/OMPI Weltorganisation für geistiges Eigentum
(World Intellectual Property Organization)
(Organisation Mondiale de la Propriété Intellectuelle)
34, chemin des Colombettes
P.O. Box 18 1211
Genève 20 Schweiz
Telefon: (41 22) 338 91 11
Telefax: (41 22) 733 54 28
wipo.mail@wipo.int
http://www.wipo

EUIPO , Amt der Europäischen
Union für Geistiges Eigentum
Avenida de Europa, 4
E-03008 Alicante
SPANIEN
Telefon: (0034) 96 513 9100
Telefax: (0034) 96 513 1344
http://euipo.europa.eu

Fachliteratur

Wurzer (Hrsg.): IP-Manager, 1. Auflage, Heymanns, Köln 2009

Onlinequellen

http://register.dpma.de
Rechercheplattform des DPMA

http://www.patentinformation.de/
Liste der Patentinformationszentren

http://www.dpma.de/service/links/patentaemter/index.html
Liste der Websites internationaler Patent- und Markenämter

http://euipo.europa.eu/ows/rw/pages/QPLUS/databases/databases.de.do
Recherchetool nach EU-Marken und Gemeinschaftsgeschmacksmustern

http://www.wipo.int/madrid/en/services/madrid_express.htm
Recherchetool nach Internationalen Markenregistrierungen nach dem Madrider System

http://www.wipo.int/ipdl/en/search/hague/search-struct.jsp
Recherchetool nach Internationalen Geschmacksmusterhinterlegungen nach dem Haager Abkommen

www.delphion.com
Kostenpflichtige Datenbank

www.patentlotse.de
Kostenpflichtige Datenbank

www.stn-international.de
Kostenpflichtige Datenbank

Materialien

M1   Anmeldeformular Deutsches Patent mit Beispielanleitung für Patentansprüche und amtliche Merkblättern in Auszügen

M2   Anmeldeformular Deutsches Gebrauchsmuster

M3   Anmeldeunterlagen Europäisches Patent (Auszug)

M4   Anmeldeunterlagen PCT-Anmeldung (Auszug)

M5   Anmeldeformular Deutsche Marke mit amtlichem Merkblatt als Auszug

M6   Anmeldeformular Unionsmarke (ONLINE)

M7   Anmeldeunterlagen für IR Marke

M8   Anmeldeformular Deutsches Eingetragenes Design mit amtlicher Ausfüllhilfe

M9   Anmeldeformular Gemeinschaftsgeschmacksmuster (ONLINE)

M10   Formular für Beschwerde an Wettbewerbszentrale mit Hinweisen

M11   Muster der Wettbewerbszentrale für Eidesstattliche Versicherung

M12   Formular für die Meldung einer Diensterfindung durch den Arbeitnehmer

M13   Formular für Freigabe einer Diensterfindung durch den Arbeitgeber

M14   Vergütungsvereinbarung für Diensterfindung

M15   Vergütungsrichtlinien zur Bestimmung einer angemessenen Vergütung für Diensterfindung

M16   Muster Berechtigungsanfrage

M17   Muster Abmahnung mit Unterlassungsverpflichtungserklärung

M18   Muster Lizenzvertrag

M19   Ablaufplan Schutzrechtsbewertung für Kreditsicherung

M20   Fragebogen Schutzrechtsbewertung für Kreditsicherung

M1 Anmeldeformular Deutsches Patent mit Beispielanleitung für Patentansprüche und amtliche Merkblättern in Auszügen

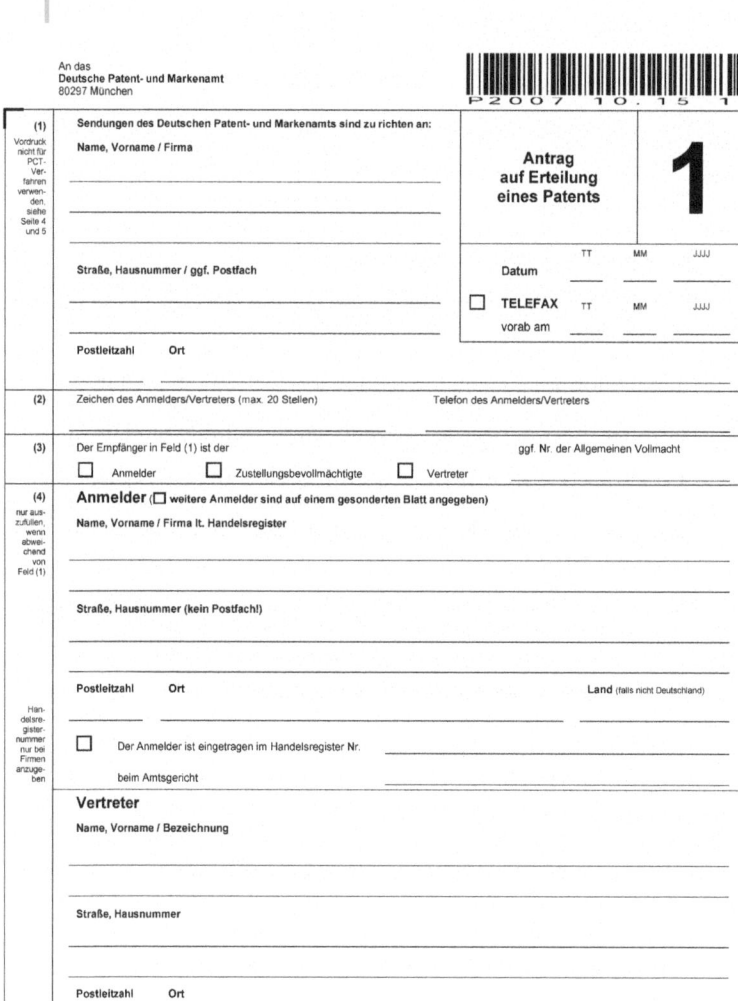

(5) soweit bekannt	Anmelder-Nr.		Vertreter-Nr.	

Zustelladressen-Nr.

---

(6)
siehe Seite 4 und 5

Bezeichnung der Erfindung

							/					

IPC-Vorschlag des Anmelders (sofern bekannt)

---

(7)
siehe Erläute- rung und Kosten- hinweise auf Seite 4 und 5

Sonstige Anträge

☐ **Prüfungsantrag** - Prüfung der Anmeldung mit Ermittlung des Standes der Technik (§ 44 Patentgesetz)

☐ **Rechercheantrag** - Ermittlung des Standes der Technik ohne Prüfung (§ 43 Patentgesetz)

☐ **Aussetzung** des Erteilungsbeschlusses auf _____ Monate (§ 49 Absatz 2 Patentgesetz)
(Max. 15 Monate ab Anmelde- oder Prioritätstag)

---

(8)

Erklärungen

Aktenzeichen der Stammanmeldung

☐ **Teilung**   ☐ **Ausscheidung** aus der Patentanmeldung → [   ]

☐ an **Lizenzvergabe** interessiert (unverbindlich)

☐ **Nachanmeldung im Ausland** beabsichtigt (unverbindlich)

---

(9)

☐ Inländische **Priorität** (Datum, Aktenzeichen der Voranmeldung)

☐ Ausländische **Priorität**
(Datum, Land, Aktenzeichen der Voranmeldung; vollständige **Abschrift(en)** der ausländischen Voranmeldung(en) beifügen)

siehe auch Seite 4 und 5

P 2 0 0 7   1 0 . 1 5   3

(10)
Erläu-
terung
und
Kosten-
hinweise
siehe
Seite 4
und 5

Gebührenzahlung in Höhe von _____ EUR

Zahlung per Banküberweisung | Zahlung mittels SEPA-Basis-Lastschrift

☐ Überweisung *(nach Erhalt der Empfangsbestätigung)*

Zahlungsempfänger:
Bundeskasse Halle/DPMA
IBAN: DE84 7000 0000 0070 0010 54
BIC (Swift-Code): MARKDEF1700

Anschrift der Bank:
Bundesbankfiliale München
Leopoldstr. 234, 80807 München

☐ Ein gültiges SEPA-Basis-Lastschriftmandat (Vordruck A 9530)

☐ liegt dem DPMA bereits vor *(Mandat für mehrmalige Zahlungen)*.

☐ ist beigefügt.

☐ Angaben zum Verwendungszweck (Vordruck A 9532) des Mandats mit Mandatsreferenznummer sind beigefügt.

Wird die Anmeldegebühr nicht innerhalb von 3 Monaten nach dem Tag des Eingangs der Anmeldung gezahlt, so gilt die Anmeldung als zurückgenommen!

(11)   **Anlagen**

siehe
auch
Seite 4
und 5

1. _____ Vertretervollmacht

2. _____ Erfinderbenennung (P 2792)

3. _____ Zusammenfassung (ggf. mit Zeichnung Fig. _____)

4. _____ Seite(n) Beschreibung (ggf. mit Bezugszeichenliste)

5. _____ Seite(n) Patentansprüche

   _____ Anzahl Patentansprüche

6. _____ Blatt Zeichnungen

7. _____ Abschrift(en) der Voranmeldung(en)

8. _____ Zitierte Nichtpatentliteratur

9. _____ Anzahl Datenträger

   ☐ für Sequenzprotokoll nach § 11 Absatz 2 Patentverordnung
   ☐ für umfangreiche Anmeldungsunterlagen nach § 6 Absatz 1 Satz 2 Patentverordnung

10. _____ Seite(n) Angaben zum geographischen Herkunftsort des biologischen Materials gemäß § 34a Patentgesetz

11. _____

_____
(12)   Unterschrift(en)

_____
(13)   Funktion des Unterzeichners

Bitte beachten Sie die Hinweise auf den nächsten Seiten

Materialien

DEUTSCHES PATENT- UND MARKENAMT
80297 München
Telefon: (0 89) 21 95 - 0
Telefax: (0 89) 21 95 - 22 21
Telefonische Auskünfte: (0 89) 21 95 - 34 02
Internet: http://www.dpma.de

Beispiel für Patentansprüche und Beschreibung

(Die auf der linken Seite angegebenen Begriffe sind nur zum Verständnis des Beispiels angegeben; sie sollen in der Anmeldung nicht verwendet werden).

Patentansprüche
(zweiteilige Fassung)

Oberbegriff:

Angabe der Merkmale, die zum Stand der Technik gehören.

1. Streuscheibe für eine Signallaterne mit vorgegebener Lichtstärkeverteilung in der Umgebung der optischen Achse inbesondere für Eisenbahn- und/oder Straßenverkehrs-Lichtsignale,

Kennzeichnender Teil:

Angabe der Merkmale, für die in Verbindung mit den Merkmalen des Oberbegriffs Schutz begehrt wird.

dadurch gekennzeichnet,

dass die Streuscheibe aus einem Halterahmen und mehreren Scheibenausschnitten, die je für sich hergestellt sind und jeweils einen bestimmten Teil der Lichtstreuung hervorrufen, zusammengesetzt ist.

Oberbegriff des Unteranspruchs:

2. Streuscheibe nach Patentanspruch 1,

Kennzeichnender Teil des Unteranspruchs:

dadurch gekennzeichnet,

dass die Streuscheibenausschnitte und der zugehörige Halterahmen mit Passstücken zum unverwechselbaren Aneinanderfügen der Scheibenausschnitte versehen sind.

Patentansprüche
(einteilige Fassung)

1. Streuscheibe für eine Signallaterne mit vorgegebener Lichtstärkeverteilung in der Umgebung der optischen Achse insbesondere für Eisenbahn- und/oder Straßenverkehrs-Lichtsignale, wobei die Streuscheibe aus einem Halterahmen und mehreren Scheibenausschnitten, die je für sich hergestellt sind und jeweils einen bestimmten Teil der Lichtstreuung hervorrufen, zusammengesetzt ist.

2. Streuscheibe nach Anspruch 1, bei dem die Streuscheibenausschnitte und der zugehörige Halterahmen mit Passstücken zum unverwechselbaren Aneinanderfügen der Scheibenausschnitte versehen sind.

Beschreibung

Titel:

Streuscheibe für Signallaternen.

Technische Bezeichnung; wie im Erteilungsantrag angegeben.

Stand der Technik mit Fundstellen.

Es ist bekannt, Streuscheiben vor der Signallaternenoptik anzuordnen, die aus dem nach Höhe und Seite scharf begrenzten Lichtbündel ausreichend viel Licht zum Erzeugen der Seitenstreuung abzweigen (DE 31 32 016 A2). Um insbesondere bei Eisenbahn-Lichtsignalen die Verteilung des Fernlichtbündels ohne Beeinträchtigung der Nahlicht-Seitenstreuung abwandeln zu können, je nachdem, ob die vor dem Signal befindliche Strecke gerade oder gekrümmt verläuft, ist es ferner bekannt, in die einzelnen Typen von Signallaternen unterschiedliche Streuscheiben mit jeweils anderer Fernlichtstreuung einzusetzen (Zeitschrift "Signal und Draht" Jahrgang . . ., Heft . . ., Seiten . . . bis . . .).

Dabei ist es allerdings nötig, eine Vielzahl von Streuscheibenarten bereitzustellen, die sich jeweils nach mehreren

Streuungsgraden des Fernlichts und des Nahlichts unterscheiden.

Problem:
Angabe der Wirkungen, die mit der Erfindung erzielt werden sollen.

Der im Patentanspruch 1 angegebenen Erfindung liegt das Problem zugrunde, die Vielzahl von Streuscheibenarten zu vermindern und die Lagerhaltung der Streuscheiben zu vereinfachen.

Lösung:

Dieses Problem wird durch die im Patentanspruch 1 aufgeführten Merkmale (ggf. wörtliche Zitierung der Merkmale) gelöst.

Erreichte Vorteile:

Die mit der Erfindung erzielten Vorteile bestehen insbesondere darin, dass statt einer Vielzahl von unterschiedlichen kompletten Streuscheiben für die verschiedenen Anwendungen nur ein Halterahmen und einige wenige unterschiedliche Scheibenausschnitte hergestellt und auf Lager gehalten werden müssen. Die jeweils günstigste Zusammensetzung der Scheibenausschnitte braucht gegebenenfalls erst am Ort der Anwendung mit wenigen Handgriffen durch Einsetzen der passenden Scheibenausschnitte gebildet zu werden; sie kann dort sogleich ausprobiert und erforderlichenfalls verändert werden.

Weitere Ausgestaltung der Erfindung:

Eine vorteilhafte Ausgestaltung der Erfindung ist im Patentanspruch 2 angegeben. Die Weiterbildung nach Patentanspruch 2 ermöglicht es, eine Streuscheibe, die jeweils für eine bestimmte Signallaterne zusammengesetzt wird, auf einfache Weise durch Hilfskräfte zusammenbauen zu können.

Beschreibung eines oder mehrerer Ausführungsbeispiele:

Ein Ausführungsbeispiel der Erfindung ist in der Zeichnung dargestellt und wird im Folgenden näher beschrieben.

Es zeigen
Fig. 1 . . .
Fig. 2 . . .

Es folgt die Erläuterung der Erfindung anhand der Zeichnungen nach Aufbau und ggf. auch nach Wirkungsweise der dargestellten Erfindung.

196

DEUTSCHES PATENT- UND MARKENAMT
80297 München
Telefon: (0 89) 21 95 - 0
Telefax: (0 89) 21 95 - 22 21
Telefonische Auskünfte: (0 89) 21 95 - 34 02
Internet: http://www.dpma.de
Zahlungsempfänger:
Bundeskasse Weiden
BBk München 700 010 54 (BLZ 700 000 00)
BIC (SWIFT-Code): MARKDEF1700
IBAN: DE84 7000 0000 0070 0010 54

- Dienststelle Jena -
07738 Jena
Telefon: (0 36 41) 40 - 54
Telefax: (0 36 41) 40 - 56 90
Telefonische Auskünfte: (0 36 41) 40 - 55 55
- Technisches Informationszentrum Berlin -
10958 Berlin
Telefon: (0 30) 25 992 - 0
Telefax: (0 30) 25 992 - 404
Telefonische Auskünfte: (0 30) 25 992 - 220

Merkblatt

für die Abfassung von nach Merkmalen gegliederten Patentansprüchen
(Ausgabe 2002)

Nach der Mitteilung Nr. 10/78 des Präsidenten des Deutschen Patentamts vom 16. Juni 1978 wird anheimgestellt, auf freiwilliger Grundlage Patentansprüche nach den in ihnen enthaltenen Merkmalen oder Merkmalsgruppen zu gliedern. Diese Gliederung kann fallweise im kennzeichnenden Teil, im Oberbegriff oder in beiden Teilen erfolgen. Sachansprüche sollen dabei nach gegenständlichen Merkmalen, Verfahrensansprüche nach Verfahrensschritten gegliedert werden. Mit einer derartigen Gliederung soll im Patenterteilungsverfahren weder eine Wertung der Merkmale verbunden noch wird die Beurteilung der Erfindungshöhe geändert; ebensowenig soll der Schutzumfang beeinflusst werden.

Die Gliederung soll dadurch auch äußerlich hervorgehoben werden, dass für jedes Merkmal (Hauptanspruch, Unteransprüche) jeweils eine neue Zeile begonnen wird. Den Merkmalen sollen nach Möglichkeit Gedankenstriche, kleingeschriebene lateinische Buchstaben oder arabische Ziffern als Gliederungszeichen vorangesetzt werden. Soweit innerhalb eines Merkmals eine weitere Gliederung gewählt wird, soll nicht nur für dieses Merkmal, sondern für den gesamten Patentanspruch die Gliederung nach dem Dezimalsystem erfolgen.

Die Gliederungszeichen sind deutlich vom Text abzusetzen. Gleiche Buchstaben oder Ziffern dürfen nicht für verschiedene Merkmale verwendet werden. Auch in einem nach Merkmalen gegliederten Patentanspruch soll zwischen dem Oberbegriff und dem Kennzeichen der Erfindung unterschieden werden.

Da eine solche Gliederung das Verständnis des Patentanspruchs und somit das Prüfungsverfahren fördert und auch die Verwendung der patentamtlichen Druckschriften zu Dokumentationszwecken erleichtert, soll die Verwendung von nach Merkmalen gegliederten Patentansprüchen gewählt werden. Die einschlägigen Vorschriften des Patentgesetzes und der Anmeldebestimmungen für Patente bleiben unberührt.

Die Einreichung einer Fassung mit nach Merkmalen gegliederten Patentansprüchen schließt nicht aus, dass im Hinblick auf eine beabsichtigte Anmeldung der Erfindung in Staaten, in denen eine derartige Fassung nicht zulässig ist, zusätzlich eine Fassung mit nicht gegliederten Patentansprüchen der Anmeldung beigefügt wird. Da jedoch dem Druck der Offenlegungsschrift nur eine Fassung der Patentansprüche zugrunde gelegt werden kann, ist schon mit der Einreichung der Anmeldung zu erklären, welche der beiden Fassungen gestrichen werden soll. Innerhalb einer Fassung

können auch gegliederte und nicht gegliederte Patentansprüche nebeneinander bestehen.

Selbstverständlich können in einem bereits anhängigen Patenterteilungsverfahren nach Merkmalen gegliederte Patentansprüche auch nachgereicht werden.

Das im Merkblatt für Patentanmelder (Ausgabe 2002) enthaltene Beispiel für Beschreibung und Patentansprüche könnte in gegliederter Form folgende Anspruchsfassung erhalten:

Beispiel 1a:

Streuscheibe für eine Signallaterne mit vorgegebener Lichtstärkeverteilung in der Umgebung der optischen Achse, insbesondere für Eisenbahn- und/oder Straßenverkehrs-Lichtsignale, gekennzeichnet durch folgende Merkmale:

- die Streuscheibe ist aus einem Halterahmen und mehreren Scheibenausschnitten zusammengesetzt,
- die Scheibenausschnitte sind mit jeweils bestimmten Lichtstreueigenschaften für sich hergestellt,
- die Scheibenausschnitte und der zugehörige Halterahmen sind gegebenenfalls zum unverwechselbaren Aneinanderfügen der Scheibenausschnitte mit Passstücken versehen.

oder

Beispiel 1b:

Streuscheibe für eine Signallaterne mit vorgegebener Lichtstärkeverteilung in der Umgebung der optischen Achse, insbesondere für Eisenbahn- und/oder Straßenverkehrs-Lichtsignale, gekennzeichnet durch folgende Merkmale:

a) die Streuscheibe ist aus einem Halterahmen und mehreren Scheibenausschnitten zusammengesetzt,

b) die Scheibenausschnitte sind mit jeweils bestimmten Lichtstreueigenschaften für sich hergestellt,

c) die Scheibenausschnitte und der zugehörige Halterahmen sind gegebenenfalls zum unverwechselbaren Aneinanderfügen der Scheibenausschnitte mit Passstücken versehen.

oder

Beispiel 1c:

Streuscheibe für eine Signallaterne mit vorgegebener Lichtstärkeverteilung in der Umgebung der optischen Achse, insbesondere für Eisenbahn- und/oder Straßenverkehrs-Lichtsignale, gekennzeichnet durch folgende Merkmale:

P 2793
1.04

197

1) die Streuscheibe ist aus einem Halterahmen und mehreren Scheibenausschnitten zusammengesetzt,
2) die Scheibenausschnitte sind mit jeweils bestimmten Lichtstreueigenschaften für sich hergestellt,
3) die Scheibenausschnitte und der zugehörige Halterahmen sind gegebenenfalls zum unverwechselbaren Aneinanderfügen der Scheibenausschnitte mit Passstücken versehen.

Beispiel 2:

Vorrichtung zur Erzeugung von Elektronen hoher Energie durch das elektrische Wirbelfeld eines sich zeitlich ändernden magnetischen Hauptfeldes, bei der zur Stabilisierung der Elektronenbewegung ein mit dem Hauptfeld gleichachsiges, von der Mitte nach außen hin abnehmendes, zeitlich veränderliches magnetisches Führungsfeld dient, gekennzeichnet durch gleichzeitige Erfüllung folgender drei Bedingungen:
a) das im Gebiet der kreisförmigen Elektronenbahn auftretende gleichfrequente und gleichphasige Führungsfeld muss stets halb so groß sein wie der Mittelwert des von der kreisförmigen Bahn umschlossenen (Haupt-) Feldes,
b) das Führungsfeld muss nach außen hin abnehmen,
c) die Abnahme muss aber weniger stark sein als umgekehrt proportional der Zunahme des Radius der Elektronenbahn.

Statt der Buchstaben a, b, c . . . können selbstverständlich auch die Ziffern 1, 2, 3 . . . gewählt werden.

Verfahrensansprüche sollen nach den Verfahrensschritten gegliedert werden:

Beispiel 3:

1. Verfahren zum Herstellen eines Polymeren, das geschlossene Zellen enthält, dadurch gekennzeichnet, dass man
   a) ein Polymer in Partikelform mit einem flüssigen Quellmittel quillt,
   b) dann in einem flüssigen Medium dispergiert, wobei das flüssige Medium entweder aus Monomeren oder aus einer Lösung eines Polymeren in einem Monomeren besteht,
   c) das flüssige Medium in ein festes Polymer überführt und
   d) dann das flüssige Quellmittel aus den dispergierten Polymerteilchen entfernt.
2. Verfahren nach Anspruch 1, dadurch gekennzeichnet, dass man
   e) die im Verfahrensschritt b entstandene Dispersion in einer Suspensionsflüssigkeit, in der das flüssige Medium unlöslich ist, suspendiert und
   f) die Suspensionsflüssigkeit nach der Überführung des flüssigen Mediums in ein festes Polymer (Verfahrensschritt c) ganz oder teilweise abtrennt.

Dagegen sollen Patentansprüche der folgenden Art (Beispiele 4 und 5) ohne jegliche Gliederungszeichen gegliedert werden, damit keine Missverständnisse aufkommen:

Beispiel 4:

Trockenes, Gelatine, Zucker, vorgelatinierte Stärke und Emulgatoren enthaltendes Gemisch für die Herstellung mehrschichtiger Dessertspeisen, dadurch gekennzeichnet, dass es

3 - 7 Gewichtsprozent Gelatine,
1 - 7 Gewichtsprozent vorgelatinierte Stärke,
6 - 13 Gewichtsprozent Fett,
0,2 - 3,5 Gewichtsprozent Emulgatoren und

40 - 85 Gewichtsprozent Zucker,
jeweils bezogen auf das Gesamtgewicht des Gemisches, enthält.

Beispiel 5:

Verfahren zur Bekämpfung der im Boden hausenden postembryonalen Entwicklungsstadien von Coleoptera und Diptera, dadurch gekennzeichnet, dass der Boden mit einer toxischen Menge

0,0 - Diäthyl - S - (tert. - butylthio) methylphosphordihioat

oder

0,0 - Diäthyl - S - [(1,1 - dimethylpropyl) thio] methylphosphordithioat

behandelt wird.

Wenn innerhalb eines Merkmals eine weitere Gliederung vorgenommen wird, so kann die Gliederung nach dem Dezimalsystem erfolgen:

Beispiel 6a:

Schleifkörper mit

1 Schleifkörnern,
2 einer Faserstruktur, die
2.1 porös,
2.2 nachgiebig und
2.3 ungewebt ist,
dadurch gekennzeichnet, dass
2.4 die Faserstruktur aus synthetischen organischen Fasern besteht, die
2.4.1 eine Länge von 1,2 bis 10 cm haben,
2.4.2 einen Durchmesser von 25 bis 250 µm haben und
2.4.3 zu einer wesentlichen Anzahl kräuselig federnd und rückfedernd sind, und
2.5 in Form einer offenen skelettartigen Bahn gefügt ist;
3 und dass der Schleifkörper ein Klebemittel enthält, das
3.1 die Fasern wahllos bindet, wobei die Bahn durch die kräuseligen federnden Fasern in allen Richtungen federnd und rückfedernd gestützt wird,
3.2 die Schleifkörper durch Klebemittel-Ablagerungen an die Fasern bindet, wobei
3.2.1 die Schleifkörner-Klebemittel-Ablagerungen durch die ganze Dicke der Bahn verteilt sind,
3.2.2 und zwar in Mengen, die durch das Gesamtvolumen der Festbestandteile von 5 bis 25 %, bezogen auf das Gesamtvolumen des Schleifkörpers bestimmt sind.

Das Beispiel 6a könnte auch folgendermaßen formuliert werden:

Beispiel 6b:

Schleifkörper mit folgenden Merkmalen:

1 er besteht aus einer Faserstruktur, die
1.1 porös,
1.2 nachgiebig und
1.3 ungewebt ist;
1.4 aus synthetischen organischen Fasern besteht, die
1.4.1 eine Länge von 1,2 bis 10 cm haben,
1.4.2 einen Durchmesser von 25 bis 250 µm haben und
1.4.3 zu einer wesentlichen Anzahl kräuselig federnd und rückfedernd sind, und die
1.5 in Form einer offenen skelettartigen Bahn gefügt ist;
2 er enthält Schleifkörner;
3 er enthält ein Klebemittel, das
3.1 die Fasern wahllos bindet, wobei die Bahn durch die kräuseligen federnden Fasern in allen Richtungen federnd und rückfedernd gestützt wird und
3.2 die Schleifkörner durch Klebemittel-Ablagerungen an die Fasern bindet, wobei

3.2.1 die Schleifkörner-Klebemittel-Ablagerungen durch die ganze Dicke der Bahn verteilt sind,

3.2.2 und zwar in Mengen, die durch das Gesamtvolumen der Festbestandteile von 5 bis 25 %, bezogen auf das Gesamtvolumen des Schleifkörpers bestimmt sind,

wobei die Merkmale 1.1, 1.2, 1.3 und 2 den Oberbegriff und die übrigen Merkmale den kennzeichnenden Teil bilden.

In einfacheren derartigen Fällen kann auch folgendermaßen gegliedert werden:

Beispiel 7:

Thixotrope, härtbare Klebstoffzusammensetzung, dadurch gekennzeichnet, dass sie besteht aus

a) einem monomeren Ester der 2 - Cyanacrylsäure,

b) einem feinverteilten organischen Pulver, ausgewählt unter

  Polycarbonaten,
  Polyvinylidenfluoriden,
  Polyäthylenen und
  Acrylblockcopolymerharzen, die gesättigte Elastomersegmente enthalten
  in Mengen von 5 bis 100 Gewichtsteilen je 100 Gewichtsteile des monomeren Esters und

c) üblichen Zusätzen.

oder

Beispiel 8:

Verfahren zur Herstellung von Mischpolymerisaten aus Äthylen und einem Polyenkohlenwasserstoff mit mindestens einer ungesättigten Bindung in einem polycyclischen System, durch gemeinsame Polymerisation der Monomeren in Anwesenheit eines organischen Verdünnungsmittels und eines Polymerisationskatalysators, dadurch gekennzeichnet, dass man die Polymerisation in Anwesenheit eines Katalysatorsystems aus folgenden Komponenten durchführt:

1) eine in dem Reaktionsmedium lösliche Vanadiumverbindung, in der die Wertigkeit des Vanadiums höher als zwei ist,

2) eine Aluminiumverbindung der allgemeinen Formel R_2AlX, worin R einen Acrylrest und X Chlor oder Brom bedeutet,

3) eine Verbindung aus der Gruppe von
  organischen Verbindungen, welche die CCl_3-Gruppe enthalten,
  Hexachlorcyclopentadien,
  Thionylchlorid.

oder

Beispiel 9:

Pulverförmige Beschichtungsmittel auf Polyesterbasis aus einer aromatischen Dicarbonsäure, einer weiteren Mono- oder Polycarbonsäure und einem Diol, dadurch gekennzeichnet, dass sie bestehen aus

a) einem Polyester, der hergestellt worden ist durch Umsetzung
  einer aromatischen Dicarbonsäure oder ihres niederen Alkylesters,
  eines aliphatischen oder alicyclischen Diols und wenigstens einer der folgenden Säuren:
  aliphatische Monocarbonsäuren
  aliphatische Dicarbonsäuren
  aliphatische Hydroxycarbonsäuren

b) einem organischen Säureanhydrid mit wenigstens zwei Säureanhydridgruppen im Molekül in einer Menge von 5 bis 15 Gew.-Teilen pro 100 Gew.-Teile des Polyesters und

c) gegebenenfalls Pigmenten, Füllstoffen und modifizierenden Stoffen.

Oft kann es zweckmäßig sein, nur den Oberbegriff zu gliedern:

Beispiel 10:

Härtbare Masse, enthaltend

a) einen monomere, oligomere oder polymere Komponente,

b) eine der Härtung dienende Komponente, wobei die Komponente a) und/oder b) mit einer reaktionshindernden Schutzhülle umgeben ist,

c) ein Schutzhüllensprengmittel und

d) weitere übliche Zusätze,

dadurch gekennzeichnet, dass das Schutzhüllensprengmittel c) aus Mikrohohlkörpern besteht, die durch auf die Masse aufgebrachte Torsionskräfte zu spitzen Teilen zerstört werden können.

oder

Beispiel 11:

Verfahren zur Abtrennung von Kohlendioxid aus Gasen, bei dem man

1) das Kohlendioxid mittels einer Lösung einer Base extrahiert,

2) die aus der Extraktionszone herauskommende Lösung zunächst in die Anodenzelle einer zwei Zellen besitzenden elektrochemischen Zelle leitet,

3) die Lösung nach der Entfernung des in der Anodenzelle freigesetzten Kohlendioxids durch die Kathodenzelle der vorgenannten Doppelzelle leitet und schließlich

4) diese Lösung zur Verwendung als Extraktionslösung in die Extraktionszone für das Kohlendioxid zurückschickt,

dadurch gekennzeichnet, dass man eine basische Lösung verwendet, die das Salz einer Säure enthält, die eine stärkere Säure als Kohlensäure ist.

Es können auch sowohl Oberbegriff als auch Kennzeichen gegliedert werden:

Beispiel 12:

Hubwagen mit folgenden Merkmalen:

1) der Hubwagen besitzt als Hubeinrichtung einen Hauptständer, einen Hilfsständer und einen Lastträger,

2) der Hilfsständer ist gegenüber dem Hauptständer in senkrechter Richtung beweglich,

3) der Lastträger ist an dem Hilfsständer heb- und senkbar; dadurch gekennzeichnet, dass

4) der Hilfsständer innerhalb des Hauptständers angeordnet ist,

5) der Hilfsständer über dem Hauptständer in Längsrichtung des Hubwagens mit schmalen Streifen einer Längsstege vorsteht,

6) die vorstehenden schmalen Streifen als Führungsflächen für Teile des Lastträgers dienen.

oder

Beispiel 13:

Befestigungsvorrichtung für Bremszylinder an Achskörpern von Fahrzeugen, die folgende Merkmale umfasst:

a) eine den Bremszylinder aufnehmende Grundplatte weist mindestens einen zu ihr senkrecht stehenden, mit ihr fest verbundenen Senkrechtsteg auf;

b) mit dem Achskörper ist mindestens ein Halter fest verbunden;

DEUTSCHES PATENT- UND MARKENAMT
80297 München
Telefon: (0 89) 21 95 - 0
Telefax: (0 89) 21 95 - 22 21
Telefonische Auskünfte: (0 89) 21 95 - 34 02
Internet: http://www.dpma.de
Zahlungsempfänger:
Bundeskasse Weiden
BBk München 700 010 54 (BLZ 700 000 00)
BIC (SWIFT-Code): MARKDEF1700
IBAN: DE84 7000 0000 0070 0010 54

- Dienststelle Jena -
07738 Jena
Telefon: (0 36 41) 40 - 54
Telefax: (0 36 41) 40 - 56 90
Telefonische Auskünfte: (0 36 41) 40 - 55 55
- Technisches Informationszentrum Berlin -
10958 Berlin
Telefon: (0 30) 25 992 - 0
Telefax: (0 30) 25 992 - 404
Telefonische Auskünfte: (0 30) 25 992 - 220

Merkblatt
für die Erstellung der gemäß § 36 des Patentgesetzes (PatG)
vorgeschriebenen Zusammenfassung zur Patentanmeldung
(Ausgabe 2005)

Die Zusammenfassung dient ausschließlich der technischen Unterrichtung, d. h. sie soll einen raschen Überblick über den Inhalt der Erfindung gestatten und in maschinellen Dokumentationssystemen verwendbar sein. Sie ist nicht Teil der Anmeldung und kann daher nicht für die Bestimmung des Schutzumfangs und nicht als ursprüngliche Offenbarung der Erfindung im Sinne von § 34 Abs. 4 PatG herangezogen werden. Die Zusammenfassung ist nicht für den Inhalt der Erfindung maßgebend. Um ihren Zweck zu erfüllen, muss die Zusammenfassung leicht verständlich und übersichtlich sein und den wesentlichen Inhalt des in der Anmeldung beschriebenen mechanischen oder chemischen oder physikalischen Sachverhalts wiedergeben. Daher ist es zweckmäßig, die durch § 36 PatG vorgeschriebenen Teile der Zusammenfassung in einer stets genau eingehaltenen Gliederung wiederzugeben. Dies sollte nach folgendem Schema geschehen, wobei die angegebenen Ziffern zu verwenden wären. Die Zusammenfassung soll aus nicht mehr als 1500 Zeichen bestehen.

Schema zur Zusammenfassung nach § 36 PatG

1. Bezeichnung

Die Bezeichnung ist in Übereinstimmung mit der Bezeichnung der Erfindung, also möglichst unter Angabe der beanspruchten Patentkategorien wie »Vorrichtung . . .«, »Verfahren . . .«, »Vorrichtung und Verfahren . . .« oder »Mittel . . .« anzugeben.

2. Kurzfassung

2.1. Technisches Problem der Erfindung = technische Aufgabe und Zielsetzung
Die Aufgabe ist möglichst konkret im Hinblick auf die gegenüber dem Stand der Technik erreichten Vorteile anzugeben.

2.2. Lösung des Problems bzw. der technischen Aufgabe
Hier sind die wesentlichen Merkmale der Lösung, beispielsweise Gestaltungsmerkmale, Verfahrensschritte, Stoffkomponenten usw. anzugeben. Ggf. sind mehrere Lösungswege anzugeben. Soweit eine Zeichnung mit Bezugszeichen beigefügt ist, sollen diese oder aber die wichtigsten in die Zusammenfassung aufgenommen werden. Die Bezugszeichen in der Zusammenfassung sollten in Klammern gesetzt werden.

2.3. Anwendungsgebiet
Anzugeben ist das spezielle Anwendungsgebiet in der Regel entsprechend dem Ausführungsbeispiel, das in der Anmeldung beschrieben ist.

3. Zeichnung

Der Zusammenfassung kann eine Zeichnung beigefügt werden, die den Inhalt der Zusammenfassung verdeutlicht und die Erfindung übersichtlich darstellt.

Die Zeichnung zur Zusammenfassung ist nicht Teil der Anmeldung.

Es ist oft sinnvoll, diejenige Zeichnung aus der Anmeldung auch der Zusammenfassung beizufügen, die die Erfindung am genauesten darstellt.

Zwingend erforderlich ist eine Zeichnung der Zusammenfassung beizufügen, wenn im Text der Zusammenfassung auf eine Zeichnung Bezug genommen wird.

Die Auswahl der Zeichnung für die Zusammenfassung trifft der Prüfer, wenn sie vom Anmelder trotz Aufforderung nicht getroffen worden ist.

P 2794
11.05

200

Beispiel 1

1. Verfahren zur Herstellung von Methanol.

2.1. Methanol wird bisher großtechnisch durch katalytische Hydrierung von Kohlenmonoxid in Gegenwart eines ZnO-Cr_2O_3 Mischkatalysators bei Temperaturen von ca. 400° C und Drucken von ca. 30 MPa hergestellt. Die hohen Temperaturen und Drucke sind nur durch großen apparativen Aufwand beherrschbar. Das neue Verfahren soll bei niedrigen Temperaturen und Drucken durchführbar sein.

2.2. Ein Cn-ZnO-Cr_2O_3 Katalysator wird bei der Herstellung von Methanol durch katalytische Hydrierung von Kohlenmonoxyd verwendet; die Synthese erfolgt bei einer Temperatur von 250° C und einem Druck von 5 MPa. Die Ausbeute bei diesem Verfahren liegt über der der bekannten Verfahren.

2.3. Herstellung von Methanol.

3. . . . . .

Beispiel 2

1. Spreizdübel.

2.1. Die in Mauerwerk für das Einsetzen von Kunststoff-Dübeln durch Bohren hergestellten Löcher besitzen abhängig von der Zusammensetzung des Mauerwerks unterschiedliche Durchmesser. Dies wirkt sich bei den bekannten Dübeln nachteilig auf die zulässigen Belastungswerte aus. Der neue Dübel soll sich einem möglichst großen Bereich von Bohrungsdurchmessern anpassen.

2.2. Um dem Dübel Federeigenschaften ähnlich einer Spannhülse zu geben, ist einer der üblicherweise im rohrförmigen Dübel vorhandenen vier Längsschlitze (6a) über die ganze Länge des Dübels geführt. In Verbindung mit der sich gegen das Dübelende hin konisch verjüngenden Innenbohrung des Dübels ergibt sich nach Eindrehen der Schraube (3) eine gute Anlage des mit Ringrippen versehenen Dübelmantels an den Wänden der Bohrung (1 bzw. 10).

2.3. Der Dübel eignet sich aufgrund der Verspannungsmöglichkeit über seine ganze Länge für Abstandsmontagen; vgl. Abstand zwischen Brett (9) und Mauerwerk in der Zeichnung.

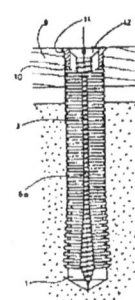

Beispiel 3

1. Anordnung zum wahlweisen Vervielfachen der Strom- und/oder Spannungswerte von flachen Solargeneratoren.

2.1. Bei bekannten Solargeneratoren werden die einzelnen Solarzellmodule mit Hilfe einer aufwendigen und wenig variablen Verkabelung zusammengeschaltet. Die neue Anordnung soll es ermöglichen, Solarzellenmodule eines Bautyps in einer einfachen und kostengünstigen Serien- und/oder Parallelschaltung miteinander zu verbinden und einen variablen, an den jeweiligen Verwendungszweck angepassten Aufbau schnell zu realisieren.

2.2. Bei jedem Modul (2) sind an gegenüberliegenden Seiten des aus Kunststoff bestehenden Modulkörpers (6) durch den Körper durchgehende, mit den Kontaktbahnen (9, 10) der Solarzellenanordnung (3, 4, 5) verbundene Plus- bzw. Minuskontaktbuchsen (11, 12) aus Metall angebracht. Angepasste Steckverbindungen (13, 14) aus leitendem oder isolierendem Material sind vorgesehen, um die Module (2) elektrisch und mechanisch zu verbinden.

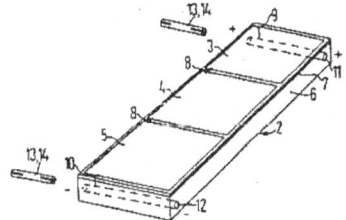

2.3. Die Anordnung ermöglicht durch beliebige Kombinationen von Serien- und Parallelschaltungen von Solarzellenmodulen eines einzigen Bautyps praktisch unbegrenzte Strom- und Spannungsabstufungen und damit die Verwendung dieses Solarzellenmoduls sowohl im Kleingerätebereich als auch zur Energienutzung bei Fassaden- und Dachverkleidungen.

M2 Anmeldeformular Deutsches Gebrauchsmuster

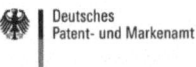

Deutsches
Patent- und Markenamt

An das
Deutsche Patent- und Markenamt
80297 München

G 6 0 0 3   1 . 1 4   1

(1)	Sendungen des Deutschen Patent- und Markenamts sind zu richten an: Name, Vorname / Firma Straße, Hausnummer / ggf. Postfach Postleitzahl Ort	**Antrag auf Eintragung eines Gebrauchsmusters** **2** TT MM JJJJ **Datum** ☐ **TELEFAX** TT MM JJJJ vorab am

(2)	Zeichen des Anmelders/Vertreters (max. 20 Stellen) Telefon des Anmelders/Vertreters

(3)	Der Empfänger in Feld (1) ist der ggf. Nr. der Allgemeinen Vollmacht ☐ Anmelder ☐ Zustellungsbevollmächtigte ☐ Vertreter

(4) nur aus- zufüllen, wenn abwei- chend von Feld (1)	**Anmelder** (für weitere Anmelder bitte gesondertes Blatt benutzen) Name, Vorname / Firma lt. Handelsregister Straße, Hausnummer (kein Postfach!) Postleitzahl Ort **Land** (falls nicht Deutschland)
Handels- register- nummer nur bei Firmen anzu- geben	☐ Der Anmelder ist eingetragen im Handelsregister Nr. beim Amtsgericht **Vertreter** Name, Vorname / Bezeichnung Straße, Hausnummer Postleitzahl Ort

(5) soweit bekannt	Anmelder-Nr.	Vertreter-Nr.
	Zustelladressen-Nr.	

(6)
siehe
Seite 4
IPC-
Vorschlag
ist unbe-
dingt an-
zugeben,
sofern
bekannt

Bezeichnung der Erfindung

						/					

IPC-Vorschlag des Anmelders

---

(7)
siehe
Erläute-
rung und
Kostenhin-
weise auf
Seite 4
und 5

Sonstige Anträge

☐ **Aussetzung** der Eintragung und Bekanntmachung für _____ Monate
(Max. 15 Monate ab Anmelde- bzw. Prioritätstag)

☐ **Rechercheantrag** - Ermittlung der öffentlichen Druckschriften (§ 7 Gebrauchsmustergesetz)

---

(8)

Erklärungen

Aktenzeichen   Anmeldetag
     TT   MM   JJJJ

☐ **Teilung/Ausscheidung** aus der
Gebrauchsmusteranmeldung   →

☐ **Abzweigung** aus der Patentanmeldung/dem Patent   →

☐ Der Anmelder ist an **Lizenzvergabe** interessiert (unverbindlich)

---

(9)

Priorität

☐ Inländische Priorität   →
(Datum, Aktenzeichen der Voranmeldung)

☐ Ausländische Priorität   →
(Datum, Land, Aktenzeichen der Voranmeldung)

☐ Ausstellungspriorität   →
(Datum der erstmaligen Zurschaustellung, Ausstellung)

M3 Anmeldeunterlagen Europäisches Patent (Auszug)

Europäisches
Patentamt
European
Patent Office
Office européen
des brevets

Antrag auf Erteilung eines europäischen Patents
Request for grant of a European patent
Requête en délivrance d'un brevet européen

☐ Nachreichung von Form 1001 zu einer früher eingereichten Anmeldung nach Regel 40 (1) vom
Form 1001 filed further to a previous application under Rule 40(1) on
Dépôt du formulaire 1001 pour une demande déposée antérieurement au titre de la règle 40(1) en date du

☐ Bestätigung einer bereits durch Fax eingereichten Anmeldung vom | bei
Confirmation of an application already filed by fax on | with
Confirmation d'une demande déjà déposée par téléfax le | auprès de

Nur für amtlichen Gebrauch / For official use only / Cadre réservé à l'administration

1	Anmeldenummer / Application No. / N° de la demande	MKEY	
2	Tag des Eingangs (Regel 35 (2)) / Date of receipt (Rule 35(2)) / Date de réception (règle 35(2))	DREC	
3	Tag des Eingangs beim EPA (Regel 35 (4)) / Date of receipt at EPO (Rule 35(4)) / Date de réception à l'OEB (règle 35(4))	RENA	
4	Anmeldetag / Date of filing / Date de dépôt		

5 Es wird die Erteilung eines europäischen Patents und gemäß Artikel 94 die Prüfung der Anmeldung beantragt. /
Grant of a European patent, and examination of the application under Article 94, are hereby requested. /
Il est demandé la délivrance d'un brevet européen et, conformément à l'article 94, l'examen de la demande.

☒ EXAM 4

Prüfungsantrag in einer zugelassenen Nichtamtssprache /
Request for examination in an admissible non-EPO language /
Requête en examen dans une langue non officielle autorisée

5.1 Der Anmelder verzichtet auf die Aufforderung nach Regel 70 (2), zu erklären, ob die Anmeldung aufrechterhalten wird. /
The applicant waives his right to be asked whether he wishes to proceed further with the application (Rule 70(2)). /
Le demandeur renonce à être invité, conformément à la règle 70(2), à déclarer s'il souhaite maintenir sa demande.

☐ MEPA

AREF

6 Zeichen des Anmelders oder Vertreters (max. 15 Positionen) /
Applicant's or representative's reference (max. 15 keystrokes) /
Référence du demandeur ou du mandataire (max. 15 caractères ou espaces)

Anmelder / Applicant / Demandeur

APPR

7 Name /
Nom

8 Anschrift /
Address /
Adresse

9 Zustellanschrift /
Address for correspondence /
Adresse pour la correspondance

Zeichen des Anmelders /
Applicant's reference /
Référence du demandeur

TRAN | FILL |

EPA/EPO/OEB 1001.1 – 11.15

1

10	Staat des Wohnsitzes oder Sitzes / State of residence or of principal place of business / Etat du domicile ou du siège	
11	Staatsangehörigkeit / Nationality / Nationalité	
12	Telefon / Telephone / Téléphone	
13	Fax / Téléfax	
14	Weitere(r) Anmelder auf Zusatzblatt / Additional applicant(s) on additional sheet / Autre(s) demandeur(s) sur feuille supplémentaire	☐
14.1	Der/Jeder Anmelder erklärt hiermit, eine Einheit oder eine natürliche Person nach Regel 6 (4) EPÜ zu sein. / The/Each applicant hereby declares that he is an entity or a natural person under Rule 6(4) EPC. / Le/Chaque demandeur déclare par la présente être une entité ou une personne physique au sens de la règle 6(4) CBE	☐

FREP

Vertreter / Representative / Mandataire

15 Name / Nom
(Nur einen Vertreter oder den Namen des Zusammenschlusses angeben, der in das Europäische Patentregister eingetragen ist und an den zugestellt wird) /
(Name only one representative or association of representatives to be listed in the Register of European Patents and to whom communications are to be notified) /
(N'indiquer qu'un seul mandataire ou le nom du groupement de mandataires qui sera inscrit au Registre européen des brevets et auxquelles les significations seront faites)

et al

16 Geschäftsanschrift / Address of place of business / Adresse professionnelle

17 Telefon / Telephone / Téléphone

18 Fax / Téléfax

19 Weitere(r) Vertreter auf Zusatzblatt / Additional representative(s) on additional sheet / Autre(s) mandataire(s) sur feuille supplémentaire ☐

Vollmacht / Authorisation / Pouvoir

GENA

20 ist beigefügt / is enclosed / joint ☐

21 Allgemeine Vollmacht ist registriert unter Nummer / General authorisation has been registered under No. / Un pouvoir général a été enregistré sous le numéro

INVT 20

Erfinder / Inventor / Inventeur

22 Der (die) Anmelder ist (sind) alleinige(r) Erfinder. / The applicant(s) is (are) the sole inventor(s). / Le(s) demandeur(s) est (sont) le(s) seul(s) inventeur(s). ☐

23 Erfindernennung in beigefügtem Schriftstück / Designation of inventor attached / Voir la désignation de l'inventeur ci-jointe ☐

TIDE TIEN TIFR

24 **Bezeichnung der Erfindung / Title of invention / Titre de l'invention**

Zeichen des Anmelders / Applicant's reference / Référence du demandeur

2

25 Prioritätserklärung (Regel 52) und Recherchenergebnisse nach Regel 141(1) / Declaration of priority (Rule 52) and search results under Rule 141(1) / Déclaration de priorité (règle 52) et résultats de la recherche conformément à la règle 141(1)

PRIO

Eine Prioritätserklärung wird für die folgenden Anmeldungen abgegeben: /
A declaration of priority is hereby made for the following applications: /
Une déclaration de priorité est produite pour les demandes suivantes :

Die Recherchenergebnisse nach Regel 141 (1) sind beigefügt. /
Search results under Rule 141 (1) are attached. /
Les résultats de la recherche selon la règle 141(1) sont joints

	Nur für amtlichen Gebrauch / For official use only / Cadre réservé à l'administration
01	
02	
03	
04	

	Staat / State / Etat	Anmeldetag / Date of filing / Date de dépôt	Aktenzeichen / File No. / N° de dépôt	
01				☐
02				☐
03				☐
04				☐

25.1 Auf einem Zusatzblatt ist angegeben, dass weitere Prioritäten beansprucht werden und die entsprechenden Recherchenergebnisse nach Regel 141 (1) beigefügt sind. / Additional declaration(s) of priority and indication(s) of the attachment of corresponding search results.(Rule 141(1)) on additional sheet. / Il est indiqué sur une feuille supplémentaire que d'autres priorités sont revendiquées et que les résultats correspondants de la recherche selon la règle 141(1) sont joints.   ☐

25.2 Diese Anmeldung ist eine vollständige Übersetzung der früheren Anmeldung. / This application is a complete translation of the previous application. / La présente demande est une traduction intégrale de la demande antérieure.   ☐ 01   ☐ 02   ☐ 03   ☐ 04   ☐ andere other autres

25.3 Es ist nicht beabsichtigt, eine (weitere) Prioritätserklärung einzureichen. / It is not intended to file a (further) declaration of priority. / Il n'est pas envisagé de produire une (autre) déclaration de priorité.   ☐

26 Bezugnahme auf eine früher eingereichte Anmeldung / Reference to a previously filed application / Renvoi à une demande déposée antérieurement

EAPP

26.1 Es wird auf eine früher eingereichte Anmeldung Bezug genommen. Die Bezugnahme ersetzt die Beschreibung und etwaige Zeichnungen (Regel 40 (1) c), (2)). Die Anmeldung, auf die Bezug genommen wird, ist: / Reference is made to a previously filed application. That reference replaces the description and any drawings (Rule 40(1)(c), (2)). The application to which reference is made is the following: / Il est fait référence à une demande déposée antérieurement. Ce renvoi remplace la description et, le cas échéant, les dessins (règle 40(1)c). (2)). La demande à laquelle il est fait référence est la suivante :   ☐

	Nur für amtlichen Gebrauch / For official use only / Cadre réservé à l'administration

Staat / State / Etat	Anmeldetag / Date of filing / Date de dépôt	Aktenzeichen / File No. / N° de dépôt

26.2 Die Bezugnahme auf die früher eingereichte Anmeldung ersetzt auch die Patentansprüche (Regel 57c)). / The reference to the previously filed application also replaces the claims (Rule 57(c)). / Le renvoi à la demande déposée antérieurement remplace également les revendications (règle 57c)).   ☐

26.3 Eine beglaubigte Abschrift der früher eingereichten Anmeldung (Regel 40 (3)) / A certified copy of the previously filed application (Rule 40(3)) / Une copie certifiée conforme de la demande déposée antérieurement (règle 40(3))   ☐ ist beigefügt. / is attached. / est jointe.   ☐ wird nachgereicht. / will be supplied later. / sera produite ultérieurement.

26.4 Eine Übersetzung der früher eingereichten Anmeldung (Regel 40 (3)) / A translation of the previously filed application (Rule 40(3)) / Une traduction de la demande déposée antérieurement (règle 40(3))   ☐ ist beigefügt. / is attached. / est jointe.   ☐ wird nachgereicht. / will be supplied later. / sera produite ultérieurement.

EPA/EPO/OEB 1001 3 – 11.15

Zeichen des Anmelders / Applicant's reference / Référence du demandeur

3

27 Teilanmeldung / Divisional application / Demande divisionnaire

PANR

Die Anmeldung ist eine Teilanmeldung, die aus der folgenden früheren Anmeldung hervorgeht. / The application is a divisional application based on the following earlier application. / La présente demande constitue une demande divisionnaire relative à la demande antérieure suivante :

Nummer der früheren Anmeldung / Number of earlier application / Numéro de la demande antérieure

DFIL

27.1 Diese Teilanmeldung ist eine Teilanmeldung folgender Generation: / This divisional application is of the following generation: / La présente demande divisionnaire est de la génération suivante :

☐ 1 ☐ 2 ☐ 3

☐ 4 ☐ 5 ☐ oder weiterer / or subsequent / ou ultérieure

28 Anmeldung nach Artikel 61 (1) b) / Article 61(1)(b) application / Demande selon l'article 61(1) b)

☐ EANR

Es handelt sich um eine Anmeldung nach Artikel 61 (1) b). / The application is an Article 61(1)(b) application. / La présente demande constitue une demande selon l'article 61(1)b).

Nummer der früheren Anmeldung / Number of earlier application / Numéro de la demande initiale

29 Patentansprüche / Claims / Revendications

CLMS

Zahl der Patentansprüche / Number of claims / Nombre de revendications

29.1 ☐ wie beigefügt / as attached / telles que jointes en annexe

29.2 ☐ wie in der früher eingereichten Anmeldung (siehe Feld 26.2) / as in the previously filed application (see Section 26.2) / telles que figurant dans la demande déposée antérieurement (voir rubrique 26.2)

29.3 ☐ Die Patentansprüche werden nachgereicht. / The claims will be filed later. / Les revendications seront produites ultérieurement.

30 Abbildungen / Figures / Figures

DRAW 2

Zur Veröffentlichung mit der Zusammenfassung wird vorgeschlagen Abbildung Nr. / It is proposed that the abstract be published together with figure No. / Il est proposé de publier avec l'abrégé la figure n°

31 Benennung von Vertragsstaaten / Designation of contracting states / Désignation d'Etats contractants

DEST

Alle Vertragsstaaten die dem EPÜ bei Einreichung der europäischen Patentanmeldung angehören, gelten als benannt (Artikel 79 (1)). / All the contracting states party to the EPC at the time of filing of the European patent application are deemed to be designated (Article 79(1)). / Tous les Etats contractants qui sont parties à la CBE lors du dépôt de la demande de brevet européen sont réputés désignés (Article 79(1)).

Zeichen des Anmelders / Applicant's reference / Référence du demandeur

4

EPA/EPO/OEB 1001.4 – 11.15

32 **Verschiedene Anmelder für verschiedene Vertragsstaaten /**
Different applicants for different contracting states /
Différents demandeurs pour différents Etats contractants

APPR02

Name(n) des (der) Anmelder(s) und benannte Vertragsstaaten: /
Name(s) of applicant(s) and designated contracting states: /
Nom(s) du (des) demandeur(s) et des Etats contractants désignés:

33 **Erstreckung/Validierung**
Extension/Validation
Extension/Validation

Diese Anmeldung gilt als Antrag, die europäische Patentanmeldung und das darauf erteilte europäische Patent auf alle Nichtvertragsstaaten des EPÜ zu erstrecken, mit denen am Tag der Einreichung der Anmeldung Erstreckungs- oder Validierungsabkommen in Kraft sind. Der Antrag gilt jedoch als zurück-genommen, wenn die Erstreckungs- bzw. die Validierungsgebühr nicht fristgerecht entrichtet wird. /

This application is deemed to be a request to extend the effects of the European patent application and the European patent granted in respect of it to all non-contracting states to the EPC with which extension or validation agreements are in force on the date on which the application is filed. However, the request is deemed withdrawn if the extension fee or validation fee, whichever is applicable, is not paid within the prescribed time limit. /

La présente demande est réputée constituer une requête en extension des effets de la demande de brevet européen et du brevet européen délivré sur la base de cette demande à tous les Etats non parties à la CBE avec lesquels des accords d'extension ou de validation sont en vigueur à la date du dépôt de la demande. Cette requête est toutefois réputée retirée si la taxe d'extension ou, le cas échéant, la taxe de validation n'est pas acquittée en temps utile.

33.1 Es ist beabsichtigt, die Erstreckungsgebühr(en) für die nebenstehend angekreuzten Staaten zu entrichten. /
It is intended to pay the extension fee(s) for the states marked opposite with a cross /
Il est envisagé de payer la (les) taxe(s) d'extension pour les Etats dont le nom est coché ci-contre.

Hinweis: Im automatischen Abbuchungsverfahren werden nur für die hier angekreuzten Staaten Erstreckungsgebühren abgebucht, sofern dem EPA nicht vor Ablauf der Zahlungsfrist ein anderslautender Auftrag zugeht.

Note: Under the automatic debiting procedure, extension fees will be debited only for states indicated here, unless the EPO is instructed otherwise before expiry of the period for payment.

Veuillez noter que dans le cadre de la procédure de prélèvement automatique des taxes d'extension, le compte est débité du montant dû seulement pour les Etats cochés ici, sauf instruction contraire reçue avant l'expiration du délai de paiement.

☐ **BA** Bosnien und Herzegovina /
Bosnia and Herzegovina /
Bosnie-Herzégovine

EXPT

☐ **ME** Montenegro /
Montenegro /
Monténégro

(Platz für Staaten, mit denen Erstreckungsabkommen am Anmeldetag der früheren Anmeldung in Kraft waren (Artikel 76 (1)) / Space for states with which extension agreements existed on the date of filing of the earlier application (Article 76(1)) / Espace prévu pour des Etats avec lesquels des accords d'extension en étaient à la date de dépôt de la demande antérieure (article 76(1))

33.2 Es ist beabsichtigt, die Validierungsgebühr(en) für die nebenstehend angekreuzten Staaten zu entrichten. /
It is intended to pay the validation fee(s) for the states marked opposite with a cross. /
Il est envisagé de payer la (les) taxe(s) de validation pour les Etats dont le nom est coché ci-contre.

Hinweis: Im automatischen Abbuchungsverfahren werden nur für die hier angekreuzten Staaten Validierungsgebühren abgebucht, sofern dem EPA nicht vor Ablauf der Zahlungsfrist ein anderslautender Auftrag zugeht.

Note: Under the automatic debiting procedure, validation fees will be debited only for states indicated here, unless the EPO is instructed otherwise before expiry of the period for payment.

Veuillez noter que dans le cadre de la procédure de prélèvement automatique des taxes de validation, le compte est débité du montant dû seulement pour les Etats cochés ici, sauf instruction contraire reçue avant l'expiration du délai de paiement.

☐ **MA** Marokko /
Morocco /
Maroc

VAPT

☐ **MD** Republik Moldau /
Republic of Moldova /
République de Moldavie

(Platz für Staaten, mit denen Validierungsabkommen nach Drucklegung dieses Formblatts in Kraft treten) / Space for states with which validation agreements enter into force after this form has been printed) / (Espace prévu pour des Etats avec lesquels des accords de validation entreront en vigueur après l'impression du présent formulaire)

Zeichen des Anmelders /
Applicant's reference /
Référence du demandeur

EPA/EPO/OEB 1001.5 – 11.15

5

34 **Biologisches Material / Biological material /**
   Matière biologique
   ☐   ⬚ BIOM 1

34.1 Die Erfindung verwendet und/oder bezieht sich auf biologisches Material, das nach Regel 31 hinterlegt worden ist. /
    The invention uses and/or relates to biological material deposited under Rule 31. /
    L'invention utilise et/ou concerne de la matière biologique déposée conformément à la règle 31.

a Die nach Regel 31 (1) c) erforderlichen Angaben, d. h. die Hinterlegungsstelle   Seite(n) / page(s)   Zeile(n) / line(s) / ligne(s)
  und die Eingangsnummer, sind in den technischen Anmeldungsunterlagen
  enthalten auf /
  The information required under Rule 31(1)(c), i.e. depositary institution and
  accession number, is given in the application's technical documents on /
  Les indications visées à la règle 31(1)c), à savoir l'autorité de dépôt et le
  numéro d'ordre, figurent dans les pièces techniques de la demande à la / aux

b Ist die Eingangsnummer am Anmeldetag noch nicht bekannt, so sind die   Seite(n) / page(s)   Zeile(n) / line(s) / ligne(s)
  Hinterlegungsstelle und das (die) Bezugszeichen (Nummer, Symbole usw.)
  des Hinterlegers in den technischen Anmeldungsunterlagen zu entnehmen auf /
  If the accession number is not yet known on the date of filing, for the depositary
  institution and the depositor's identification reference(s) (number, symbols, etc.)
  see the application's technical documents on /
  Si le numéro d'ordre n'est pas encore connu à la date de dépôt, l'autorité
  de dépôt et la (les) référence(s) d'identification (numéro ou symboles etc.)   ☐ Die Angaben werden später mitgeteilt /
  du déposant figurent dans les pièces techniques de la demande, à la /aux   The information will be submitted later /
                                                                                     Les indications visées seront communiquées ultérieurement

34.2 Die Empfangsbescheinigung(en) der Hinterlegungsstelle /   ☐ ist (sind) beigefügt. /   ☐ wird (werden) nachgereicht. /
    The receipt(s) of deposit issued by the depositary institution /   is (are) enclosed. /   will be filed later. / sera (seront)
    Le(s) récépissé(s) de dépôt délivré(s) par l'autorité de dépôt   est (sont) joint(s).   produit(s) ultérieurement

35 Falls das biologische Material nicht vom Anmelder, sondern von einem   *Name und Anschrift des Hinterlegers / Name and address of depositor /*
   Dritten hinterlegt wurde /   *Nom et adresse du déposant*
   If the biological material was deposited by a person other than the applicant /
   Lorsque la matière biologique a été déposée par une personne autre que
   le demandeur

35.1 Ermächtigung nach Regel 31 (1) d) /   ☐ ist beigefügt /   ☐ wird nachgereicht /
    Authorisation under Rule 31(1)(d) /   is attached /   will be supplied later /
    L'autorisation prévue à la règle 31(1)d)   est jointe   sera produite ultérieurement

36 Verzicht auf die Verpflichtung des Antragstellers nach Regel 33 (2) in   ☐
   gesondertem Schriftstück / Waiver of the right to an undertaking from the
   requester pursuant to Rule 33(2) attached / Renonciation, sur document
   distinct, à l'engagement du requérant au titre de la règle 33(2)

37 Gemäß Regel 32 (1) erklärt der Anmelder hiermit, dass der Zugang zu dem   ☐   ⬚ BIOM 3
   in den Feldern 34 und 35 genannten biologischen Material nur durch
   Herausgabe einer Probe an einen Sachverständigen hergestellt wird. /
   The applicant hereby declares under Rule 32(1) that the biological material
   referred to in Sections 34 and 35 is to be made available only by the issue
   of a sample to an expert. /
   Conformément à la règle 32(1), le demandeur déclare par la présente que
   l'accessibilité à la matière biologique mentionnée aux rubriques 34 et 35
   ne peut être réalisée que par la remise d'un échantillon à un expert.

38 **Nucleotid- und Aminosäuresequenzen /**   ⬚ SEQL 1
   Nucleotide and amino acid sequences /
   Séquences de nucléotides et d'acides aminés

38.1 Die Beschreibung enthält ein Sequenzprotokoll nach Regel 30 (1). /
    The description contains a sequence listing in accordance with Rule 30(1). /
    La description contient un listage de séquences conformément à la règle 30(1).

38.2 Das Sequenzprotokoll wird in elektronischer Form eingereicht. /
    The sequence listing is filed in electronic form. /
    Le listage de séquences est déposé sous forme électronique.

Zeichen des Anmelders /
Applicant's reference /
Référence du demandeur

6

38.3 Es wird beantragt, eine Kopie des für die in Punkt 27 benannte frühere Anmeldung eingereichten standardkonformen Sequenzprotokolls in elektronischer Form nur für die Zwecke der Recherche (d.h. nicht als Teil der Beschreibung) in die Akte der europäischen Patentanmeldung aufzunehmen. /
Hiermit wird erklärt, dass das Sequenzprotokoll nicht über den Inhalt der Teilanmeldung in der ursprünglich eingereichten Fassung hinausgeht. /
The Office is requested to add to the dossier on the European patent application, in electronic form and for search purposes only (i.e. not as part of the description), a copy of the Standard-compliant sequence listing filed for the earlier application mentioned in Section 27. /
It is hereby declared that the sequence listing does not extend beyond the content of the divisional application as originally filed. /
Il est demandé qu'une copie du listage de séquences conforme à la norme, déposé sous forme électronique pour la demande antérieure mentionnée à la rubrique 27, soit versée au dossier de la demande de brevet européen, aux seules fins de la recherche (le listage de séquences ne faisant dès lors pas partie de la description). /
Il est certifié par la présente que le listage de séquences ne s'étend pas au-delà du contenu de la demande divisionnaire telle qu'elle a été déposée. ☐

38.4 Das Sequenzprotokoll wird auch auf Papier eingereicht. /
The sequence listing is also filed on paper. /
Le listage de séquences est aussi déposé sur papier. ☐

38.5 Soweit das Sequenzprotokoll auch auf Papier eingereicht wird, erklärt der Anmelder hiermit, dass die Sequenzprotokolle in elektronischer Form und auf Papier identisch sind. /
If the sequence listing is also filed on paper, the applicant hereby states that the sequence listings in electronic form and on paper are identical. /
Si le listage de séquences est aussi déposé sur papier, il est déclaré par la présente que le listage sous forme électronique et celui sur papier sont identiques. ☐

Sonstige Angaben / Further indications / Indications supplémentaires

39 Zusätzliche Abschriften der im europäischen Recherchenbericht angeführten Schriftstücke werden beantragt. /
Additional copies of the documents cited in the European search report are requested. /
Prière de fournir des copies supplémentaires des documents cités dans le rapport de recherche européenne.

Anzahl der zusätzlichen Sätze von Abschriften / Number of additional sets of copies / Nombre de jeux supplémentaires de copies   ASOC

40 Die Rückerstattung der Recherchengebühr gemäß Artikel 9 (2) Gebührenordnung wird beantragt: / Refund of the search fee under Article 9(2) of the Rules relating to Fees is requested. / Le remboursement de la taxe de recherche est demandé en vertu de l'article 9(2) du règlement relatif aux taxes. ☐

41 gestrichen / deleted / supprimé

42 **Automatischer Abbuchungsauftrag / Automatic debit order / Ordre de prélèvement automatique**
(nur möglich für Inhaber von beim EPA geführten laufenden Konten) /
(for EPO deposit account holders only) /
(possible offerte uniquement aux titulaires de comptes courants ouverts auprès de l'OEB)

Das EPA wird hiermit beauftragt, fällig werdende Gebühren und Auslagen nach Maßgabe der Vorschriften über das automatische Abbuchungsverfahren vom nebenstehenden laufenden Konto abzubuchen. /
The EPO is hereby authorised, under the Arrangements for the automatic debiting procedure, to debit from the deposit account opposite any fees and costs falling due. /
Par la présente, il est demandé à l'OEB de prélever du compte courant ci-contre les taxes et frais venant à échéance, conformément à la réglementation relative à la procédure de prélèvement automatique.

Nummer des laufenden Kontos / Deposit account number / Numéro du compte courant   DECA

Name des Kontoinhabers / Account holder's name / Nom du titulaire du compte

43 Etwaige Rückzahlungen sollen auf das nebenstehende beim EPA geführte laufende Konto erfolgen. /
Any refunds should be made to the EPO deposit account opposite. /
Les remboursements éventuels doivent être effectués sur le compte courant ci-contre ouvert auprès de l'OEB.

Nummer des laufenden Kontos / Deposit account number / Numéro du compte courant   DEPA

Name des Kontoinhabers / Account holder's name / Nom du titulaire du compte

Zeichen des Anmelders / Applicant's reference / Référence du demandeur

Materialien

44 Die vorgeschriebene Liste über die diesem Antrag beigefügten Unterlagen ergibt sich aus der vorbereiteten Empfangsbescheinigung (Seite 8 dieses Antrags). / The prescribed list of documents enclosed with this request is shown on the prepared receipt (page 8 of this request). / La liste prescrite des documents joints à la présente requête figure sur le récépissé préétabli (page 8 de la présente requête).   ☒

45 Für Angestellte nach Artikel 133 (3) Satz 1 mit allgemeiner Vollmacht / For employees under Article 133(3), first sentence, having a general authorisation / Pour les employés mentionnés à l'article 133(3), 1ère phrase, munis d'un pouvoir général

Nummer / Number / Numéro

46 Unterschrift(en) des (der) Anmelder(s) oder Vertreter(s)
Name des (der) Unterzeichneten bitte in Druckschrift wiederholen und bei juristischen Personen die Stellung des (der) Unterzeichneten innerhalb der Gesellschaft angeben. /
Signature(s) of applicant(s) or representative(s)
Under signature please print name and, in the case of legal persons, position within the company. /
Signature(s) du (des) demandeur(s) ou du (des) mandataire(s)
Prière d'indiquer en caractères d'imprimerie le ou les noms des signataires ainsi que, s'il s'agit d'une personne morale, la position occupée au sein de celle-ci par le ou les signataires.

Ort / Place / Lieu

Datum / Date

Unterschrift(en) / Signature(s)

Zeichen des Anmelders / Applicant's reference / Référence du demandeur

8

211

Europäisches Patentamt / European Patent Office / Office européen des brevets

Empfangsbescheinigung
Receipt for documents
Récépissé de documents

Liste der diesem Antrag beigefügten Unterlagen – Hiermit wird bei Empfang der unten bezeichneten Dokumente bescheinigt. Wird sie bei der Einreichung der europäischen Patentanmeldung, bei einer nationalen Behörde diese Empfangsbescheinigung vom Europäischen Patentamt übersandt, so ist sie als Mitteilung gemäß Regel 35(4) anzusehen (siehe Feld RENA).

Checklist of enclosed documents – Receipt of the documents indicated below is hereby acknowledged. If this receipt is issued by the European Patent Office and the European patent application or was filed with a national authority, it serves as a communication under Rule 35(4) (see Section RENA).

Liste des documents annexés à la présente requête – Nous attestons le dépôt des documents désignés ci-dessous. Si, en cas de dépôt de la demande de brevet européen auprès d'un service national, l'Office européen des brevets délivre ce présent récépissé de documents, ce récépissé est réputé être la notification visée à la règle 35(4) (cf. rubrique RENA).

Nur für amtlichen Gebrauch / For official use only / Cadre réservé à l'administration

Amtsstempel / Official stamp / Cachet officiel

Tag des Eingangs (Regel 35 (2)) / Date of receipt (Rule 35(2)) / Date de réception (règle 35(2))	DREC	
Anmeldenummer für den Schriftverkehr mit dem EPA; Aktenzeichen für Prioritätserklärungen / Application No. to be used in correspondence with the EPO; file No. to be used for priority declarations / N° de la demande à utiliser dans la correspondance avec l'OEB; n° de dépôt à utiliser pour la déclaration de priorité		
Tag des Eingangs beim EPA (Regel 35 (4)) / Date of receipt at EPO (Rule 35(4)) / Date de réception à l'OEB (règle 35(4))	RENA	

47 A. Anmeldungsunterlagen und Prioritätsbelege / Application and priority documents / Pièces de la demande et document(s) de priorité

Blattzahl / Number of sheets / Nombre de feuilles

1. Beschreibung (ohne Sequenzprotokollteil) / Description (excluding sequence listing part) / Description (sauf partie réservée au listage des séquences)
2. Patentansprüche / Claims / Revendications
3. Zeichnung(en) / Drawing(s) / Dessin(s)
4. Sequenzprotokollteil der Beschreibung / Sequence listing part of description / Partie de la description réservée au listage des séquences
5. Zusammenfassung / Abstract / Abrégé
6. Früher eingereichte Anmeldung / Previously filed application / Demande déposée antérieurement
7. Übersetzung der Anmeldungsunterlagen / Translation of the application documents / Traduction des pièces de la demande
8. Übersetzung der früher eingereichten Anmeldung / Translation of the previously filed application / Traduction de la demande déposée antérieurement
9. Prioritätsbeleg(e) / Priority document(s) / Document(s) de priorité
10. Übersetzung des (der) Prioritätsbeleg(e)(s) / Translation of priority document(s) / Traduction du (des) document(s) de priorité

Gesamtzahl der Abbildungen / Total number of figures / Nombre total de figures

* Die Richtigkeit der Blattzahl und der Gesamtzahl der Abbildungen wurde bei Eingang nicht geprüft. / To check and insert on receipt the number of sheets and the total number of figures indicated was not and / Le exactitude du nombre de feuilles et du nombre total de figures n'a pas été contrôlée lors du dépôt.

AREF

48 B. Der Anmeldung in der eingereichten Fassung liegen folgende Unterlagen bei: / This application as filed is accompanied by the items below: / Les pièces ci-après sont annexées à la présente demande :

Anzahl / Number / Nombre

1. Vollmacht / Authorisation / Pouvoir
2. Allgemeine Vollmacht / General authorisation / Pouvoir général
3. Erfindernennung / Designation of inventor / Désignation de l'inventeur
4. Recherchenergebnisse nach Regel 141 (1) / Search results under Rule 141(1) / Résultats de la recherche conformément à la règle 141(1)
5. Gebührenzahlungsvordruck (EPA Form 1010) / Voucher for the settlement of fees (EPO Form 1010) / Bordereau de règlement de taxes (OEB Form 1010)
6. Elektronischer Datenträger für Sequenzprotokoll / Electronic data carrier for sequence listing / Support électronique de données pour listage des séquences
7. Zusatzblatt / Additional sheet / Feuille supplémentaire
8. Sonstige Unterlagen (bitte hier spezifizieren) / Other documents (please specify here) / Autres documents (veuillez préciser)

Zeichen des Anmelders / Applicant's reference / Référence du demandeur

49 C. Exemplare dieser Empfangsbescheinigung (bitte zutreffende Zahl ankreuzen) / **Copies of this receipt for documents** (please mark appropriate number with a cross) / **Exemplaires du présent récépissé de documents** (veuillez cocher le chiffre correspondant)

[3] Einreichung direkt beim EPA / Direct filing with the EPO / Dépôt direct auprès de l'OEB

[4] Einreichung bei einer nationalen Behörde / Filing with a national authority / Dépôt auprès d'un service national

EPA/EPO/OEB 1001.9 – 11.15

9

M4 Anmeldeunterlagen PCT-Anmeldung (Auszug)

<table>
<tr>
<td>

PCT

ANTRAG

Der Unterzeichnete beantragt, daß die vorliegende internationale Anmeldung nach dem Vertrag über die internationale Zusammenarbeit auf dem Gebiet des Patentwesens behandelt wird.

</td>
<td>

Vom Anmeldeamt auszufüllen

Internationales Aktenzeichen

Internationales Anmeldedatum

Name des Anmeldeamts und "PCT International Application"

Aktenzeichen des Anmelders oder Anwalts *(falls gewünscht)* (max. 12 Zeichen)

</td>
</tr>
</table>

Feld Nr. I   BEZEICHNUNG DER ERFINDUNG

Feld Nr. II   ANMELDER   ☐ Diese Person ist gleichzeitig Erfinder

Name und Anschrift: *(Familienname, Vorname; bei juristischen Personen vollständige amtliche Bezeichnung. Bei der Anschrift sind die Postleitzahl und der Name des Staats anzugeben. Der in diesem Feld in der Anschrift angegebene Staat ist der Staat des Sitzes oder Wohnsitzes des Anmelders, sofern nachstehend kein Staat des Sitzes oder Wohnsitzes angegeben ist.)

Telefonnr.:

Telefaxnr.:

Registrierungsnr. des Anmelders beim Amt:

E-Mail-Ermächtigung: Durch Ankreuzen eines der Kästchen werden das Anmeldeamt, die Internationale Recherchenbehörde, das Internationale Büro und die mit der internationalen vorläufigen Prüfung beauftragte Behörde ermächtigt, die in diesem Feld angegebene E-Mail-Adresse zu benutzen, um Mitteilungen bezüglich dieser internationalen Anmeldung zu übersenden, soweit das Amt oder die Behörde dazu bereit ist.

☐ nur für Vorauskopien, Mitteilungen werden zudem in Papierform versandt, oder   ☐ ausschließlich in elektronischer Form (Mitteilungen werden nicht in Papierform versandt)

E-Mail-Adresse:

Staatsangehörigkeit *(Staat)*:   Sitz oder Wohnsitz *(Staat)*:

Diese Person ist Anmelder für folgende Staaten: ☐ alle Bestimmungsstaaten   ☐ die im Zusatzfeld angegebenen Staaten

Feld Nr. III   WEITERE ANMELDER UND/ODER (WEITERE) ERFINDER

☐ Weitere Anmelder und/oder (weitere) Erfinder sind auf einem Fortsetzungsblatt angegeben

Feld Nr. IV   ANWALT ODER GEMEINSAMER VERTRETER; ODER ZUSTELLANSCHRIFT

Die folgende Person wird hiermit bestellt/ist bestellt worden, um für den (die) Anmelder vor den zuständigen internationalen Behörden in folgender Eigenschaft zu handeln als: ☐ Anwalt   ☐ gemeinsamer Vertreter

Name und Anschrift: *(Familienname, Vorname; bei juristischen Personen vollständige amtliche Bezeichnung. Bei der Anschrift sind die Postleitzahl und der Name des Staats anzugeben.)*

Telefonnr.:

Telefaxnr.:

Registrierungsnr. des Anwalts beim Amt:

E-Mail-Ermächtigung: Durch Ankreuzen eines der Kästchen werden das Anmeldeamt, die Internationale Recherchenbehörde, das Internationale Büro und die mit der internationalen vorläufigen Prüfung beauftragte Behörde ermächtigt, die in diesem Feld angegebene E-Mail-Adresse zu benutzen, um Mitteilungen bezüglich dieser internationalen Anmeldung zu übersenden, soweit das Amt oder die Behörde dazu bereit ist.

☐ nur für Vorauskopien, Mitteilungen werden zudem in Papierform versandt, oder   ☐ ausschließlich in elektronischer Form (Mitteilungen werden nicht in Papierform versandt)

E-Mail-Adresse:

☐ **Zustellanschrift**: Dieses Kästchen ist anzukreuzen, wenn kein Anwalt oder gemeinsamer Vertreter bestellt ist und statt dessen im obigen Feld eine spezielle Zustellanschrift angegeben ist.

Formblatt PCT/RO/101 (Blatt 1) (Juli 2015)   *Siehe Anmerkungen zu diesem Antragsformular*

Blatt Nr. . . . .

Feld Nr. III   WEITERE ANMELDER UND/ODER (WEITERE) ERFINDER
Wird keines der folgenden Felder benutzt, so sollte dieses Blatt dem Antrag nicht beigefügt werden.

Name und Anschrift: *(Familienname, Vorname; bei juristischen Personen vollständige amtliche Bezeichnung. Bei der Anschrift sind die Postleitzahl und der Name des Staats anzugeben. Der in diesem Feld in der Anschrift angegebene Staat ist der Staat des Sitzes oder Wohnsitzes des Anmelders, sofern nachstehend kein Staat des Sitzes oder Wohnsitzes angegeben ist.)*	Diese Person ist: ☐ nur Anmelder ☐ Anmelder und Erfinder ☐ nur Erfinder *(Wird dieses Kästchen angekreuzt, so sind die nachstehenden Angaben nicht nötig.)* Registrierungsnr. des Anmelders beim Amt:
Staatsangehörigkeit *(Staat)*:	Sitz oder Wohnsitz *(Staat)*:
Diese Person ist Anmelder für folgende Staaten: ☐ alle Bestimmungsstaaten	☐ die im Zusatzfeld angegebenen Staaten

Name und Anschrift: *(Familienname, Vorname; bei juristischen Personen vollständige amtliche Bezeichnung. Bei der Anschrift sind die Postleitzahl und der Name des Staats anzugeben. Der in diesem Feld in der Anschrift angegebene Staat ist der Staat des Sitzes oder Wohnsitzes des Anmelders, sofern nachstehend kein Staat des Sitzes oder Wohnsitzes angegeben ist.)*	Diese Person ist: ☐ nur Anmelder ☐ Anmelder und Erfinder ☐ nur Erfinder *(Wird dieses Kästchen angekreuzt, so sind die nachstehenden Angaben nicht nötig.)* Registrierungsnr. des Anmelders beim Amt:
Staatsangehörigkeit *(Staat)*:	Sitz oder Wohnsitz *(Staat)*:
Diese Person ist Anmelder für folgende Staaten: ☐ alle Bestimmungsstaaten	☐ die im Zusatzfeld angegebenen Staaten

Name und Anschrift: *(Familienname, Vorname; bei juristischen Personen vollständige amtliche Bezeichnung. Bei der Anschrift sind die Postleitzahl und der Name des Staats anzugeben. Der in diesem Feld in der Anschrift angegebene Staat ist der Staat des Sitzes oder Wohnsitzes des Anmelders, sofern nachstehend kein Staat des Sitzes oder Wohnsitzes angegeben ist.)*	Diese Person ist: ☐ nur Anmelder ☐ Anmelder und Erfinder ☐ nur Erfinder *(Wird dieses Kästchen angekreuzt, so sind die nachstehenden Angaben nicht nötig.)* Registrierungsnr. des Anmelders beim Amt:
Staatsangehörigkeit *(Staat)*:	Sitz oder Wohnsitz *(Staat)*:
Diese Person ist Anmelder für folgende Staaten: ☐ alle Bestimmungsstaaten	☐ die im Zusatzfeld angegebenen Staaten

Name und Anschrift: *(Familienname, Vorname; bei juristischen Personen vollständige amtliche Bezeichnung. Bei der Anschrift sind die Postleitzahl und der Name des Staats anzugeben. Der in diesem Feld in der Anschrift angegebene Staat ist der Staat des Sitzes oder Wohnsitzes des Anmelders, sofern nachstehend kein Staat des Sitzes oder Wohnsitzes angegeben ist.)*	Diese Person ist: ☐ nur Anmelder ☐ Anmelder und Erfinder ☐ nur Erfinder *(Wird dieses Kästchen angekreuzt, so sind die nachstehenden Angaben nicht nötig.)* Registrierungsnr. des Anmelders beim Amt:
Staatsangehörigkeit *(Staat)*:	Sitz oder Wohnsitz *(Staat)*:
Diese Person ist Anmelder für folgende Staaten: ☐ alle Bestimmungsstaaten	☐ die im Zusatzfeld angegebenen Staaten

☐ Weitere Anmelder und/oder (weitere) Erfinder sind auf einem zusätzlichen Fortsetzungsblatt angegeben.

Formblatt PCT/RO/101 (Fortsetzungsblatt) (Juli 2015)   *Siehe Anmerkungen zu diesem Antragsformular*

Blatt Nr. ....

Feld Nr. V   BESTIMMUNGEN

Die Einreichung dieses Antrags umfaßt **gemäß Regel 4.9 Absatz a die Bestimmung** aller Vertragsstaaten, für die der PCT am internationalen Anmeldedatum verbindlich ist, und insoweit verfügbar, für jede Art von Schutzrecht und sowohl für ein regionales als auch für ein nationales Patent.

Dennoch wird

☐ DE Deutschland **nicht** für ein nationales Schutzrecht **bestimmt**

☐ JP Japan **nicht** für ein nationales Schutzrecht **bestimmt**

☐ KR Republik Korea **nicht** für ein nationales Schutzrecht **bestimmt**

(Obenstehende Kästchen können nur angekreuzt werden, um die betreffenden Bestimmungen (unwiderruflich) auszuschließen, falls die internationale Anmeldung, zum Zeitpunkt ihrer Einreichung oder nachträglich gemäß Regel 26bis.1, in Feld Nr. VI die Priorität einer in dem betreffenden Staat eingereichten früheren nationalen Anmeldung beansprucht, um zu vermeiden, daß diese frühere nationale Anmeldung nach nationalem Recht ihre Wirkung verliert).

Feld Nr. VI   PRIORITÄTSANSPRUCH UND PRIORITÄTSBELEG

Die Priorität der folgenden früheren Anmeldung(en) wird hiermit in Anspruch genommen:

Anmeldedatum der früheren Anmeldung *(Tag/Monat/Jahr)*	Aktenzeichen der früheren Anmeldung	Ist die frühere Anmeldung eine:		
		nationale Anmeldung: Staat oder Mitglied der WTO	regionale Anmeldung: regionales Amt	internationale Anmeldung: Anmeldeamt
Zeile (1)				
Zeile (2)				
Zeile (3)				

☐ Weitere Prioritätsansprüche sind im Zusatzfeld angegeben.

Einreichung der Prioritätsbelege:

☐ Das **Anmeldeamt** wird ersucht, eine beglaubigte Abschrift der oben bezeichneten früheren Anmeldung(en) zu erstellen und dem Internationalen Büro zu übermitteln *(nur, falls die frühere(n) Anmeldung(en) bei dem Amt eingereicht worden ist (sind), das für die Zwecke dieser internationalen Anmeldung Anmeldeamt ist)*:

☐ sämtliche Zeilen   ☐ Zeile (1)   ☐ Zeile (2)   ☐ Zeile (3)   ☐ weitere, siehe Zusatzfeld

☐ Das **Internationale Büro** wird ersucht, eine beglaubigte Abschrift der oben bezeichneten früheren Anmeldung(en) von einer digitalen Bibliothek zu beziehen, gegebenenfalls unter Verwendung des (der) nachfolgend angegebenen Zugangscodes *(nur, falls die frühere(n) Anmeldung(en) dem Internationalen Büro durch eine digitale Bibliothek zugänglich ist (sind))*:

☐ Zeile (1)   ☐ Zeile (2)   ☐ Zeile (3)   ☐ weitere, siehe Zusatzfeld
Zugangscode _____   Zugangscode _____   Zugangscode _____

Wiederherstellung des Prioritätsrechts: Das Anmeldeamt wird ersucht, das Prioritätsrecht der oben bezeichneten oder im Zusatzfeld unter Punkt(en) (_____) angegebenen früheren Anmeldung(en) wiederherzustellen. *(Siehe auch die Anmerkungen zu Feld Nr. VI; weitere Angaben zur Begründung des Antrags auf Wiederherstellung des Prioritätsrechts sind einzureichen.)*

Einbeziehung durch Verweis: Ist ein in Artikel 11 Absatz 1 Ziffer iii Buchstabe d oder e genannter Bestandteil der internationalen Anmeldung oder ein in Regel 20.5 Absatz a genannter Teil der Beschreibung, der Ansprüche oder der Zeichnungen nicht anderswo in der internationalen Anmeldung, aber vollständig in einer früheren Anmeldung enthalten, deren Priorität, zu dem Datum, an dem ein oder mehrere in Artikel 11 Absatz 1 Ziffer iii genannte Bestandteile zuerst beim Anmeldeamt eingegangen sind, beansprucht wird, so wird dieser Bestandteil oder Teil, vorbehaltlich der Bestätigung nach Regel 20.6, für die Zwecke der Regel 20.6 in diese internationale Anmeldung einbezogen.

Feld Nr. VII   INTERNATIONALE RECHERCHENBEHÖRDE

Wahl der internationalen Recherchenbehörde (ISA) *(falls mehr als eine internationale Recherchenbehörden für die Ausführung der internationalen Recherche zuständig ist, geben Sie die von Ihnen gewählte Behörde an; der Zweibuchstaben-Code kann benutzt werden)*:

ISA / ....

Formblatt PCT/RO/101 (Blatt 2) (Juli 2015)   *Siehe Anmerkungen zu diesem Antragsformular*

Blatt Nr. . . . .

| Feld Nr. IX | KONTROLLISTE für in Papierform eingereichte Anmeldungen - Dieses Blatt sollte nur für auf **Papier** eingereichte internationale Anmeldungen benutzt werden | |

Die internationale Anmeldung **enthält folgendes:**	Anzahl an Blättern	Dieser internationalen Anmeldung liegen die folgenden Unterlagen bei *(kreuzen Sie die entsprechenden Kästchen an und geben Sie in der rechten Spalte jeweils die Anzahl der beiliegenden Exemplare an)*	Anzahl
(a) Antragsformular PCT/RO/101 (inklusive eventueller Erklärungs- und Zusatzblätter) . . . . :		1. ☐ Blatt für die Gebührenberechnung . . . . :	
		2. ☐ Original einer gesonderten Vollmacht . . . . :	
		3. ☐ Original einer allgemeinen Vollmacht . . . . :	
(b) Beschreibung (ohne Sequenzprotokoll der Beschreibung, siehe unter (f)) . . . . :		4. ☐ Kopie der allgemeinen Vollmacht; Aktenzeichen:	
		5. ☐ Prioritätsbeleg(e), in Feld Nr. VI durch folgende Zeilennummer(n) gekennzeichnet: . . . . :	
(c) Ansprüche . . . . :		6. ☐ Übersetzung der internationalen Anmeldung in die folgende Sprache: . . . . :	
(d) Zusammenfassung . . . . :		7. ☐ Gesonderte Angaben zu hinterlegten Mikroorganismen oder anderem biologischen Material . . . . :	
(e) Zeichnungen (falls vorhanden) . . . . :		8. ☐ *(nur wenn Punkt (f) in der linken Spalte markiert ist)* Kopie des Sequenzprotokolls in elektronischer Form (Anhang C/ST.25 Textdatei) auf einem physischen Datenträger, die nach Regel 13ter ausschließlich der internationalen Recherche dient und nicht Bestandteil der internationalen Anmeldung ist *(Art und Anzahl der physischen Datenträger)* . . . . :	
(f) Sequenzprotokoll der Beschreibung (falls vorhanden) . . . . :			
Gesamtanzahl :	0	9. ☐ *(nur wenn Punkt (f) (in der linken Spalte) und Punkt 8 (oben) markiert sind)* Erklärung, daß die nach Regel 13ter in elektronischer Form eingereichten Daten mit dem in Papierform eingereichten der internationalen Anmeldung enthaltenen Sequenzprotokoll übereinstimmen . . . . :	
		10. ☐ Kopie der Ergebnisse von (einer) früheren Recherche(n) (Regel 12bis.1 Absatz a) . . . . :	
		11. ☐ Sonstige *(einzeln aufführen)*: . . . . :	
Abbildung der Zeichnungen, die mit der Zusammenfassung veröffentlicht werden soll:		**Sprache,** in der die internationale Anmeldung eingereicht wird:	

Feld Nr. X   UNTERSCHRIFT DES ANMELDERS, DES ANWALTS ODER DES GEMEINSAMEN VERTRETERS
Der Name jeder unterzeichnenden Person ist neben der Unterschrift zu wiederholen, und es ist anzugeben, sofern sich dies nicht eindeutig aus dem Antrag ergibt, in welcher Eigenschaft die Person unterzeichnet.

━━━━━━━━━ Vom Anmeldeamt auszufüllen ━━━━━━━━━

1. Datum des tatsächlichen Eingangs dieser internationalen Anmeldung:	2. Zeichnungen:
3. Geändertes Eingangsdatum aufgrund nachträglich, jedoch fristgerecht eingegangener Unterlagen oder Zeichnungen zur Vervollständigung dieser internationalen Anmeldung:	☐ eingegangen:
4. Datum des fristgerechten Eingangs der angeforderten Richtigstellungen nach Artikel 11(2) PCT:	☐ nicht eingegangen:
5. Internationale Recherchenbehörde *(falls zwei oder mehr zuständig sind)*: ISA /	6. ☐ Übermittlung des Recherchenexemplars bis zur Zahlung der Recherchengebühr aufgeschoben

━━━━━━━━━ Vom Internationalen Büro auszufüllen ━━━━━━━━━

Datum des Eingangs des Aktenexemplars beim Internationalen Büro:

Formblatt PCT/RO/101 (letztes Blatt des Antragsformulars) (Juli 2015)   *Siehe Anmerkungen zu diesem Antragsformular*

Dieses Blatt ist nicht Teil und zählt nicht als Blatt der internationalen Anmeldung.

PCT

BLATT FÜR DIE GEBÜHRENBERECHNUNG
Anhang zum Antrag

Von Anmeldeamt auszufüllen

Internationales Aktenzeichen

Aktenzeichen des Anmelders
oder Anwalts

Eingangsstempel des Anmeldeamts

Anmelder

BERECHNUNG DER VORGESCHRIEBENEN GEBÜHREN
(Anmelder können Anspruch auf eine Ermäßigung bestimmter Gebühren haben, die im PCT-Gebührenverzeichnis (http://www.wipo.int/pct/en/fees.pdf) angegeben sind.)

1. ÜBERMITTLUNGSGEBÜHR . . . . T

2. RECHERCHENGEBÜHR . . . . S
   Die internationale Recherche ist durchzuführen von _____

3. INTERNATIONALE ANMELDEGEBÜHR
   In Feld Nr. IX angegebene Gesamtanzahl an Blättern _____

   i1 feste Gebühr für die ersten 30 Blätter i1

   i2 _____ x _____ = i2
   Anzahl der Blätter   Zusatzgebühr
   über 30

   Addieren Sie in Feld i1 und i2 eingetragenen
   Beträge und tragen Sie die Summe in Feld I ein I

   (Anmelder aus bestimmten Staaten haben Anspruch auf eine Ermäßigung der internationalen Anmeldegebühr um 90% (siehe http://www.wipo.int/pct/en/fees/fee reduction.pdf). Hat der Anmelder (oder haben alle Anmelder) einen solchen Anspruch, so beträgt der in Feld I einzutragende Gesamtbetrag 10% der internationalen Anmeldegebühr.)

4. GEBÜHR FÜR PRIORITÄTSBELEG *(ggf)* . . . . P

5. GEBÜHR FÜR WIEDERHERSTELLUNG DES PRIORITÄTSRECHTS *(ggf)* . RP

6. GEBÜHR FÜR UNTERLAGEN ZU FRÜHERER RECHERCHE *(ggf)* . . . . ES

7. GESAMTBETRAG DER ZU ZAHLENDEN GEBÜHREN
   Addieren Sie die in Feldern T, S, I, P, RP und ES eingetragenen Beträge, und tragen Sie die Summe in das nebenstehende Feld ein

   INSGESAMT

ZAHLUNGSWEISE *(Möglicherweise können nicht alle Zahlungsweisen bei allen Anmeldeämtern verwendet werden)*

☐ Kreditkarte *(Kreditkartenangaben bitte nicht auf diesem Blatt einreichen)*   ☐ Abbuchungsauftrag *(siehe unten)*   ☐ Banküberweisung   ☐ Barzahlung

☐ Sonstige *(einzeln angeben)*:

☐ Postanweisung   ☐ Scheck   ☐ Gebührenmarken

ABBUCHUNGS- bzw. GUTSCHREIBUNGSAUFTRAG
(diese Zahlungsweise gibt es nicht bei allen Anmeldeämtern)

☐ Ermächtigung, den vorstehend angegebenen Gesamtbetrag der Gebühren abzubuchen.

☐ *(dieses Kästchen darf nur angekreuzt werden, wenn die Vorschriften des Anmeldeamts über laufende Konten dieses Verfahren erlauben)* Ermächtigung, Fehlbeträge oder Überzahlungen des vorstehend angegebenen Gesamtbetrags der Gebühren meinem laufenden Konto zu belasten bzw. gutzuschreiben.

☐ Ermächtigung, die Gebühr für die Ausstellung des Prioritätsbeleges abzubuchen.

Anmeldeamt: RO/ _____
Kontonummer: _____
Datum: _____
Name: _____
Unterschrift:

Formblatt PCT/RO/101 (Anhang) (Juli 2015)   *Siehe Anmerkungen zum Blatt für die Gebührenberechnung*

M5 Anmeldeformular Deutsche Marke mit amtlichem Merkblatt als Auszug

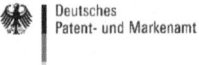 Deutsches
Patent- und Markenamt

Deutsches Patent- und Markenamt
80297 München

(1) **Sendungen**	**Antrag auf Eintragung einer Marke in das Register** **3**

(1) **Sendungen**
des Deutschen Patent- und Markenamts sind zu richten an:

Name, Vorname oder Firma
_____

_____

Straße, Hausnummer / ggf. Postfach
_____

_____

Postleitzahl   Ort
_____

Antrag auf
Eintragung einer Marke
in das Register   **3**

☐ **TELEFAX**   TT   MM   JJJJ

vorab am   ___ ___ ___

☐ nur per Fax *(nur bei reinen Wortmarken möglich)*
an Fax-Nr.: **+49 89 2195 - 4000**

Land *(falls nicht Deutschland)*

---

(2) **Kontaktdaten**

Telefon des Anmelders / Vertreters   Geschäftszeichen des Anmelders / Vertreters *(max. 20 Stellen)*

Telefaxnummer   E-Mail-Adresse

---

bitte nicht ausfüllen	Anmelder-Nr.	Vertreter-Nr.	Zustelladressen-Nr.

---

(3) **Anmelder**   ☐ weitere Anmelder siehe Anlage

nur auszufüllen, wenn abweichend von Feld (*)

Name, Vorname oder Firma *(entsprechend registerrechtlicher Eintragung)*

Straße, Hausnummer *(kein Postfach!)*

Postleitzahl   Ort   Land *(falls nicht Deutschland)*

---

(4) **Vertreter des Anmelders**
(Rechts- oder Patentanwalt, Patentassessor)

Name, Vorname / Bezeichnung

Straße, Hausnummer

Postleitzahl   Ort   Land *(falls nicht Deutschland)*

(5) <u>Markenform</u> *(pro Anmeldung nur eine Markenform)*

☐ **Wortmarke** *(einzeilige Wörter, Buchstaben, Zahlen, sonstige Schriftzeichen, die in der vom DPMA verwendeten Druckschrift darstellbar sind - nur in schwarz/weiß möglich)*

☐ **Wort-/Bildmarke** *(Kombination aus Wort und Bild, grafisch gestaltete Wörter bzw. mehrzeilige Wortfolgen)*
Wiedergabe der Marke - <u>siehe Anlage</u>

  ☐ Die Eintragung der Marke soll **schwarz/weiß** erfolgen *(ohne Farbbeanspruchung)*
  ☐ Die Eintragung der Marke soll **farbig** erfolgen und zwar in den Farben *(bitte allgemeine/n Farbnamen angeben)*:

☐ **Bildmarke** *(zweidimensionale Bilder)*
Wiedergabe der Marke - <u>siehe Anlage</u>

  ☐ Die Eintragung der Marke soll **schwarz/weiß** erfolgen *(ohne Farbbeanspruchung)*
  ☐ Die Eintragung der Marke soll **farbig** erfolgen und zwar in den Farben *(bitte allgemeine/n Farbnamen angeben)*:

☐ **Dreidimensionale Marke** *(dreidimensionale Gegenstände / Gestaltungen, z. B. Waren- oder Verpackungsform)*
Wiedergabe der Marke - <u>siehe Anlage</u>

  ☐ Die Eintragung der Marke soll **schwarz/weiß** erfolgen *(ohne Farbbeanspruchung)*
  ☐ Die Eintragung der Marke soll **farbig** erfolgen und zwar in den Farben *(bitte allgemeine/n Farbnamen angeben)*:

☐ **Hörmarke** *(in der Anschrift darstellbare, akustisch hörbare Töne / Melodie)*
Wiedergabe der Marke (grafisch und auf beigefügtem Datenträger) - <u>siehe Anlage</u>

☐ **Kennfadenmarke** *(z. B. Streifen oder Fäden, die auf Produkten angebracht sind)*
Wiedergabe der Marke - <u>siehe Anlage</u>

  ☐ Die Eintragung der Marke soll **schwarz/weiß** erfolgen *(ohne Farbbeanspruchung)*
  ☐ Die Eintragung der Marke soll **farbig** erfolgen und zwar in den Farben *(bitte allgemeine/n Farbnamen angeben)*:

☐ **Sonstige Markenform** *(z. B. Farbmarken, Positionsmarken, Bewegungsmarken)*
Wiedergabe der Marke - <u>siehe Anlage</u>

  ☐ Die Eintragung der Marke soll **schwarz/weiß** erfolgen *(ohne Farbbeanspruchung)*
  ☐ Die Eintragung der Marke soll **farbig** erfolgen und zwar in den Farben *(bitte allgemeine/n Farbnamen angeben)*:

(6) **Gruppiertes Verzeichnis der Waren und/oder Dienstleistungen** *(Suche nach Waren/Dienstleistungen)*
(zwingend auszufüllen, bei Platzmangel bitte gesonderte Anlage)

Leitklassenvorschlag des Anmelders: _____

<u>Klasse/n</u>　　　<u>Bezeichnung/en</u>

(7) <u>Serienanmeldung</u> *(gilt/gültig bitte ausfüllen und beifügen)*

☐ Die Anmeldung ist Bestandteil einer Serie von Markenanmeldungen

☐ Die Serie enthält identische Waren-/Dienstleistungsverzeichnisse

Diese Anmeldung ist Nr. _____ von _____ Anmeldungen

(8) <u>Priorität</u>

☐ **Ausländische Priorität**
Kopie / Abschrift der ausländischen Voranmeldung

　☐ ist beigefügt
　☐ wird nachgereicht

Datum　　　　　**Staat**　　　　　　　　　　**Aktenzeichen**

_____　_____　　　_____

☐ **Ausstellungspriorität**　　　　☐ **Ausstellungsbescheinigung** *(Vordruck W 7708 bitte ausfüllen und beifügen)*

Bezeichnung der Ausstellung

(9) Sonstige Anträge

☐ Antrag auf <u>beschleunigte Prüfung</u> nach § 38 Markengesetz *(gebührenpflichtig)*

☐ Antrag auf die Eintragung als <u>Kollektivmarke</u> nach §§ 97 ff. Markengesetz *(nicht für Privatpersonen möglich)*

☐ Antrag auf <u>internationale Registrierung</u> dieser Markenanmeldung liegt bei *(Formblatt der WIPO)*

(10) Gebührenzahlung von _____ EUR

Die Gebühren sind <u>innerhalb von 3 Monaten</u> nach Einreichung der Anmeldung zu zahlen *(siehe Kostenmerkblatt)*.
Wird die Anmeldegebühr (ggf. auch die Gebühren für den Antrag auf beschleunigte Prüfung) nicht innerhalb von 3 Monaten nach dem
Eingangstag der Anmeldung gezahlt, so gilt die Anmeldung (ggf. auch der Antrag auf beschleunigte Prüfung) als zurückgenommen.

<u>Zahlung per Banküberweisung</u>   <u>Zahlung mittels SEPA-Basis-Lastschrift</u>

☐ **Überweisung**   ☐ Ein gültiges **SEPA-Basis-Lastschriftmandat** *(Vordruck A 9530)* mit der
(Dreimonatige Zahlungsfrist beachten!)   Mandatsreferenznummer *(bitte eintragen):*

Zahlungsempfänger:
Bundeskasse Halle/DPMA
IBAN: DE84 7000 0000 0070 0010 54   ☐ liegt dem DPMA bereits vor *(Mandat für mehrmalige Zahlungen)*
BIC (SWIFT-Code): MARKDEF1700

     ☐ ist beigefügt

Anschrift der Bank:
Bundesbankfiliale München   ☐ Angaben zum Verwendungszweck *(Vordruck A 9532)* des Mandats
Leopoldstr. 234, 80807 München   mit der o. g. Mandatsreferenznummer sind beigefügt.

(11) Weitere Anlagen

☐ **Markenwiedergabe** *(Vordruck W 7005.1)*

☐ **Verzeichnis der Waren/Dienstleistungen** *(soweit nicht im Feld 6 aufgeführt)*

☐ _____

☐ _____

☐ _____

☐ _____

(12) Der Unterschrift ist der Name in Druckbuchstaben oder Maschinenschrift hinzuzufügen; bei Firmen die Bezeichnung laut Handelsregister mit Angabe der Stellung/Funktion des/der Unterzeichner/s.

_____
Datum

_____
Unterschrift(en)

_____
Funktion des Unterzeichners

DEUTSCHES PATENT- UND MARKENAMT

Markenabteilungen
80297 München

Telefon: +49 89 2195-0
Telefax: +49 89 2195-4000
Telefonische Auskünfte: +49 89 2195-3402
Internet: http://www.dpma.de

Zahlungsempfänger: Bundeskasse Halle/DPMA
IBAN: DE84 7000 0000 0070 0010 54
BIC (SWIFT-Code): MARKDEF1700
Anschrift der Bank: Bundesbankfiliale München
Leopoldstr. 234, 80807 München

Dienststelle Jena
07738 Jena

Telefon: +49 3641 40-54
Telefax: +49 3641 40-5690
Telefonische Auskünfte: +49 3641 40-5555

Technisches Informationszentrum Berlin
10958 Berlin

Telefon: +49 30 25992-0
Telefax: +49 30 25992-404
Telefonische Auskünfte: +49 30 25992-220

Erläuterungen

Ausführliche Hinweise für das Ausfüllen des Antrages finden sich in den Ausfüllhinweisen zum Antrag sowie in dem **Merkblatt "Wie melde ich eine Marke an?"** (W 7731). Das DPMA gibt veröffentlichte Daten auch an Dritte weiter; weitere Hinweise hierzu finden Sie unter http://www.dpma.de/service/e_dienstleistungen/datenabgabe/dpmadatenabgabe/index.html.

Alle Vordrucke und Merkblätter können Sie gebührenfrei unter http://www.dpma.de/marke/formulare/index.html abrufen.

Anmeldegebühren*)

Wird die Anmeldegebühr nicht innerhalb von 3 Monaten nach dem Eingang der Anmeldung gezahlt, gilt die Anmeldung gemäß § 6 Abs. 2 PatKostG als zurückgenommen.

Bei einer Schutzdauer von zunächst 10 Jahren beginnend mit dem Anmeldetag

(1) Anmeldeverfahren einschließlich der Klassengebühr für bis zu drei Klassen

für eine Marke (§ 32 MarkenG) bei elektronischer Anmeldung	290 €	Gebührennummer: 331 000
für eine Marke (§ 32 MarkenG) bei Anmeldung in Papierform	300 €	Gebührennummer: 331 100
für eine Kollektivmarke (§ 97 MarkenG)	900 €	Gebührennummer: 331 200

(2) Zusätzliche Klassengebühr bei Anmeldung für mehr als drei Klassen

für eine Marke je zusätzlicher Klasse (§ 32 MarkenG)	100 €	Gebührennummer: 331 300
für eine Kollektivmarke je zusätzlicher Klasse (§ 97 MarkenG)	150 €	Gebührennummer: 331 400

(3) Gebühr für den Antrag auf beschleunigte Prüfung nach § 38 MarkenG

Beschleunigte Prüfung der Anmeldung (§ 38 MarkenG)	200 €	Gebührennummer: 331 500

Zahlungshinweise

1. Die Gebühren können gemäß § 1 der Patentkostenzahlungsverordnung (PatKostZV) wie folgt entrichtet werden:

   a) durch **Bareinzahlung** bei den Geldstellen des Deutschen Patent- und Markenamts in München, Jena und im Technischen Informations- zentrum in Berlin,

   b) durch **Überweisung oder (Bar-) Einzahlung** bei einem inländischen oder ausländischen Geldinstitut auf das oben angegebene Konto der Bundeskasse Halle/DPMA,

   c) durch **Erteilung eines SEPA-Basis-Lastschriftmandats mit Angaben zum Verwendungszweck**
   Bitte beachten Sie hierzu Folgendes:

   → Wenn Sie dem DPMA bereits **ein SEPA-Basis-Lastschriftmandat** für mehrmalige Zahlungen erteilt haben, geben Sie bitte die Man- datsreferenznummer in Feld 10 an und füllen den Vordruck A 9532 (Angaben zum Verwendungszweck) aus.

   → Haben Sie dem DPMA noch kein **SEPA-Basis-Lastschriftmandat** erteilt, können Sie ein SEPA-Basis-Lastschriftmandat (als Einzel- oder Mehrfachmandat) erteilen, indem Sie den Vordruck A 9530 ausfüllen und das ausgefüllte Original an das DPMA übersenden. Er- gänzend muss auch der Vordruck A 9532 (Angaben zum Verwendungszweck) ausgefüllt werden. Das SEPA-Mandat muss dem DPMA immer im Original vorliegen. Bei einer Übermittlung per Fax muss das SEPA-Mandat im Original innerhalb eines Monats nachgereicht werden, damit der Zahlungstag gewahrt bleibt. Geht das Original des SEPA-Mandats nicht innerhalb der Monatsfrist ein, so gilt der Tag des Eingangs des Originals als Zahlungstag.

   Weitere Einzelheiten zur Zahlung im SEPA-Basis-Lastschriftverfahren können Sie dem "Merkblatt über die Nutzung der Verfahren der SEPA-Zahlungsinstrumente" entnehmen.

2. Bei jeder Zahlung sind das vollständige Aktenzeichen, die genaue Bezeichnung des Anmelders (Rechtsinhabers) und der Verwendungs- zweck anzugeben. Anstelle des Verwendungszwecks kann auch die entsprechende Gebührennummer (siehe oben) angegeben werden.

Nach Eingang Ihrer Anmeldung beim DPMA werden eine Akte angelegt, das Verzeichnis der Waren und Dienstleistungen überprüft und Ihre Grunddaten erfasst. Sie erhalten nach etwa 3 bis 4 Wochen eine Empfangsbestätigung. Diese enthält Gebühreninformationen zu Ihrer Anmeldung. Zusätzlich zur Empfangsbestätigung erfolgt keine weitere Gebührenbenachrichtigung.

*) Stand: 1. November 2010 (Die jeweils gültigen Gebühren können dem Merkblatt A 9510 oder dem Internet - siehe Adresse im Kopf auf dieser Seite - entnommen werden)

**Ausfüllhinweise zum Antrag auf Eintragung einer Marke in das Register
des Deutschen Patent- und Markenamtes**

Hinweis zur Datenweitergabe an Dritte

Das DPMA gibt veröffentlichte Daten auch an Dritte weiter. Weitere Einzelheiten finden Sie unter
http://www.dpma.de/service/e_dienstleistungen/datenabgabe/index.html.

Telefax   [zurück zum Musterexemplar]

Wenn Sie Ihre Anmeldung vor der Versendung als Briefpost bereits per Fax an uns schicken, kreuzen Sie dieses Feld bitte unbedingt an. Tragen Sie daneben auch bitte das Datum ein, an dem Sie das Fax abschicken. Sie helfen uns damit, Doppelanmeldungen zu vermeiden und die Unterlagen zusammen zu führen.

Noch ein wichtiger Tipp:

Bei Einreichung der Anmeldung per Telefax ist die Wiedergabe der Marke (außer bei reinen Wortmarken) meist von relativ schlechter Qualität. Zudem ist die Darstellung von Farben auf einem beim Deutschen Patent- und Markenamt eingehenden Telefax noch nicht möglich. Beides führt oftmals zu einem zeitaufwendigen Prüfungsverfahren und zu einer Verschiebung des Anmeldetags. Denn bei der Anmeldung von farbigen Marken **per Fax vorab** kann der Anmeldetag des Faxeingangs nur zuerkannt werden, wenn auch auf dem Fax die **Zuordnung** der Farben erkennbar ist.

Einreichung einer Wortmarke per Telefax

Wortmarken sind Marken, die aus Wörtern, Buchstaben, Zahlen oder sonstigen Schriftzeichen bestehen und die sich mit der vom Deutschen Patent- und Markenamt verwendeten üblichen Druckschrift (vgl. § 7 MarkenV) darstellen lassen. Da Wortmarken weder über eine grafische Ausgestaltung noch über Farben verfügen, ist die Einreichung einer Wortmarke nur per Telefax ausreichend.

Sendungen (Feld 1)   [zurück zum Musterexemplar]

Tragen Sie hier bitte die vollständige Postanschrift ein, an die das Deutsche Patent- und Markenamt alle Schreiben richten soll.

Beispiel: Name, Vorname oder Firma lt. Handelsregistereintragung
          Ggf. akademischer Grad
          Straße, Hausnummer
          Ggf. Postfach
          Ort mit Postleitzahl, bei ausländischen Orten auch den Staat;
                        es können auch Angaben zum Bezirk, zur Provinz oder zum Bundesstaat gemacht
                        werden.

Die Adresse kann von der Anschrift des Anmelders abweichen.

Denken Sie daran, dass mit der Absendung unserer Mitteilungen an die von Ihnen genannte Adresse wichtige Fristen in Gang gesetzt werden können. Stellen Sie daher unbedingt sicher, dass Sie oder Ihr Vertreter auch tatsächlich unter dieser Adresse erreichbar sind. Anschriftenänderungen sollten Sie dem Deutschen Patent- und Markenamt umgehend mitteilen.

Kontaktdaten (Feld 2)   [zurück zum Musterexemplar]

Tragen Sie in diesem Feld Ihr internes Geschäftszeichen sowie Telefonnummer(n), Telefaxnummer und E-Mail-Adresse ein. Insbesondere die Angabe einer erreichbaren Telefonnummer kann für kurze Klärungen zur Anmeldung sehr hilfreich sein.

Angaben zum Anmelder (Feld 3)

[zurück zum Musterexemplar]

WICHTIG

Der Anmelder muss in jedem Fall angegeben werden. Ansonsten ist Ihre Anmeldung noch nicht wirksam und sichert Ihnen deshalb auch noch nicht den Zeitrang des Anmeldetags.

In diesem Feld tragen Sie bitte ein, wer der / die Anmelder/-in der Marke ist.

Ist der Anmelder eine Einzelperson (z.B. Privatperson, eingetragener Einzelhandelskaufmann), tragen Sie bitte Name und Wohnanschrift der Privatperson bzw. Name/Firma und Sitzanschrift (Straße, Hausnummer, Postleitzahl und Ort) des Einzelhandelskaufmanns entsprechend registerrechtlicher Eintragung ein.

Handelt es sich bei dem Anmelder um eine juristische Person (z.B. GmbH, AG, Verein, Stiftung) oder um eine Personengesellschaft (z. B. OHG, KG), vermerken Sie bitte die Firma und die Sitzanschrift (Straße, Hausnummer, Postleitzahl und Ort) entsprechend registerrechtlicher Eintragung.

Bei einer Gesellschaft des bürgerlichen Rechts sind neben dem Namen der Gesellschaft und ihres Sitzes auch der Name und die Wohnanschrift (Straße, Hausnummer, Postleitzahl und Ort) mindestens eines vertretungsberechtigten Gesellschafters anzugeben.

Beispiel: Mustermann GbR
Vertretungsberechtigter Gesellschafter: Hans Beispiel, Beispielstr. 13, 12345 Musterhausen
Musterstr.3
12345 Musterstadt

Wird die Marke von mehreren Personen gemeinsam angemeldet (sogenannte Anmeldergemeinschaft) tragen Sie bitte die Namen und Wohnanschriften (Straße, Hausnummer, Postleitzahl und Ort) aller Personen bzw. die Firmen und Sitzanschriften aller Firmen entsprechend registerrechtlicher Eintragung ein. Bitte verwenden Sie hierzu ein Anlageblatt.

Angaben zum Vertreter (Feld 4)

[zurück zum Musterexemplar]

Für Anmelder mit Wohnsitz, Sitz oder Niederlassung im Inland ist für das Verfahren vor dem Deutschen Patent- und Markenamt **kein** Vertreter vorgeschrieben. Anmelder (auch deutsche Staatsangehörige), die weder in Deutschland wohnen noch einen (Geschäfts-) Sitz oder eine Niederlassung in Deutschland haben, müssen sich dagegen zwingend von einem im Inland bestellten Rechts- oder Patentanwalt (§ 96 Abs. 1 MarkenG) oder einem zur Vertretung zugelassenen Staatsangehörigen der EU oder des EWR vertreten lassen (§ 96 Abs. 2 S. 1 MarkenG).

Sofern bei der Anmeldung der Marke ein Vertreter, z. B. ein Rechts- oder Patentanwalt tätig wird, geben Sie bitte Name und Anschrift des Vertreters an.

Eine vom Anmelder unterschriebene Vollmacht muss dem DPMA nur vorgelegt werden, wenn der Vertreter kein Rechts- oder Patentanwalt ist (§ 15 Abs. 4 DPMAV). Die Vollmacht muss in diesem Fall auf eine prozessfähige, mit ihrem bürgerlichen Namen bezeichnete Person lauten.

Wichtiger Hinweis:

Wirtschaftsunternehmen (wie zum Beispiel eine GmbH oder eine AG) können grundsätzlich nicht Vertreter sein. Auch die Geschäftsführer ihrer Firma sind hier nicht einzutragen. Anwaltsgesellschaften oder ein auf dem Gebiet des gewerblichen Rechtsschutzes tätiger und zur Rechtsbesorgung zugelassener Berater (Rechtsanwalt, Patentanwalt oder Erlaubnisscheininhaber; §§ 59 c ff. BRAO; bzw. §§ 52 c ff. PatAnwO) sind vertretungsberechtigt und werden in das Markenregister eingetragen.

Markenform (Feld 5)

[zurück zum Musterexemplar]

Bitte nutzen Sie für die Wiedergabe der Marke (außer bei Wortmarken) das vorgegebene **Formblatt Markenwiedergabe (W 7005.1)**.

Die Anmeldung muss in jedem Fall die **im Grundsatz nachträglich nicht änderbare** Wiedergabe der Marke enthalten. Neben **dem genau wiedergegebenen Schutzgegenstand muss sich auch die beanspruchte Markenform** erkennen lassen. Andernfalls ist die Anmeldung nicht wirksam **oder** sichert **unter Umständen** nicht den Zeitrang des Anmeldetages.

Zudem kann mit jedem Antrag nur **eine** Marke angemeldet werden.

Wenn die Marke nicht schwarz-weiß, sondern in **Farbe** eingetragen werden soll, sind die entsprechenden allgemeinen wörtlichen Farbangaben anzugeben (z.B. rot, grün, gelb). RAL-, Pantone- oder HKS-Nummern sind nicht ausreichend. Werden sie zusätzlich zu den wörtlichen Farbnamen angegeben, ist dies unschädlich.

Hinweis: Ein ® sollte der Markendarstellung nicht schon bei der Anmeldung hinzugefügt werden, da unter Umständen eine Zurückweisung wegen Täuschungsgefahr gemäß § 8 Abs. 2 Nr. 4 Markengesetz in Betracht kommt.

Wortmarken sind Marken, die aus Wörtern, Buchstaben, Zahlen oder sonstigen Schriftzeichen bestehen, die sich mit der vom Deutschen Patent- und Markenamt verwendeten üblichen Druckschrift darstellen lassen.

Wort-/Bildmarken bestehen aus einer Kombination von Wort- und Bildbestandteilen oder aus Wörtern, die grafisch gestaltet sind.

Bildmarken sind Bilder, Bildelemente oder Abbildungen (ohne Wortbestandteile).

Dreidimensionale Marken sind gegenständliche Marken. Sie bestehen aus einer dreidimensionalen Gestaltung wie zum Beispiel der Form der beanspruchten Waren oder deren Verpackung. Wird eine dreidimensionale Gestaltung als Marke angemeldet, besteht die Möglichkeit, bis zu sechs verschiedene Ansichten der Marke (jeweils zweifach) einzureichen. Alle Ansichten müssen sich auf einem Blatt befinden. Die Abbildungen müssen den Schutzgegenstand ausreichend bestimmen und in allen wesentlichen Merkmalen vollständig darstellen.

Hörmarken sind akustische, hörbare Marken, also Töne, Tonfolgen, Melodien oder sonstige Klänge und Geräusche. Soll ein Klang als Marke angemeldet werden, so müssen der Anmeldung eine grafische Wiedergabe der Marke in Form der Darstellung durch ein Notensystem und eine klangliche Wiedergabe der Marke auf einem elektronischen Datenträger beigefügt werden.

Kennfadenmarken sind in der Regel farbige Streifen oder Fäden, die auf bestimmten Produkten (meist Kabeln, Drähten oder Schläuchen) angebracht sind.

Um eine **sonstige Markenform** handelt es sich, wenn die Marke keiner der vorgenannten Markenformen zugeordnet werden kann. Beispielsweise ist eine Farbmarke, die aus einer konturlosen Farbe oder der Kombination mehrerer Farben besteht, eine anerkannte sonstige Markenform.

Weiterführende Informationen zur Einreichung der Markenwiedergabe finden Sie im letzten Punkt der Ausfüllhilfe unter "Formular Markenwiedergabe".

Gruppiertes Verzeichnis der Waren und/oder Dienstleistungen (Feld 6)   [zurück zum Musterexemplar]

Sollte das vorgegebene Feld im Formular für die Aufzählung Ihrer Waren/Dienstleistungen nicht groß genug sein, reichen Sie bitte das Verzeichnis als Anlage ein. In diesem Fall kreuzen Sie bitte auch das entsprechende Kästchen im Feld 11 an.

Sie haben die Möglichkeit, eine Leitklasse vorzuschlagen. Dieser Vorschlag ist zwar nicht verbindlich. In der Regel richtet sich das Deutsche Patent- und Markenamt jedoch danach. Durch die Leitklasse wird bestimmt, welche Markenstelle des Deutschen Patent- und Markenamts für die Bearbeitung der Markenanmeldung zuständig ist.

Bei der Erstellung des Waren- und Dienstleistungsverzeichnisses wird die Verwendung der einheitlichen Klassifikationsdatenbank (eKDB) empfohlen.

Das Verzeichnis der Waren und/oder Dienstleistungen ist **in gruppierter Form** einzureichen. Dies bedeutet, dass die Waren/Dienstleistungen nach Klassen getrennt und die Klassen numerisch aufsteigend aufgeführt werden müssen.

Beispiel: Klasse 20: Möbel
        Klasse 35: Werbung; Unternehmensverwaltung
        Klasse 36: Finanzwesen

Verzeichnisse, die ungruppiert eingereicht werden, haben eine erhebliche Verzögerung der Bearbeitung zur Folge und können zur Zurückweisung der Anmeldung führen.

Wichtiger Hinweis:

Bitte beachten Sie, dass ein Verweis auf ein bereits in identischer Form für eine andere Marke eingetragenes Waren- und/oder Dienstleistungsverzeichnis die Anmeldeerfordernisse nicht erfüllt. Benennen Sie bitte immer alle Waren und/oder Dienstleistungen in der oben genannten Form ganz konkret und trennen Sie die Waren- und/oder Dienstleistungsbegriffe durch ein Semikolon. Ist ein Waren- und/oder Dienstleistungsverzeichnis bereits in identischer Form eingetragen, begründet dies **keinen** Anspruch auf erneute Eintragung des Verzeichnisses in der gleichen Form.

Serienanmeldung (Feld 7) [zurück zum Musterexemplar]

Wenn Sie gleichzeitig mehr als eine Marke anmelden, können die Markenanmeldungen unter bestimmten Voraussetzungen eine Markenserie darstellen und damit von einem Bearbeiter geprüft werden.

Für eine Serienanmeldung müssen folgende Voraussetzungen gegeben sein:

- Alle Anmeldungen weisen denselben Anmelder sowie denselben Leitklassenvorschlag auf.
- Für alle Anmeldungen ist gleichermaßen der Antrag auf beschleunigte Prüfung gestellt oder nicht gestellt.
- Zu jeder Anmeldung liegt ein gesondertes Antragsformular (W 7005) vor und unter Punkt 7 des Antragsformulars ist die Gesamtzahl der (Einzel-)Anmeldungen sowie die Nummer der laufenden Anmeldung vermerkt.
- Das Formular "Vorblatt zu einer Serie von Anmeldungen" (W 7002) ist vollständig ausgefüllt.
- Alle Anmeldungen werden in einer Post-/Faxsendung an das Deutsche Patent- und Markenamt übermittelt.

Bereits zwei Anmeldungen können eine Serie darstellen.

Es besteht kein Anspruch auf Behandlung als Serienanmeldung. Das Deutsche Patent- und Markenamt behält sich vor, aus ablauforganisatorischen Gründen die Anmeldungen einzeln zu bearbeiten.

Priorität (Feld 8) [zurück zum Musterexemplar]

Maßgeblich für den Zeitrang einer Marke (Anmeldetag) ist in aller Regel der Tag des Eingangs der Anmeldeunterlagen beim Deutschen Patent- und Markenamt.

Der Zeitrang einer eigenen früheren Markenmeldung im Ausland, die nicht mehr als sechs Monate zurückliegt, kann für eine spätere Anmeldung in Anspruch genommen werden. Ähnliches gilt für die Ausstellungspriorität.

Wollen Sie eine dieser Prioritäten beanspruchen, so sind folgende Angaben in diesem Feld erforderlich.

Ausländische Priorität

Ist die Marke bereits im Ausland angemeldet oder registriert worden und gibt es mit dem betroffenen ausländischen Staat entsprechende völkervertragliche Regelungen, so besteht die Möglichkeit, innerhalb von sechs Monaten den Zeitrang der ausländischen Voranmeldung auch für die spätere deutsche Anmeldung zu beanspruchen (§ 34 MarkenG).

In diesem Fall kreuzen Sie bitte das Feld "Ausländische Priorität" an und nennen bitte den Anmeldetag, den Staat und (sofern möglich) das Aktenzeichen der ausländischen Voranmeldung. Legen Sie Ihrer Anmeldung bitte auch eine einfache Kopie/Abschrift dieser ausländischen Voranmeldung bei.

Ausstellungspriorität

Haben Sie bereits Waren und/oder Dienstleistungen unter der hier angemeldeten Marke auf einer Ausstellung gezeigt und liegt dies nicht länger als sechs Monate zurück, können Sie den Tag der ersten Zurschaustellung auf dieser Ausstellung als Prioritätstag in Anspruch nehmen, sofern die Ausstellung zu den vom Bundesministerium der Justiz bekannt gemachten Ausstellungen gehört (§ 35 MarkenG). Die ausgewählten Ausstellungen werden regelmäßig im Bundesanzeiger veröffentlicht.

In diesem Fall kreuzen Sie bitte das Feld "Ausstellungspriorität" an.

Hier können Sie auch unser Formular **"Ausstellungsbescheinigung"** (W 7708) nutzen.

Geben Sie bitte insbesondere den Namen und Ort der betreffenden Ausstellung oder Messe sowie den Tag der erstmaligen Zurschaustellung der Waren und/oder Dienstleistungen unter der angemeldeten Marke auf dieser Ausstellung an. Bitte fügen Sie der Anmeldung auch Nachweise für die Zurschaustellung auf der Messe oder Ausstellung bei, versehen mit Unterschrift/Stempel der Messeleitung bzw. der für den Schutz des geistigen Eigentums während der Ausstellung zuständigen Stelle. Sofern Sie über diese Nachweise zum Anmeldezeitpunkt noch nicht verfügen, können diese auch zu einem späteren Zeitpunkt noch nachgereicht werden.

Sonstige Anträge (Feld 9)   [zurück zum Musterexemplar]

Antrag auf beschleunigte Prüfung

Wenn Sie einen Antrag auf beschleunigte Prüfung stellen, erfolgt die Eintragung einer schutzfähigen Marke in weniger als 6 Monaten nach der Anmeldung.

Für die beschleunigte Prüfung ist eine gesonderte Gebühr von 200 EUR zu entrichten.

Antrag auf Eintragung einer Kollektivmarke

Eine Kollektivmarke ist ein Verbandszeichen, mit dem ein Verband Markenschutz für seine Mitgliedsunternehmen erlangen kann. Die Anmeldung einer Kollektivmarke kommt deshalb nur für rechtsfähige Verbände oder juristische Personen des öffentlichen Rechts in Betracht.

Bei der Anmeldung einer Kollektivmarke sind die Vorschriften der §§ 97 ff. MarkenG zu beachten.

Insbesondere ist der Anmeldung eine Markensatzung beizufügen.

Antrag auf internationale Registrierung

Bitte kreuzen Sie dieses Feld nur an, wenn Sie einen Antrag auf internationale Registrierung gleichzeitig mit der nationalen Markenanmeldung einreichen.

In diesem Zusammenhang wird dringend empfohlen, die Hinweise im Merkblatt über die internationale Registrierung nach dem MMA und PMMA **(M 8940)** zu beachten.

Gebührenzahlung (Feld 10)   [zurück zum Musterexemplar]

Geben Sie in diesem Feld die Höhe der Gebühren der Anmeldung an, sofern Ihnen diese bekannt sind.

Gebührenhöhe:

Mit der Anmeldung einer Marke sind gemäß §§ 2 Abs. 1, 3 Abs. 1 PatKostG folgende Gebühren zu entrichten:

(1) Anmeldeverfahren einschließlich der Klassengebühr für bis zu drei Klassen

für eine Marke (§ 32 MarkenG) bei elektronischer Anmeldung	290 €	(Gebührennummer: 331 000)
für eine Marke (§ 32 MarkenG) bei Anmeldung in Papierform	300 €	(Gebührennummer: 331 100)
für eine Kollektivmarke (§ 97 MarkenG)	900 €	(Gebührennummer: 331 200)

(2) Zusätzliche Klassengebühr bei Anmeldung für mehr als drei Klassen

für eine Marke je zusätzlicher Klasse (§ 32 MarkenG)	100 €	(Gebührennummer: 331 300)
für eine Kollektivmarke je zusätzlicher Klasse (§ 97 MarkenG)	150 €	(Gebührennummer: 331 400)

(3) Gebühr für den Antrag auf beschleunigte Prüfung nach § 38 MarkenG

Beschleunigte Prüfung der Anmeldung (§ 38 MarkenG)	200 €	(Gebührennummer: 331 500)

Fälligkeit der Gebühren und Zahlungsfrist

Diese Gebühren werden mit der Einreichung der Anmeldung fällig. Die Zahlungsfrist beträgt **drei Monate** ab dem Tag der Einreichung der Anmeldung. Wird die Anmeldegebühr (ggf. auch die Gebühren für den Antrag auf beschleunigte Prüfung) nicht innerhalb von 3 Monaten nach dem Eingangstag der Anmeldung gezahlt, so gilt Ihr Antrag auf Anmeldung einer Marke (ggf. der Antrag auf beschleunigte Prüfung) als zurückgenommen (§ 6 Abs. 1 PatKostG).

Nach Eingang Ihrer Anmeldung beim Deutschen Patent- und Markenamt werden eine Akte angelegt, das Verzeichnis der Waren und/oder Dienstleistungen überprüft und Ihre Grunddaten erfasst. Sie erhalten nach etwa 3 bis 4 Wochen eine Empfangsbestätigung. Die Empfangsbestätigung dient dazu, Ihnen den Eingang Ihrer Anmeldung zu bestätigen und Ihnen das Aktenzeichen Ihrer Anmeldung mitzuteilen. In der Empfangsbestätigung sind auch vorläufige Gebühreninformationen zu Ihrer Anmeldung enthalten. Falls Sie die Anmeldegebühren im Zeitpunkt des Erhalts der Empfangsbestätigung noch nicht gezahlt haben, zahlen Sie bitte die Anmeldegebühren in der in der Empfangsbestätigung angegebenen Höhe. Falls Sie die Anmeldegebühren zu diesem Zeitpunkt bereits gezahlt haben, können Sie anhand der Empfangsbestätigung überprüfen, ob Sie die Gebühren der Höhe nach vollständig gezahlt haben. Zahlen Sie einen gegebenenfalls fehlenden Betrag nach.

Bitte beachten Sie, dass Sie **keine gesonderte Gebührenbenachrichtigung** erhalten. Nach Eingang der Anmeldung erhalten Sie lediglich die Empfangsbestätigung, aus der Sie Informationen zur vorläufigen Gebührenhöhe entnehmen können.

Bitte berücksichtigen Sie unbedingt, dass die gesetzlich festgelegte Zahlungsfrist von drei Monaten ab Einreichung der Anmeldung läuft und unabhängig vom Erhalt einer Empfangsbestätigung ist!

Zahlungswege

Die möglichen Zahlungswege für die Gebühren ergeben sich aus der Verordnung über die Zahlung der Kosten des Deutschen Patent- und Markenamts und des Bundespatentgerichts (PatKostZV).
Danach können Gebühren entrichtet werden durch

a) **Barzahlung** bei den Geldstellen des Deutschen Patent- und Markenamts in München, Jena und im Technischen Informationszentrum in Berlin,

b) **Überweisung oder (Bar-)Einzahlung** bei einem inländischen oder ausländischen Geldinstitut

Zahlungsempfänger:	**Anschrift der Bank:**
Bundeskasse Halle/DPMA	Bundesbankfiliale München
IBAN: DE84 7000 0000 0070 0010 54	Leopoldstr. 234
BIC (SWIFT-Code): MARKDEF1700	80807 München

oder

c) **Erteilung eines gültigen SEPA-Basis-Lastschriftmandats** mit Angaben zum Verwendungszweck.
Bitte benutzen Sie hierfür die auf unserer Internetseite www.dpma.de bereitgestellten Formulare (A 9530 und A 9532) und beachten Sie die dort zur Verfügung stehenden Hinweise zum SEPA-Verfahren.

Bitte bedenken Sie, dass Sie durch die Wahl des Zahlungsweges auch beeinflussen können, ob Ihre Zahlung noch als rechtzeitig gilt. Nur, wenn der Zahlungstag innerhalb der Frist von 3 Monaten ab Einreichung der Anmeldung liegt, ist eine rechtzeitige Zahlung erfolgt. Welcher Tag als Zahlungstag angesehen wird, ergibt sich aus § 2 der Patentkostenzahlungsverordnung (PatKostZV).

Danach gilt als Zahlungstag:

Zahlungsweg	**Zahlungstag**
• **bei Barzahlung**	→ Tag der Einzahlung
• **bei Überweisung**	→ Tag der Gutschrift auf dem Konto der Bundeskasse Halle
• **bei (Bar-)Einzahlung**	→ Tag der Einzahlung

! **Wichtiger Hinweis zur Bareinzahlung:**
Anhand der Buchungsdaten kann die Bundeskasse Halle nicht erkennen, ob eine Gutschrift aufgrund einer Überweisung oder einer Bareinzahlung vorgenommen wurde. Wenn Sie Gebühren mittels Bareinzahlung entrichtet haben, reichen Sie daher bitte **unverzüglich** den vom Geldinstitut ausgestellten **Einzahlungsbeleg** beim Deutschen Patent- und Markenamt ein, damit der Tag der Einzahlung als Zahlungstag gewährt werden kann.

• **bei SEPA-Basis-Lastschriftverfahren**	→ Tag des Eingangs eines gültigen SEPA-Mandats mit Angaben zum Verwendungszweck, der die Kosten umfasst, bei zukünftig fällig werdenden Kosten der Tag der Fälligkeit, sofern die Einziehung zu Gunsten der Bundeskasse Halle erfolgt

! **Wichtiger Hinweis zur Übermittlung eines SEPA-Mandats per Telefax:**
Wenn Sie das SEPA-Basis-Lastschriftmandat durch Telefax übermitteln, reichen Sie bitte das Original innerhalb einer **Frist von einem Monat** nach Eingang des Telefax nach. Andernfalls gilt als Zahlungstag der Tag des Eingangs des Originals.

Weitere Anlagen (Feld 11)	[zurück zum Musterexemplar]

In diesen Feldern kreuzen Sie bitte die beigefügten Anlagen an.

Unterschrift (Feld 12) [zurück zum Musterexemplar]

Unterschreiben Sie den Antrag mit dem bürgerlichen Namen, wenn Sie Anmelder oder Vertreter sind. Handelt es sich um eine Firma, unterschreibt hier der Zeichnungsberechtigte. Bei mehreren Anmeldern (sogenannte Anmeldergemeinschaft) ohne gemeinsamen Vertreter ist der Antrag von sämtlichen Anmeldern zu unterschreiben.

Um Unklarheiten zu vermeiden, wiederholen Sie bitte Ihre Unterschrift in Druckbuchstaben.

Markenwiedergabe [zurück zum Musterexemplar]

Auf diesem Formular (W 7005.1) ist die Wiedergabe der Marke anzubringen (aufkleben, einfügen oder direkt aufdrucken).
Die Wiedergabe der Marke kann zusätzlich auf einem elektronischen Datenträger (CD oder DVD) eingereicht werden.

Für das **Format** der Darstellung gelten folgende Bestimmungen:

- Die **Blattgröße** der grafischen Wiedergabe darf das Format DIN A4 (29,7 cm Höhe, 21 cm Breite) nicht überschreiten.
- Die für die Darstellung benutzte Fläche (**Satzspiegel**) darf nicht größer als 26,2 cm x 17 cm sein.
- Die **Mindestgröße der Markenwiedergabe** beträgt 8 cm in der Breite oder 8 cm in der Höhe (§ 8 Abs. 3 MarkenV).
- Das Blatt ist nur **einseitig** zu bedrucken.
- Vom oberen und vom linken Seitenrand ist ein **Randabstand von mindestens 2,5 cm** einzuhalten.
- Soweit sich die vom Anmelder gewünschte Stellung der Marke aus der Abbildung nicht von selbst ergibt, ist durch einen entsprechenden **Vermerk** auf jeder Wiedergabe zu kennzeichnen, wo **"oben"** bzw. **"unten"** sein soll.

Datenträgerformate

Folgende Formate sind für den elektronischen Datenträger gem. § 6 Abs. 4 Satz 3 GeschmMV und §§ 8 Abs. 5 Satz 3; 11 Abs. 5 Nr. 1 Satz 1 MarkenV zugelassen:

- **CD-R**
- **CD-RW**
- **DVD-R**
- **DVD+R**
- **DVD-RW**
- **DVD+RW.**

Die Bilddateien im Format JPEG (*.jpg) sind im Stammverzeichnis des leeren Datenträgers abzulegen (keine Unterverzeichnisse). Die Auflösung muss mindestens 300 dpi, die Bildgröße 3 x 3 Zentimeter betragen. Die Größe der Datei darf 2 Megabyte nicht überschreiten.

Besonderheiten bei 3D Marken

Wird eine dreidimensionale Gestaltung als Marke angemeldet (dreidimensionale Marke), besteht die Möglichkeit, bis zu sechs verschiedene Ansichten der Marke (jeweils zweifach) einzureichen.

Besonderheiten bei Hörmarken

Soll ein Klang als Marke angemeldet werden (Hörmarke), so muss außer einer grafischen Wiedergabe der Marke (Darstellung durch ein Notensystem) auch eine klangliche Wiedergabe der Marke auf einem elektronischen Datenträger (CD oder DVD) der Anmeldung beigefügt werden.

M6 Anmeldeformular Gemeinschaftsmarke

Materialien

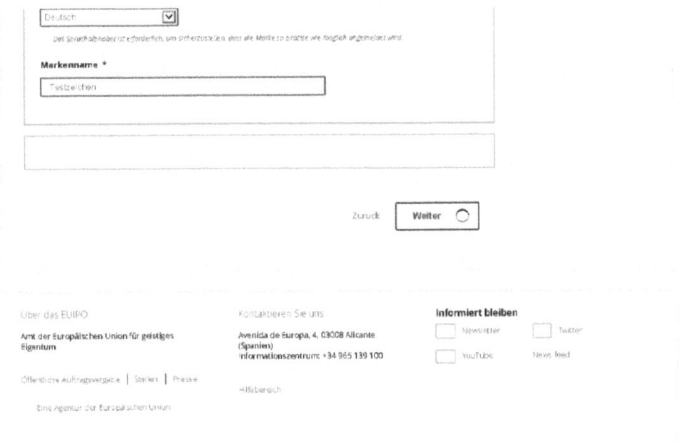

Marke online anmelden

Anmeldeformular zurücksetzen

Drucken

Erfahren Sie mehr

1	Angaben zur Marke	2 Waren und Dienstleistungen	3	Ähnliche Marken	4	Ihre Angaben	5	Bestätigen und bezahlen

Waren und Dienstleistungen

Ihre Anmeldung einer Unionsmarke muss ein Verzeichnis der Waren und/oder Dienstleistungen enthalten, die von der Marke erfasst werden sollen.

Bitte wählen Sie die Waren und Dienstleistungen sorgfältig aus, da Sie zu einem späteren Zeitpunkt keine weiteren mehr hinzufügen können.

'Think Big' - Denken Sie in großen Dimensionen!

Sie bieten möglicherweise viel mehr Waren und Dienstleistungen an, als Sie denken. Obwohl Sie vielleicht genau wissen, in welchem Markt Sie heute positioniert sind, sollten Sie auch bedenken, in welche Richtung Sie Ihre Marke in Zukunft weiterentwickeln wollen.

Seien Sie realistisch.

Sie sind vielleicht versucht, ein großes Spektrum an Waren und/oder Dienstleistungen zu beanspruchen; denken Sie jedoch daran, dass Ihre UM anfällig für eine Anfechtung sein kann, wenn Sie Ihre Marke nicht für alle angemeldeten Waren und Dienstleistungen benutzen.

Suchen

Deutsch

Klasse	Begriff(e)
20	Möbel

Zurück · Weiter ○

Marke online anmelden

Grundgebühr	850,00 €
Gebühr für zusätzliche Klasse	0,00 €
Klassen gesamt	1
Gebühr gesamt	**850,00 €**

1 **Angaben zur Marke** 2 **Waren und Dienstleistungen** 3 **Ähnliche Marken** 4 **Ihre Angaben** 5 **Bestätigen und bezahlen**

Ähnliche Marken

Das EUIPO bietet eine automatische Suche für ähnliche Marken an, die mit Ihren Marken in Wettbewerb stehen könnten. Unsere Suchmaschine hat keine Ergebnisse gefunden. Beachten Sie jedoch, dass diese Suche keinen Anspruch auf Vollständigkeit erhebt und dass gegen Ihre Anmeldung Widerspruch erhoben werden kann. Bei Unsicherheit bezüglich konkurrierender Marken wenden Sie sich an einen Rechtsanwalt, der sich auf geistiges Eigentum spezialisiert hat.

Anmeldeformular zurücksetzen

Drucken

Erfahren Sie mehr

Geltendmachung der Beanspruchungen

Haben Sie in den letzten sechs Monaten dieselbe Marke angemeldet (Priorität)?

Ja	Nein

Haben Sie dieselbe Marke bereits in einem EU-Mitgliedstaat eintragen lassen (Zeitrang)?

Ja	Nein

Zurück Weiter

Über das EUIPO

Amt der Europäischen Union für geistiges Eigentum

Öffentliche Ausschreibungen | Stellen | Presse

Die Agentur der Europäischen Union

Kontaktieren Sie uns

Avenida de Europa, 4, 03008 Alicante (Spanien)
Informationszentrum: +34 965 139 100

Fundstellen

Informiert bleiben

☐ Newsletter   ☐ Twitter
☐ YouTube   ☐ News Feed

© EUIPO 1995-2016, Datenschutz | Rechtlicher Hinweis | Sitemap | Druckübersicht | Verwaltungsunterlagen beantragen | Formulare und Anmeldungen

Übersetzung aus dem Englischen in andere Sprachen der EU durch das Übersetzungszentrum für die Einrichtungen der Europäischen Union

Marke online anmelden

Grundgebühr	850,00 €
Gebühr für zusätzliche Klasse	0,00 €
Klassen gesamt	1
Gebühr gesamt	**850,00 €**

1 Angaben zur Marke **2** Waren und Dienstleistungen 3 Ähnliche Marken 4 Ihre Angaben 5 Bestätigen und bezahlen

Anmeldeformular zurücksetzen
Drucken
Erfahren Sie mehr

Ein Konto erstellen

Welche Vorteile bietet Ihnen das EUIPO-Nutzerkonto?

User area   Externer Beobachter   Vollständiger Zugriff

Mithilfe des HABM-Nutzerkontos können Sie innerhalb Ihres persönlichen Dashboards Marken, Geschmacksmuster und Widersprüche verwalten. Sie erhalten viele zusätzliche Funktionen und Vorteile, wie von Ihnen eingestellte Alerts für bestimmte Veröffentlichungen, schnelle Links und vieles mehr...

Aus rechtlichen Gründen müssen Sie zusätzliche Daten angeben. Die Registrierung Ihrer Informationen dauert etwa 5 Minuten.

Einloggen

Verfügen Sie bereits über ein Konto?

Nutzername

Haben Sie Ihren Nutzernamen vergessen?

Kennwort

Haben Sie Ihr Kennwort vergessen?

Zurück   Weiter

M7 Anmeldeunterlagen für IR Marke (MM1 und MM2)

An
Deutsches Patent- und Markenamt
80297 München

DEUTSCHES PATENT- UND MARKENAMT

(1) Name/Firma Str./Haus-Nr. PLZ/Ort ggf. Postf	Sendungen des Deutschen Patent- und Markenamts sind zu richten an:

☐ **Internationale Registrierung einer Marke**
Aktenzeichen der Basismarke/-anmeldung (bitte vollständig angeben)

IR

☐ **Nachträgliche Benennung zu einer IR-Marke**
Aktenzeichen der IR-Marke

☐ TELEFAX (+49 89 2195-4000) vorab am

(2)

Zeichen des Antragstellers/Vertreters (max. 20 Stellen)	Telefon-Nr. des Ast./Vertr.	Telefax-Nr. des Ast./Vertr.	Datum

(3) Name/Firma Str./Haus-Nr. PLZ/Ort ggf. Postf wenn abweichend von Feld (1)

Antragsteller   **Vertreter**

(4) Folgendes Antragsformblatt der WIPO/OMPI ist ausgefüllt beigefügt:

☐ MM2   Zutreffendes ankreuzen, wenn die Basismarke noch nicht im Register eingetragen ist:

     ☐   Das Gesuch soll aufgrund der Basis*anmeldung* an die WIPO/OMPI weitergeleitet werden.

     ☐   Das Gesuch soll erst *nach* Eintragung der Basismarke an die WIPO/OMPI weitergeleitet werden.

     Werden hierzu keine Angaben gemacht, wird das Gesuch aufgrund der Basisanmeldung, also schon vor Eintragung der Basismarke an die WIPO/OMPI weitergeleitet.

☐ MM4

(5) Dem Antrag sind folgende Formblätter beigefügt:

☐ MM17 (Beanspruchung einer Seniorität bei Benennung der Europäischen Gemeinschaft)

☐ MM18 (Benutzungsabsichtserklärung für die USA) (Unbedingt beifügen bei Benennung USA)

(6) Zum Antrag auf internationale Registrierung (MM2) ist

☐ eine Abbildung der Bildmarke bzw. dreidimensionalen Marke beigefügt (in Schwarz-weiß, wenn die Basismarke schwarz-weiß eingetragen bzw. angemeldet ist; in Farbe, wenn die Basismarke farbig eingetragen bzw. angemeldet ist. Bitte Farbangaben nicht vergessen).

(Bitte zulässige Größe beachten; mindestens 1,5 cm x 1,5 cm und maximal 8 cm x 8 cm)

(7) <u>Gebührenzahlung</u> von _____ Euro

(bei MM2: Gebührennr. 334 100, **180,-- Euro**; bei MM4: Gebührennr. 334 300, **120,-- Euro**)

Die Gebühren sind <u>innerhalb von 1 Monat</u> nach Einreichung der Anmeldung zu zahlen.

<u>Zahlung per Banküberweisung</u>	<u>Zahlung mittels SEPA-Basis-Lastschrift</u>
☐ Überweisung (Zahlungsbeleg ist beigefügt)	☐ Ein gültiges SEPA-Basis-Lastschriftmandat (*Vordruck A 9530*) mit der Mandatsreferenznummer (*bitte eintragen*):
Zahlungsempfänger: Bundeskasse Halle/DPMA IBAN: DE84 7000 0000 0070 0010 54 BIC (SWIFT-Code): MARKDEF1700	
	☐ liegt dem DPMA bereits vor (*Mandat für mehrmalige Zahlungen*)
Anschrift der Bank: Bundesbankfiliale München Leopoldstr. 234, 80807 München	☐ ist beigefügt
	☐ Angaben zum Verwendungszweck (*Vordruck A 9532*) des Mandats mit der o. g. Mandatsreferenznummer sind beigefügt.

M 8005
12.15

_____
Unterschrift

MM2(E)

MADRID AGREEMENT AND PROTOCOL CONCERNING THE

INTERNATIONAL REGISTRATION OF MARKS

APPLICATION FOR INTERNATIONAL REGISTRATION

GOVERNED EXCLUSIVELY BY THE MADRID PROTOCOL

(Rule 9 of the Common Regulations)

IMPORTANT

1. The present **MM2** form is to be used where the international application is governed **exclusively by the Madrid Protocol**. This will be the case:
   - where the *Office of origin* (see items 1 and 3) is the Office of a Contracting Party which is bound *by the Madrid Protocol only*, or
   - where the *Office of origin* is the Office of a Contracting Party which is bound *by both the Madrid Agreement and the Madrid Protocol*, and where all the designated Contracting Parties are *party to the Madrid Protocol*, irrespective of whether or not they are also party to the Madrid Agreement.

2. This form **must be sent to the Office of origin**. It must **not** be sent directly to the International Bureau.

World Intellectual Property Organization
34, chemin des Colombettes
1211 Geneva 20, Switzerland
Tel. (Madrid Customer Service): +41 (0)22 338 8686
Fax (Madrid Registry): +41 (0)22 740 1429
e-mail: intreg.mail@wipo.int – Internet: www.wipo.int

MM2(E) – March 2016

MM2(E)

**APPLICATION FOR INTERNATIONAL REGISTRATION
GOVERNED EXCLUSIVELY BY THE MADRID PROTOCOL**

For use by the applicant	For use by the Office
This international application includes the following number of: – continuation sheets: .... – MM17 forms: .... Applicant's reference:	Office's reference: ....

1 CONTRACTING PARTY WHOSE OFFICE IS THE OFFICE OF ORIGIN

....

2 APPLICANT

(a) Name: ....

....

(b) Address: ....

....

(c) Address for correspondence: ....

....

(d) Telephone : .... Fax: ....

E-mail address: ....

By providing an e-mail address, any further correspondence from the International Bureau related to this international application and its resulting international registration will be sent only electronically and, **therefore, you will no longer receive any paper correspondence**. Likewise, any further correspondence from the International Bureau related to other international applications or international registrations for which the same e-mail address has been, or will be, provided will also be sent only electronically. Please note that, for the purpose of electronic communication, there can be only one e-mail address recorded per each international registration.

(e) Preferred language for correspondence: ☐ English ☐ French ☐ Spanish

(f) Other indications (as may be required by certain designated Contracting Parties; for example, if the **United States of America** is designated, it is necessary to include these indications):

(i) if the applicant is a natural person, nationality of the applicant: ....

(ii) if the applicant is a legal entity:

– legal nature of the legal entity: ....

– State and, where applicable, territorial unit within that State, under the law of which the legal entity is organized:

....

3 ENTITLEMENT TO FILE

(a) Check the appropriate box:

(i) ☐ where the Contracting Party mentioned in item 1 is a State, the applicant is a national of that State; or

(ii) ☐ where the Contracting Party mentioned in item 1 is an organization, the name of the State of which the applicant is a national: ....; or

(iii) ☐ the applicant is domiciled in the territory of the Contracting Party mentioned in item 1; or

(iv) ☐ the applicant has a real and effective industrial or commercial establishment in the territory of the Contracting Party mentioned in item 1.

(b) Where the address of the applicant, given in item 2(b), is not in the territory of the Contracting Party mentioned in item 1, indicate in the space provided below:

(i) if the box in paragraph (a)(iii) of the present item has been checked, the domicile of the applicant in the territory of that Contracting Party, or,

(ii) if the box in paragraph (a)(iv) of the present item has been checked, the address of the applicant's industrial or commercial establishment in the territory of that Contracting Party.

....

....

4 APPOINTMENT OF A REPRESENTATIVE

Name: ....

Address: ....

....

Telephone: .... Fax: ....

E-mail address: ....

By providing an e-mail address, any further correspondence from the International Bureau related to this international application and its resulting international registration will be sent only electronically and, **therefore, you will no longer receive any paper correspondence.** Likewise, any further correspondence from the International Bureau related to other international applications or international registrations for which the same e-mail address has been, or will be, provided will also be sent only electronically. Please note that, for the purpose of electronic communication, there can be only one e-mail address recorded per each international registration.

5 BASIC APPLICATION OR BASIC REGISTRATION

Basic application number: .... Date of the basic application: .... (dd/mm/yyyy)

Basic registration number: .... Date of the basic registration: .... (dd/mm/yyyy)

6 PRIORITY CLAIMED

☐ The applicant claims the priority of the earlier filing mentioned below:

Office of earlier filing: ....

Number of earlier filing (if available): ....

Date of earlier filing: .... (dd/mm/yyyy)

If the earlier filing does not relate to all the goods and services listed in item 10 of this form, indicate in the space provided below the goods and services to which it does relate:

....

....

☐ If several priorities are claimed, check the box and use a continuation sheet giving the above required information for each priority claimed.

7 THE MARK

(a) Place the reproduction of the mark, as it appears in the basic application or basic registration, in the square below.

(b) Where the reproduction in item (a) is in black and white and color is claimed in item 8, place a color reproduction of the mark in the square below.

(c) ☐ The applicant declares that he wishes the mark to be considered as a mark in standard characters.

(d) ☐ The mark consists exclusively of a color or a combination of colors as such, without any figurative element.

Where the Office of origin has addressed this form by facsimile, the present space must be completed before addressing the original of this page to the International Bureau.

Number of basic registration or Office reference as shown on the first page of this form: ....

Signature by the Office of origin: ....

8 COLOR(S) CLAIMED

(a) ☐ The applicant claims color as a distinctive feature of the mark.

Color or combination of colors claimed: ....
....
....

(b) Indication, for each color, of the principal parts of the mark that are in that color (as may be required by certain designated Contracting Parties):
....
....
....

9 MISCELLANEOUS INDICATIONS

(a) Transliteration of the mark (this information is compulsory where the mark consists of or contains matter in characters other than Latin characters, or numerals other than Arabic or Roman numerals):

....

....

(b) Translation of the mark (as may be required by certain designated Contracting Parties):

   (i)   into English: ....

....

   (ii) into French: ....

....

   (iii) into Spanish: ....

....

(c) ☐ The words contained in the mark have no meaning (and therefore cannot be translated).

(d) Where applicable, check the relevant box or boxes below:

   ☐ Three-dimensional mark

   ☐ Sound mark

   ☐ Collective mark, certification mark, or guarantee mark

(e) Description of the mark (where applicable):

....

....

(f) Verbal elements of the mark (where applicable):

....

....

(g) The applicant declares that he wishes to disclaim protection for the following element(s) of the mark:

....

....

....

10 GOODS AND SERVICES

You can find indications that are pre-accepted by the International Bureau in the Madrid Goods & Services Manager (MGS) at www.wipo.int/mgs/. By using these indications you can avoid possible irregularities concerning the classification of goods and services and a delay in the recording of the international registration.

Please make consistent use of a semicolon (;) to clearly specify the goods and services indications in your list, e.g.:
09 Scientific, optical and electronic apparatus and instruments; screens for photoengraving; computers.
35 Advertising; compilation of statistics; commercial information agencies.

Please use font "Courier New" or "Times New Roman", size 12 pt, or above.

(a) Indicate below the goods and services for which the international registration is sought:

Class	Goods and services

(b) ☐ The applicant wishes to **limit** the list of goods and services in respect of one or more designated Contracting Parties, as follows:

Contracting Party	Class(es) or list of goods and services for which protection is sought in this Contracting Party

☐ If the space provided is not sufficient, check the box and use a **continuation sheet**

MM2(E) – March 2016

MM2(E), page 6

11 DESIGNATED CONTRACTING PARTIES

(Information concerning national or regional procedures for each Contracting Party designated may be found at the following website: www.wipo.int/madrid/en/members/ipoffices_info.html. Additional information may be found in the information notices available at: www.wipo.int/madrid/en/notices/)

Check the corresponding boxes:

☐ AG Antigua and Barbuda	☐ EE Estonia	☐ LA Lao People's	☐ RS Serbia
☐ AL Albania	☐ EG Egypt	Democratic Republic	☐ RU Russian Federation
☐ AM Armenia	☐ EM European Union[1]	☐ LI Liechtenstein	☐ RW Rwanda
☐ AT Austria	☐ ES Spain	☐ LR Liberia	☐ SD Sudan
☐ AU Australia	☐ FI Finland	☐ LS Lesotho	☐ SE Sweden
☐ AZ Azerbaijan	☐ FR France	☐ LT Lithuania	☐ SG Singapore[2]
☐ BA Bosnia and	☐ GB United Kingdom[2]	☐ LV Latvia	☐ SI Slovenia
Herzegovina	☐ GE Georgia	☐ MA Morocco	☐ SK Slovakia
☐ BG Bulgaria	☐ GH Ghana	☐ MC Monaco	☐ SL Sierra Leone
☐ BH Bahrain	☐ GM Gambia	☐ MD Republic of Moldova	☐ SM San Marino
☐ BQ Bonaire, Saint Eustatius	☐ GR Greece	☐ ME Montenegro	☐ ST Sao Tome and Principe
and Saba[6]	☐ HR Croatia	☐ MG Madagascar	☐ SX Sint Maarten (Dutch
☐ BT Bhutan	☐ HU Hungary	☐ MK The former Yugoslav	part)[6]
☐ BW Botswana	☐ IE Ireland[2]	Republic of Macedonia	☐ SY Syrian Arab Republic
☐ BX Benelux	☐ IL Israel	☐ MN Mongolia	☐ SZ Swaziland
☐ BY Belarus	☐ IN India[2]	☐ MX Mexico	☐ TJ Tajikistan
☐ CH Switzerland	☐ IR Iran (Islamic Republic of)	☐ MZ Mozambique[2]	☐ TM Turkmenistan
☐ CN China	☐ IS Iceland	☐ NA Namibia	☐ TN Tunisia
☐ CO Colombia	☐ IT Italy	☐ NO Norway	☐ TR Turkey
☐ CU Cuba[5]	☐ JP Japan[5]	☐ NZ New Zealand[2]	☐ UA Ukraine
☐ CW Curacao[6]	☐ KE Kenya	☐ OA African Intellectual	☐ US United States of
☐ CY Cyprus	☐ KG Kyrgyzstan	Property Organization	America[4]
☐ CZ Czech Republic	☐ KH Cambodia	(OAPI)[3]	☐ UZ Uzbekistan
☐ DE Germany	☐ KP Democratic People's	☐ OM Oman	☐ VN Viet Nam
☐ DK Denmark	Republic of Korea	☐ PH Philippines	☐ ZM Zambia
☐ DZ Algeria	☐ KR Republic of Korea	☐ PL Poland	☐ ZW Zimbabwe
	☐ KZ Kazakhstan	☐ PT Portugal	
		☐ RO Romania	

Others: ....

[1] The designation of the European Union covers the following Member States: Austria, Belgium, Bulgaria, Croatia, Cyprus, Czech Republic, Denmark, Estonia, Finland, France, Germany, Greece, Hungary, Ireland, Italy, Latvia, Lithuania, Luxembourg, Malta, The Netherlands, Poland, Portugal, Romania, Slovakia, Slovenia, Spain, Sweden, United Kingdom.

If the **European Union** is designated, it is compulsory to indicate a second language before the Office of the European Union, among the following (check one box only):   ☐ French   ☐ German   ☐ Italian   ☐ Spanish

Moreover, if the applicant wishes to claim the seniority of an earlier mark registered in, or for, a Member State of the European Union, the official form MM17 must be annexed to the present international application.

[2] By designating **India, Ireland, Mozambique, New Zealand, Singapore** or the **United Kingdom**, the applicant declares that he has the intention that the mark will be used by him or with his consent in that country in connection with the goods and services identified in this application.

[3] The designation of the African Intellectual Property Organization covers the following Member States: Benin, Burkina Faso, Cameroon, Central African Republic, Chad, Comoros, Congo, Côte d'Ivoire, Equatorial Guinea, Gabon, Guinea, Guinea-Bissau, Mali, Mauritania, Niger, Senegal, Togo.

[4] If the **United States of America** is designated, it is compulsory to annex to the present international application the official form (MM18) containing the declaration of intention to use the mark required by this Contracting Party. Item 2(f) of the present form should also be completed.

[5] **Cuba** and **Japan** have made a notification under Rule 34(3)(a) of the Common Regulations. Their respective **individual fees** are payable in two parts. Therefore, if **Cuba** or **Japan** is designated, only the first part of the applicable individual fee is payable at the time of filing the present international application. The second part will have to be paid only if the Office of the Contracting Party concerned is satisfied that the mark which is the subject of the international registration qualifies for protection. The date by which the second part must be paid, and the amount due, will be notified to the holder of the international registration at a later stage.

[6] Territorial entity previously part of the former Netherlands Antilles.

12 SIGNATURE BY THE APPLICANT AND/OR HIS REPRESENTATIVE
(if required or allowed by the Office of origin)

....

MM2(E) – March 2016

13 CERTIFICATION AND SIGNATURE OF THE INTERNATIONAL APPLICATION BY THE OFFICE OF ORIGIN

(a) Certification

The Office of origin certifies

(i) that the request to present this application was received on .... (dd/mm/yyyy).

(ii) that the applicant named in item 2 is the same as the applicant named in the basic application or the holder named in the basic registration mentioned in item 5, as the case may be,

that any indication given in item 7(d), 9(d) or 9(e) appears also in the basic application or the basic registration, as the case may be,

that the mark in item 7(a) is the same as in the basic application or the basic registration, as the case may be,

that, if color is claimed as a distinctive feature of the mark in the basic application or the basic registration, the same claim is included in item 8 or that, if color is claimed in item 8 without having being claimed in the basic application or basic registration, the mark in the basic application or basic registration is in fact in the color or combination of colors claimed, and

that the goods and services listed in item 10 are covered by the list of goods and services appearing in the basic application or basic registration, as the case may be.

Where the international application is based on two or more basic applications or basic registrations, the above declaration shall be deemed to apply to all those basic applications or basic registrations.

(b) Name of the Office: ....

....

(c) Name and signature of the official signing on behalf of the Office: ....

....

(d) Name and e-mail address of the contact person in the Office: ....

....

FEE CALCULATION SHEET

(a) INSTRUCTIONS TO DEBIT FROM A CURRENT ACCOUNT

☐ The International Bureau is hereby instructed to debit the required amount of fees from a current account opened with the International Bureau (if this box is checked, it is not necessary to complete (b)).

Holder of the account: .... Account number: ....

Identity of the party giving the instructions: ....

(b) AMOUNT OF FEES (see Fee Calculator: www.wipo.int/madrid/en/fees/calculator.jsp)

Basic fee: 653 Swiss francs if the reproduction of the mark is in black and white only and 903 Swiss francs if there is a reproduction in color. *(For international applications filed by applicants whose country of origin is a Least Developed Country, in accordance with the list established by the United Nations (www.wipo.int/ldcs/en/country), 65 Swiss francs if the reproduction is in black and white only and 90 Swiss francs if there is a reproduction in color.)* ....

Complementary and supplementary fees

Number of designations for which complementary fee is applicable		Complementary fee	Total amount of the complementary fees		
.... x		100 Swiss francs =	....	=>	....

Number of classes of goods and services beyond three		Supplementary fee	Total amount of the supplementary fees		
.... x		100 Swiss francs =	....	=>	....

Individual fees (Swiss francs):

Designated Contracting Parties	Individual fee	Designated Contracting Parties	Individual fee
....	....	....	....
....	....	....	....
....	....	....	....
....	....	....	....
....	....	....	....

Total individual fees   =>   ....

GRAND TOTAL (Swiss francs)   ....

(c) METHOD OF PAYMENT

Identity of the party effecting the payment: ....

		WIPO receipt number	
Payment received and acknowledged by WIPO	☐	....	
Payment made to WIPO bank account IBAN No. CH51 0483 5048 7080 8100 0 Crédit Suisse, CH-1211 Geneva 70 Swift/BIC: CRESCHZZ80A	☐	Payment identification	dd/mm/yyyy ....
Payment made to WIPO postal account (within Europe only) IBAN No. CH03 0900 0000 1200 5000 8 Swift/BIC: POFICHBE	☐	Payment identification	dd/mm/yyyy ....

Deutsches Patent- und Markenamt
80297 München

ANLEITUNG
zum Ausfüllen des WIPO/OMPI-Formblatts
MM2F (http://www.wipo.int/madrid/fr/forms) + **MM2E** (http://www.wipo.int/madrid/en/forms)

Achtung! Wichtiger Hinweis:

Das WIPO/OMPI-Formblatt MM2 ist zwingend für Anträge auf internationale Registrierung zu verwenden, bei denen ausschließlich das Protokoll zum Madrider Markenabkommen (PMMA) Anwendung findet. Dies ist dann der Fall, wenn Schutz für Vertragsparteien beansprucht wird, die ausschließlich dem PMMA oder sowohl dem PMMA als auch dem MMA (Madrider Markenabkommen) angehören.

Das Formblatt kann unter der oben genannten Internet-Adresse unter dem Stichwort „formulaires" bzw. „forms" heruntergeladen werden. Es ist wahlweise in **Französisch (MM2F)** oder in **Englisch (MM2E)** mit PC oder mit Schreibmaschine (**nicht handschriftlich!**) auszufüllen und beim Deutschen Patent- und Markenamt einzureichen. Achten Sie bitte darauf, das von Ihnen gewählte Formblatt an den entsprechenden Stellen in der jeweiligen Sprache auszufüllen. Wir empfehlen Ihnen für das Anschreiben an das Deutsche Patent- und Markenamt den Vordruck M 8005 zu verwenden.

Im Einzelnen sind bei dem WIPO/OMPI-Formblatt folgende Angaben zu machen:

Kopfleiste:

Im linken Feld kann der Hinterleger oder sein Vertreter in der unteren Zeile sein internes Zeichen angeben.

1. Staat der Ursprungsbehörde: *Allemagne* bzw. *Germany* (also nicht: *Office allemand des brevets et des marques* bzw. *German Patent and Trademark Office*).

2. Hinterleger:

a) **Name:** Angabe des Vornamens und Namens des Antragstellers oder der Bezeichnung der Anmelderfirma **in Übereinstimmung mit der deutschen Basisanmeldung bzw. Basiseintragung.**

b) **Adresse:** Straße, Hausnummer und Ort sind in Deutsch anzugeben (also z.B.: *"München"* und nicht *"Munich"*); das Land hingegen in der jeweiligen Verfahrenssprache, also: *"Allemagne"* bzw. *"Germany"*.
Bei mehreren Anmeldern sind unter **2. a)** alle Namen und unter **2. b)** alle Adressen anzugeben und jeweils fortlaufend zu nummerieren, wobei die jeweils zusammengehörenden Angaben mit der gleichen Nummerierung zu kennzeichnen sind.

c) **Korrespondenzadresse des Hinterlegers:** Hier ist in **keinem Fall der Vertreter** anzugeben, sondern die Korrespondenzadresse des Hinterlegers (Postfach o.ä.). Bei mehreren Hinterlegern kann hier **eine gemeinsame Zustelladresse** angegeben werden. Andernfalls wird das Internationale Büro seine Mitteilungen an den erstgenannten Hinterleger senden.

e) **Gewünschte Sprache für Mitteilungen des Internationalen Büros an den Hinterleger:** Die Wahl der Sprache ist unabhängig von der Sprache des Antrags.

f) **Weitere Angaben:** muss nicht ausgefüllt werden. Bitte beachten Sie aber, dass einige Vertragsparteien diese Angaben fordern!

3. Berechtigung zur Hinterlegung:

a) Hier hat der Hinterleger mindestens eine der folgenden Angaben zu machen:

- wenn er deutscher Staatsangehöriger ist, ist Feld (i) anzukreuzen;
- wenn er einen Wohnsitz in Deutschland hat, ist Feld (iii) anzukreuzen;
- wenn er eine tatsächliche und nicht nur zum Schein bestehende gewerbliche oder Handelsniederlassung in Deutschland hat, ist (iv) anzukreuzen.

Das Feld (ii) ist nicht auszufüllen, da es für die internationale Registrierung deutscher Marken nicht zutrifft.

b) Ist nur auszufüllen, wenn die unter **2. b)** angegebene Adresse nicht in Deutschland ist:

Der Hinterleger, der **3. a) iii)** angekreuzt hat, muss unter **3. b)** die Adresse seines Wohnsitzes in Deutschland angeben.

M 8006.2
4.16

Der Hinterleger, der **3. a) iv)** angekreuzt hat, muss unter **3. b)** die Adresse seiner gewerblichen oder Handelsniederlassung in Deutschland angeben.

4. Vertreter:

Hier sind Name und Adresse eines etwa bestellten Vertreters anzugeben, wenn dieser für die Marke im Internationalen Register eingetragen werden soll. Für die Angabe der Adresse gelten die gleichen Regeln wie beim Hinterleger (vgl. **2. b)**).

5. Nationale Basisanmeldung oder nationale Basiseintragung:

Die **erste Zeile** ist auszufüllen, wenn die internationale Registrierung auf eine nationale **Markenanmeldung** gestützt werden soll (die Basismarke also noch nicht eingetragen ist). Links ist das Aktenzeichen der Anmeldung anzugeben. Rechts ist das Anmeldedatum anzugeben. Tag und Monat sind zweistellig, die Jahresangabe ist vierstellig einzutragen (z.B.: *05/06/2008*).

Die **zweite Zeile** ist auszufüllen, wenn die internationale Registrierung auf eine nationale **Markeneintragung** gestützt werden soll. Links ist die Registernummer der deutschen Basiseintragung anzugeben.

Rechts ist das **Eintragungsdatum** der deutschen Basismarke (nicht: Anmeldedatum!) anzugeben. Tag und Monat sind zweistellig, die Jahresangabe ist vierstellig einzutragen (z.B.: *01/09/2008*).

6. Inanspruchnahme der Priorität einer früheren Anmeldung:

Die Priorität einer früheren Anmeldung (relevant ist der Anmeldetag der Marke) kann in Anspruch genommen werden, wenn die Basisanmeldung bzw. die Basiseintragung – je nachdem, worauf die internationale Registrierung gestützt werden soll (siehe oben unter 5.) – innerhalb von sechs Monaten nach dieser früheren Anmeldung erfolgt ist und die internationale Anmeldung innerhalb dieses Zeitraums beim Deutschen Patent- und Markenamt eingereicht wurde.

Anzugeben ist der Staat/die zwischenstaatliche Organisation bzw. die Behörde, bei der die frühere Anmeldung eingereicht wurde, sowie die Nummer und das Datum dieser früheren Anmeldung (z.B.: *05/06/2008*).

Falls die Priorität nicht alle unter **10. a)** genannten Waren und Dienstleistungen umfasst, sind unter **6.** diejenigen Waren und Dienstleistungen anzugeben, für die die Priorität in Anspruch genommen wird.

7. Wiedergabe der Marke:

Die Marke ist im **linken Feld** unter **7. a)** einzutragen bzw. einzukleben.

Das rechte Feld unter 7. b) bleibt bei Anträgen auf internationale Registrierung mit einer deutschen Basismarke immer frei, da farbig beanspruchte Marken in Deutschland im Register farbig und nicht lediglich in Schwarz-weiß unter Benennung der Farben eingetragen werden.

Bei einer **Wortmarke** ist das Wort in Maschinenschrift entsprechend der Basiseintragung wiederzugeben. Zusätzlich **ist 7. c) anzukreuzen**.

Beansprucht die Marke Schutz für eine Farbe oder Farbzusammenstellung als solche (Farbmarke), ist **7. d)** anzukreuzen.

Bei **Bildmarken, Wortbildmarken, dreidimensionalen Marken** sowie bei **Hörmarken** darf die Abbildung **nicht kleiner als 1,5 x 1,5 cm und nicht größer als 8 x 8 cm sein. Die Markendarstellung muss mit der Basismarke identisch** und frei von jedem Zusatz sein und den Abdruck der Marke in allen ihren Einzelheiten ermöglichen.

8. Farbangaben:

a) Bei farbigen Marken sind die in der deutschen Marke enthaltenen Farben in der Sprache des Antrags anzugeben (z.B.: *vert, rouge, blanc, bleu, bleu clair, bleu foncé, noir* bzw. *green, red, white, blue, light blue, dark blue, black*). Bitte dabei nur gängige Farbangaben verwenden.

Beachten Sie bitte, dass eine Marke international nur dann in Farbe eingetragen werden kann, wenn die Basismarke farbig eingetragen bzw. angemeldet ist.

b) Hier kann die Verteilung der Farben auf die Marke entsprechend der Basismarke angegeben werden.

9. Verschiedene Angaben:

a) Wenn die Marke oder ein Teil der Marke aus anderen als lateinischen Buchstaben oder aus anderen als arabischen oder römischen Ziffern besteht, ist eine Transliteration, d.h. buchstabengetreue Umsetzung des Zeichens (keine Übersetzung!) der Marke oder des betreffenden Teils der Marke in lateinische Buchstaben (nach den Transliterationsregeln der Sprache des Antrags) oder in arabische Ziffern vorzunehmen und hier anzugeben.

b) Hier kann die englische, französische und/oder spanische Übersetzung der Marke angegeben werden (Angabe ist fakultativ).

c) Das Feld **c)** kann angekreuzt werden, wenn die Marke keinen Sinngehalt aufweist und dementsprechend eine Übersetzung nicht möglich ist (Angabe ist fakultativ).

d) Hier ist anzugeben, ob es sich um eine dreidimensionale Marke, Hörmarke oder um eine Kollektiv-, Güte- oder Garantiemarke handelt.

e) Eine Beschreibung der Marke kann nur angegeben werden, wenn diese auch Bestandteil der Basiseintragung ist.

f) Hier können die Wortbestandteile einer Marke eingetragen werden.

g) Hier kann angegeben werden, dass für (einen) bestimmte(n) Bestandteil(e) einer Marke kein Schutz beansprucht wird (sog. "Disclaimer").

10. Verzeichnis der Waren und Dienstleistungen:

a) Das Waren- und Dienstleistungsverzeichnis ist in der Sprache des Antrags, d.h. in Französisch oder Englisch sowie **klassifiziert** und **gruppiert** entsprechend der internationalen Klasseneinteilung anzugeben. Falls der Platz nicht ausreicht, sind Zusatzblätter zu verwenden und das entsprechende Feld anzukreuzen.

Bitte beachten Sie dass das internationale Verzeichnis gegenüber dem Waren- und Dienstleistungsverzeichnis der Basisanmeldung oder der Basiseintragung **keinerlei Erweiterungen** aufweisen darf.

b) Das Waren- und Dienstleistungsverzeichnis kann in Bezug auf eine, mehrere oder alle der unter Ziffer 11 des Antrags benannten Vertragsparteien beschränkt werden. Die Beschränkung kann vom Umfang her hinsichtlich der einzelnen Vertragsparteien unterschiedlich sein.

11. Angabe der beanspruchten Vertragsparteien:

Bitte geben Sie hier die von Ihnen gewünschten Vertragsparteien an. Deutschland kann nicht angekreuzt werden, da die Vertragspartei, deren Behörde die Ursprungsbehörde ist, nicht benannt werden kann.

Achtung! Bei der Benennung der Vertragspartei Vereinigte Staaten von Amerika sind Sie verpflichtet, mit dem Antrag die Benutzungsabsichtserklärung auf dem amtlichen Formblatt MM18 einzureichen! Bei der Benennung der Vertragspartei Europäische Gemeinschaft ist zwingend eine zweite Sprache vor dem Amt der Europäischen Union für geistiges Eigentum (EUIPO) anzugeben!

12. Unterschrift des Hinterlegers oder des Vertreters:

Bitte beachten Sie, dass beim Unterschriftsdatum der Tag und der Monat zweistellig und das Jahr vierstellig anzugeben ist.

13. Erklärung der Ursprungsbehörde:

Wird vom Deutschen Patent- und Markenamt ausgefüllt.

Gebührenblatt:

a) ist nur auszufüllen, wenn ein Kontokorrentkonto bei der WIPO/OMPI besteht. In diesem Fall muss **b)** nicht mehr ausgefüllt werden.

b) Angabe der Höhe der internationalen Gebühren:

Anzugeben sind:
- die Grundgebühr (unterschiedlich je nachdem, ob es sich um eine farbige oder nicht farbige Marke handelt);
- die Ergänzungs- und Zusatzgebühren (Anzahl der beanspruchten Vertragsparteien x Ergänzungsgebühr und Anzahl der über die ersten drei hinausgehenden Klassen x Zusatzgebühr).
- die individuellen Gebühren.

Angabe der Zahlungsart:

Hier ist das entsprechende Feld anzukreuzen und das Datum der Zahlung anzugeben. Bitte beachten Sie, dass die Zahlung der internationalen Gebühren nicht vom Deutschen Patent- und Markenamt vermittelt wird.

M8 Anmeldeformular Deutsches Geschmacksmuster mit amtlicher Ausfüllhilfe

Deutsches Patent- und Markenamt   Hausadresse (nur für Frachtsendungen)   **DEUTSCHES PATENT- UND MARKENAMT**
Dienststelle Jena   Goethestr. 1
07738 Jena   07743 Jena

Designanmeldungen können mit Telefax nicht wirksam eingereicht werden!

(1) Sendungen des Deutschen Patent- und Markenamts sind zu richten an:
(Name, Vorname, Anschrift; Firma; ggf. Postfach)

Antrag auf Eintragung eines Designs   **4**

Aktenzeichen *(wird vom Deutschen Patent- und Markenamt vergeben)*

(2) Zeichen des Anmelders/Vertreters | Telefon | Telefax | Datum

(3) **Anmelder**
(Name, Vorname, Anschrift;
Firma lt. Handelsregister; hier kein Postfach)

Vertreter
(z. B. Patentanwalt, Rechtsanwalt, Erlaubnisscheininhaber;
Name, Vorname, Anschrift; hier kein Postfach)

(4) **Erzeugnisangabe (nicht mehr als fünf Warenbegriffe)**
Recherche zulässiger Begriffe:
www.dpma.de/service/klassifikationen/locarnoklassifikation/suche/suchen.html

Klassifizierung/Warenklassen (optional)
Sofern Sie hier keine Angabe machen, wird die Klassifizierung vom DPMA festgelegt.

Wenn die Angabe nicht auf alle Designs der Sammelanmeldung zutrifft, sind die Erzeugnisangaben im Anlageblatt R 5703.2 einzutragen.

Sonstige Anträge

(5) ☐ Eintragung als **Sammelanmeldung** von _____ Designs *(max. 100)*   *Anlageblatt R 5703.2 ist zu benutzen*

(6) ☐ **Aufschiebung der Bekanntmachung** der Wiedergabe

(7) ☐ **Verzicht auf die Eintragungsurkunde**   *(Eine Information über die Eintragung wird dennoch übersandt.)*

(8) ☐ Anmelder ist an **Lizenzvergabe** interessiert

(9) **Priorität** ☐ ausländische Priorität *(Datum, Staat, Aktenzeichen)*   ☐ Ausstellungspriorität
(die während der Ausstellung erteilte Bescheinigung ist beizufügen)

(10) **Gebührenzahlung**   (Erläuterungen und Kostenhinweise siehe letztes Blatt)

☐ **Zahlung mittels SEPA-Lastschrift**   ☐ **Überweisung** *(nach Erhalt der Empfangsbestätigung)*

☐ Ein gültiges **SEPA-Basis-Lastschriftmandat**
(Vordruck A 9530) mit der Mandatsreferenznummer
(bitte eintragen): _____

☐ liegt dem DPMA bereits vor (Dauermandat)

☐ ist beigefügt

☐ Angaben zum Verwendungszweck (Vordruck A 9532) des
Mandats mit der o. g. Mandatsreferenznummer sind beigefügt.

Zahlungsempfänger
Bundeskasse Halle/DPMA
IBAN: DE84 7000 0000 0070 00 10 54
BIC (SWIFT-Code): MARKDEF1700
Anschrift der Bank:
Bundesbankfiliale München
Leopoldstr. 234
80807 München

Wird die Anmeldegebühr nicht innerhalb von 3 Monaten nach dem Eingangstag der Anmeldung gezahlt, so gilt die Anmeldung als zurückgenommen.

(11) Anlagen (Anzahl)

1. _____ Wiedergabeformblätter (R 5703.1 zwingend erforderlich)
2. _____ Datenträger (CD oder DVD, **anstelle** von Wiedergabeformblättern)
3. _____ Flächenmäßige Designabschnitte (zweifach, identisch)
4. _____ Anlageblatt (R 5703.2 bei Sammelanmeldungen erforderlich)
5. _____ Vollmacht
6. _____ Abschrift der Voranmeldung
7. _____ Ausstellungsbescheinigung (R 5708)
8. _____ SEPA-Basis-Lastschriftmandat (A 9530)
9. _____ Angaben zum Verwendungszweck (A 9532)
10. _____ Entwerferbenennung (R 5707)

(12) Unterschrift(en)

_____
Name in Druckschrift bitte wiederholen

R 5703
4.14

Wiedergabe des Designs

Zeichen des Anmelders/Vertreters	Design lfd. Nr.:	Aktenzeichen *(wird vom DPMA vergeben)*
	(Für jedes Design ist ein **gesondertes** Blatt zu verwenden)	
Auf dem Formblatt ist die Nummerierung der einzelnen Darstellungen anzubringen (Bsp.: Die 3. Darstellung des 2. Designs erhält die Nummerierung 2.3)		

Wenn der Platz nicht ausreicht, bitte dieses Blatt vervielfältigen.

Bei Einreichung eines elektronischen Datenträgers (§ 6 Abs. 4 DesignV) ist die Benutzung des Wiedergabeformblattes nicht notwendig

R 5703.1
1.14

DEUTSCHES PATENT- UND MARKENAMT
80297 München
Telefon: +49 89 2195-0
Telefax: +49 89 2195-2221
Telefonische Auskünfte: +49 89 2195-3402
Internet: http://www.dpma.de

Zahlungsempfänger: Bundeskasse Halle/DPMA
IBAN: DE84 7000 0000 0070 0010 54
BIC (SWIFT-Code):   MARKDEF1700
Anschrift der Bank: Bundesbankfiliale München
                      Leopoldstr. 234, 80807 München

- Dienststelle Jena -
07738 Jena
Telefon: +49 3641 40-54
Telefax: +49 3641 40-5690
Telefonische Auskünfte: +49 3641 40-5555

- Technisches Informationszentrum Berlin -
10958 Berlin
Telefon: +49 30 25992-0
Telefax: +49 30 25992-404
Telefonische Auskünfte: +49 30 25992-220

Merkblatt für Designanmelder

(Ausgabe Juli 2015)

Inhaltsverzeichnis

Dieses Merkblatt gibt Ihnen ausführliche Hinweise, wenn Sie ein Design beim Deutschen Patent- und Markenamt (DPMA) anmelden wollen.

Sämtliche Formulare und amtliche Vordrucke zum Design können Sie unter http://www.dpma.de/design/formulare herunterladen oder beim DPMA bestellen.

R 5704
7.15

I. Die rechtlichen Grundlagen

Die rechtlichen Grundlagen einer Designanmeldung ergeben sich aus

- dem Designgesetz (http://www.gesetze-im-internet.de/geschmmg_2004/index.html),

- der Designverordnung (http://www.gesetze-im-internet.de/designv/index.html),

- der DPMA-Verordnung (http://www.gesetze-im-internet.de/dpmav_2004/index.html),

- dem Patentkostengesetz (http://www.gesetze-im-internet.de/patkostg/index.html),

- der DPMA-Verwaltungskostenverordnung (http://www.gesetze-im-internet.de/dpmavwkostv_2006/index.html) und

- der Patentkostenzahlungsverordnung (http://www.gesetze-im-internet.de/patkostzv_2004/index.html).

II. Was kann geschützt werden?

Schutz durch ein eingetragenes Design entsteht, wenn folgende Voraussetzungen erfüllt sind:

1. Schutzfähige Gegenstände

Als Design kann die zweidimensionale oder dreidimensionale Erscheinungsform eines ganzen Erzeugnisses oder eines Teils davon geschützt werden. Durch ein eingetragenes Design wird also die Gestaltung einer Fläche – zum Beispiel eines Stoffes oder einer Tapete – oder die äußere Gestaltung eines dreidimensionalen Gegenstandes geschützt. Hier spielen die Linien, Konturen, Farben, die Gestalt und die Oberflächenstruktur des Erzeugnisses eine Rolle. Ein Erzeugnis in diesem Sinne ist jeder industrielle oder handwerkliche Gegenstand, einschließlich Verpackung, Ausstattung, grafischer Symbole und typografischer Schriftzeichen sowie Einzelteile, die zu einem komplexen Erzeugnis zusammengebaut werden können. Ein Computerprogramm gilt nicht als Erzeugnis.

2. Neuheit

Ein eingetragenes Design muss zum Zeitpunkt der Anmeldung neu sein. Ein Design gilt als neu, wenn vor dem Anmeldetag kein identisches Design veröffentlicht worden ist. Designs gelten als identisch, wenn sich ihre Merkmale nur in unwesentlichen Einzelheiten unterscheiden. Das bedeutet, dass die Gestaltung, für die der Schutz beansprucht wird, zu diesem Zeitpunkt den in der Europäischen Union tätigen Fachkreisen des betreffenden Sektors weder bekannt war noch bekannt sein konnte. Hierfür kommen auch Veröffentlichungen außerhalb der EU in Betracht.

3. Eigenart

Außerdem muss das Design zum Zeitpunkt der Anmeldung Eigenart aufweisen. Sein Gesamteindruck muss sich hierfür von dem bereits bekannter Designs unterscheiden. Dabei kommt es weder auf die Sicht eines Laien noch auf die eines Produktdesigners an. Vielmehr ist der Gesamteindruck entscheidend, der bei einem so genannten "informierten Benutzer" hervorgerufen wird. Je mehr Designs es in einer Warenklasse gibt, desto geringere Anforderungen sind an die Gestaltungshöhe zu stellen und umgekehrt. Im Bereich der Pkw-Felgen besteht zum Beispiel eine hohe Designdichte. Hier können Gestaltungen auch dann Eigenart aufweisen, wenn sie sich nur geringfügig von vorbekannten Gestaltungen unterscheiden.

4. Neuheitsschonfrist

Eine Offenbarung bleibt bei der Beurteilung von Neuheit und Eigenart unberücksichtigt, wenn ein Design während der zwölf Monate vor dem Anmeldetag durch den Entwerfer oder seinen Rechtsnachfolger oder durch einen Dritten als Folge von Informationen oder Handlungen des Entwerfers oder seines Rechtsnachfolgers der Öffentlichkeit zugänglich gemacht wurde.

5. Prüfung von Neuheit und Eigenart

Neuheit und Eigenart werden im Eintragungsverfahren durch das DPMA nicht geprüft. Erst im Streitfall vor einem Zivilgericht oder innerhalb eines Nichtigkeitsverfahrens vor der Designabteilung des DPMA werden diese Schutzvoraussetzungen geprüft.

6. Recherche

Bevor Sie die Eintragung eines Designs beantragen, sollten Sie sich über den vorhandenen Bestand an Formgestaltungen informieren. **Recherchemöglichkeiten** für eingetragene Designs finden Sie hier:

- Eingetragene Designs mit Geltung in Deutschland: https://register.dpma.de/DPMAregister/Uebersicht (DPMAregister)
- Eingetragene Designs mit Geltung in der gesamten EU (sogenannte Gemeinschaftsgeschmacksmuster): https://oami.europa.eu/eSearch/#advanced/designs (eSearch plus)
- International registrierte Designs mit Geltung in einzelnen Mitgliedstaaten des Haager Musterabkommens: http://www.wipo.int/designdb/hague/en/ (Hague Express)

7. Gegenstand des Designschutzes

Die bildliche Wiedergabe eines Designs legt Gegenstand und Umfang des Schutzrechts fest und ist daher von zentraler Bedeutung. Der Schutzgegenstand ist auf die in der Wiedergabe sichtbaren Erscheinungsmerkmale beschränkt. Beachten Sie daher unbedingt die Punkte IV.3 und insbesondere IV.3.a)(2).

8. Typografische Schriftzeichen

Typografische Schriftzeichen sind als Erzeugnisse im Sinne des Designschutzes schutzfähig. Sie sind der Warenklasse 18-03 zuzuordnen. Als Erzeugnisangabe ist der Begriff "Typografische Schriftzeichen" zu verwenden. Die Wiedergabe des Designs muss einen vollständigen Zeichensatz sowie fünf Zeilen Text in Schriftgröße 16 umfassen.

III. Wie ist die Anmeldung einzureichen?

Um für ein Design in Deutschland Schutz nach dem Designsetz zu erlangen, müssen Sie es beim DPMA zur Eintragung in das Designregister anmelden.

Designanmeldungen können Sie

- elektronisch auf der Homepage des DPMA mit DPMAdirektWeb
- elektronisch mit der Software DPMAdirekt
- schriftlich auf dem Postweg oder
- persönlich beim Deutschen Patent- und Markenamt in München, der Dienststelle Jena oder im Technischen Informationszentrum in Berlin

einreichen.

Bei einer elektronischen Anmeldung sind die Gebühren reduziert. Die Nutzung von DPMAdirektWeb ist ohne Signaturkarte möglich.

Die Nutzung von DPMAdirekt ist nur mit einer Signaturkarte möglich. Näheres zu dieser Software finden Sie unter http://www.dpma.de/service/e_dienstleistungen/index.html.

Auch einige Patentinformationszentren nehmen Designanmeldungen entgegen.

Kein Telefax!

Die Einreichung von Wiedergaben (Darstellungen des Designs) per Telefax ist unzulässig.

IV. Was ist einzureichen?

Die Anmeldung muss enthalten:

- einen Antrag auf Eintragung eines Designs,
- konkrete Anmelderangaben,
- eine Erzeugnisangabe,
- eine zur Bekanntmachung geeignete Wiedergabe des Designs und
- ein Anlageblatt bei einer Anmeldung von mehreren Designs.

Besonders schnell können wir Ihre Anmeldung unter folgenden Voraussetzungen bearbeiten, wenn Sie:

- uns bei der Anmeldung eine Einzugsermächtigung (SEPA-Lastschriftverfahren, s.a. Zahlungshinweise für die Anmeldegebühr erteilen.
- die Angabe der Erzeugnisse mit Hilfe unserer Suchmaschine erstellen. Hier finden Sie schnell und umfassend alle zulässigen Warenbegriffe.

Auch elektronisch mit DPMAdirektWeb oder DPMAdirekt eingereichte Anmeldungen können wir schneller bearbeiten.

1. Eintragungsantrag

Zur Anmeldung eines Designs verwenden Sie bitte das vom DPMA herausgegebene Formblatt R 5703. Wollen Sie mehrere Designs mit einem Antrag anmelden (Sammelanmeldung), reichen Sie zusätzlich das Anlageblatt (R 5703.2) zusammen mit dem Eintragungsantrag ein. Der Lesbarkeit wegen ist es von Vorteil, wenn Sie diese Vordrucke in Maschinenschrift ausfüllen.

Die Darstellungen drucken oder kleben Sie bitte auf dem Wiedergabeformblatt auf. Bei Sammelanmeldungen verwenden Sie bitte für jedes Design ein gesondertes Wiedergabeformblatt. Statt auf dem Formblatt können Sie die Wiedergabe auch auf elektronischen Datenträgern einreichen.

Alle notwendigen Formulare finden Sie auf der Homepage des Deutschen Patent- und Markenamts im Internet (http://www.dpma.de/design/formulare). Darüber hinaus können Sie Form- und Merkblätter von der Auskunftsstelle des DPMA (+49 89 2195-3402) telefonisch anfordern.

Bei den Feldern (1) bis (11) des Antragsformulars und der Felder (A) bis (G) des Anlageblatts sollten Sie folgende Hinweise beachten:

Zeile 1 Anschrift

Hier tragen Sie ein, an wen die Sendungen des DPMA gerichtet werden sollen, und zwar

- Name,
- Vorname,
- Straße,
- Hausnummer,
- Firma,
- ggf. Postfach,
- Ort mit Postleitzahl / bei ausländischen Orten auch den Staat; ggf. können auch Angaben zum Bezirk, zur Provinz oder zum Bundesstaat gemacht werden.

Die Anschrift kann Ihre eigene, die eines Empfangsberechtigten oder eines bestellten Vertreters sein. Melden Sie das Design mit anderen Anmeldern gemeinschaftlich an und haben keinen gemeinsamen Vertreter bestellt, so müssen Sie hier die Anschrift eines Empfangsberechtigten angeben. Anschriftenänderungen sollten Sie dem DPMA umgehend mitteilen.

Zeile 2 Zeichen des Anmelders/Telefon/Telefax/Datum

Tragen Sie hier bitte Ihr internes Geschäftszeichen (soweit vorhanden) sowie Ihre Telefonnummer(n), Telefaxnummer und das aktuelle Datum ein.

Zeile 3 Anmelder/Vertreter

Wenn Sie in Zeile 1 einen Empfangsberechtigten oder Vertreter angegeben haben, tragen Sie hier Namen und Anschrift des **Anmelders** ein. Bitte geben Sie hier Ihre Hausanschrift (kein Postfach) an. Das ist für den Fall notwendig, wenn Zustellungen erforderlich werden, die nicht an ein Postfach möglich sind.

Anmelder kann

- eine natürliche Person,
- eine juristische Person oder
- eine rechtsfähige Personengesellschaft sein.

Falls Sie für das Anmeldeverfahren einen Vertreter bevollmächtigen, geben Sie auch dessen Namen und die Anschrift an (auch hier bitte kein Postfach).

Bitte beachten Sie:

Name und Anschrift der Person, die als Inhaber in das Register eingetragen werden soll, müssen auf dem Formular **in jedem Fall** angegeben werden. Andernfalls ist die Anmeldung nicht wirksam und sichert nicht den Zeitrang des Anmeldetags.

Soll das Design angemeldet werden für

- eine Firma, müssen Sie die Firmenbezeichnung angeben, die im Handelsregister eingetragen ist.
- eine Gesellschaft bürgerlichen Rechts (GbR), müssen Sie die Firmenbezeichnung angeben, die im Gewerbeschein genannt ist. Zusätzlich sind Name und Anschrift mindestens eines vertretungsberechtigten Gesellschafters erforderlich.
- eine juristische Person, die in einem Register eingetragen ist, müssen Sie den dort eingetragenen Namen angeben.
- mehrere Personen, geben Sie die Namen und persönlichen Anschriften aller Personen bzw. juristischen Personen oder Gesellschaften an.

Entwerferbenennung

Entwerfer haben das Recht, im Verfahren vor dem DPMA und im Designregister genannt zu werden. Der Entwerfer hat dabei kein eigenes Antragsrecht, die Eintragung ist vom Rechtsinhaber zu beantragen. Als Entwerfer können **nur natürliche Personen** benannt werden. Zu den notwendigen Angaben gehören Vorname, Familienname und persönliche Anschrift (Straße, Hausnummer, Postleitzahl, Ort) jedes Entwerfers. Alternativ kann hier auch die Dienstanschrift des Entwerfers angegeben werden.

Benutzen Sie für die Entwerferbenennung den amtlichen Vordruck R 5707, den Sie dem Eintragungsantrag als Anlage beifügen.

Zeile 4   Erzeugnisangabe

Geben Sie in diesem Feld zu dem Design mindestens ein Erzeugnis, jedoch nicht mehr als fünf Erzeugnisse an. Die Erzeugnisangabe hat keinen Einfluss auf den Schutzumfang. Sie muss gemessen an der eingereichten Wiedergabe des Designs **plausibel** erscheinen, also inhaltlich richtig sein, um die Recherchierbarkeit des Designs zu gewährleisten. Dies ist nur möglich, wenn Sie geeignete Warenbegriffe auswählen. Maßstab für die Auswahl ist letztlich, nach welchen passenden und geläufigen Begriffen die Öffentlichkeit recherchieren würde. Die der Zweckbestimmung folgende Erzeugnisangabe geht regelmäßig mit der äußeren Erscheinung des Designs einher. Zeigt die Wiedergabe z.B. ein Logo, dann ist die Erzeugnisangabe "Logo" oder "Grafische Symbole" (Warenklasse 32-00) und nicht "T-Shirts" oder "Tassen", selbst wenn das Logo dort aufgebracht werden soll.

Die Erzeugnisangabe richtet sich nach der amtlichen Warenliste für eingetragene Designs. Die jeweils gültige Fassung der Warenliste wird im Bundesanzeiger bekannt gemacht.

Bei einer Sammelanmeldung geben Sie im Anlageblatt (R 5703.2) zu jedem Design ein Erzeugnis an. Sie können in Feld (C) des Anlageblattes aber auch erklären, dass die Erzeugnisangabe für alle Designs der Anmeldung gelten soll.

Eine Datenbanksuche kann Ihnen helfen, Begriffe zu finden, die als Erzeugnisangabe verwendet werden können: http://www.dpma.de/service/klassifikationen/locarnoklassifikation/suche/suchen.html.

Zeile 4   Klassifizierung/Warenklassen

Die Klassifizierung richtet sich nach den angegebenen Erzeugnissen. Da die Erzeugnisse aus der Datenbank "Erzeugnisangabe" entnommen werden sollen, ergibt sich die Klassifizierung in der Regel aus der Trefferliste. Soweit Sie die Warenklasse nicht angeben, wird sie – ausgehend von den angegebenen Erzeugnissen und der eingereichten Wiedergabe des Designs – von der Designstelle des DPMA festgelegt.

Zeilen 5 bis 7   Sonstige Anträge

Sammelanmeldung

Sie können bis zu 100 Designs in einer Sammelanmeldung zusammenfassen.

Kreuzen Sie hierfür das erste Auswahlfeld an und geben Sie im Feld dahinter an, wie viele Designs die Anmeldung insgesamt enthält. Das Anlageblatt R 5703.2 ist bei Sammelanmeldungen immer zu benutzen und dem Eintragungsantrag als Anlage beizufügen.

Aufschiebung der Bekanntmachung

Kreuzen Sie das zweite Auswahlfeld an, wenn Sie wünschen, dass die Bekanntmachung der Wiedergabe aufgeschoben wird. Die Veröffentlichung der Wiedergabe im Designblatt wird dann um bis zu 30 Monate nach dem Anmeldetag aufgeschoben. Sofern eine Priorität beansprucht wurde, beginnt die 30-monatige Aufschiebungsfrist mit dem Prioritätstag.

Bei Aufschiebung der Bekanntmachung der Wiedergabe werden zunächst nur die bibliografischen Daten veröffentlicht. Sie können auf diese Weise auch Kosten sparen, da die Verfahrensgebühren insoweit reduziert sind (vgl. im Einzelnen § 21 Abs. 1 DesignG sowie die Kostenhinweise auf der Rückseite des letzten Blattes des Antragsvordrucks).

Beachten Sie jedoch: Während der Aufschiebungsfrist besteht kein Schutz mit absoluter Sperrwirkung, sondern lediglich Nachahmungsschutz (vgl. VII.2.).

Sofern Sie den Schutz nicht durch Zahlung der Erstreckungsgebühr innerhalb der Aufschiebungsfrist auf die 25-jährige Schutzdauer erstrecken, endet die Schutzdauer mit dem Ablauf der Aufschiebungsfrist.

Verzicht auf die Eintragungsurkunde

Sie können erklären, dass Sie auf die Übersendung einer Eintragungsurkunde nach Eintragung ihres Designs in das Designregister verzichten. Sie erhalten dann nach der Eintragung lediglich eine entsprechende Information für Ihre Unterlagen.

Lizenzvergabeinteresse

Sie können erklären, an einer Lizenzvergabe interessiert zu sein. Diese Information dient möglichen Lizenznehmern. Sie wird in das Designregister eingetragen und bekannt gemacht. Die Erklärung ist unverbindlich und verpflichtet Sie nicht, Lizenzen zu vergeben.

Zeile (8)   Priorität

Der Zeitrang der Anmeldung richtet sich grundsätzlich nach dem Eingang der Anmeldung beim DPMA, sofern die Mindestvoraussetzungen für die Zuerkennung eines Anmeldetages erfüllt sind.

Sie können den Zeitrang Ihrer Anmeldung vorverlegen, wenn Sie die Priorität einer vorangegangenen ausländischen Anmeldung oder einer vorangegangenen Ausstellung in Anspruch nehmen.

Wollen Sie eine dieser Prioritäten beanspruchen, sind folgende Angaben erforderlich:

- Ausländische Priorität

Geben Sie Zeit, Land und Aktenzeichen der früheren ausländischen Anmeldung in diesem Feld an und reichen Sie eine Abschrift dieser früheren Anmeldung mit ein. Die Anmeldung müssen Sie innerhalb von sechs Monaten (bei einer vorausgegangenen Patentanmeldung zwölf Monate) unter Beanspruchung des Zeitrangs der Voranmeldung beim Deutschen Patent- und Markenamt einreichen. Die Angaben sind vor Ablauf der 16 Monate nach dem Prioritätstag der vorangegangenen ausländischen Anmeldung zu machen. Da diese Erklärungen und Angaben fristgebunden sind, sollten Sie sie bereits mit der Anmeldung abgeben.

Die Inanspruchnahme einer inneren Priorität (Voranmeldung in Deutschland) ist für Designanmeldungen nicht vorgesehen.

- Ausstellungspriorität

Haben Sie ein Design auf einer inländischen oder ausländischen Ausstellung zur Schau gestellt, können Sie von diesem Tag an ein Prioritätsrecht in Anspruch nehmen. Dafür müssen Sie die Anmeldung innerhalb einer Frist von sechs Monaten seit der erstmaligen Zurschaustellung einreichen. Eine Ausstellungspriorität können Sie jedoch nur für solche Ausstellungen in Anspruch nehmen, die im Einzelfall durch eine Bekanntmachung des Bundesministeriums der Justiz über den Ausstellungsschutz im Bundesanzeiger (www.bundesanzeiger.de) bestimmt wurden.

Zum Nachweis für die Zurschaustellung müssen Sie eine **Bescheinigung** (R 5706) einreichen, **die während der Ausstellung** von der für den Schutz des geistigen Eigentums auf dieser Ausstellung zuständigen Stelle **erteilt worden ist.** Sie können die Bescheinigung bereits im Vorfeld vorbereiten. Wichtig ist, dass Sie Ihr Produkt tatsächlich so ausstellen, wie es auf den Darstellungen in der Bescheinigung gezeigt wird.

Es können nur Prioritäten für Ausstellungen anerkannt werden, die vorher im Bundesanzeiger genannt werden.

Präsentieren Sie Ihr Produkt nur ausgewählten Geschäftspartnern, stellt dies keine für eine Ausstellungspriorität ausreichende Zurschaustellung dar!

Soweit Sie bei einer Sammelanmeldung nicht für alle Designs eine Priorität beanspruchen, ordnen Sie die Prioritätsangaben den Designs zu.

Zeile 9   Gebührenzahlung

Die einzelnen Kostenpositionen und Zahlungsmöglichkeiten finden Sie im **Merkblatt über Gebühren und Auslagen für Designs** (R 5706). **Die Anmeldegebühr** bei einer elektronischen Anmeldung beträgt 6 EUR pro Design, mindestens jedoch 60 EUR pro Anmeldung. Bei einer Papier-Anmeldung beträgt sie 7 EUR pro Design, mindestens jedoch 70 EUR pro Anmeldung. Bei mehr als 10 Designs sind zusätzlich 6 bzw. 7 EUR für jedes weitere Design zu zahlen. Zur Zahlung der Kosten vgl. Zahlungshinweise.

Zur Entrichtung der Kosten empfehlen wir Ihnen wegen der schnelleren Bearbeitung das **Lastschriftverfahren.** Gebühren können dann durch Erteilung eines gültigen SEPA-Basis-Lastschriftmandats mit Angaben zum Verwendungszweck gezahlt werden.

D. h. die Gebühren buchen wir dann automatisch bei Fälligkeit von Ihrem angegebenen Konto ab, so dass es nicht zu einem Rechtsverlust oder einem Zuschlag aufgrund von verspäteter Zahlung kommen kann.

Benutzen Sie hierfür bitte den Vordruck A 9530 (SEPA-Basis-Lastschriftmandat) und A 9532 (Angaben zum Verwendungszweck).

Als Einzahlungstag gilt der Tag des Eingangs der Einzugsermächtigung beim DPMA oder beim Bundespatentgericht, bei zukünftig fällig werdenden Kosten der Tag der Fälligkeit, sofern die Einziehung zu Gunsten der zuständigen Bundeskasse für das Deutsche Patent- und Markenamt erfolgt. Sollten Sie das SEPA-Mandat per Telefax übermitteln, müssen Sie das Original innerhalb eines Monats nachreichen, um den Zahlungstag zu wahren. Andernfalls gilt als Zahlungstag der Tag des Eingangs des Originals.

Die Anmeldegebühr müssen Sie innerhalb von drei Monaten nach Einreichung der Anmeldung beim Deutschen Patent- und Markenamt eingezahlt haben. Andernfalls gilt die Anmeldung als zurückgenommen.

Zeile 10 Anlagen

Hier geben Sie die Anzahl der beigefügten Anlagen an.

Zeile 11 Unterschrift

Bitte leisten Sie die Unterschrift grundsätzlich mit Ihrem bürgerlichen Namen. Bei mehreren Anmeldern ohne gemeinsamen Vertreter lassen Sie den Antrag **von sämtlichen Anmeldern** unterschreiben.

Lautet die Anmeldung nicht auf eine natürliche Person unter ihrem bürgerlichen Namen, geben Sie zum Nachweis der Zeichnungsberechtigung die Funktion des Unterzeichners (z. B. Prokurist, Geschäftsführer) an.

Wiederholen Sie den Namen des Unterzeichners bitte in Druckbuchstaben in dem dafür vorgesehenen Feld.

Hinweis: Beschreibung

Zur Erläuterung der Wiedergabe des Designs können Sie eine Beschreibung einreichen, die eingetragen und bekannt gemacht wird. Die Beschreibung ist auf einem gesonderten Blatt einzureichen und darf bis zu 100 Wörter enthalten. Sie können für jedes einzelne Design gesondert eine Beschreibung als fortlaufenden Text ohne grafische Elemente, Formeln oder Formatierungen formulieren. Die Beschreibung darf sich ausschließlich auf diejenigen Merkmale beziehen, die in der Wiedergabe oder dem flächenmäßigen Designabschnitt enthalten sind. Sie darf keine Aussage zur Neuheit und Eigenart des Designs sowie zur technischen Funktion enthalten.

Wenn Sie digitale Datenträger zur Einreichung der Wiedergabe verwenden, können Sie die Beschreibung im Format "*.txt" auf dem Datenträger speichern. Bei Sammelanmeldungen können Sie die Beschreibungen in einem Dokument zusammenfassen, sofern Sie sie nach Designnummern ordnen.

2. Anlageblatt zum Eintragungsantrag

Bei einer Sammelanmeldung mit mehreren Designs (bis zu 100 Designs pro Anmeldung) verwenden Sie bitte das Anlageblatt (R 5703.2). Soweit das Anlageblatt Eintragungen in den dafür vorgesehenen Spalten zulässt, entfallen entsprechende Angaben im Eintragungsantrag. Soweit ein Anlageblatt für die Eintragungen nicht ausreicht, verwenden Sie bitte weitere Exemplare und nummerieren die Blätter fortlaufend.

Feld (A)   Zeichen des Anmelders

Um eine Zuordnung des Anlageblatts zum Eintragungsantrag jederzeit zu gewährleisten, tragen Sie hier die entsprechenden Angaben aus Feld (2) des Eintragungsantrages ein.

Feld (B)   Warenklasse

Trifft eine Warenklasse für **alle** Designs zu, tragen Sie sie hier ein.

Feld (C)   Erzeugnisangabe

Kreuzen Sie hier das Feld an, wenn die Erzeugnisangabe im Eintragungsantrag für alle Designs gelten soll. Ansonsten geben Sie in Feld (G) für jedes Design eine Erzeugnisangabe an.

Feld (D)   Fortlaufende Nummer

Tragen Sie hier für jedes Design eine fortlaufende Nummer ein.

Feld (E)   Zahl der Darstellungen

Hier geben Sie die Zahl der zu dem jeweiligen Design eingereichten Darstellungen (maximal 10 Darstellungen je Design) an.

Feld (F)   Angabe der Warenklasse

Hier können Sie zusätzlich zu der Angabe in Feld (B) weitere Warenklassen zu dem jeweiligen Design eintragen.

Feld (G)   Angabe von Erzeugnissen

Bei einer Sammelanmeldung geben Sie bitte zu jedem Design mindestens ein Erzeugnis an, es sei denn, Sie erklären in Feld (C), dass die Erzeugnisangabe für alle Designs der Anmeldung gelten soll.

3. Wiedergabe und flächenmäßiger Designabschnitt

Die Merkmale des Designs, für die Sie Schutz nach dem Designgesetz beanspruchen, müssen deutlich und vollständig offenbart werden. Die Wiedergabe des Designs, d. h. sämtliche zu dem Design eingereichten Darstellungen, bzw. die flächenmäßigen Designabschnitte (bspw. Muster von Stoffen oder Tapeten), legen Gegenstand und Umfang des Schutzrechts fest und sind daher von zentraler Bedeutung. Es liegt in Ihrer Verantwortung, die aus Ihrer Sicht zu schützenden Bestandteile des angemeldeten Designs deutlich sichtbar wiederzugeben. Der Schutzgegenstand ist auf die in der Wiedergabe bzw. dem flächenmäßigen Designabschnitt sichtbaren Erscheinungsmerkmale beschränkt, d. h. nur das, was in der Wiedergabe bzw. dem flächenmäßigen Designabschnitt sichtbar ist, ist auch geschützt.

Die Wiedergabe bzw. den flächenmäßigen Designabschnitt reichen Sie bitte zusammen mit dem Eintragungsantrag ein. Eine Nachreichung auch bloßer Ergänzungen ist nicht zulässig bzw. führt gegebenenfalls zur Verschiebung des Anmeldetages.

a)   Wiedergabe des Designs

(1)   Inhalt der Wiedergabe

Die Wiedergabe besteht aus **mindestens einer** farbigen oder schwarzweißen fotografischen oder sonstigen grafischen Darstellung (z. B. Strichzeichnung) des Designs.

Zur Wiedergabe des Designs können Sie **bis zu zehn** Darstellungen einreichen. Bei den Darstellungen kann es sich um Draufsicht, Vorder-/Seiten-/Rückansicht, Schnittdarstellung, Perspektivansicht oder Explosionsdarstellung des Designs handeln. Achten Sie darauf, dass die Ansichten sich auf das gleiche Design beziehen und einen sichtbaren Teil des Designs darstellen.

Beachten Sie hierbei bitte auch, dass die erste Darstellung die Gesamtansicht Ihres Designs zeigen sollte, da diese mit der Eintragung in das Designregister in der sogenannten "Trefferliste" im Designregister abgebildet wird.

Jede darüber hinausgehende Darstellung wird nicht berücksichtigt. Alle zulässigen Darstellungen des Designs werden vom DPMA im Designregister bekannt gemacht (Ausnahme: bei beantragter Aufschiebung der Bekanntmachung der Wiedergabe im Eintragungsantrag).

(2)   Anforderungen an die Wiedergabe

Die Darstellungen müssen einerseits das Design deutlich und vollständig wiedergeben und andererseits als Vorlage für die Bekanntmachung im Designblatt geeignet sein.

Wenn Sie eine bestimmte Farbgestaltung Ihres Designs schützen lassen wollen, empfehlen sich Farbabbildungen. Vermeiden Sie, Farb- und Schwarz-Weiß-Abbildungen innerhalb der Wiedergabe eines Designs zu mischen, da dann unklar bleibt, ob die Farbe zum Schutzgegenstand gehören soll. Melden Sie stattdessen zwei Designs an. Auch verschiedene Farbgestaltungen eines Designs können nur als eigenständiges Design geschützt werden.

Eine Mischung von fotografischen Darstellungen und Strichzeichnungen innerhalb der Wiedergabe eines Designs kann hingegen sinnvoll sein, wenn Sie bestimmte Details fotografisch nicht darstellen können.

Fotografieren Sie das Design unbedingt vor einem neutralen Hintergrund. Achten Sie auch darauf, dass die Darstellung das zum Schutz angemeldete Design ohne Beiwerk (nicht zum Design gehörende Teile) zeigt und keine Erläuterung, Nummerierung oder Maßangabe enthält.

(3)   Verwendung des Wiedergabeformblattes

Für die Darstellungen verwenden Sie bitte den vom DPMA herausgegebenen Vordruck (R 5703.1), auf dem Sie die Darstellungen einseitig aufdrucken ("copy and paste") oder mit einem geeigneten Klebstoff vollflächig aufkleben. Zwischen den Darstellungen halten Sie bitte einen Abstand von mindestens einem Zentimeter. Verwenden Sie bei Sammelanmeldungen für jedes Design ein gesondertes Formblatt. Achten Sie bitte darauf, dass die Formblätter keinerlei erläuternden Text, erläuternde Bezeichnungen, Symbole oder Bemaßungen enthalten.

Nummerieren Sie die Darstellungen bitte fortlaufend mit durch Punkte gegliederten arabischen Zahlen (z. B. 1.1, 1.2, 1.3, 2.1, 2.2). Die Zahl links vom Punkt bezeichnet die Nummer des Designs und die Zahl rechts vom Punkt die Nummer der Darstellung. Bringen Sie die Nummerierung neben den Darstellungen auf den Formblättern an. Beachten Sie, dass eine einzelne Darstellung nur eine Ansicht zeigen darf.

(4) Verwendung von elektronischen Datenträgern

Sie können die Darstellungen auch in elektronischer Form auf einem Datenträger (CD oder DVD) einreichen. In diesem Fall legen Sie die einzelnen Bilddateien im Format JPEG (*.jpg) im Stammverzeichnis des leeren Datenträgers ab (keine Unterverzeichnisse). Beachten Sie bitte, dass jede Datei nur eine Darstellung enthält und die Auflösung mindestens 300 dpi sowie die Bildgröße mindestens 3 x 3 Zentimeter beträgt. Die Größe einer Datei darf 2 Megabyte nicht überschreiten. Wählen Sie die Dateinamen der einzelnen Darstellungen entsprechend der Nummerierung bei Papierdarstellungen (1.1.jpg, 1.2.jpg etc). Legen Sie auf dem eingereichten Datenträger außer den Bilddateien und den Beschreibungen zu den Designs keine weiteren Daten ab.

b) Flächenmäßige Designabschnitte

Nur wenn Sie einen Antrag auf Aufschiebung der Bekanntmachung der Wiedergabe stellen, können Sie an Stelle der Wiedergabe einen flächenmäßigen Designabschnitt einreichen. Dies können z. B. Abschnitte von Stoffbahnen und Tapeten sein. Der flächenmäßige Designabschnitt muss folgende Voraussetzungen erfüllen:

Reichen Sie bitte die flächenmäßigen Designabschnitte in zwei übereinstimmenden Exemplaren ein. Nummerieren Sie jeden Designabschnitt fortlaufend. Dazu bringen Sie bitte die lfd. Nummer des Designs auf der Rückseite des flächenmäßigen Designabschnitts an. Achten Sie bitte darauf, dass der Designabschnitt ein Format von 50 x 100 x 2,5 cm oder 75 x 100 x 1,5 cm nicht überschreitet und auf das Format DIN A4 zusammenlegbar ist. Die in einer Anmeldung eingereichten flächenmäßigen Designabschnitte dürfen einschließlich Verpackung insgesamt nicht schwerer als 15 kg sein.

Besteht Ihr Design aus einer sich wiederholenden flächenmäßigen Gestaltung, beachten Sie bitte, dass der Designabschnitt das vollständige Design und einen der Länge und Breite nach ausreichenden Teil der Fläche mit dem sich wiederholenden Design zeigt.

V. Muss ich einen Anwalt beauftragen?

Ein Design können Sie grundsätzlich selbst anmelden. Einen Anwalt müssen Sie nur dann bestellen, wenn Sie Ihren Sitz im Ausland haben. Im Einzelnen ist zu berücksichtigen:

1. Freiwillige Vertretung

Bei der Anmeldung eines Designs können Sie sich von einem zur Rechtsbesorgung zugelassenen Berater, z.B. einem Rechts- oder Patentanwalt, vertreten lassen. Die Bevollmächtigung eines Zusammenschlusses von Vertretern unter Angabe des Namens dieses Zusammenschlusses ist zulässig.

2. Inlandsvertreter

Haben Sie in Deutschland keinen Wohnsitz, Sitz oder Niederlassung, müssen Sie sich durch einen im Inland bestellten Patentwalt oder Rechtsanwalt vertreten lassen. Dieser kann auch Staatsangehöriger eines Mitgliedstaates der Europäischen Union oder eines anderen Vertragsstaates des Abkommens über den Europäischen Wirtschaftsraum sein, wenn er seine berufliche Tätigkeit unter einer bestimmten, mit deutschen Rechts- oder Patentanwälten vergleichbaren Berufsbezeichnung ausüben darf.

3. Vollmacht

Eine **schriftliche Vollmachtsurkunde** muss nur dann vorgelegt werden, wenn der Vertreter kein Rechts- oder Patentanwalt ist.

Ein Unternehmen kann einem Angestellten eine **Allgemeine Vollmacht** erteilen, die ihn zur Vertretung aller Schutzrechtsangelegenheiten vor dem DPMA berechtigt. Die Allgemeinen Vollmachten werden beim DPMA unter Vergabe einer Nummer registriert.

VI. Was folgt nach der Anmeldung?

Haben Sie eine Designanmeldung eingereicht, so erhalten Sie oder Ihr Vertreter eine **Empfangsbestätigung**, welche von der Annahmestelle des DPMA ausgestellt wird. Die Annahmestelle bestätigt lediglich den Tag des Eingangs der Anmeldung beim DPMA. Ihre Anmeldung wird – auch auf Vollständigkeit – erst im Rahmen der Sachbearbeitung in der Designstelle des DPMA geprüft.

Die Designstelle darf eine Anmeldung erst nach Zahlung der Gebühren bearbeiten. Bitte zahlen Sie die Anmeldegebühr in Ihrem eigenen Interesse so früh wie möglich.

1. Prüfung der Anmeldung

Die Designstelle des DPMA prüft, ob die **Formvorschriften** (vgl. besonders VI.) für die Anmeldung als Voraussetzung der Eintragung erfüllt sind. Darüber hinaus wird geprüft, ob der Gegenstand der Anmeldung ein Design im Sinne des § 1 Nr. 1 DesignG ist und ob das Design gegen die öffentliche Ordnung oder gegen die guten Sitten verstößt oder ob das Design eine missbräuchliche Verwendung eines der in Art. 6ter der Pariser Verbandsübereinkunft zum Schutz des gewerblichen Eigentums aufgeführten Zeichen, Embleme etc. darstellt.

Im Eintragungsverfahren wird jedoch nicht geprüft, ob das angemeldete Design auch die übrigen **materiellen Schutzvoraussetzungen** (u. a. Neuheit und Eigenart) erfüllt. Ein Design wird daher auch eingetragen, wenn eine oder mehrere der genannten Schutzvoraussetzungen fehlen. Dann entsteht jedoch kein Schutzrecht, aus dem Rechte hergeleitet werden können.

2. Beseitigung von Mängeln

Fehlen bestimmte Erfordernisse bei den Anmeldungsunterlagen, so ergeben sich unterschiedliche Rechtsfolgen, die von der Art des Mangels abhängen.

Grundlegende Voraussetzungen bei der Einreichung des Eintragungsantrags (vgl. IV.1) und der Wiedergabe des Designs (vgl. IV.3.a)) müssen erfüllt sein. Andernfalls ist es nicht möglich, für die mit solchen Mängeln behaftete Anmeldung einen Anmeldetag anzuerkennen. Wird der Mangel nach entsprechender Benachrichtigung durch das DPMA beseitigt, so wird der Tag der Mängelbeseitigung (Eingang im DPMA) als Anmeldetag festgelegt.

Darüber hinaus muss die Anmeldung weiteren Erfordernissen entsprechen, die sich im Einzelnen aus dem Designgesetz und der Designverordnung ergeben. Ist dies nicht der Fall, erhalten Sie einen Beanstandungsbescheid. Beseitigen Sie die bestehenden Mängel nicht fristgerecht, weist die Designstelle die Anmeldung durch Beschluss zurück.

3. Eintragung und Bekanntmachung

Sind alle Voraussetzungen erfüllt, trägt die Designstelle Ihre Anmeldung in das elektronisch geführte Register ein. Die Eintragung wird auf der Publikationsplattform DPMA**register** und im elektronischen Designblatt (http://register.dpma.de) bekannt gemacht.

Mit der Eintragung des Designs in das Designregister entsteht der Designschutz.

4. Verfahrenskostenhilfe

Im Eintragungsverfahren können Sie Zahlungserleichterungen durch Verfahrenskostenhilfe erhalten, wenn Sie nachweisen, dass Sie nach Ihren **persönlichen und wirtschaftlichen Verhältnissen** die Gebühr nicht, nur zum Teil oder nur in Raten aufbringen können. Voraussetzung ist, dass **hinreichende Aussicht auf Eintragung** des Designs besteht. Die Verfahrenskostenhilfe umfasst die Anmeldegebühren.

Für die Erklärung über die persönlichen und wirtschaftlichen Verhältnisse müssen Sie ein besonderes Formular (A 9541) ausfüllen und unterschreiben. Ihre Angaben müssen Sie ausreichend belegen. Weitere Informationen finden Sie im **Merkblatt über Verfahrenskostenhilfe** (A 9540).

Auch für das Erstreckungs- und das Aufrechterhaltungsverfahren sowie für das Nichtigkeitsverfahren können Sie Verfahrenskostenhilfe beantragen.

5. Erstreckung des Schutzes

Im Falle der Aufschiebung der Bekanntmachung der Wiedergabe (vgl. S. 4) können Sie innerhalb von 30 Monaten nach dem Anmeldetag (bzw. Prioritätstag) entscheiden, ob der Schutz auf die maximale Schutzdauer von 25 Jahren "erstreckt" werden soll. Hierfür genügt es grundsätzlich, wenn Sie innerhalb der Aufschiebungsfrist die Erstreckungsgebühr bezahlen.

Wenn Sie bei der Anmeldung einen flächenmäßigen Designabschnitt eingereicht haben, müssen Sie innerhalb der Aufschiebungsfrist auch eine Wiedergabe des Designs nachreichen. Nach der Erstreckung definieren ausschließlich deren Darstellungen den Designschutz. Die schutzbegründenden Darstellungen werden **nicht** durch die Designstelle angefertigt.

Bei Sammeleintragungen können Sie die Erstreckung auf ausgewählte (z. B. die inzwischen auf dem Markt erfolgrei-

chen) Designs beschränken. Bezeichnen Sie dann bitte genau die Designs, auf die sich die Erstreckungsgebühr bezieht, in einem gesonderten schriftlichen Antrag (Aktenzeichen, laufende Nummer der betreffenden Designs).

Die wirksame Erstreckung vorausgesetzt, wird die Wiedergabe grundsätzlich nach Ablauf der 30-monatigen Aufschiebungsfrist bekannt gemacht. Sie können aber auch einen früheren Bekanntmachungstermin beantragen.

6. Aufrechterhaltung des Schutzes

Der Schutz Ihres eingetragenen Designs endet 25 Jahre nach dem Anmeldetag. Diese Höchstschutzdauer erreichen Sie, wenn Sie den Schutz zum Ende einer jeden Schutzperiode (jeweils 5 Jahre) durch Gebührenzahlung aufrechterhalten. Bei einer Sammeleintragung müssen Sie die Aufrechterhaltungsgebühr für jedes einzelne eingetragene Design zahlen. Sie beträgt derzeit 90 EUR für die erste Aufrechterhaltungsstufe (6. bis 10. Schutzjahr). Im Zahlungsbeleg geben Sie bitte das vollständige Aktenzeichen an.

Bei Sammeleintragungen können Sie die Aufrechterhaltung auf ausgewählte Designs beschränken. In diesem Fall müssen Sie einen schriftlichen Antrag stellen, in dem Sie die aufrecht zu erhaltenden Designs auflisten.

Erhalten Sie den Schutz nicht aufrecht, so endet die Schutzdauer und die Eintragung des Designs wird im Designregister gelöscht.

VII. Rechte aus dem Schutz

1. Grundsatz: Sperrwirkung

Das beim Deutschen Patent- und Markenamt eingetragene Design gewährt Ihnen das ausschließliche Recht, das Design zu benutzen und Dritten zu verbieten, es ohne Ihre Zustimmung zu benutzen. Nur Sie haben die Befugnis zum "Inverkehrbringen", zur Lizenzvergabe und zur Übertragung des Schutzrechts.

Jedem Dritten ist es verboten, Ihr eingetragenes Design ohne Ihre Zustimmung zu benutzen, insbesondere herzustellen, anzubieten, in Verkehr zu bringen, einzuführen, auszuführen, zu gebrauchen oder zu einem dieser Zwecke zu besitzen. Damit hat Ihr eingetragenes Design im Rahmen seines Schutzumfangs absoluten Schutz.

Sie können gegen unabhängige Parallelschöpfungen vorgehen, sofern nicht ein Recht aufgrund vorheriger Benutzung besteht. Auf die Kenntnisse des Verletzers von Ihrem Design kommt es bei Zuwiderhandlungen nicht an. Somit können Sie nicht nur die Nachahmung verbieten, sondern auch die Herstellung und Verbreitung unabhängig entwickelter Gegenstände.

2. Schutz bei Aufschiebung der Bekanntmachung

Während der Aufschiebung der Bekanntmachung der Wiedergabe (vgl. S. 4) besteht nur Nachahmungsschutz. Sie können somit nur gegen Designs vorgehen, die in Kenntnis Ihres eingetragenen Designs und mit der Absicht hergestellt worden sind, das Design zu verbreiten. Sie müssen im Verletzungsfall darlegen und beweisen, dass das von Ihnen angegriffene Design das Ergebnis einer Nachahmung Ihres eingetragenen Designs ist. Unabhängige Parallelschöpfungen sind in diesem Fall nicht angreifbar. Mit der Nachholung der Bekanntmachung wandelt sich der Nachahmungsschutz in einen Schutz mit absoluter Sperrwirkung.

VIII. Recht auf das eingetragene Design

Das Recht auf das eingetragene Design steht grundsätzlich dem zu, der es entworfen hat. Bei Designs, die im Arbeitnehmerverhältnis oder im Auftrag gestaltet werden, gilt der Arbeitgeber oder Auftraggeber als Berechtigter, wenn der Entwurf des Designs Gegenstand des zugrundeliegenden Vertrags war.

IX. Und die Verwertung?

Die Begutachtung und Verwertung von Designs sowie die Verfolgung von Designverletzungen gehören nicht zum Aufgabengebiet des DPMA. Hierbei können Ihnen Personen oder Firmen behilflich sein, die sich mit der Verwertung von Erfindungen befassen. Auskünfte oder Referenzen hierüber kann das DPMA nicht erteilen. Oft können aber die Patentinformationszentren weiterführende Hinweise geben.

Außerdem bietet die Patentanwaltskammer beim Deutschen Patent- und Markenamt in München, beim Technischen Informationszentrum in Berlin sowie bei einigen Patentinformationszentren und Industrie- und Handelskammern eine kostenlose Erfindererstberatung an.

X. Zahlungshinweise

1. Gebühren können Sie wie folgt entrichten:

   a) durch **Bareinzahlung bei den Geldstellen des Deutschen Patent- und Markenamts** (in München, Jena und im Technischen Informationszentrum in Berlin),

   b) durch **Überweisung** auf das oben angegebene Konto der Bundeskasse Halle,

   c) durch **Bareinzahlung bei einem inländischen oder ausländischen Geldinstitut** auf das oben angegebene Konto der Bundeskasse Halle,

   d) durch Erteilung eines **SEPA-Basis-Lastschriftmandats** mit Angabe des Verwendungszwecks.

2. Als Einzahlungstag gilt gemäß § 2 PatKostZV

   a) bei Bareinzahlung der Tag der Einzahlung,

   b) bei Überweisung der Tag, an dem der Betrag auf dem Konto der Bundeskasse Halle gutgeschrieben wird,

   c) bei Bareinzahlung auf das Konto der Bundeskasse Halle der Tag der Einzahlung. Da die Bundeskasse Halle die Bareinzahlung von der Überweisung nach Buchstabe b) nicht anhand der Buchungsunterlagen zu unterscheiden vermag, sollten Sie dem DPMA unverzüglich den Einzahlungsbeleg vorlegen, wenn Sie den durch die Bareinzahlung vorverlagerten Zahlungstag geltend machen möchten,

   d) bei Erteilung eines SEPA-Basis-Lastschriftmandats der Tag des Eingangs beim Deutschen Patent- und Markenamt oder beim Bundespatentgericht, bei zukünftig fällig werdenden Gebühren der Tag der Fälligkeit der Gebühr, sofern die Einziehung zugunsten der Bundeskasse Halle erfolgt.

3. SEPA-Basis-Lastschriftmandate können Sie auch per Telefax wirksam übermitteln.

4. Bei jeder Zahlung geben Sie das vollständige Aktenzeichen, die genaue Bezeichnung des Anmelders (Rechtsinhabers) und den Verwendungszweck an. Anstelle des Verwendungszwecks können Sie auch die entsprechende Kostennummer angeben.

Die amtlichen Kostennummern finden Sie im Gebührenverzeichnis des Patentkostengesetzes und im Kostenverzeichnis der DPMA-Verwaltungskostenverordnung. Beide Verzeichnisse können Sie auch als Merkblatt A 9510 beim Deutschen Patent- und Markenamt beziehen oder herunterladen unter
http://www.dpma.de/
http://www.dpma.de/service/formulare_merkblaetter/formulare/index.html

---

Für Auskünfte wenden Sie sich bitte an die
Auskunftsstelle des Deutschen Patent- und Markenamts
Telefon: +49 89 2195-3402

Warnung vor – teilweise irreführenden – Angeboten, Zahlungsaufforderungen und Rechnungen im Zusammenhang mit Schutzrechtsanmeldungen und -verlängerungen

Das Deutsche Patent- und Markenamt warnt im Zusammenhang mit Schutzrechtsanmeldungen und -verlängerungen vor – teilweise irreführenden – Angeboten, Zahlungsaufforderungen und Rechnungen, die nicht vom Deutschen Patent- und Markenamt stammen.

Unternehmen bieten – teilweise unter behördenähnlichen Bezeichnungen – eine kostenpflichtige Veröffentlichung oder Eintragung von Schutzrechten in nichtamtliche Register oder eine Verlängerung des Schutzrechts beim Deutschen Patent- und Markenamt an.

Die Angebote, Zahlungsaufforderungen bzw. Rechnungen und Überweisungsträger dieser Unternehmen wecken teilweise den Anschein amtlicher Formulare. Solche Schreiben entfalten für sich allein jedoch keinerlei Rechtswirkungen, eine Zahlungsverpflichtung gegenüber dem Aussteller wird hierdurch nicht begründet.

Weitere Informationen hierzu sowie eine (nicht abschließende) Liste von Unternehmen, die nicht im Zusammenhang mit Aufgaben und Leistungen des Deutschen Patent- und Markenamts stehen, finden Sie auf den Internetseiten des Deutschen Patent- und Markenamts unter http://www.dpma.de/service/dasdpmainformiert/warnung/index.html.

M9 Anmeldeformular Gemeinschaftsgeschmacksmuster

Geschmacksmusteransichten, die geschützt sind (höchstens 7)

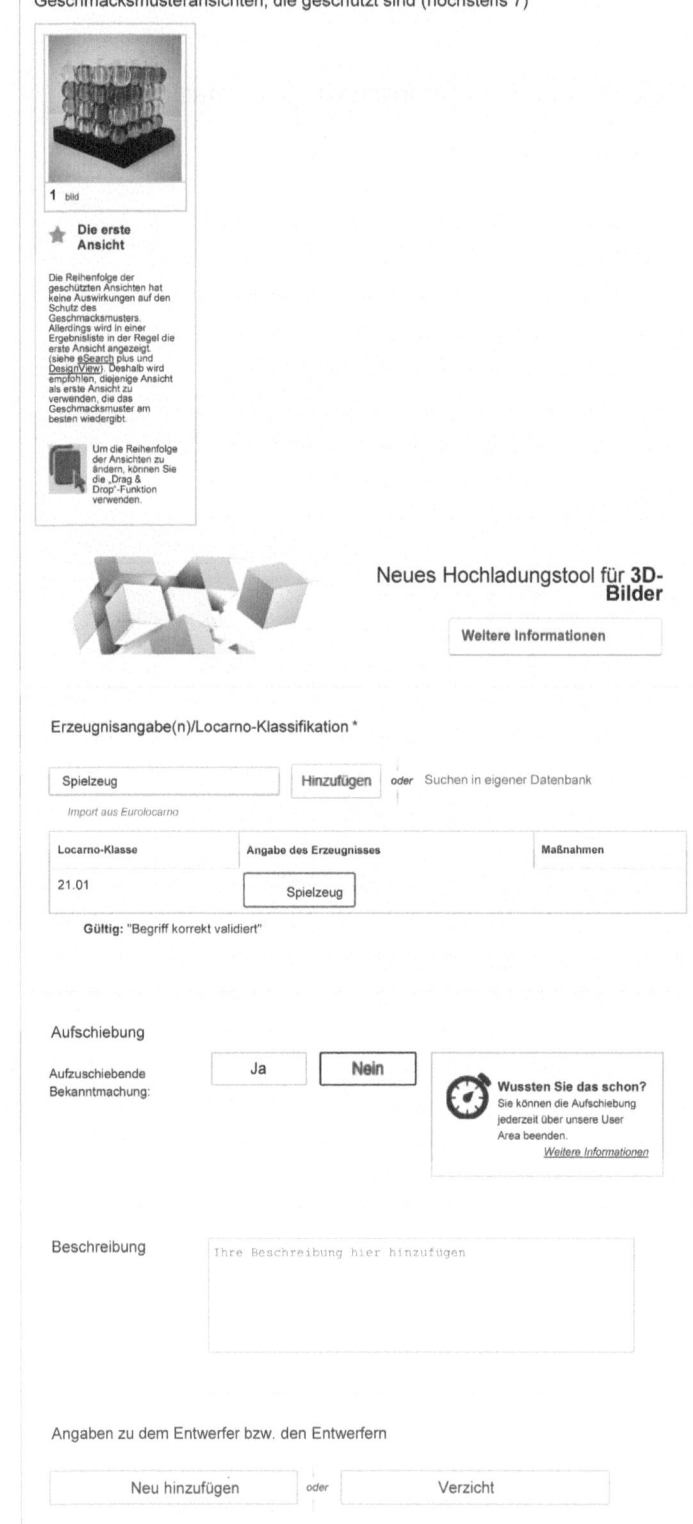

Die erste Ansicht

Die Reihenfolge der geschützten Ansichten hat keine Auswirkungen auf den Schutz des Geschmacksmusters. Allerdings wird in einer Ergebnisliste in der Regel die erste Ansicht angezeigt. (siehe eSearch plus und DesignView). Deshalb wird empfohlen, diejenige Ansicht als erste Ansicht zu verwenden, die das Geschmacksmuster am besten wiedergibt.

Um die Reihenfolge der Ansichten zu ändern, können Sie die „Drag & Drop"-Funktion verwenden.

Neues Hochladungstool für **3D-Bilder**

Weitere Informationen

Erzeugnisangabe(n)/Locarno-Klassifikation *

| Spielzeug | | Hinzufügen | *oder* Suchen in eigener Datenbank |

Import aus Eurolocarno

Locarno-Klasse	Angabe des Erzeugnisses	Maßnahmen
21.01	Spielzeug	

Gültig: "Begriff korrekt validiert"

Aufschiebung

Aufzuschiebende Bekanntmachung:

| Ja | Nein |

Wussten Sie das schon?
Sie können die Aufschiebung jederzeit über unsere User Area beenden.
Weitere Informationen

Beschreibung

Ihre Beschreibung hier hinzufügen

Angaben zu dem Entwerfer bzw. den Entwerfern

| Neu hinzufügen | *oder* | Verzicht |

Ich möchte geltend machen

Haben Sie in den letzten sechs Monaten dasselbe Gemeinschaftsgeschmacksmuster angemeldet (Priorität)?

Priorität hinzufügen

Abbrechen   Speichern

Next ◯

Gemeinschaftsgeschmacksmuster anmelden

* Pflichtangaben   Hilfe anzeigen

Eintragungs-gebühr	€ 230,00
Bekanntmachungs-gebühr	€ 120,00
Aufschiebungs-gebühr	€ 0,00
Gebühr gesamt	**€ 350,00**

1 Geschmacks-musterangaben   **2** Ähnliche(s) Geschmacksmuster   **3** Ihre Angaben   **4** Bestätigen und bezahlen

Ähnliche(s) Geschmacksmuster

Die DesignView-Datenbank enthält Geschmacksmuster, die für alle EU-Mitgliedstaaten gelten und entweder direkt bei uns oder über das Haager System unter Benennung der EU angemeldet wurden. Diese Datenbank enthält auch Geschmacksmuster, die in der EU auf nationaler Ebene angemeldet wurden. Ein Geschmacksmuster, das auf nationaler Ebene früher als Ihr Geschmacksmuster angemeldet oder eingetragen wurde, kann Ihre Anmeldung gefährden. Stellen Sie also sicher, dass Sie auch diese Geschmacksmuster berücksichtigen.

DesignView

Anmeldeformular zurücksetzen

Seite drucken

Diese Ansichten werden von DesignView ausschließlich zu Veranschaulichungszwecken angezeigt.

Die Suchergebnisse ähnlicher Geschmacksmuster basieren auf dem Verzeichnis der Erzeugnisse der Locarno-Klassifikation.
Beachten Sie bitte, dass die Ansichten-Liste nicht erschöpfend ist.

Suche in DesignView ○

Abbrechen   **Weiter** ○

Gemeinschaftsgeschmacksmuster anmelden

* Pflichtangaben   Hilfe anzeigen

Eintragungs-gebühr	€ 230,00
Bekanntmachungs-gebühr	€ 120,00
Aufschiebungs-gebühr	€ 0,00
Gebühr gesamt	**€ 350,00**

1 Geschmacks-musterangaben   **2** Ähnliche(s) Geschmacksmuster   **3** Ihre Angaben   **4** Bestätigen und bezahlen

Create an account

What does the EUIPO user account offer you?

User area   External watch   Access to documents

The EUIPO user account enables you to manage your trade marks, designs and oppositions within your personal dashboard. Providing you with many additional features and benefits, such as customised alerts for specific publications, quick links and many more additional tools...

For legal reasons, you must provide personal information.
Registering your information will take around 5 minutes.

Log in

Do you already have an account?

Username

Forgot your username?

Password

Forgot your password?

Anmeldeformular zurücksetzen

Seite drucken

Abbrechen   Weiter

M10 Formular für Beschwerde an Wettbewerbszentrale mit Hinweisen und Eidesstattlicher Versicherung

Formular für Beschwerde an Wettbewerbszentrale

Grund der Beschwerde

Meine konkrete Beschwerde lautet

[   ]
[   ]
[   ]
[   ]
[   ]
[   ]

Werbendes Unternehmen (z. B. Name oder Inhaber des Unternehmens):

[   ]
[   ]
[   ]
[   ]
[   ]
[   ]

Medium (z. B. Zeitung ... vom ... auf Seite ..., URL einer Internet-Seite etc.):

[   ]
[   ]
[   ]
[   ]
[   ]
[   ]

Inhalt der Wettbewerbshandlung
(Bitte benennen Sie das von Ihnen beanstandete Verhalten):

[   ]
[   ]
[   ]

[   ]
[   ]
[   ]

Was beanstanden Sie konkret:

[   ]
[   ]
[   ]
[   ]
[   ]
[   ]

Absender der Beschwerde

Sind Sie Mitglied der Wettbewerbszentrale?   Ja/Nein

Bitte geben Sie Ihre Mitgliedsnummer an, falls Sie sie gerade zur Hand haben:
....

Frau /Herr

Vorname:
Nachname:
Firma/Organisation:
Straße und Nr:
PLZ:
Ort:

E-Mail:
Telefon:
Telefax

....
Ort, Datum, Unterschrift

Hinweise der Wettbewerbszentrale für Beschwerden an die Beschwerdestelle

Die Beschwerde über Wettbewerbsverstöße kann auf vier Wegen bei der Wettbewerbszentrale erfolgen:
Per Brief (Wettbewerbszentrale, Postfach 2555, 61295 Bad Homburg)
Per Telefax (06172 - 84422)
Mit dem Online-Beschwerdeformular
Per E-Mail
Wir empfehlen eine postalische Beschwerde, weil nur so sichergestellt ist, dass uns insbesondere die Originale der Werbemaßnahmen vorliegen oder wir Ausdrucke der Webseiten von dem Tag erhalten, an dem Sie den Wettbewerbsverstoß festgestellt haben.

Bei der Bearbeitung halten wir uns an die folgenden Regeln, um die schnelle und effektive Verfolgung von Wettbewerbsverstößen zu gewährleisten. Erläuterungen finden Sie unter den jeweiligen Hyperlinks:
Jedermann kann sich bei der Wettbewerbszentrale über einen Wettbewerbsverstoß beschweren. Anonyme Beschwerden werden von uns allerdings nicht bearbeitet!
Alle eingehenden Beschwerden werden gleich behandelt
Die genaue Art des Wettbewerbsverstoßes muss uns mitgeteilt werden
Kann der Wettbewerbsverstoß nicht durch Dokumente belegt werden, benötigen wir für die Rechtsverfolgung eine eidesstattliche Versicherung
Je nach Art des Wettbewerbsverstoßes müssen uns (ggf. neben der Beschwerde-E-Mail oder dem Ausfüllen des Beschwerdeformulars) weitere Informationen postalisch zur Verfügung gestellt werden
Bei Verwendung des Online-Formulars erfolgt keine Benachrichtigung des Beschwerdeführers per Post oder E-Mail. Wir behalten uns vor, bei Missbrauch des Beschwerdeformulars gegen den Absender vorzugehen
Wir versichern Ihnen die vertrauliche Behandlung Ihrer personenbezogenen Daten (Datenschutzhinweis)
Jedermann kann sich bei der Wettbewerbszentrale über einen Wettbewerbsverstoß beschweren. Anonyme Beschwerden werden von uns allerdings nicht bearbeitet
Im Streitfall müssen wir die Möglichkeit haben, mit Ihnen Rücksprache zu nehmen. Der Beschwerde müssen daher ein Ansprechpartner und eine postalische Anschrift (gerne auch eine Telefon- oder Telefaxnummer oder eine E-Mail-Adresse) zu entnehmen sein.

Alle eingehenden Beschwerden werden gleich behandelt
Wir unterscheiden bei der Bearbeitung der Beschwerden nicht zwischen Mitgliedern und Nichtmitgliedern. Allerdings informieren wir nur Mitglieder über den Stand des Verfahrens. Bei der Verfolgung von Wettbewerbsverstößen nehmen wir keine Rücksicht auf eine bestehende Mitgliedschaft. Auch gegen Mitglieder werden wettbewerbsrechtliche Verfahren eingeleitet.

Die genaue Art des Wettbewerbsverstoßes muss uns mitgeteilt werden
Kommentarlos zugesandte Werbemaßnahmen werden von uns nicht bearbeitet. Auch Angaben wie „Der Konkurrent X behindert mich" oder „Die AGB des Anbieters X sind unzulässig" reichen für eine Rechtsverfolgung nicht aus. Bitte nennen Sie uns Ihre konkrete Beanstandung, z. B. „Der Konkurrent X hat am ... meine Werbeplakate in ... überklebt" oder „Die AGB des Anbieters X enthalten einen unzulässigen Haftungsausschluss (Punkt ... AGB)". Eine generelle und umfassende Überprüfung von Allgemeinen Geschäftsbedingungen erfolgt nicht.

Entsprechend verfolgen wir auch keine Beschwerden, in denen lediglich auf die Nichteinhaltung von Informationspflichten oder einen Verstoß gegen die Anbieterkennzeichnungspflicht hingewiesen werden. Auch hier sind konkrete Verstöße vorzutragen (z. B. „Der Internet-Shop-Betreiber X räumt auf der Plattform ... kein Widerrufs- oder Rückgaberecht ein" oder „Das Impressum der Webseite ... enthält keine ladungsfähige Anschrift").

Kann der Wettbewerbsverstoß nicht durch Dokumente belegt werden, benötigen wir für die Rechtsverfolgung eine eidesstattliche Versicherung

Soll ein Wettbewerbsverstoß schnell abgestellt werden, muss in manchen Fällen eine einstweilige Verfügung vor Gericht erwirkt werden. Damit die Gerichte ohne Zeugenvernehmung entscheiden können, benötigen wir in den oben genannten Fällen eine eidesstattliche Versicherung. Hier finden Sie die Vorlage einer eidesstattlichen Versicherung zum Herunterladen als PDF-Dokument, die Sie (auch am Rechner mit den vorgesehenen Formularfeldern) ausfüllen und ausdrucken können. Bitte schildern Sie in der eidesstattlichen Versicherung so genau wie möglich die Umstände, denen Sie einen Wettbewerbsverstoß entnehmen.

Je nach Art des Wettbewerbsverstoßes müssen uns (ggf. neben der Beschwerde-E-Mail oder dem Ausfüllen des Beschwerdeformulars) zusätzliche Informationen postalisch zur Verfügung gestellt werden

1. Belästigende Werbung

1.1 Telefaxwerbung
Original oder gut lesbare Kopie des Ihnen zugesandten Telefax
Eidesstattliche Versicherung darüber, dass Sie keine Einwilligung in den Erhalt von Werbung per Telefax erteilt haben

1.2 Telefonwerbung
Eidesstattliche Versicherung über Tag und Uhrzeit des Anrufs, Anrufer, Hinweis darauf, für welches Unternehmen angerufen wurde, Gesprächsverlauf und Angabe, dass gegenüber dem werbenden Unternehmen keine Einwilligung in den Erhalt telefonischer Werbung erteilt wurde ("Muster für einen Gesprächsvermerk bei unaufgeforderten Telefonanrufen")

1.3 Sonstige Belästigungen
Eidesstattliche Versicherung zu dem beanstandeten Verhalten mit genauer Beschreibung des Wettbewerbsverstoßes

2. Beschwerden über Informationspflichtenverletzungen

2.1 Verstöße auf Internet-Auktionsplattformen
Angabe des Mitgliedsnamens
Angabe mindestens einer Artikelnummer oder des Shops
Art des Wettbewerbsverstoßes. Eine Angabe wie „Anbieter XYZ verstößt gegen Informationspflichten" reicht für eine Rechtsverfolgung nicht aus. Bitte nennen Sie uns Ihre konkrete Beanstandung, z. B. „Der Artikel (Nr. 123456) des Anbieters XYZ wird/wurde vom … bis … ohne Hinweis auf das Bestehen eines Widerrufs- oder Rückgaberechts beworben". Welche Pflichten gewerbliche Versteigerer erfüllen müssen, finden Sie in unserer Checkliste Online-Handel

2.2 Sonstige Internet-Shops oder Webseiten
Ausdruck der Webseiten, aus denen das beanstandete Verhalten erkennbar wird (z. B. Artikelbeschreibung innerhalb einer gewerblichen Internet-Auktion ohne Angabe zum Widerrufs- oder Rückgaberecht). Impressum der Webseite (oder bei fehlendem Impressum eines gewerblichen Angebots Ausdruck, der das Fehlen dokumentiert)

3. Print-Werbung
Originalwerbung oder gut lesbare Kopie mit Quellenangabe und gegebenenfalls Angabe, wann Sie die Werbung erhalten haben

4. Lockvogelangebote

4.1 Genaue Bezeichnung der Filiale unter Angabe der Adresse

4.2 Angabe des Zeitpunkts des Besuchs (Datum und Uhrzeit)

4.3 Vorlage der Originalwerbung

4.4 Konkrete Beschreibung des Besuchs, insbes. unter Berücksichtigung folgender Gesichtspunkte:
Nachfrage bei Verkäufer und/oder Filialleiter nach fehlendem Produkt
Möglichst Angabe der Namen des Verkäufers und/oder Filialleiter
Wiedergabe eventueller Auskünfte durch Verkäufer/Filialleiter
Die gemachten Angaben werden wir ggf. in gerichtlichen Verfahren verwenden und Sie als Zeuge benennen. Das Gericht kann anordnen, dass Sie Ihre Zeugenaussage auch beeiden.

5. Sonstige Werbung (z. B. Fernsehwerbung, Preisangabenverstöße in Schaufenstern o. ä.)
Wenn möglich Dokumentation des beanstandeten Verhaltens (Foto, Video oder andere Aufzeichnung)
Eidesstattliche Versicherung zu dem beanstandeten Verhalten mit genauer Beschreibung des Wettbewerbsverstoßes
Bei Verwendung des Online-Formulars erfolgt keine Benachrichtigung des Beschwerdeführers per Post oder E-Mail. Wir behalten uns vor, bei Missbrauch des Beschwerdeformulars gegen den Absender vorzugehen
Es erfolgt keine Bestätigung der Absendung des Online-Formulars per Post oder E-Mail, da in das Beschwerdeformular in der Vergangenheit mutwillig falsche Ansprechpartner und E-Mail-Adressen eingetragen wurden. Bei einem Missbrauch des Online-Formulars werden wir den Absender anhand der uns mit der Absendung übersandten IP-Nummer ermitteln. Wir behalten uns vor, gegen den ermittelten Absender mit wettbewerbsrechtlichen und strafrechtlichen Mitteln vorzugehen.

Wir versichern Ihnen die vertrauliche Behandlung Ihrer persönlichen Daten (Datenschutzhinweis)
Bei Beschwerden zu belästigender Werbung (z. B. Telefon-, Telefax- oder E-Mail-Werbung) müssen wir Ihren Namen sowie Ihre Anschrift oder E-Mail-Adresse bereits im Rahmen einer außergerichtlichen Streitbeilegung bekannt geben. In allen anderen Fällen werden wir uns vor einer Nennung Ihres Namens oder Ihrer Anschrift im Rahmen einer wettbewerbsrechtlichen Auseinandersetzung mit Ihnen in Verbindung setzen.

Ihr Name oder andere personenbezogenen Daten werden lediglich für die Aktenverwaltung und mögliche Rückfragen hinsichtlich des Sachverhalts von uns verwendet. Die Daten werden weder an Mitglieder der Wettbewerbszentrale oder Dritte weitergegeben, noch zur Versendung von Werbung der Wettbewerbszentrale genutzt.

M11 Muster der Wettbewerbszentrale für Eidesstattliche Versicherung

---

EIDESSTATTLICHE VERSICHERUNG
BELEHRUNG

Soll ein Wettbewerbsverstoß schnell abgestellt werden, muss in manchen Fällen eine einstweilige Verfügung vor Gericht erwirkt werden. Damit die Gerichte ohne aufwändige Zeugenvernehmung entscheiden können, benötigen wir in den oben genannten Fällen eine eidesstattliche Versicherung.

Bitte geben Sie auf der folgenden Seite zunächst Ihren Namen und eine ladungsfähige Anschrift an und schildern Sie dann in der eidesstattlichen Versicherung so genau wie möglich den Sachverhalt, d. h. die Umstände, denen Sie einen Wettbewerbsverstoß entnehmen.

Weil es sich um eine Erklärung handelt, die erhebliche Folgen haben kann, hat der Gesetzgeber die Abgabe einer falschen eidesstattlichen Versicherung unter Strafe gestellt. Bei vorsätzlicher (also wissentlicher) Abgabe einer falschen Erklärung droht eine Freiheitsstrafe bis zu drei Jahren oder eine Geldstrafe. Eine fahrlässige Abgabe (also Abgabe, obwohl Sie hätten erkennen müssen, dass die Erklärung nicht den Tatsachen entspricht) kann eine Freiheitsstrafe bis zu einem Jahr oder eine Geldstrafe nach sich ziehen. Die entsprechenden Strafvorschriften sind im Folgenden wiedergegeben:

§ 156 StGB: Falsche Versicherung an Eides Statt

Wer vor einer zur Abnahme einer Versicherung an Eides Statt zuständigen Behörde eine solche Versicherung falsch abgibt oder unter Berufung auf eine solche Versicherung falsch aussagt, wird mit Freiheitsstrafe bis zu drei Jahren oder mit Geldstrafe bestraft.

§ 163 StGB: Fahrlässiger Falscheid, fahrlässige falsche Versicherung an Eides Statt

(1)   Wenn eine der in den §§ 154 bis 156 bezeichneten Handlungen aus Fahrlässigkeit begangen worden ist, so tritt Freiheitsstrafe bis zu einem Jahr oder Geldstrafe ein.

(2)   Straflosigkeit tritt ein, wenn der Täter die falsche Angabe rechtzeitig berichtigt. Die Vorschriften des § 158 Abs. 2 und 3 gelten entsprechend.

EIDESSTATTLICHE VERSICHERUNG

Über die Bedeutung einer zur Vorlage bei Gericht bestimmten eidesstattlichen Versicherung und strafrechtlichen Folgen vorsätzlich und fahrlässiger unrichtiger Angaben, namentlich über die Strafandrohung gemäß § 156 StGB bis zu drei Jahren Freiheitsstrafe oder Geldstrafe bei vorsätzlicher Tat bzw. gemäß § 163 Abs. 1 StGB bis zu einem Jahr Freiheitsstrafe oder Geldstrafe bei fahrlässiger Begehung, belehrt, erkläre ich

_____
Name

_____
Straße Hausnummer

_____
PLZ Wohnort

folgendes an Eides statt:

_____   _____
Ort, Datum   Unterschrift

M12 Formular für die Meldung einer Diensterfindung durch den Arbeitnehmer

---

Meldung einer Diensterfindung

An die
Geschäftsleitung

Betr.: Meldung einer Diensterfindung

Meldender

       Name Arbeitnehmer........................
       Position...

Hiermit melde ich Ihnen folgende von mir gemachte Erfindung: (kurze Beschreibung)

Im Einzelnen ist folgendes anzumerken:

Technische Aufgabe

       Die Erfindung löst das folgende technische Problem:

Lösung der technischen Aufgabe

       Die Lösung der technischen Aufgabe gelang auf folgende Weise.
       Zu der Lösung der Aufgabe trugen folgende Erfahrungen oder Arbeiten aus dem Betriebsbereich bei.

Zustandekommen der Erfindung

       Zu der Erfindung bin ich durch folgende betriebliche Aufgabenstellung, Weisungen oder Richtlinien
       veranlasst worden:

       Anlass zur Erfindung waren folgende Mängel und Bedürfnisse:

Angaben über Miterfinder und Mitarbeiter

       An der Erfindung war folgender Miterfinder beteiligt:.

       Name, Position, Projektaufgabe............................

       Zudem haben folgende Mitarbeiter mitgewirkt, die nach meiner Auffassung aber nicht erfinderisch tätig
       geworden sind

       Name, Position, Projektaufgabe............................

       Ich bemesse meinen eigenen Anteil an der Erfindung mit 50%.

       Bitte bestätigen Sie mir den Empfang dieser Erfindungsmeldung.

Anlagen
(z.B.)
Skizzenkonvolut
Protokoll vom....
Erläuterungen zur erfinderischen Versuchsreihe

M13 Formular für Freigabe einer Diensterfindung durch den Arbeitgeber

---

Freigabe einer Diensterfindung

Herr . . . .

Ihre am ..... gemeldete Diensterfindung betreffend . . . . . ., geben wir hiermit frei.
Mit der Freigabe steht es in Ihrem Ermessen, ob Sie die Erfindung selbst zur Erteilung eines Schutzrechtes anmelden wollen.

Unsere Patentabteilung steht Ihnen gegebenenfalls gerne beratend zur Verfügung.

Wir bitten Sie dessen ungeachtet, uns von jeder Verwertung Ihrer Erfindung innerhalb eines unserer Arbeitsgebiete im Interesse der Wahrung unserer gegenseitigen arbeitsrechtlichen Verpflichtungen zu benachrichtigen.

Unterschrift

M14 Vergütungsvereinbarung für Diensterfindung

Vergütungsvereinbarung

zwischen

....

nachfolgend Unternehmen

und

Herrn/Frau

Name.....................
Anschrift................

In Bezug auf die Diensterfindung [.....................]

Präambel

Herr/Frau .... hat die oben bezeichnete Diensterfindung gemacht und am ....gemeldet. Die Erfindung ist vom Unternehmen unbeschränkt in Anspruch genommen und zur Schutzrechterteilung angemeldet worden. Beim Deutschen Patent- und Markenamt ist die Patentanmeldung / Gebrauchsmusteranmeldung Nr. .... anhängig. Parallele Auslandsanmeldungen sind vorgesehen/nicht vorgesehen bzw. erfolgten in folgenden Ländern:

....

Die Erfindung [ist] / [ist nicht] Teil eines am Enderzeugnis wirkenden Gesamterfindungskomplexes, der/die weitere Erfindung/en umfasst:

....

Das Unternehmen hat betriebsintern in Dokument [Nr........] eine kurze erläuternde Zusammenfassung für die dieser Vereinbarung zugrunde liegenden gesetzlichen Rahmenbedingungen des Arbeitnehmerfinderrechtes veröffentlicht, die von Herrn / Frau .... detailliert zur Kenntnis genommen wurden.

Die Parteien einigen sich über die Berechnungsmethode sowie die Berechnungsparameter für die Bestimmung der Vergütungshöhe nunmehr wie folgt:

§ 1 Vergütungsberechnung

Die Vergütungsberechnung soll nach folgender Formel erfolgen:

Vergütung = (U oder U_{Red}) x L x A x M x K

Dabei bedeuten:

U:	Jahres-Umsatz in €
$U_{Red:}$	Reduzierter Jahres-Umsatz für U>1,5 Mio. €
L:	Lizenzsatz in %
A:	individueller Anteilsfaktor in %
M:	Erfinderbeteiligung in %
K:	Anteil der Einzelerfindung am Gesamterfindungskomplex in %

§ 2 Umsatz/Umsatzreduzierung

a.) Mit Umsatz meinen die Parteien übereinstimmend den mit dem/den Erzeugnis/sen (z.B. Schaltkreis/en) [Artikelnummer/Produktnummer/n]............. generierten Jahresumsatz.

b.) Es besteht Einigkeit darüber, dass im Falle eines Umsatzes von über 1,5 Million EUR pro Jahr eine pauschalisierte Reduktion des tatsächlichen Umsatzes gemäß den betriebsintern beim Unternehmen geltenden Regelungen erfolgen kann, wie sie im Dokument [Nr...........] hausintern veröffentlicht wurden.

§ 3 Lizenzsatz

In Bezug auf den Lizenzsatz vereinbaren die Parteien ausgehend von den Lizenzsätzen für vergleichbare Erfindungen und allen sonstigen im Dokument [Nr.........] angesprochenen Erwägungsgründen einen Wert von ... %

§ 4 Anteilsfaktor

In Bezug auf den Anteilsfaktor von Herrn / Frau .... sind sich die Parteien darüber einig, dass dieser .... % beträgt. Dabei legen die Parteien übereinstimmend einer Wertzahl von ...., zugrunde, die sich aus folgenden Einzelwerten zusammensetzt:

aa)	Stellung der Aufgabe:	[ ]
bb)	Lösung der Aufgabe:	[ ]
cc)	Betriebliche Stellung:	[ ]

§ 5 Miterfinderanteil

Herr/Frau .... hat einen Miterfinderanteil von ......%

§ 6 Komplexanteil der Erfindung (Nur bei Erfindungskomplexen)

Die Parteien sind sich darüber einig, dass die Erfindung im Gesamterfindungskomplex einer Gewichtung von ....% entspricht.

§ 7 Keine Anpassungsoption

Die Parteien verzichten wechselseitig auf einen Anspruch auf Anpassung bei wesentlich veränderten Umständen nach § 12 Abs. 6 ArbEG.

§8 Schutzrechtserlangung

a.) Ein Patent gilt im Sinne dieser Vereinbarung als rechtsgültig erlangt nach Ablauf der auf die Veröffentlichung der Erteilung folgenden dreimonatigen Einspruchsfrist bzw. ab rechtsgültigem Abschluss eines etwaigen Einspruchsverfahrens.

b.) Ein Gebrauchsmuster gilt als rechtsgültig erlangt bei Eintragung in das Gebrauchsmusterregister beim Patentamt

§ 9 Risikoabschlag

a.) Bis zur rechtsgültigen Erlangung eines technischen Schutzrechtes für die Erfindung mindert sich der vom Unternehmen zu leistende Vergütungsbetrag um 50% (Abschlagsvergütung).

b.) Die Abschlagsvergütung steht Frau / Herrn .... unbeschadet einer möglichen Schutzrechtsversagung zu und kann auch im Fall der endgültigen Nichterteilung eines Schutzrechtes nicht mehr zurückgefordert werden.

c.) Im Falle einer Schutzerlangung nach §8 ist der Abschlag nachzuzahlen. Die Nachzahlung erfolgt als Einmalzahlung. Sofern die endgültige Schutzerlangung gegenüber der Schutzrechtsanmeldung nur eingeschränkt erfolgt, mindert sich der nachzuzahlende Betrag aber in dem Verhältnis der Beschränkung. Die Quote der Beschränkung kann dabei nach dem gemeinsamen Willen der Parteien durch den Patentbeauftragten des Unternehmens nach § 316 BGB bestimmt werden.

§ 10 Aufgabe bzw. Nichtweiterverfolgung der Schutzrechtsanmeldung oder des Schutzrechts im In- und Ausland

Frau/Herr .... verzichtet hiermit auf die möglichen Ansprüche aus § 16 ArbNerfG sowie aus § 14 (Schutzrechtsanmeldung im Ausland). Das Unternehmen nimmt diesen Verzicht hiermit an und leitstet hierfür eine einmalige Pauschalausgleichzahlung in Höhe weiterer 500,00 EUR.

---

§ 11 Vergütungsfälligkeit

a.) Die nach § 9a) dieser Vereinbarung zu leistende jährliche Abschlagsvergütung wird erstmalig mit Abschluss des ersten Quartals des auf den Beginn der Nutzungsaufnahme folgenden Kalenderjahres fällig. Danach hat die Leistung der Abschlagsvergütung für ein Jahr jeweils bis zum Ende des ersten Quartals des Folgejahres zu erfolgen. Für die vollen jährlichen Vergütungsleistungen gilt dies entsprechend.

b.) Die Nachzahlung des Risikoabschlages wird mit Abschluss des ersten Quartals des auf den Zeitpunkt der Schutzerlangung nach § 8 folgenden Kalenderjahresfällig.

c.) Die Pauschale nach § 10 wird unmittelbar nach Unterzeichnung dieser Vereinbarung fällig.

§ 12 Steuer- und Sozialversicherungspflicht

Sämtliche Zahlungen nach dieser Vereinbarung sind unter Anwendung der jeweils geltenden Bestimmungen steuer- und sozialversicherungspflichtig; d.h., von den Vergütungen werden die Steuer und die Sozialversicherungsbeiträge durch die Gehalts- bzw. Lohnabrechnung einbehalten und abgeführt.

....

Ort, Datum, Unterschrift

....

Ort, Datum, Unterschrift

M15 Vergütungsrichtlinien zur Bestimmung einer angemessenen Vergütung für Diensterfindungen

---

Vergütungsrichtlinien für Arbeitnehmererfinder

Richtlinien
für die Vergütung von Arbeitnehmererfindungen
im privaten Dienst

vom 20. Juli 1959
Beilage zum BAnz. Nr. 156 vom 18. August 1959

einschließlich der Änderungen durch die Richtlinie vom 1. September 1983
BAnz. Nr. 169

Nach § 11 des Gesetzes über Arbeitnehmererfindungen vom 25. Juli 1957 (BGBl. I S. 756) erlasse ich nach Anhörung der Spitzenorganisationen der Arbeitgeber und der Arbeitnehmer folgende Richtlinien für die Bemessung der Vergütung für Diensterfindungen von Arbeitnehmern im privatem Dienst.

Einleitung
(1) Die Richtlinien sollen dazu dienen, die angemessene Vergütung zu ermitteln, die dem Arbeitnehmer für unbeschränkt oder beschränkt in Anspruch genommene Diensterfindungen (§ 9 Abs. 1 und § 10 Abs. 1 des Gesetzes) und für technische Verbesserungsvorschläge im Sinne des § 20 Abs. 1 des Gesetzes zusteht; sie sind keine verbindlichen Vorschriften, sondern geben nur Anhaltspunkte für die Vergütung. Wenn im Einzelfall die bisherige betriebliche Praxis für die Arbeitnehmer günstiger war, sollen die Rchtlinien nicht zum Anlaß für eine Verschlechterung genommen werden.
(2) Nach § 9 Abs. 2 des Gesetzes sind für die Bemessung der Vergütung insbesondere die wirschaftliche Verwertbarkeit der Diensterfindung, die Aufgaben und die Stellung des Arbeitnehmers im Betrieb sowie der Anteil des Betriebes am Zustandekommen der Diensterfindung maßgebend. Hiernach wird bei der Ermittlung der Vergütung in der Regel so zu verfahren sein, daß zunächst die wirtschaftliche Verwertbarkeit der Erfindung ermittelt wird. Die wirtschaftliche Verwertbarkeit (im folgenden als Erfindungswert bezeichnet) wird im ersten Teil der Richtlinien behandelt). Da es sich hier jedoch nicht um eine freie Erfindung handelt, sondern um eine Erfindung, die entweder aus der dem Arbeitnehmer im Betrieb obliegenden Tätigkeit entstanden ist oder maßgeblich auf Erfahrungen oder Arbeiten des Betriebes beruht, ist ein Abzug zu machen, der den Aufgaben und der Stellung des Arbeitnehmers im Betrieb sowie dem Anteil des Betriebes am Zustandekommen der Diensterfindung entspricht. Dieser Abzug wird im Zweiten Teil der Richtlinien behandelt; Anteil am Erfindungswert, der sich für den Arbeitnehmer unter Berücksichtigung des Abzugs ergibt, wird hierbei in Form eines in Prozenten ausgedrückten Anteilsfaktors ermittelt. Der dritte Teil der Richtlinien behandelt die rechnerische Ermittlung der Vergütung sowie Fragen der Zahlungsart und Zahlungsdauer. Bei jeder Vergütungsberechnung ist darauf zu achten, daß derselbe Gesichtspunkt für eine Erhöhung oder Ermäßigung der Vergütung nicht mehrfach berücksichtigt werden darf. Die einzelnen Absätze

der Richtlinien sind mit Randnummern versehen, um die Zitierung zu erleichtern.

Erster Teil. Erfindungswert
A. Patentfähige Erfindungen
I. Betriebliche benutzte Erfindungen
1. Allgemeines
(3) Bei betrieblich benutzten Erfindungen kann der Erfindungswert in der Regel (über Ausnahmen vgl. Nummer 4) nach drei verschiedenen Methoden ermittelt werden:

a) Ermittlung des Erfindungswertes nach der Lizenzanalogie Nummer 6 (ff.)
Bei dieser Methode wird der Lizenzsatz, der für vergleichbare Fälle bei freien Erfindungen in der Praxis üblich ist, der der Ermittlung des Erfindungswertes zugrunde gelegt. Der in Prozenten oder als bestimmter Geldbetrag je Stück oder als Gewichtseinheit (vgl. Nummer 39) ausgedrückte Lizenzsatz wird auf eine bestimmte Bezugsgröße (Umsatz oder Erzeugung) bezogen. Dann ist der Erfindungswert die mit dem Lizenzsatz multiplizierte Bezugsgröße.

b) Ermittlung des Erfindungswertes nach dem erfassbaren betrieblichen Nutzen (Nummer 12)

Der Erfindungswert kann ferner nach dem erfaßbaren Nutzen ermittelt werden, der dem Betrieb aus der Benutzung der Erfindung erwachsen ist.

c) Schätzung des Erfindungswertes (Nummer 13)

Schließlich kann der Erfindungswert geschätzt werden.

(4) Neben der Methode der Lizenzanalogie nach Nummer 3a kommen im Einzelfall auch andere Analogiemethoden in Betracht. So kann anstatt von dem analogen Lizenzsatz von von der Analogie zum Kaufpreis ausgegangen werden, wenn eine Gesamtabfindung (vgl. Nummer 40) angezeigt ist und der Kaufpreis ist, der in vergleichbaren Fällen mit freien Erfindern üblicherweise vereinbart wird. Für die Vergleichbarkeit und die Notwendigkeit, den Kaufpreis auf das Maß zu bringen, das für die zu beurteilende Diensterfindung richtig ist, gilt das unter Nummer 9 Gesagte entsprechend.
(5) Welche der unter Nummer 3 und 4 aufgeführten Methoden anzuwenden ist, hängt von den Umständen des einzelnen Falles ab. Wenn der Industriezweig mit Lizenzsätzen oder Kaufpreisen vertraut ist, die für die Übernahme eines ähnlichen Erzeugnisses oder Verfahrens üblicherweise vereinbart wird, kann von der Lizenzanalogie ausgegangen werden. Die Ermittlung des Erfindungswertes nach dem erfassbaren betrieblichen Nutzen kommt vor allem bei Erfindungen in Betracht, mit deren Hilfe Ersparnisse erzielt werden, sowie bei Verbesserungserfindungen, wenn die Verbesserung nicht derart ist, dass der mit dem verbesserten Gegenstand erzielte Umsatz als Bewertungsgrundlage dienen kann; sie kann ferner bei Erfindungen angewandt werden, die nur innerbetrieblich verwendete Erzeugnisse, Maschinen oder Vorrichtungen betreffen, und bei Erfindungen, die nur innerbetrieblich verwendete Verfahren betreffen, bei denen der Umsatz keine genügende Bewertungsgrundlage darstellt. Die Methode der Ermittlung des Erfindungswertes nach dem erfassbaren betrieblichen Nutzen hat den Nachteil, dass der Nutzen oft schwer zu ermitteln ist und die Berechnungen des Nutzens schwer zu überprüfen sind. In manchen Fällen wird sich allerdings der Nutzen aus einer Verbilligung des Ausgangsmaterials, aus einer Senkung der Lohn-, Energie- oder Instandsetzungskosten oder aus einer Erhöhung der Ausbeute errechnen lassen. Bei der Wahl dieser Methode ist ferner zu berücksichtigen, dass sich für den Arbeitgeber auf Grund der Auskunfts- und Rechnungslegungspflichten, die ihm nach § 242 des Bürgerlichen Gesetzbuches obliegen können, eine Pflicht zu einer weitergehenden Darlegung betrieblicher Rechnungsvorgänge ergeben kann als bei der Ermittlung des Erfindungswertes nach der Lizenzanalogie. Der Erfindungswert wird nur dann zu schätzen sein, wenn er mit Hilfe der Methoden unter Nummer 3a und b oder Nummer 4 nicht oder nur mit unverhältnismäßig hohen

Aufwendungen ermittelt werden kann (z. B. bei Arbeitsschutzmitteln und -vorrichtungen, sofern sie nicht allgemein verwertbar sind). Es kann ferner ratsam sein, eine der Berechnungsmethoden zur Überprüfung des Ergebnisses heranzuziehen, das mit Hilfe der anderen Methoden gefunden ist.

2. Ermittlung des Erfindungswertes nach der Lizenzanalogie
(6) Bei dieser Methode ist zu prüfen, wieweit man einen Vergleich ziehen kann. Dabei ist zu beachten, ob und wieweit in den Merkmalen, die die Höhe des Lizenzsatzes beeinflussen, Übereinstimmung besteht. In Betracht zu ziehen sind insbesondere die Verbesserung oder Verschlechterung der Wirkungsweise, der Bauform, des Gewichts, des Raumbedarfs, der Genauigkeit, der Betriebssicherheit, die Verbilligung oder Verteuerung der Herstellung, vor allem der Werkstoffe und der Arbeitsstunden; die Erweiterung oder Beschränkung der Verwendbarkeit; die Frage, ob sich die Erfindung ohne weiteres in die laufende Fertigung einreihen lässt oder ob Herstellungs- und Konstruktionsänderungen notwendig sind, ob eine sofortige Verwertung möglich ist oder ob noch umfangreiche Versuche vorgenommen werden müssen; die erwartete Umsatzsteigerung, die Möglichkeit des Übergangs von Einzelanfertigung zur Serienherstellung, zusätzliche oder vereinfachte Werbungsmöglichkeiten, günstige Preisgestaltung. Es ist ferner zu prüfen, welcher Schutzumfang dem Schutzrecht zukommt, das auf den Gegenstand der Erfindung erteilt ist, und ob sich der Besitz des Schutzrechts für den Betrieb technisch und wirtschaftlich auswirkt. Vielfach wird auch beim Abschluss eines Lizenzvertrages mit einem kleinen Unternehmen ein höherer Lizenzsatz vereinbart als beim Abschluss mit einer gut eingeführten Großfirma, weil bei dieser im allgemeinen ein höherer Umsatz erwartet wird als bei kleineren Unternehmen. Außerdem ist bei dem Vergleich zu berücksichtigen, wer in den ähnlichen Fällen, die zum Vergleich herangezogen werden, die Kosten des Schutzrechts trägt.
(7) Wenn man mit dem einem freien Erfinder üblicherweise gezahlten Lizenzsatz vergleicht, so muss von derselben Bezugsgröße ausgegangen werden; als Bezugsgrößen kommen Umsatz oder Erzeugung in Betracht. Ferner ist zu berücksichtigen, ob im Analogiefall der Rechnungswert des das Werk verlassenden Erzeugnisses oder der betriebsinterne Verrechnungswert von Zwischenerzeugnissen der Ermittlung des Umsatzwertes zugrunde gelegt worden ist. Bei der Berechnung des Erfindungswertes mit Hilfe des Umsatzes oder der Erzeugung wird im allgemeinen von dem tatsächlich erzielten Umsatz oder der tatsächlich erzielten Erzeugung auszugehen sein. Mitunter wird jedoch auch von einem vereinbarten Mindestumsatz oder aber von der Umsatzsteigerung ausgegangen werden können, die durch die Erfindung erzielt worden ist.

(8) Beeinflusst eine Erfindung eine Vorrichtung, die aus verschiedenen Teilen zusammengesetzt ist, so kann der Ermittlung des Erfindungswertes entweder der Wert der ganzen Vorrichtung oder nur der wertbeeinflusste Teil zugrunde gelegt werden. Es ist hierbei zu berücksichtigen, auf welcher Grundlage die Lizenz in dem betreffenden Industriezweig üblicherweise vereinbart wird, und ob üblicherweise der patentierte Teil allein oder nur in Verbindung mit der Gesamtvorrichtung bewertet wird. Dies wird häufig davon abhängen, ob durch die Benutzung der Erfindung nur der Teil oder die Gesamtvorrichtung im Wert gestiegen ist.

(9) Stellt sich bei dem Vergleich heraus, dass sich die Diensterfindung und die zum Vergleich herangezogenen freien Erfindungen nicht in den genannten Gesichtspunkten entsprechen, so ist der Lizenzsatz entsprechend zu erhöhen oder zu ermäßigen. Es ist jedoch nicht gerechtfertigt, den Lizenzsatz mit der Begründung zu ermäßigen, es handele sich um eine Diensterfindung; dieser Gesichtspunkt wird erst bei der Ermittlung des Anteilsfaktors berücksichtigt.

(10) Anhaltspunkte für die Bestimmung des Lizenzsatzes in den einzelnen Industriezweigen können daraus entnommen werden, dass z. B. im allgemeinen

in der Elektroindustrie ein Lizenzsatz von 1/2 - 5%

in der Maschinen- und Werkzeugindustrie ein Lizenzsatz von 1/3 - 10%

in der chemischen Industrie ein Lizenzsatz von 2 - 5%

auf pharmazeutischem Gebiet ein Lizenzsatz von 2 - 10%

vom Umsatz üblich ist.
(11) Für den Fall besonders hoher Umsätze kann die nachfolgende, bei Umsätzen über 3 Millionen M einsetzende Staffel als Anhalt für eine Ermäßigung des Lizenzsatzes dienen, wobei jedoch im Einzelfall zu berücksichtigen ist, ob und in welcher Höhe in den verschiedenen Industriezweigen solche Ermäßigungen des Lizenzsatzes bei freien Erfindungen üblich sind. Bei einem Gesamtumsatz

[Nach Rückfrage zur Euroumstellung beim Bundesministerium für Wirtschaft und Arbeit wurde am 14. November 2002 folgende Antwort gegeben: "Die Vergütungsrichtlinie ist nicht auf Euro-Beträge umgestellt worden. Insoweit ist darauf hinzuweisen, dass es sich bei dieser Richtlinie nicht um ein Gesetz handelt. DM-Beträge müssen daher entsprechend dem offiziellen Umrechnungskurs auf Euro-Beträge umgerechnet werden."]

von 0-3 Millionen DM
keine Ermäßigung des Lizenzsatzes,

von 3-5 Millionen DM
10% ige Ermäßigung des Lizenzsatzes für den 3 Millionen DM übersteigenden Umsatz,

von 5-10 Millionen DM
20% ige Ermäßigung des Lizenzsatzes für den 5 Millionen DM übersteigenden Umsatz,

von 10-20 Millionen DM
30% ige Ermäßigung des Lizenzsatzes für den 10 Millionen DM übersteigenden Umsatz,

von 20-30 Millionen DM
40% ige Ermäßigung des Lizenzsatzes für den 20 Millionen DM übersteigenden Umsatz,

von 30-40 Millionen DM
50% ige Ermäßigung des Lizenzsatzes für den 30 Millionen DM übersteigenden Umsatz,

von 40-50 Millionen DM
60% ige Ermäßigung des Lizenzsatzes für den 40 Millionen DM übersteigenden Umsatz,

von 50-60 Millionen DM
65% ige Ermäßigung des Lizenzsatzes für den 50 Millionen DM übersteigenden Umsatz,

von 60-80 Millionen DM
70% ige Ermäßigung des Lizenzsatzes für den 60 Millionen DM übersteigenden Umsatz,

von 80-100 Millionen DM
75% ige Ermäßigung des Lizenzsatzes für den 80 Millionen DM übersteigenden Umsatz,

von 100 Millionen DM
80% ige Ermäßigung des Lizenzsatzes für den 100 Millionen DM übersteigenden Umsatz.

Beispiel: Bei einem Umsatz von 10 Millionen DM ist der Lizenzsatz wie folgt zu ermäßigen:

Bis 3 Millionen DM keine Ermäßigung,
für den 3 Millionen DM übersteigenden Umsatz von 2 Millionen um 10%, für den 5 Millionen DM übersteigenden Umsatz von 5 Millionen um 20%.

Da bei Einzelstücken mit sehr hohem Wert in aller Regel bereits der Lizenzsatz herabgesetzt wird, ist in derartigen Fällen der Lizenzsatz nicht nach der vorstehenden Staffel zu ermäßigen, wenn schon ein einziges unter Verwendung der Erfindung hergestelltes Erzeugnis oder, sofern dem Erfindungswert nur der von der Erfindung wertbeeinflusste Teil des Erzeugnisses zugrunde gelegt wird, dieser Teil einen Wert von mehr als 3 Millionen DM hat. Dasselbe gilt, wenn wenige solcher Erzeugnisse oder nur wenige solcher Teile des Erzeugnisses einen Wert von mehr als 3 Millionen DM haben.

3. Ermittlung des Erfindungswertes nach dem erfassbaren betrieblichen Nutzen
(12) Unter dem erfassbaren betrieblichen Nutzen (vgl. zur Anwendung dieser Methode Nummer 5) ist die durch den Einsatz der Erfindung verursachte Differenz zwischen Kosten und Erträgen zu verstehen. Die Ermittlung dieses Betrages ist durch Kosten- und Ertragsvergleich nach betriebswirtschaftlichen Grundsätzen vorzunehmen. Hierbei sind die Grundsätze für die Preisbildung bei öffentlichen Aufträgen anzuwenden (vgl. die Verordnung PR Nr. 30/53 über die Preise bei öffentlichen Aufträgen vom 21. November 1953 und die Leitsätze für die Preisermittlung auf Grund von Selbstkosten), so dass also auch kalkulatorische Zinsen und Einzelwagnisse, ein betriebsnotwendiger Gewinn und gegebenenfalls ein kalkulatorischer Unternehmerlohn zu berücksichtigen sind. Der so ermittelte Betrag stellt den Erfindungswert dar. Kosten, die vor der Fertigstellung der Erfindung auf die Erfindung verwandt worden sind, sind bei der Ermittlung des Erfindungswertes nicht abzusetzen. sie sind vielmehr bei der Ermittlung des Anteilsfaktors im Zweiten Teil der Richtlinien zu berücksichtigen, und zwar, soweit es sich um die Kosten für die Arbeitskraft des Erfinders selbst handelt, entsprechend der Tabelle c in Nummer 34, soweit es sich um sonstige Kosten vor der Fertigstellung der Erfindung handelt, entsprechendder Tabelle b in Nummer 32 (technische Hilfsmittel).

4. Schätzung
(13) In einer Reihe von Fällen versagen die dargestellten Methoden zur Ermittlung des Erfindungswertes, weil keine ähnlichen Fälle vorliegen oder weil ein Nutzen nicht erfasst werden kann. In solchen oder ähnlichen Fällen muss der Erfindungswert geschätzt werden. (vgl. zur Anwendung der Schätzungsmethode den letzten Absatz der Nummer 5). Hierbei kann von dem Preis ausgegangen werden, den der Betrieb hätte aufwenden müssen, wenn er die Erfindung von einem freien Erfinder hätte erwerben wollen.

II. Lizenz-, Kauf- und Austauschverträge
(14) Wird die Erfindung nicht betrieblich benutzt, sondern durch Vergabe von Lizenzen verwertet, so ist der Erfindungswert gleich der Nettolizenzeinnahme. Um den Nettobetrag festzustellen, sind von der Bruttolizenzeinnahme die Kosten der Entwicklung nach Fertigstellung der Erfindung abzuziehen sowie die Kosten, die aufgewandt wurden, um die Erfindung betriebsreif zu machen; ferner sind die auf die Lizenzvergabe im Einzelfall entfallenden Kosten der Patent- und Lizenzverwaltung, der Schutzrechtsübertragung, sowie die mit der Lizenzvergabe zusammenhängenden Aufwendungen (z. B. Steuern, mit Ausnahme der inländischen reinen Ertragssteuern, Verhandlungskosten abzuziehen. Soweit solche Kosten entstanden sind, wird außerdem ein entsprechender Anteil an den Gemeinkosten des Arbeitgebers zu berücksichtigen sein, soweit die Gemeinkosten nicht schon in den vorgenannten Kosten enthalten sind. Ferner ist bei der Nettolizenzeinnahme darauf zu achten, ob im Einzelfall der Arbeitgeber als Lizenzgeber ein Risiko insofern eingeht, als er auch in der Zukunft Aufwendungen durch die Verteidigung der Schutzrechte, durch die Verfolgung von Verletzungen und aus der Einhaltung von Gewährleistungen haben kann.
Soweit die Einnahmen nicht auf der Lizenzvergabe, sondern auf der Übermittlung besonderer Erfahrungen (know how) beruht, sind diese Einnahmen bei der Berechnung des

Erfindungswertes von der Bruttolizenzeinnahme ebenfalls abzuziehen, wenn diese Erfahrungen nicht als technische Verbesserungsvorschläge im Sinne des § 20 Abs. 1 des Gesetzes anzusehen ist. Bei der Beurteilung der Frage, ob und wieweit die Einnahme auf der Übermittlung besonderer Erfahrungen beruht, ist nicht allein auf den Inhalt des Lizenzvertrages abzustellen; vielmehr ist das tatsächliche Verhältnis des Wertes der Lizenz zu dem der Übermittlung besonderer Erfahrungen zu berücksichtigen.

Eine Ermäßigung nach der Staffel in Nummer 11 ist nur insoweit angemessen, als sie auch dem Lizenznehmer des Arbeitgebers eingeräumt worden ist.

(15) Macht die Berechnung dieser Unkosten und Aufgaben große Schwierigkeiten, so kann es zweckmäßig sein, in Analogie zu den üblichen Arten der vertraglichen Ausgestaltung zwischen einem freien Erfinder als Lizenzgeber und dem Arbeitgeber als Lizenznehmer zu verfahren. In der Praxis wird ein freier Erfinder wegen der bezeichneten Kosten und Verfahren eines Generallizenznehmers (Lizenznehmer einer ausschließlichen unbeschränkten Lizenz) mit etwa 20 bis 50%, in besonderen Fällen auch mit mehr als 50% und in Ausnahmefällen sogar mit über 75% der Bruttolizenzeinnahme beteiligt, die durch die Verwertung einer Erfindung erzielt wird. Zu berücksichtigen ist im einzelnen, ob bei der Lizenzvergabe ausschließliche unbeschränkte Lizenzen oder einfache oder beschränkte Lizenzen erteilt werden. Bei der Vergabe einer ausschließlichen unbeschränkten Lizenz behält der Arbeitgeber kein eigenes Benutzungsrecht, wird im allgemeinen auch keine eigenen Erfahrungen laufend zu übermitteln haben. Hier wird der Erfindungswert eher bei 50% und mehr anzusetzen sein. Bei der Vergabe einer einfachen oder beschränkten Lizenz wird bei gleichzeitiger Benutzung der Erfindung durch den Arbeitgeber, wenn damit die laufende Übermittlung von eigenen Erfahrungen verbunden ist, der Erfindungswert eher an der unteren Grenze liegen.

(16) Wird die Erfindung verkauft, so ist der Erfindungswert ebenfalls durch Verminderung des Bruttoertrages auf den Nettoertrag zu ermitteln. Im Gegensatz zur Lizenzvergabe wird hierbei jedoch in den meisten Fällen nicht damit zu rechnen sein, dass noch zukünftige Aufgaben und Belastungen des Arbeitgebers als Verkäufer zu berücksichtigen sind. Bei der Ermittlung des Nettoertrages sind alle Aufwendungen für die Entwicklung der Erfindung, nachdem sie fertiggestellt worden ist, für ihre Betriebsreifmachung, die Kosten der Schutzrechtserlangung und -übertragung, die mit dem Verkauf zusammenhängenden Aufwendungen (z.B. Steuern, mit Ausnahme der inländischen reinen Ertragssteuern, Verhandlungskosten) sowie ein entsprechender Anteil an den Gemeinkosten des Arbeitgebers, soweit sie nicht schon in den vorgenannten Kosten enthalten sind, zu berücksichtigen.

Soweit der Kaufpreis nicht auf der Übertragung des Schutzrechts, sondern auf der Übermittlung besonderer Erfahrungen (know how) beruht, sind diese Einnahmen bei der Berechnung des Erfindungswertes ebenfalls von dem Bruttoertrag abzuziehen, wenn diese Erfahrungen nicht als technische Verbesserungsvorschläge im Sinne des § 20 Abs. 1 des Gesetzes anzusehen sind. Bei der Beurteilung der Frage, ob und wieweit der Kaufpreis auf der Übermittlung besonderer Erfahrungen beruht, ist nicht allein auf den Inhalt des Kaufvertrages abzustellen; vielmehr ist das tatsächliche Verhältnis des Wertes des Schutzrechts zu dem der Übermittlung besonderer Erfahrungen zu berücksichtigen.

(17) Wird die Erfindung durch einen Austauschvertrag verwertet, so kann versucht werden, zunächst den Gesamtnutzen des Vertrages für den Arbeitgeber zu ermitteln, um sodann durch Abschätzung der Quote, die auf die in Anspruch genommene Diensterfindung entfällt, ihren Anteil am Gesamtnutzen zu ermitteln. Ist dies untunlich, so wird der Erfindungswert nach Nummer 13 geschätzt werden müssen.

Soweit Gegenstand des Autauschvertrages nicht die Überlassung von Schutzrechten oder von Benutzungsrechten, sondern die Überlassung besonderer Erfahrungen (know how) ist, ist dies bei der Ermittlung des Gesamtnutzens des Vertrages zu berücksichtigen, soweit diese Erfahrungen nicht als technische Verbesserungsvorsvorschläge im Sinne des § 20 Abs. 1 des Gesetzes anzusehen sind. Bei der Beurteilung der Frage, ob und wieweit die Übermittlung besonderer Erfahrungen Gegenstand des Austauschvertrages sind, ist nicht allein auf den Inhalt des Vertrages abzustellen; vielmehr ist das tatsächliche Verhältnis des Wertes der Schutzrechte zu dem der Übermittlung besonderer Erfahrungen zu berücksichtigen.

III. Sperrpatente
(18) Einen besonderen Fall der Verwertung einer Diensterfindung bilden die Sperrpatente. Darunter versteht man im allgemeinen Patente, die nur deshalb angemeldet und aufrechterhalten werden, um zu verhindern, dass ein Wettbewerber die Erfindung verwertet und dadurch die eigene laufende oder bevorstehende Erzeugung beeinträchtigt. Bei diesen Patenten unterbleibt die Benutzung, weil entweder ein gleichartiges Patent schon im Betrieb benutzt wird oder ohne Bestehen eines Patentes eine der Erfindung entsprechende Erzeugung schon im Betrieb läuft oder as Anlaufen einer solchen Erzeugung bevorsteht. Wenn schon eine Erfindung im Betrieb benutzt wird, die mit Hilfe der zweiten Erfindung umgangen werden kann, und wenn die wirtschaftliche Tragweite beider Erfindungen ungefähr gleich ist, werden nach der Verwertung der ersten Erfindung Anhaltspunkte für den Erfindungswert bezüglich der zweiten gefunden werden können. Die Summe der Werte beider Erfindungen kann jedoch höher sein als der Erfindungswert der ersten Erfindung. Durch Schätzung kann ermittelt werden, welcher Anteil des Umsatzes, der Erzeugung oder des Nutzens bei Anwendung der zweiten Erfindung auf diese entfallen würde. Selbst wenn man hierbei zu einer annähernden Gleichwertigkeit der beiden Erfindungen kommt, ist es angemessen, für die zweite Erfindung weniger als die Hälfte der Summe der Werte beider Erfindungen anzusetzen, weil es als ein besonderer Vorteil benutzter Erfindungen anzusehen ist, wenn sie sich schon in der Praxis bewährt haben und auf dem Markt eingeführt sind. Eine zweite Erfindung, mit der es möglich ist, die erste zu umgehen, kann für den Schutzumfang der ersten Erfindung eine Schwäche offenbaren, die bei der Feststellung des Erfindungswertes für die erste Erfindung nicht immer berücksichtigt worden ist. Deshalb kann der Anlaß für eine Neufestsetzung der Vergütung nach § 12 Abs. 6 des Gesetzes vorliegen.

IV. Schutzrechtskomplexe
(19) Werden bei einem Verfahren oder Erzeugnis mehrere Erfindungen benutzt, so soll, wenn es sich hierbei um einen einheitlich zu wertenden Gesamtkomplex handelt, zunächst der Wert des Gesamtkomplexes, gegebenenfalls einschließlich nicht benutzter Sperrschutzrechte, bestimmt werden. Der so bestimmte Gesamterfindungswert ist auf die einzelnen Erfindungen aufzuteilen. Dabei ist zu berücksichtigen, welchen Einfluß die einzelnen Erfindungen auf die Gesamtgestaltung des mit dem Schutzrechtskomplex belasteten Gegenstandes haben.

V. Nicht verwertete Erfindungen
(20) Nicht verwertete Erfindungen sind Erfindungen, die weder betrieblich benutzt noch als Sperrpatent noch außerbetrieblich durch Vergabe von Lizenzen, Verkauf oder Tausch verwertet werden. Die Frage nach ihrem Wert hängt davon ab, aus welchen Gründen die Verwertung unterbleibt (vgl. Nummer 21-24).

1. Vorrats- und Ausbaupatente
(21) Vorratspatente sind Patente für Erfindungen, die im Zeitpunkt der Erteilung des Patents noch nicht verwertet werden oder noch nicht verwertbar sind, mit deren späterer Verwertung oder Verwertbarkeit aber zu rechnen ist. Von ihrer Verwertung wird z.B. deshalb abgesehen, weil der Fortschritt der technischen Entwicklung abgewartet werden soll, bis die Verwertung des Patents möglich erscheint. Erfindungen dieser Art werden bis zu ihrer praktischen Verwertung "auf Vorrat" gehalten. Sie haben wegen der begründeten Erwartung ihrer Verwertbarkeit einen Erfindungswert. Vorratspatente, die lediglich bestehende Patente verbessern, werden als Ausbaupatente bezeichnet. Der Wert der Vorrats- und Ausbaupatente wird frei geschätzt werden

müssen, wobei die Art der voraussichtlichen späteren Verwertung und die Höhe des alsdann voraussichtlich zu erzielenden Nutzens Anhaltspunkte ergeben können. Bei einer späteren Verwertung wird häufig der Anlass für eine Neufestsetzung der Vergütung nach § 12 Abs. 6 des Gesetzes gegeben sein. Ob verwertbare Vorratspatente, die nicht verwertet werden, zu vergüten sind, richtet sich nach Nummer 24.

2. Nicht verwertbare Erfindungen
(22) Erfindungen, die nicht verwertet werden, weil sie wirtschaftlich nicht verwertbar sind und bei denen auch mit ihrer späteren Verwertbarkeit nicht zu rechnen ist, haben keinen Erfindungswert. Aus der Tatsache, dass ein Schutzrecht erteilt worden ist, ergibt sich nichts Gegenteiliges; denn die Prüfung durch das Patentamt bezieht sich zwar auf Neuheit, Fortschrittlichkeit und Erfindungshöhe, nicht aber darauf, ob die Erfindung mit wirschaftlichen Erfolg verwertet werden kann. Erfindungen, die betrieblich nicht benutzt, nicht als Sperrpatent oder durch Lizenzvergabe, Verkauf oder Tausch verwertet werden können und auch als Vorratspatent keinen Wert haben, sollten dem Erfinder freigegeben werden.

3. Erfindungen, deren Verwertbarkeit noch nicht feststellbar ist
(23) Nicht immer wird sofort festzustellen sein, ob eine Erfindung wirtschaftlich verwertbar ist oder ob mit ihrer späteren Verwertbarkeit zu rechnen ist. Dazu wird es vielmehr in einer Reihe von Fällen einer gewissen Zeit der Prüfung und Erprobung bedürfen. Wenn und solange der Arbeitgeber die Erfindung prüft und erprobt und dabei die wirtschaftliche Verwertbarkeit noch nicht feststeht, ist die Zahlung einer Vergütung in der Regel nicht angemessen. Zwar besteht die Möglichkeit, dass sich eine Verwertbarkeit ergibt. Diese Möglichkeit wird aber dadurch angemessen abgegolten, dass der Arbeitgeber auf seine Kosten die Erfindung überprüft und erprobt und damit seinerseits dem Erfinder die Gelegenheit einräumt, bei günstigen Prüfungsergebnis eine Vergütung zu erhalten.
Die Frist, die dem Betrieb zur Feststellung der wirtschaftlichen Verwertbarkeit billigerweise gewährt werden muss, wird von Fall zu Fall verschieden sein, sollte aber drei bis fünf Jahre nach Patenterteilung nur in besonderen Ausnahmefällen überschreiten. Wird die Erfindung nach Ablauf dieser Frist nicht freigegeben, so wird vielfach eine tatsächliche Vermutung dafür sprechen, dass ihr ein Wert zukommt, sei es auch nur als Vorrats- oder Ausbaupatent.

4. Erfindungen, bei denen die Verwertbarkeit nicht oder nicht voll ausgenutzt wird
(24) Wird die Erfindung ganz oder teilweise nicht verwertet, obwohl sie verwertbar ist, so sind bei der Ermittlung des Erfindungswertes die unausgenutzten Verwertungsmöglichkeiten im Rahmen der bei verständiger Würdigung bestehenden wirtschaftlichen Möglichkeiten zu berücksichtigen.

VI. Besonderheiten
1. Beschränkte Inanspruchnahme
(25) Für die Bewertung des nichtausschließlichen Rechts zur Benutzung der Diensterfindung gilt das für die Bewertung der unbeschränkt in Anspruch genommenen Diensterfindung Gesagte entsprechend. Bei der Ermittlung des Erfindungswertes ist jedoch allein auf die tatsächliche Verwertung durch den Arbeitgeber abzustellen; die unausgenutzte wirtschaftliche Verwertbarkeit (vgl. Nummer 24) ist nicht zu berücksichtigen.
Wird der Erfindungswert mit Hilfe des erfassbaren betrieblichen Nutzens ermittelt, so unterscheidet sich im übrigen die Ermittlung des Erfindungswertes bei der beschränkten Inanspruchnahme nicht von der bei der unbeschränkten Inanspruchnahme. Bei der Ermittlung des Erfindungswertes nach der Lizenzanalogie ist nach Möglichkeit von den für nichtausschließliche Lizenzen mit freien Erfindern üblicherweise vereinbarten Sätzen auszugehen. Sind solche Erfahrungssätze für nichtausschließliche Lizenzen nicht bekannt, so kann auch von einer Erfindung ausgegangen werden, für die eine ausschließliche Lizenz erteilt worden ist; dabei ist jedoch zu beachten, dass die in der Praxis für nichtausschließliche Lizenzen gezahlten Lizenzsätze in der Regel, keinesfalls aber in allen Fällen, etwas niedriger sind als die für ausschließliche Lizenzen gezahlten Sätze. Hat der Arbeitnehmer Lizenzen vergeben, so

können die in diesen Lizenzverträgen vereinbarten Lizenzsätze in geeigneten Fällen als Maßstab für den Erfindungswert herangezogen werden. Hat der Arbeitnehmer kein Schutzrecht erwirkt, so wirkt diese Tatsache nicht mindernd auf die Vergütung, jedoch ist eine Vergütung nicht oder nicht mehr zu zahlen, wenn die Erfindung so weit bekannt geworden ist, dass sie infolge des Fehlens eines Schutzrechts auch von Wettbewerbern berechtigerweise benutzt wird.

2. Absatz im Ausland und ausländische Schutzrechte
(26) Wird das Ausland vom Inlandsbereich aus beliefert, so ist bei der Berechnung des Erfindungswertes nach dem erfassbaren betrieblichen Nutzen der Nutzen wie im Inland zu erfassen. Ebenso ist bei der Berechnung des Erfindungswertes nach der Lizenzanalogie der Umsatz oder die Erzeugung auch insoweit zu berüchsichtigen, als das Ausland vom Inland aus beliefert wird. Bei zusätzlicher Verwertung im Ausland (z.B. Erzeugung im Ausland, Lizenzvergaben im Ausland) erhöht sich der Erfindungswert entsprechend, sofern dort ein entsprechendes Schutzrecht besteht.
Auch im Ausland ist eine nicht ausgenutzte Verwertbarkeit oder eine unausgenutzte weitere Verwertbarkeit nach den gleichen Grundsätzen wie im Inland zu behandeln (vgl. Nummer 24). Sofern weder der Arbeitgeber noch der Arbeitnehmer Schutzrechte im Ausland erworben haben, handelt es sich um schutzfreies Gebiet, auf dem Wettbewerber tätig werden können, so dass für eine etwaige Benutzung des Erfindungsgegenstandes in dem Land sowie für den Vertrieb des in dem schutzrechtsfreien Land hergestellten Erzeugnisses im allgemeinen eine Vergütung nicht verlangt werden kann.

3. Betriebsgeheime Erfindungen (§ 17)
(27) Betriebsgeheime Erfindungen sind ebenso wie geschützte Erfindungen zu vergüten. Dabei sind nach § 17 Abs. 4 des Gesetzes auch die wirschaftlichen Nachteile zu berücksichtigen, die sich für den Arbeitnehmer dadurch ergeben, dass auf die Diensterfindung kein Schutzrecht erteilt worden ist. Die Beeinträchtigung kann u. a. darin liegen, dass der Erfinder als solcher nicht bekannt wird oder dass die Diensterfindung nur in beschränktem Umfang ausgewertet werden kann. Eine Beeinträchtigung kann auch darin liegen, dass die Diensterfindung vorzeitig bekannt und mangels Rechtsschutzes durch andere Wettbewerber ausgewertet wird.

B. Gebrauchsmusterfähige Erfindungen
(28) Bei der Ermittlung des Erfindungswertes für gebrauchsmuster- fähige Diensterfindungen können grundsätzlich dieselben Methoden angewandt werden wie bei patentfähigen Diensterfindungen. Wird der Erfindungswert nach dem erfassbaren betrieblichen Nutzen ermittelt, so ist hierbei nach denselben Grundsätzen wie bei patentfähigen Diensterfindungen zu verfahren. Wird dagegen von der Lizenzanalogie ausgegangen, so ist nach Möglichkeit von den für gebrauchsmusterfähige Erfindungen in vergleichbaren Fällen üblichen Lizenzen auszugehen. Sind solche Lizenzsätze für gebrauchsmusterfähige Erfindungen freier Erfinder nicht bekannt, so kann bei der Lizenzanalogie auch von den für vergleichbare patentfähige Erfindungen üblichen Lizenzsätzen ausgegangen werden; dabei ist jedoch zu beachten: In der Praxis werden vielfach die für Gebrauchsmuster an freie Erfinder üblicherweise bezahlten Lizenzen niedriger sein als die für patentfähige Erfindungen; dies beruht u.a. auf dem im allgemeinen engeren Schutzumfang sowie auf der kürzeren gesetzlichen Schutzdauer des Gebrauchsmusters. Die ungeklärte Schutzfähigkeit des Gebrauchsmusters kann jedoch bei Diensterfindungen nur dann zuungunsten des Arbeitnehmers berücksichtigt werden, wenn im Einzelfall bestimmte Bedenken gegen die Schutzfähigkeit eine Herabsetzung des Analogielizenzsatzes angemessen erscheinen lassen. Wird in in diesem Falle das Gebrauchsmuster nicht angegriffen oder erfolgreich verteidigt, so wird im allgemeinen der Anlass für eine Neufestsetzung der Vergütung nach § 12 Abs.6 des Gesetzes vorliegen.
Wird eine patentfähige Erfindung nach § 13 Abs. 1 Satz 2 des Gesetzes als Gebrauchsmuster angemeldet, so ist der Erfindungswert wie bei einer patentfähigen Erfindung zu bemessen, wobei jedoch die kürzere gesetzliche Schutzdauer des Gebrauchsmuster zu berücksichtigen ist.

C. Technische Verbesserungsvorschläge
(§ 20 Abs. 1)
(29) Nach § 20 Abs. 1 des Gesetzes hat der Arbeitnehmer für technische Verbesserungsvorschläge, die dem Arbeitgeber eine ähnliche Vorzugsstellung gewähren wie ein gewerbliches Schutzrecht, gegen den Arbeitgeber einen Anspruch auf angemessene Vergütung, sobald dieser sie verwertet. Eine solche Vorzugsstellung gewähren technische Verbesserungsvorschläge, die von Dritten nicht nachgeahmt werden können (z.B. Anwendung von Geheimverfahren; Verwendung von Erzeugnissen, die nicht analysiert werden können). Der technische Verbesserungsvorschlag als solcher muss die Vorzugsstellung gewähren; wird er an einem Gerät verwandt, das schon eine solche Vorzugsstellung genießt, so ist der Vorschlag nur insoweit vergütungspflichtig, als er für sich betrachtet, also abgesehen von der schon bestehenden Vorzugsstellung, die Vorzugsstellung gewähren würde. Bei der Ermittlung des Wertes des technischen Verbesserungsvorschlages im Sinne des § 20 Abs.1 des Gesetzes sind dieselben Methoden anzuwenden wie bei der Ermittlung des Erfindungswertes für schutzfähige Erfindungen. Dabei ist jedoch allein auf die tatsächliche Verwertung durch den Arbeitgeber abzustellen; die unausgenutzte wirtschaftliche Verwertbarkeit (Nummer 24) ist nicht zu berücksichtigen. Sobald die Vorzugsstellung wegfällt, weil die technische Neuerung so weit bekannt geworden ist, dass sie auch von Wettbewerbern berechtigterweise benutzt wird, ist eine Vergütung nicht oder nicht mehr zu zahlen.

Zweiter Teil. Anteilsfaktor
(30) Von dem im Ersten Teil ermittelten Erfindungswert ist mit Rücksicht darauf, dass es sich nicht um eine freie Erfindung handelt, ein entsprechender Abzug zu machen. Der Anteil, der sich für den Arbeitnehmer unter Berücksichtigung dieses Abzugs an dem Erfindungswert ergibt, wird in Form eines in Prozenten ausgedrückten Anteilsfaktors ermittelt.
Der Anteilsfaktor wird bestimmt:

a) durch die Stellung der Aufgabe,
b) durch die Lösung der Aufgabe,

c) durch die Aufgaben und die Stellung des Arbeitnehmers im Betrieb.

Die im folgenden hinter den einzelnen Gruppen der Tabellen a), b) und c) eingefügten Wertzahlen dienen der Berechnung des Anteilsfaktors nach der Tabelle unter Nummer 37. Soweit im Einzelfall eine zwischen den einzelnen Gruppen liegende Bewertung angemessen erscheint, können Zwischenwerte gebildet werden (z.B. 3,5).

a) Stellung der Aufgabe

(31) Der Anteil des Arbeitnehmers am Zustandekommen der Diensterfindung ist um so größer, je größer seine Initiative bei der Aufgabenstellung und je größer seine Beteiligung bei der Erkenntnis der betrieblichen Mängel und Bedürfnisse ist. Diese Gesichtspunkte können in folgenden 6 Gruppen berücksichtigt werden:

Der Arbeitnehmer ist zu der Erfindung veranlasst worden:

weil der Betrieb ihm eine Aufgabe unter unmittelbarer Angabe des beschrittenen Lösungsweges gestellt hat (1);

weil der Betrieb ihm eine Aufgabe ohne unmittelbare Angabe des beschrittenen Lösungsweges gestellt hat (2);

ohne dass der Betrieb ihm eine Aufgabe gestellt hat, jedoch durch die infolge der Betriebszugehörigkeit erlangte Kenntnis von Mängeln und Bedürfnissen, wenn der Erfinder diese Mängel und Bedürfnisse nicht selbst festgestellt hat (3);

ohne dass der Betrieb ihm eine Aufgabe gestellt hat, jedoch durch die infolge der Betriebszugehörigkeit erlangte Kenntnis von Mängeln und Bedürfnissen, wenn der Erfinder diese Mängel selbst festgestellt hat (4);

weil er sich innerhalb seines Aufgabenbereichs eine Aufgabe gestellt hat (5);

weil er sich außerhalb seines Aufgabenbereichs eine Aufgabe gestellt hat (6).
Bei Gruppe 1 macht es keinen Unterschied, ob der Betrieb den Erfinder schon bei der Aufgabenstellung oder erst später auf den beschrittenen Lösungsweg unmittelbar hingewiesen hat, es sei denn, dass der Erfinder von sich aus den Lösungsweg bereits beschritten hatte. Ist bei einer Erfindung, die in Gruppe 3 oder 4 einzuordnen ist, der Erfinder vom Betrieb später auf den beschrittenen Lösungsweg hingewiesen worden, so kann es angemessen sein, die Erfindung niedriger einzuordnen, es sei denn, dass der Erfinder von sich aus den Lösungsweg bereits beschritten hatte. Liegt in Gruppe 3 oder 4 die Aufgabe außerhalb des Aufgabenbereichs des Erfinders, so wird es angemessen sein, die Erfindung höher einzuordnen.

Ferner ist zu berücksichtigen, dass auch in der Aufgabenstellung allein schon eine unmittelbare Angabe des beschrittenen Lösungsweges liegen kann, wenn die Aufgabe sehr eng gestellt ist. Andererseits sind ganz allgemeine Anweisungen (z. B. auf Erfindungen bedacht zu sein) noch nicht als Stellung der Aufgabe im Sinne dieser Tabelle anzusehen.

b) Lösung der Aufgabe

(32) Bei der Ermittlung der Wertzahlen für die Lösung der Aufgabe sind folgende Gesichtspunkte zu beachten:

Die Lösung wird mit Hilfe der dem Erfinder beruflichgeläufigen Überlegungen gefunden;

sie wird auf Grund betrieblicher Arbeiten oder Kenntnisse gefunden;

der Betrieb unterstützt den Erfinder mit technischen Hilfsmitteln.
Liegen bei einer Erfindung alle diese Merkmale vor, so erhält die Erfindung für die Lösung dieser Aufgabe die Wertzahl 1; liegt keines dieser Merkmale vor, so erhält sie die Wertzahl 6.

Sind bei einer Erfindung die angeführten drei Merkmale teilweise verwirklicht, so kommt ihr für die Lösung der Aufgabe eine zwischen 1 und 6 liegende Wertzahl zu. Bei der Ermittlung der Wertzahl für die Lösung der Aufgabe sind die Verhältnisse des Einzelfalles auch im Hinblick auf die Bedeutung der angeführten drei Merkmale (z. B. das Ausmaß der Unterstützung mit technischen Hilfsmitteln) zu berücksichtgen.

Beruflich geläufige Überlegungen im Sinne dieser Nummer sind solche, die aus Kenntnissen und Erfahrungen des Arbeitnehmers stammen, die er zur Erfüllung der ihm übertragenen Tätigkeiten haben muss.

Betriebliche Arbeiten oder Kenntnisse im Sinne dieser Nummer sind innerbetriebliche Erkenntnisse, Arbeiten, Anregungen, Erfahrungen, Hinweise usw., die dem Erfinder zur Lösung hingeführt oder sie ihm wesentlich erleichtert haben.

Technische Hilfsmittel im Sinne dieser Nummer sind Energien, Rohstoffe und Geräte des Betriebes, deren Bereitstellung wesentlich zum Zustandekommen der Diensterfindung beigetragen hat. Wie technische Hilfsmittel ist auch die Bereitstellung von Arbeitskräften zu werten. Die Arbeitskraft des Erfinders selbst sowie die allgemeinen, ohnehin entstandenen Aufwendungen für Forschung, Laboreinrichtungen und Apparaturen sind nicht als technische Hilfsmittel in diesem Sinne anzusehen.

c) Aufgaben und Stellung des Arbeitnehmers im Betrieb

(33) Der Anteil des Arbeitnehmers verringert sich um so mehr, je größer der ihm durch seine Stellung ermöglichte Einblick in die Erzeugung und Entwicklung des Betriebes ist und je mehr von ihm angesichts seiner Stellung und des ihm z. Z. der Erfindungsmeldung gezahlten Arbeitsentgelts erwartet werden kann, dass er an der technischen Entwicklung des Betriebes mitarbeitet. Stellung im Betrieb bedeutet nicht die nominelle, sondern die tatsächliche Stellung des Arbeitnehmers, die ihm unter Berücksichtigung der ihm obliegenden Aufgaben und der ihm ermöglichten Einblicke in das Betriebsgeschehen zukommt.

(34) Man kann folgende Gruppen von Arbeitnehmern unterscheiden, wobei die Wertzahl um so höher ist, je geringer die Leistungserwartung ist:

8. Gruppe: Hierzu gehören Arbeitnehmer, die im wesentlichen ohne Vorbildung für die im Betrieb ausgeübte Tätigkeit sind (z. B. ungelernte Arbeiter, Hilfsarbeiter, Angelernte, Lehrlinge) (8).

7. Gruppe: Zu dieser Gruppe sind die Arbeitnehmer zu rechnen, die eine handwerklich - technische Ausbildung erhalten haben (z. B. Facharbeiter, Laboranten, Monteure, einfache Zeichner), auch wenn sie schon mit kleineren Aufsichtspflichten betraut sind (z. B. Vorarbeiter, Untermeister, Schichtmeister, Kolonnenführer). Von diesen Personen wird im allgemeinen erwartet, dass sie die ihnen übertragenen Aufgaben mit einem gewissen technischen Verständnis ausführen. Andererseits ist zu berücksichtigen, dass von dieser Berufsgruppe in der Regel die Lösung konstruktiver oder verfahrensmäßiger technischer Aufgaben nicht erwartet wird (7).

6. Gruppe: Hierher gehören die Personen, die als untere betriebliche Führungskräfte eingesetzt werden (z. B. Meister, Obermeister, Werkmeister) oder eine etwas gründlichere technische Ausbildung erhalten haben (z. B. Chemotechniker, Techniker). Von diesen Arbeitnehmern wird in der Regel schon erwartet, dass sie Vorschläge zur Rationalisierung innerhalb der ihnen obliegenden Tätigkeit machen und auf einfache technische Neuerungen bedacht sind (6).

5. Gruppe: Zu dieser Gruppe sind die Arbeitnehmer zu rechnen, die eine gehobene technische Ausbildung erhalten haben, sei es auf Universitäten oder technischen Hochschulen, sei es auf höheren technischen Lehranstalten oder in Ingenieur- oder entsprechenden Fachschulen, wenn sie in der Fertigung tätig sind. Von diesen Arbeitnehmern wird ein reges technisches Interesse sowie die Fähigkeit erwartet, gewisse konstruktive oder verfahrensmäßige Aufgaben zu lösen (5).

4. Gruppe: Hierher gehören die in der Fertigung leitend Tätigen (Gruppenleiter, d.h. Ingenieure und Chemiker, denen andere Ingenieure und Techniker unterstellt sind) und die in der Entwicklung tätigen Ingenieure und Chemiker (4).

3. Gruppe: Zu dieser Gruppe sind in der Fertigung der Leiter einer ganzen Fertigungsgruppe (z. B. technischer Abteilungsleiter und Werkleiter) zu zählen, in der Entwicklung die Gruppenleiter von Konstruktionsbüros und Entwicklungslaboratorien und in der Forschung die Ingenieure und Chemiker (3).

2. Gruppe: Hier sind die Leiter der Entwicklungsabteilungen einzuordnen sowie die Gruppenleiter in der Forschung (2).

1. Gruppe: Zur Spitzengruppe gehören die Leiter der gesamten Forschungsabteilung eines Unternehmens und die technischen Leiter größerer Betriebe (1).

Die vorstehende Tabelle kann nur Anhaltspunkte geben. Die Einstufung in die einzelnen Gruppen muss jeweils im Einzelfall nach Maßgabe der tatsächlichen Verhältnisse unter Berücksichtigung der Ausführungen in Nummer 33, 35 und 36 vorgenommen werden. In kleineren Betrieben sind z. B. vielfach die Leiter von Forschungsabteilungen nicht in Gruppe 1, sondern - je nach den Umständen des Einzelfalles - in die Gruppen 2, 3 oder 4 einzuordnen. Auch die Abstufung nach der Tätigkeit in Fertigung, Entwicklung oder Forschung ist nicht stets berechtigt, weil z. B. in manchen Betrieben die in der Entwicklung tätigen Arbeitnehmer Erfindungen näher stehen als die in der Forschung tätigen Arbeitnehmer.

(35) Wenn die Gehaltshöhe gegenüber dem Aufgabengebiet Unterschiede zeigt, kann es berechtigt sein, den Erfinder in eine höhere oder tiefere Gruppe einzustufen, weil Gehaltshöhe und Leistungserwartung miteinander in Verbindung stehen. Dies ist besonders zu berücksichtigen im Vehältnis zwischen jüngeren und älteren Arbeitnehmern der gleichen Gruppe. In der Regel wächst das Gehalt eines Arbeitnehmers mit seinem Alter, wobei weitgehend der Gesichtspunkt maßgebend ist, dass die zunehmende Erfahrung auf Grund langjähriger Tätigkeit eine höhere Leistung erwarten lässt. Hiernach kann also ein höher bezahlter älterer Arbeitnehmer einer bestimmten Gruppe eher in die nächstniedrigere einzustufen sein, während ein jüngerer, geringer bezahlter Angestellter der nächsthöheren Gruppe zuzurechnen ist. Es ist weiter zu berücksichtigen, dass zum Teil gerade bei leitenden Angestellten nicht erwartet wird, dass sie sich mit technischen Einzelfragen befassen. Besonders in größeren Firmen stehen leitende Angestellte zum Teil der technischen Entwicklung ferner als Entwicklungs- oder Betriebsingenieure. In solchen Fällen ist daher gleichfalls eine Berichtigung der Gruppeneinteilung angebracht. Auch die Vorbildung wird in der Regel ein Anhaltspunkt für die Einstufung des Arbeitnehmers sein. Sie ist aber hierauf dann ohne Einfluss, wenn der Arbeitnehmer nicht entsprechend seiner Vorbildung im Betrieb eingesetzt wird. Andererseits ist auch zu berücksichtigen, dass Arbeitnehmer, die sich ohne entsprechende Vorbildung eine größere technische Erfahrung zugeeignet haben und demgemäß im Betrieb eingesetzt und bezahlt werden, in eine entsprechend niedrigere Gruppe (also mit niedrigerer Wertzahl, z. B. von Gruppe 6 in Gruppe 5) eingestuft werden müssen.

(36) Von Arbeitnehmern, die kaufmännisch tätig sind und keine technische Vorbildung haben, werden im allgemeinen keine technischen Leistungen erwartet. Etwas anderes kann mitunter für die sogenannten technischen Kaufleute und die höheren kaufmännischen Angestellten (kaufmännische Abteilungsleiter, Verwaltungs- und kaufmännische Direktoren) gelten. Wie diese Personen einzustufen sind, muss von Fall zu Fall entschieden werden.

Tabelle
(37) Für die Berechnung des Anteilsfaktors gilt folgende Tabelle:

a+b+c = 03 04 05 06 07 08 09 10 11 12 13 14 15 16 17 18 19 (20)
A = 02 04 07 10 13 15 18 21 25 32 39 47 55 63 72 81 90 (100)

in dieser Tabelle bedeuten:

a = Wertzahlen, die sich aus der Stellung der Aufgabe ergeben,
b = Wertzahlen, die sich aus der Lösung der Aufgabe ergeben,

c = Wertzahlen, die sich aus Aufgaben und Stellung im Betrieb ergeben,

A = Anteilsfaktor (Anteil des Arbeitnehmers am Erfindungswert in Prozenten).

Die Summe, die sich aus den Wertzahlen a, b und c ergibt, braucht keine ganze Zahl zu sein. Sind als Wertzahlen Zwischenwerte (z. B. 3,5) gebildet worden, so ist als Anteilsfaktor eine Zahl zu ermitteln, die entsprechend zwischen den angegebenen Zahlen liegt. Die Zahlen 20 und 100 sind in Klammern gesetzt, weil zumindest in diesem Fall eine freie Erfindung vorliegt.

Wegfall der Vergütung
(38) Ist der Anteilsfaktor sehr niedrig, so kann, wenn der Erfindungswert gleichfalls gering ist, die nach den vorstehenden Richtlinien zu ermittelnde Vergütung bis auf einen Anerkennungsbetrag sinken oder wegfallen.

Dritter Teil. Die rechnerische Ermittlung der Vergütung
I. Formel
(39) Die Berechnung der Vergütung aus Erfindungswert und Anteilsfaktor kann in folgender Formel ausgedrückt werden:

$$V = E \times A$$

Dabei bedeuten:

V = die zu zahlende Vergütung,
E = den Erfindungswert,
A = den Anteilsfaktor in Prozenten.

Die Ermittlung des Erfindungswertes nach der Lizenzanalogie kann in folgender Formel ausgedrückt werden:

$$E = B \times L$$

Dabei bedeuten:

E = den Erfindungswert,
B = die Bezugsgröße,
L = Lizenzsatz in Prozenten.

In dieser Formel kann die Bezugsgröße ein Geldbetrag oder eine Stückzahl sein. Ist die Bezugsgröße ein bestimmter Geldbetrag, so ist der Lizenzsatz ein Prozentsatz (z. B. 3% von 100.000,- DM). Ist die Bezugsgröße dagegen eine Stückzahl oder eine Gewichtseinheit, so ist der Lizenzsatz ein bestimmter Geldbetrag je Stück oder Gewichtseinheit (z. B. 0,10 DM je Stück oder Gewichtseinheit des umgesetzten Erzeugnisses).
Insgesamt ergibt sich hiernach für die Ermittlung der Vergütung bei Anwendung der Lizenzanalogie folgende Formel:

$$V = B \times L \times A$$

Hierbei ist für B jeweils die entsprechende Bezugsgröße (Umsatz, Erzeugung) einzusetzen. Sie kann sich auf die gesamte Laufdauer des Schutzrechts (oder die gesamte sonst nach Nummer 42 in Betracht kommende Zeit) oder auf einen bestimmten periodisch wiederkehrenden Zeitabschnitt (z. B. 1 Jahr) beziehen; entsprechend ergibt sich aus der Formel die Vergütung für die gesamte Laufdauer (V) oder den bestimmten Zeitabschnitt (beim jährlicher Ermittlung im folgenden V_j bezeichnet). Wird z. B. die Vergütung unter Anwendung der Lizenzanalogie in Verbindung mit dem Umsatz ermittelt, so lautet die Formel für die Berechnung der Vergütung:

$$V = U \times L \times A$$

oder bei jährlicher Ermittlung

$Vj = Uj \times L \times A$

Beispiel: Bei einem Jahresumsatz von 400000.- DM, einem Lizenzsatz von 3% und einem Anteilsfaktor von (a + b + c = 8 =) 15% ergibt sich folgende Rechnung:

$Vj = 400000 \times 3\% \times 15\%$

Die Vergütung für ein Jahr beträgt in diesem Fall 1800.- DM.

II. Art der Zahlung der Vergütung
(40) Die Vergütung kann in Form einer laufenden Beteiligung bemessen werden. Hängt ihre Höhe von dem Umsatz, der Erzeugung oder dem erfassbaren betrieblichen Nutzen ab, so wird die Vergütung zweckmäßig nachkalkulatorisch errechnet; in diesem Fall empfiehlt sich die jährliche Abrechnung, wobei - soweit dies angemessen erscheint - entsprechende Abschlagszahlungen zu leisten sein werden. Wird die Diensterfindung durch Lizenzvergabe verwertet, so wird die Zahlung der Vergütung im allgemeinen der Zahlung der Lizenzen anzupassen sein.
Manchmal wird die Zahlung einer einmaligen oder mehrmaligen festen Summe (Gesamtabfindung) als angemessen anzusehen sein. Dies gilt insbesondere für folgende Fälle:

a) Wenn es sich um kleinere Erfindungen handelt, für die eine jährliche Abrechnung wegen des dadurch entstehenden Aufwandes nicht angemessen erscheint,
b) wenn die Diensterfindung als Vorrats- oder Ausbaupatent verwertet wird.
c) Ist der Diensterfinder in einer Stellung, in der er auf den Einsatz seiner Erfindung oder die Entwicklung weiterer verwandter Erfindungen im Betrieb einen maßgeblichen Einfluss ausüben kann, so ist zur Vermeidung von Interessengegensätzen ebenfalls zu empfehlen, die Vergütung in Form einmaliger oder mehrmaliger fester Beträge zu zahlen.

In der Praxis findet sich manchmal eine Verbindung beider Zahlungsarten derart, da der Lizenznehmer eine einmalige Zahlung leistet und der Lizenzgeber im übrigen laufend an den Erträgen der Erfindung beteiligt wird. Auch eine solche Regelung kann eine angemessene Art der Vergütungsregelung darstellen.
(41) Nur ein geringer Teil der Patente wird in der Praxis für die Gesamtlaufdauer von 18 Jahren jetzt 20 Jahre aufrechterhalten. Bei patentfähigen Erfindungen hat es sich bei der Gesamtabfindung häufig als berechtigt erwiesen, im allgemeinen eine durchschnittliche Laufdauer des Patents von einem Drittel der Gesamtlaufdauer, also von 6 Jahren, für die Ermittlung der einmaligen festen Vergütung zugrunde zu legen. Bei einer wesentlichen Änderung der Umstände, die für die Feststellung oder Festsetzung der Vergütung maßgebend waren, können nach § 12 Abs. 6 des Gesetzes Arbeitgeber und Arbeitnehmer voneinander die Einwilligung in eine andere Regelung der Vergütung verlangen.

III. Die für die Berechnung der Vergütung maßgebende Zeit
(42) Die Zeit, die für die Berechnung der Vergütung bei laufender Zahlung maßgebend ist, endet bei der unbeschränkten Inanspruchnahme in der Regel mit dem Wegfall des Schutzrechts. Dasselbe gilt bei der beschränkten Inanspruchnahme, wenn ein Schutzrecht erwirkt ist. Wegen der Dauer der Vergütung bei beschränkter Inanspruchnahme wird im übrigen auf Nummer 25 verwiesen. In Ausnahmefällen kann der Gesichtspunkt der Angemessenheit der Vergütung auch eine Zahlung über die Laufdauer des Schutzrechts hinaus gerechtfertigt erscheinen lassen. Dies gilt beispielsweise dann, wenn eine Erfindung erst in den letzten der Laufdauer eines Schutzrechts praktisch ausgewertet worden ist und die durch das Patent während seiner Laufzeit dem Patentinhaber vermittelte Vorzugsstellung auf dem Markt auf Grund besonderer Umstände

noch weiter andauert. Solche besonderen Umstände können z. B. darin liegen, dass die Erfindung ein geschütztes Verfahren betrifft, für dessen Ausübung hohe betriebsinterne Erfahrungen notwendig sind, die nicht ohne weiteres bei Ablauf des Schutzrechts Wettbewerbern zur Verfügung stehen.

(43) Ist das Schutzrecht vernichtbar, so bleibt dennoch der Arbeitgeber bis zur Nichtigkeitserklärung zur Vergütungszahlung verpflichtet, weil bis dahin der Arbeitgeber eine tatsächliche Nutzungsmöglichkeit und günstigere Geschäftsstellung hat, die er ohne die Inanspruchnahme nicht hätte. Die offenbar oder wahrscheinlich gewordene Nichtigkeit ist für den Vergütungsanspruch der tatsächlichen Vernichtung dann gleichzustellen, wenn nach den Umständen das Schutzrecht seine bisherige wirtschaftliche Wirkung so weit verloren hat, dass dem Arbeitgeber die Vergütungszahlung nicht mehr zugemutet werden kann. Dies ist besonders dann der Fall, wenn Wettbewerber, ohne eine Verletzungsklage befürchten zu müssen, nach dem Schutzrecht arbeiten.

Bonn, den 20. Juli 1959 bzw. 1. September 1983

Der Bundesminister für Arbeit und Sozialordnung

In Vertretung
Dr. Claussen / Baden

M16 Muster Berechtigungsanfrage

Berechtigungsanfrage wegen potentieller Markenverletzung

EINSCHREIBEN RÜCKSCHEIN

Cv GmbH
Anschrift

Sehr geehrte Damen und Herren,
wir schreiben Ihnen heute in nachfolgender Angelegenheit.
Unser Unternehmen ist Inhaber der deutschen Wortmarke „..............", die mit Priorität vom
.... für folgende Produkte bundesweiten Markenschutz genießt:
....
Wir haben vor wenigen Tagen Kenntnis davon erlangt, dass Sie im Geschäftsverkehr mit dem
Zeichen .... auftreten und u.a. auch Produkte aus der Branche unseres
Unternehmens im – nach unserer derzeitigen Rechtsauffassung – Identitäts- und
Ähnlichkeitsbereich zu den Angaben des Warenverzeichnisses unserer Marke anbieten und
bewerben.
Vor diesem Hintergrund fragen wir hiermit vorsorglich an, auf Grund welcher Umstände Sie sich
berechtigt sehen, unser oben angegebenes Markenrecht nicht respektieren zu müssen.
Insbesondere dürfen wir um Vorlage solcher Unterlagen bitten, die etwaige Kennzeichenrechte
an der Bezeichnung .... auf dem besagten Produktsektor mit einem Zeitrang vor
dem Prioritätsdatum unserer Marke, also vor dem .... belegen.
Für Ihre Rückantwort haben wir uns vorsorglich den
....
vorgemerkt.
Bei Nichtreaktion Ihrerseits werden wir davon ausgehen, dass Ihnen keine älteren Rechte
zustehen und werden diese Angelegenheit danach einer weiteren juristischen Prüfung
unterziehen.

Mit freundlichen Grüßen

M17 Muster Abmahnung mit Unterlassungsverpflichtungserklärung

---

Abmahnung mit Unterlassungsverpflichtungserklärung wegen Verletzung eines eingetragenen Designs

EINWURFEINSCHREIBEN

Firma V
z. H. der Geschäftsleitung
Anschrift

Betr.: Verletzung unseres Eingetragenen Designs Nr................

Sehr geehrte Damen und Herren,

wir schreiben Ihnen heute in nachfolgender Angelegenheit:

Unsere Firma ist alleinige und ausschließlich berechtigte Inhaberin des beim Deutschen Patent- und Markenamt am ...... angemeldeten und am ...... eingetragenen Designs betreffend ein dekoratives Kissen.

Die Bekanntmachung des Designs erfolgte am ....

Zu Ihrer Information nachfolgend wiedergegeben finden Sie die in den Anmeldunterlagen hinterlegte Ansicht1 unserer Anmeldung.

Sie können daraus ersehen, dass der Gesamteindruck des hier interessierenden Kissens durch die Kombination folgender Merkmale begründet wird

1.	*Kissen*
1.1.	*mit rechteckiger Form*
1.2.	*mit weißer Grundfarbe*
1.2.1.	*mit aufgebrachtem Streifen*
1.2.1.1.	*der seitlich versetzt angebracht ist*
1.2.1.2.	*und der farblich abgesetzt ist*
1.2.2.	*mit einem innerhalb der Fläche des Streifens mittig befindlichen, den Streifen durchbrechenden Element*
1.2.3.	*wobei das Element kreisflächig ausgestaltet ist*

Das den Gegenstand des vorbenannten Designsbildende Kissen ist schutzfähig. Insbesondere sind die Voraussetzungen der Neuheit und der Eigenart gegeben. Aufgrund der langjährigen Tätigkeit auf dem hier betreffenden Gebiet der Herstellung und des Vertriebes von Designerkissen werden Sie ohne weiteres bestätigen können, dass es bisher keine Kissen auf dem Markt gegeben hat, die in ihren Gestaltungsmerkmalen mit unserem Erzeugnis vergleichbar wären.

Wir haben feststellen müssen, dass Sie seit kurzer Zeit ein Kissen vertreiben, das auf Grund seiner äußeren Übereinstimmung mit dem niedergelegten Modell als in den Schutzumfang unseres Schutzrechtes eingreifend anzusehen ist. Besagtes Kissen, welches wir als Testobjekt über Ihr Unternehmen erworben und zu Beweiszwecken verwahrt haben, unterscheidet sich nur marginal von unserer GestaltungSo hat es leicht abweichende Proportionen und zeigt neben dem Streifenelement zwei kleine zusätzliche Punkte. Diese Abweichungen sind indes nicht geeignet, beim informierten Benutzer einen anderen Gesamteindruck zu erwecken.

Mit der Herstellung und dem Vertrieb Ihres Erzeugnisses greifen Sie daher in die ausschließlichen Schutzrechtspositionen unseres Unternehmens ein.

Eine gerichtliche Auseinandersetzung kann in dieser Sache vermieden werden, sofern Sie uns gegenüber bis zum

....(Frist 14 Tage)

eine Unterlassungsverpflichtungserklärung mit Vertragsstrafeversprechen abgeben.

Wir regen dabei nachfolgende Formulierung an:

Die Fa. V, Anschrift, verpflichtet sich, es bei Meidung einer für jeden Fall der Zuwiderhandlung fälligen Vertragsstrafe in Höhe von EUR 5001,– (in Worten: EURO fünftausendeins) zu unterlassen, im Bereich der Bundesrepublik Deutschland Kissen anzubieten, in den Verkehr zu bringen, einzuführen, auszuführen, zu gebrauchen oder zu den genannten Zwecken zu besitzen, die nach Maßgabe der folgenden Abbildungen gestaltet sind

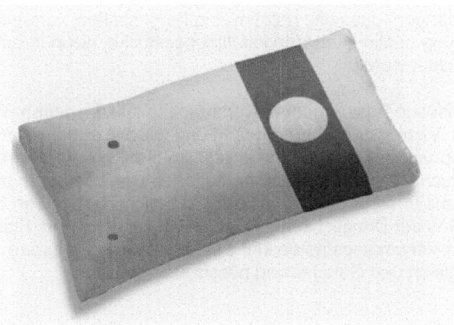

Die Fa. V, Anschrift, verpflichtet sich ferner, Auskunft über die Herkunft und den Vertriebsweg der vorstehend beschriebenen Erzeugnisse zu erteilen, insbesondere unter Angabe der Namen und Anschriften der (Hersteller,) der Lieferanten und deren Vorbesitzer, der gewerblichen Abnehmer oder Auftraggeber sowie unter Angabe der Mengen der (hergestellten, ausgelieferten,) erhaltenen oder bestellten Erzeugnisse.

Die Fa. V, Anschrift, verpflichtet sich darüber Rechnung zu legen, in welchem Umfang die vorstehend bezeichneten Handlungen begangen wurden, und zwar unter Vorlage eines Verzeichnisses mit der Angabe (der Herstellungsmengen und -zeiten sowie) der einzelnen Lieferungen unter Angabe

- der (Herstellungsmengen,) Liefermengen, Typenbezeichnungen, Artikel-Nummern, Lieferzeiten, Lieferpreise und Namen und Anschriften der Abnehmer,

- der Gestehungskosten unter Angabe der einzelnen Kostenfaktoren sowie des erzielten Gewinns

und

- unter Angabe der einzelnen Angebote und der Werbung unter Nennung

- der Angebotsmengen, Typenbezeichnungen, Artikel-Nummern, Angebotszeiten und Angebotspreise sowie der Namen und Anschriften der Angebotsempfänger,

- der einzelnen Werbeträger, deren Auflagenhöhe, Verbreitungszeitraum und Verbreitungsgebiet

Die Fa. V, Anschrift, verpflichtet sich, die in ihrem unmittelbaren oder mittelbaren Besitz oder Eigentum befindlichen Verletzungserzeugnisse zu vernichten.

Die Fa. V, Anschrift, verpflichtet sich, der Fa. ...... allen denjenigen Schaden zu erstatten, der ihr aus den vorstehend bezeichneten Handlungen entstanden ist und künftighin entstehen wird.

Ihre Verpflichtungen zur Unterlassung sowie zu Schadensersatz finden ihre Grundlage in § 42 Abs. 1 und Abs. 2 DesignG. Der Anspruch auf Rechnungslegung ist in gewohnheitsrechtlicher Anwendung des § 242 BGB begründet. Der vorstehend ebenfalls geltend gemachte Auskunftsanspruch betreffend Angaben über den Vertriebsweg und etwaige Vorbesitzer findet seine Grundlage in § 46 DesignG. Gemäß § 43 Abs. 1 DesignG können wir schließlich auch verlangen, dass alle rechtswidrig hergestellten, verbreiteten oder zur rechtswidrigen Verbreitung bestimmten Vervielfältigungsstücke, die in Ihrem Besitz oder in Ihrem Eigentum stehen, vernichtet werden.

Sollten Sie die Ihnen gesetzte Frist ungenutzt verstreichen lassen, gehen wir davon aus, dass Sie einem gerichtlichen Austrag den Vorzug geben und werden ohne weitere Ankündigung gerichtliche Hilfe in Anspruch nehmen. Grundsätzlich können Sie sich zur Ausräumung der Wiederholungsgefahr auch einer abweichend formulierten Unterlassungsverpflichtungserklärung bedienen. Sollte diese aus unserer Sicht indes nicht ausreichen, so haben Sie bitte Verständnis dafür, dass wir angesichts der Dringlichkeit und vor allem wegen der im Einstweiligen Rechtsschutz laufenden Verwirkungsfristen keine weitere Erklärung fordern werden, sondern auch in diesem Fall sogleich den Gerichtsweg beschreiten müssen.

Unterschrift
Leiter der Rechtsabteilung

M18 Muster Lizenzvertrag

Patentlizenzvertrag

zwischen

- nachfolgend Lizenzgeber genannt -

und der Firma

- nachfolgend Lizenznehmerin genannt -

Präambel

[..............................]

Hiervon ausgehend vereinbaren die Parteien folgendes:

Definitionen

Vertragsschutzrecht:
ist das deutschen Patent Nr. 196 24 631.

Erfindungserzeugnis :
ist die nach der technischen Lehre des Vertragsschutzrechtes zu fertigende Card-Anordnung

§ 1 Lizenzumfang

a.) Der Lizenzgeber räumt der Lizenznehmerin hiermit das ausschließliche Recht ein, das Vertragsschutzrecht zu nutzen.

b.) Die Lizenzerteilung erstreckt sich auf die Weiterentwicklung, Herstellung, den Gebrauch und den Vertrieb des Erfindungserzeugnisses.

c.) Die Vergabe einer weiteren ausschließlichen Lizenz durch den Lizenzgeber an Dritte ist für die Laufzeit dieses Vertrages ausgeschlossen.

§ 2 Übertragbarkeit / Unterlizenzen

Die Lizenz ist nur mit schriftlicher Zustimmung des Lizenzgebers übertragbar und unterlizenzierbar.

§ 3 Übergabe

Der Lizenzgeber übergibt der Lizenznehmerin bei Vertragsabschluß alle zum Vertragsschutzrecht und der Erfindung gehörenden Unterlagen. Diese Unterlagen sind nach Vertragsablauf unverzüglich zurückzugeben.

§ 4 Vorauszahlungen
Die Lizenznehmerin entrichtet bei Vertragsabschluß einen einmaligen Betrag in Höhe von 5.000,00 EUR zur Abdeckung der dem Lizenzgeber bis dahin entstandenen Kosten. Dieser Betrag kann nicht zurückverlangt werden.

§ 5 Lizenzgebühr

a.) Die Lizenznehmerin zahlt dem Lizenzgeber eine Gebühr in Höhe von 2% vom Nettoverkaufsbetrag des Erfindungserzeugnisses. Unter Nettoverkaufsbetrag ist der Rechnungsbetrag zu verstehen, den die Lizenznehmerin den Händlern oder Endkunden ohne Mehrwertsteuer und Frachtkosten in Rechnung stellt, allerdings ohne Berücksichtigung von Händlersonder- oder Barzahlungsrabatten. Für die Berechnung von Verkäufen an Mutter-, Tochter- oder Schwestergesellschaften der Lizenznehmerin werden handelsübliche Konditionen zugrunde gelegt, auch wenn diese nicht verlangt werden.

b.) Die Lizenznehmerin zahlt dem Lizenzgeber eine jährliche Mindestlizenzgebühr in Form einer Vorauszahlung in Höhe von 5.000,00 EUR, die auf die laufenden Lizenzgebühren angerechnet wird. Im ersten Jahr des Vertrages wird diese Mindestlizenzgebühr mit Vertragsschluss fällig, danach jeweils bis Monatsende Januar des Folgejahres.

c.) Erteilt die Lizenznehmerin mit Zustimmung des Lizenzgebers Unterlizenzen, erhält der Lizenzgeber 15% der Unterlizenzgebühr.

d.) Zahlungsausfälle auf Seiten der Vertragspartner der Lizenznehmerin mindern die Zahlungspflicht und die Höhe der Lizenzgebühr nicht.

§ 6 Buchführungspflicht

a.) Die Lizenznehmerin hat über die Herstellung und den Vertrieb des Erfindungserzeugnisses sowie über die Einnahmen aus Unterlizenzen Buch zu führen. Aus der Buchführung müssen für den Lizenzgeber jederzeit die produzierten und vertriebenen Stückzahlen sowie die entsprechenden Abnehmer ersichtlich sein. In Bezug auf die Unterlizenzgebühreinnahmen hat die Lizenznehmerin alle geleisteten und noch ausstehenden Zahlungsforderungen zu verbuchen.

b.) Der Lizenzgeber hat das Recht, die Richtigkeit der Buchführung durch einen zur Verschwiegenheit verpflichteten Buchprüfer seiner Wahl in zeitlicher Abstimmung mit der Lizenznehmerin überprüfen zu lassen. Bei der Aufdeckung von Unrichtigkeiten in der Buchprüfung trägt die Lizenznehmerin die Kosten.

§ 7 Abrechnung

a.) Die Lizenznehmerin verpflichtet sich, bis Monatsende Januar eines Kalenderjahres die Jahresabrechnung über die angelaufene und gezahlte Lizenzgebühr zu übersenden. Die Überweisung der dann noch fälligen Lizenzgebühr erfolgt innerhalb weiterer zwei Wochen auf das Konto des Lizenzgebers.

b.) Bei Auslandsverkäufen richtet sich die Lizenzgebühr nach dem Wechselkurs, der am Tag der aktuellen Buchung gültig war.

c.) Die Lizenznehmerin übersendet an den Lizenzgeber mit der Jahresabrechnung Duplikate von sämtlichen Verkaufsrechnungen.

d.) Nach Beendigung des Vertrages hat die Lizenznehmerin innerhalb von 30 Tagen dem Lizenzgeber die endgültige und abschließende Abrechnung zu übersenden und die restliche Lizenzgebühr innerhalb weiterer zwei Wochen auf das Konto des Lizenzgebers zu überweisen.

e.) Der Lizenzgeber ist berechtigt, ab dem Fälligkeitstag der Lizenzgebühren 10 % Verzugszinsen über dem jeweiligen Basiszinssatz der Europäischen Zentralbank zu erheben, ohne dass eine Mahnung erforderlich ist.

f.) Für die benannten Überweisungen an den Lizenzgeber ist folgende Bankverbindung zu verwenden: [.....................]

§ 8 Steuern und Abgaben

a.) Sämtliche Umsatzsteuern und indirekte Steuern, die auf die Lizenzzahlungen entfallen, gehen zu Lasten der Lizenznehmerin.

b.) Sämtliche direkte Steuern gehen zu Lasten des Lizenzgebers.

§ 9 Ausübungspflicht

Die Lizenznehmerin ist zur Lizenzausübung verpflichtet.

§ 10 Produkthaftpflicht

Die Lizenznehmerin stellt den Lizenzgeber im Innenverhältnis von Produkthaftpflichtansprüchen jeder Art frei.

§ 11 Vervielfältigung von Lizenzunterlagen

a.) Der Lizenznehmerin ist es gestattet, Kopien von technischen Daten anzufertigen. Die Kopien sind jedoch ausschließlich zum Gebrauch der Lizenznehmerin bestimmt und von dieser mit einem Vertraulichkeitsvermerk zu versehen.

b.) Zu den Lizenzunterlagen gehören alle mit dem Erfindungserzeugnis im Zusammenhang stehenden und der Lizenznehmerin übergebenen Papiere.

§ 12 Schutzrechtsverletzungen durch Dritte

a.) Die Lizenznehmerin ist berechtigt, gegen Verletzungen des Vertragsschutzrechtes vorzugehen. In diesem Fall verpflichtet sich der Lizenzgeber die Lizenznehmerin rechtlich so zu stellen, dass sie das Verletzungsverfahren allein führen kann.

b.) Eine Pflicht der Lizenznehmerin zum Vorgehen gegen Verletzer des Vertragsschutzrechtes besteht nicht. Der Lizenzgeber behält sich unbeschadet der Regelung in Absatz a.) das Recht vor, selbst gegen Verletzer vorzugehen.

c.) Die Kosten für die Durchführung der entsprechenden Verfahren trägt jeweils die Partei, die nach diesem Vertrag die Rechte aus dem Vertragsschutzrecht geltend macht.

d.) Die Parteien werden sich gegenseitig von sämtlichen Verletzungen des Vertragsschutzrechtes unverzüglich unterrichten. Die Lizenznehmerin ist berechtigt, einer vom Lizenzgeber erhobenen Verletzungsklage beizutreten, um den Ersatz ihres Schadens geltend zu machen.

§ 13 Angriffe gegen den Bestand des Vertragsschutzrechtes / Verletzung von Schutzrechten Dritter / registerrechtliches Vorgehen gegen Drittschutzrechte

a.) Die Verteidigung gegen Angriffe Dritter gegen den Bestand des Vertragsschutzrechtes (Anträge, Klagen) bleibt ausschließlich dem Lizenzgeber vorbehalten. Eine Pflicht zur Verteidigung besteht nicht.

b.) Sofern Dritte gegen den Lizenzgeber oder die Lizenznehmerin mit der Behauptung vorgehen, die Benutzung des Vertragsschutzrechtes verletze Rechte des Dritten aus einem älteren Schutzrecht, werden sich die Parteien gegenseitig unterrichten. Die Parteien sind verpflichtet, sich gegenseitig in jeder Weise bei der Verteidigung gegen Verletzungsansprüche Dritter zu unterstützen. Wird der Lizenzgeber von Dritten in Anspruch genommen oder wirkt er an einer Auseinandersetzung des Lizenznehmers unterstützend mit, so stellt ihn der Lizenznehmer von jeglichen Kosten frei.

c.) In Bezug auf das Vorgehen gegen die Anmeldung oder Eintragung von Schutzrechten mit jüngerem Zeitrang sowie zur Einreichung von Anträgen und Klagen gegen die Eintragung von Schutzrechten Dritter gilt § 12 entsprechend.

§ 14 Gewährleistung und Schutzrechtsbestand

a.) Der Lizenzgeber gewährleistet, dass der Rechtsstand des Vertragsschutzrechtes den

Angaben in diesem Vertrag entspricht und versichert, dass das Vertragsschutzrecht frei von Rechten Dritter ist, insbesondere, dass das Vertragsschutzrecht nicht verpfändet und nicht Gegenstand einer Maßnahme der Zwangsvollstreckung ist. Im Übrigen übernimmt der Lizenzgeber keine Gewähr für Schäden, die dem Lizenznehmer durch die Verwertung des Vertragsschutzrechtes entstehen können.

b.) Der Lizenzgeber leistet keine Gewähr für die Unabhängigkeit des Vertragsschutzrechtes von Schutzrechten Dritter.

c.) Der Lizenzgeber verpflichtet sich, alle Formalitäten zu erfüllen, die für die Aufrechterhaltung des Vertragsschutzrechtes erforderlich sind. Die Lizenznehmerin trägt dabei alle nach Vertragsschluss anfallenden laufenden Kosten der Schutzrechtserhaltung, einschließlich der Anwaltskosten. Diese Verpflichtung gilt während der gesamten Vertragsdauer.

§ 15 Nichtigerklärung und Erlöschen des Vertragsschutzrechtes

a.) Die Gültigkeit des Vertrages bleibt von einem Erlöschen, einer Nichtigerklärung, Beschränkung oder festgestellten Schutzrechtsabhängigkeit des Vertragsschutzrechtes unberührt.

b.) Der Lizenznehmerin steht bei einem Erlöschen und bei einer Nichtigerklärung des Vertragsschutzrechtes das Recht zu, innerhalb von drei Monaten nach der rechtskräftigen Feststellung der Nichtigkeit/des Erlöschens eine Anpassung der Lizenzgebühren zu verlangen oder den Vertrag mit sofortiger Wirkung zu kündigen.

c.) Eine Vertragsanpassung kann innerhalb der genannten Frist auch verlangt werden, wenn das Vertragsschutzrecht beschränkt wird, oder sich dessen Abhängigkeit von einem anderen Schutzrecht herausstellt und die Abhängigkeit andauert.

§ 16 Eintragung der Lizenz

Jede Partei hat das Recht, die Eintragung der Lizenz in die Patentrolle auf eigene Kosten zu veranlassen. Der Lizenzgeber verpflichtet sich, der Lizenznehmerin alle hierfür erforderlichen Vollmachten zu erteilen sowie entsprechend alle erforderlichen Unterschriften zu leisten.

§ 17 Nichtangriffsabrede

Die Lizenznehmerin wird das Vertragsschutzrecht weder unmittelbar noch mittelbar angreifen. Für den Fall eines Angriffes ist der Lizenzgeber zur sofortigen Kündigung des Vertrages berechtigt.

§ 18 Vertragsdauer und Vertragsbeendigung

a.) Dieser Vertrag beginnt am Tage der Unterzeichnung und läuft zunächst befristet bis zum Ablauf des 7. auf den Tag der Unterzeichnung folgenden Kalenderjahres. Wird er danach von keiner der Vertragsparteien bis sechs Monate vor Ablauf eines Kalenderjahres gekündigt, so verlängert sich der Vertrag jeweils um ein weiteres Kalenderjahr.

b.) Ein außerordentliches Kündigungsrecht besteht aus wichtigem Grund innerhalb einer Frist von 4 Wochen nach Bekanntwerden des Kündigungsgrundes nur nach Maßgabe der folgenden

Regelungen:

Der Lizenzgeber ist zur fristlosen Kündigung des Vertrages aus wichtigem Grund berechtigt, wenn die Lizenznehmerin

- ihrer Lizenzgebührenpflicht gemäß dieses Vertrages ganz oder teilweise innerhalb der vereinbarten Fristen nicht nachkommt.
- trotz Abmahnung wesentliche Verpflichtungen des Vertrages nicht einhält.

c.) Die Lizenznehmerin ist nach Ablauf eines Jahres nach Vertragsabschluß zur fristlosen Kündigung berechtigt, wenn

- der Absatz der Vertragsgegenstände wirtschaftlich unmöglich ist.

Das Recht der Lizenznehmerin nach § 15 b.) bleibt hiervon unberührt.

§ 19 Rechtsverhältnisse nach Ende der Vereinbarung

Nach Beendigung dieses Vertrages gelten neben den im Vertrag außerhalb dieser Vorschrift geregelten Abwicklungsbestimmungen folgende Grundsätze:

a.) Im Falle einer ordentlichen Kündigung dürfen bereits eingegangene Aufträge noch ausgeführt werden, wenn die Zahlung der Lizenzgebühr für Vergangenheit und Zukunft sichergestellt ist.

b.) Der Vertrieb der bereits hergestellten Vertragsgegenstände ist nur erlaubt, wenn hierfür eine zu schließende Vereinbarung zustande kommt, welche die Interessen des Lizenzgebers befriedigt.

c.) Die Lizenznehmerin ist sowohl während des Vertragsverhältnisses zwischen den Parteien als auch nach dessen Beendigung zur umfassenden Geheimhaltung solcher Informationen verpflichtet, die über den mit der Offenlegung der Vertragsschutzrechte bekannt gemachten und die Erfindung betreffenden Inhalt hinausgehen.

d.) Bestehende Unterlizenzverträge werden mit allen Rechten und Pflichten auf den Lizenzgeber übertragen. Sämtliche Urkunden zu Unterlizenzverträgen sind innerhalb von einer Woche nach der wirksamen Vertragsbeendigung dem Lizenzgeber auszuhändigen.

§ 20 Schlussbestimmungen

a.) Änderungen und Ergänzungen bedürfen der Schriftform.

b.) Mündliche Abreden zu diesem Vertrag bestehen nicht.

d.) Die Kosten dieses Vertrages und seiner Durchführung tragen die Parteien zu gleichen Teilen.

§ 21 Salvatorische Klausel

Sollten sich einzelne Bestimmungen dieses Vertrages als unwirksam erweisen, so wird dadurch die Rechtsgültigkeit dieses Vertrages im Übrigen nicht berührt. Vielmehr werden sich die Parteien bemühen, eine ungültige Regelung einvernehmlich durch eine gültige Regelung zu ersetzen. Das Gleiche gilt für den Fall einer Lücke.

Ort, den...

Unterschrift ....

Ort, den...

Unterschrift ....

M19 Ablaufplan Schutzrechtsbewertung für Kreditsicherung

Ablaufplan für die Bewertung von technischen Schutzrechten bei der Verwendung als Kreditsicherheit

1. Datensammlung

- Aktenzeichen, Länder, Anmeldetage, Restlaufzeit, Zuordnung Patentfamilien, anhängige Verfahren, Streitigkeiten mit Patent, Patentdichte, Verträge, Teil von Standard, Kreditlaufzeit und -höhe (siehe Fragebogen)

2. Inhaberschaft (für jedes Schutzrecht bzw. jedes Land)

- Rechtsübergang vom Erfinder bis zum jetzigen Schutzrechtsinhaber (bspw. ArbEG, Verträge)
- Verfügungsbeschränkungen (Lizenzverträge, Pfandrechte)

3. Rechtsstand (für jedes Schutzrecht bzw. jedes Land, anhand von Datenbanken oder Anfragen bei den Patentämtern)

- Verfahrensstand (in Kraft, erteilt, etc?)
- Restlaufzeit
- Gebührenzahlungen
- Ergänzendes Schutzzertifikat?

4. leicht erkennbare Bedrohungen der Schutzfähigkeit

- Einspruch
- Nichtigkeitsverfahren

5. Produkte, die abgedeckt werden

- Produkte definieren
- Anteil des Schutzrechts am Produkt definieren

6. Schutzumfang

- Bewertung der Anspruchsfassung
- Bewertung von Umgehungsmöglichkeiten

7. Schutzfähigkeit

- Ggf. ergänzende Recherche
- Bewertung des Standes der Technik

8. Handlungsfähigkeit

- Abhängigkeit
- FTO (Freedom to operate)
- Teil eines Schutzrechtspools
- Gesetzliche Regelungen (außenwirtschaftliche Genehmigungen, Zulassungen, etc)

9. Durchsetzbarkeit

- Abgeschlossene und laufende Verletzungsverfahren
- Nachweisbarkeit von Verletzungen
- Vorbenutzungsrechte
- Spezifika ausländischer Rechtsordnungen

10. Ökonomische Rahmenbedingungen

- Marktpotential der Erfindung
- Industriebranche
- Technologisches Umfeld
- Verwertbarkeit des Schutzrechts als eigenständiges Wirtschaftsgut bei Kreditausfall

11. Abschlussbewertung

- Zusammenfassung der tatsächlich geprüften Kriterien
- Auswahl des Bewertungsverfahrens (im Normalfall: Ertragswertverfahren)
- Bewertung (qualitativ, ggf. quantitativ)
- Hinweise auf ungeklärte bzw. ungeprüfte Risiken

Quelle Kammerrundschreiben KRS 2/09 S. 54/55

M20 Fragebogen Schutzrechtsbewertung für Kreditsicherung

Fragebogen an den Kreditnehmer für die Bewertung von technischen Schutzrechten bei der Verwendung als Kreditsicherheit

1. Welche Schutzrechte (Patente, Gebrauchsmuster, jeweilige Anmeldungen) sollen verwendet werden (AZ, Titel, Land, AT, Inhaber, Erfinder, Status, Schutzrechtsfamilien)?

2. Wie ist das Schutzrecht vom Erfinder oder von den Erfindern auf den derzeitigen Inhaber übergegangen (Vertrag, Inanspruchnahme)? Gab es diesbezüglich Streitigkeiten? Entsprechende Unterlagen vorlegen.

3. Haben Sie an dem Schutzrecht eine Lizenz vergeben?

4. Sind Sie über das Schutzrecht frei verfügungsberechtigt?

5. Welche Prüfungsbescheide oder Recherchenberichte liegen vor? Wurden die Schutzrechte erteilt?

6. Wurden Einsprüche eingelegt oder Nichtigkeitsklagen oder Löschungsklagen erhoben?

7. Haben Sie aus dem Schutzrecht Klage erhoben?

8. Welches Produkt wird durch das Schutzrecht geschützt (Bilder, Zeichnungen, Beschreibung etc. vorlegen)?

9. Ist Ihr Produkt/Verfahren durch weitere Schutzrechte geschützt?

10. Welche weiteren Schutzrechte besitzen Sie auf dem technischen Gebiet Ihres Produkts/Verfahrens?

11. Wann haben Sie das Produkt/Verfahren zum ersten Mal der Öffentlichkeit vorgestellt?

12. Wann haben Sie zum ersten Mal etwas über das Produkt bzw. den Gegenstand des Schutzrechts publiziert?

13. Haben Sie für das Produkt/Verfahren eine Lizenz genommen?

14. In welchen Ländern sind Sie mit Ihrem Produkt/Verfahren auf dem Markt?

15. Ist Ihnen sonstiger Stand der Technik (Veröffentlichungen, Datum) zu dem Schutzrecht bekannt?

16. Wurden Sie wegen einer Schutzrechtsverletzung durch das besagte Produkt angegriffen?

17. Sind Ihnen Vorbenutzungsrechte Dritter bekannt?

18. Sind Ihnen Nutzungs- oder Marktzugangsbeschränkungen aufgrund gesetzlicher Regelungen bekannt?

19. Sind Ihnen Alternativlösungen zu Ihrem Produkt bekannt? Was machen die Wettbewerber?

20. Sind Ihnen Rechte Dritter bekannt, die Ihr Produkt/Verfahren betreffen? Liegt Ihnen diesbezüglich ein Gutachten vor?

21. Welches sind Ihre Wettbewerber?

22. Welche jährlichen Umsätze wurden in der jüngeren Vergangenheit mit dem Produkt erzielt?

23. Welche jährlichen Umsätze planen Sie mit dem Produkt künftig zu erzielen?

24. Welche Lizenzsätze sind in Ihrer Branche üblich?

25. Ist das Schutzrecht Bestandteil eines Standards/einer Norm?

26. Welches sind Laufzeit und Höhe des von Ihnen beantragten Kredits?

Quelle Kammerrundschreiben KRS 2/09 S. 54/

Verständnistest

1. Welches Rechtsgebiet steht stärker unter dem Einfluss des allgemeinen Persönlichkeitsrechtes nach Art. 1 i.V.m. Art. 2 Grundgesetz – der Gewerbliche Rechtsschutz oder das Urheberrecht? Begründen Sie Ihre Antwort kurz.

....

....

....

....

....

....

....

....

Erreichbare Punkte dieser Aufgabe	4
Erreichte Punkte dieser Aufgabe	

2. Welche Werkarten sind <u>nicht</u> vom Werkbegriff des kennzeichenrechtlichen Werktitels, <u>dafür aber</u> vom Werkbegriff des Urheberrechts erfasst? Nennen Sie drei Beispiele.

....

....

....

....

....

Erreichbare Punkte dieser Aufgabe	3
Erreichte Punkte dieser Aufgabe	

3. In welche beiden Kategorien werden geschäftliche Bezeichnungen unterteilt?

....

....

....

Erreichbare Punkte dieser Aufgabe	2
Erreichte Punkte dieser Aufgabe	

4. Unternehmensinhaber X möchte den Namen seines Unternehmens auf den Rechtsnachfolger Y übertragen, aber nicht den dazugehörigen Geschäftsbetrieb. Kann er dies? Begründen Sie kurz.

....

....

....

....

....

....

....

....

....

Erreichbare Punkte dieser Aufgabe	4
Erreichte Punkte dieser Aufgabe	

5. Das Unternehmen Z vertreibt seit Jahren einen berühmten Bürodrehstuhl, der einen hervorragenden Ruf genießt. Die Firma U hat ein exaktes Duplikat minderer Qualität zum halben Preis auf den Markt gebracht. Z verfügt über keinerlei gewerbliche Schutzrechte. Z fragt sich, ob es dennoch etwas gegen U unternehmen kann. Nennen und erläutern Sie kurz eine mögliche materielle Rechtsgrundlage für einen Abwehranspruch.

....

....

....

....

....

....

....

....

....

....

Erreichbare Punkte dieser Aufgabe	4
Erreichte Punkte dieser Aufgabe	

6. In welchen gesetzlich definierten Fällen ist eine dreidimensionale Formmarke NICHT abstrakt markenfähig? Nennen Sie für jeden Fall ein Beispiel.

....

....

....

....

....

....

....

....

....

....

....

....

....

Erreichbare Punkte dieser Aufgabe	7
Erreichte Punkte dieser Aufgabe	

7. Nennen Sie eine Informationsquelle für die Beschaffung von Informationen bezogen auf das Geistige Eigentum Dritter.

....

....

....

Erreichbare Punkte dieser Aufgabe	1
Erreichte Punkte dieser Aufgabe	

8. Für die wirtschaftliche Bewertung von Immaterialgütern gibt es drei wesentliche Ansätze, den kostenorientierten Ansatz, den kapitalwertorientierten Ansatz und den marktpreisorientierten Ansatz. Erläutern Sie kurz jeden dieser Ansätze und nennen Sie sodann für jeden Ansatz einen wesentlichen Nachteil.

....

....

....

....
....
....
....
....
....
....
....
....
....
....
....
....
....
....

Erreichbare Punkte dieser Aufgabe	6
Erreichte Punkte dieser Aufgabe	

9. Nennen Sie einen Grund, warum Marken- und Kennzeichenrechte bei der wirtschaftlichen Bewertung anders zu behandeln sind als Patente.

....
....
....
....
....
....

....

....

Erreichbare Punkte dieser Aufgabe	4
Erreichte Punkte dieser Aufgabe	

10. Die erfinderische Leistung des Patentes wird mit dem Tatbestandsmerkmal „erfinderische Tätigkeit" und die des Gebrauchsmusters mit dem Tatbestandsmerkmal des „erfinderischen Schrittes" gesetzlich umschrieben. Nach der sog. Demonstrationsschrank-Entscheidung des BGH, die die derzeit geltende Praxis in Deutschland vorgibt, sind diese Tatbestandsmerkmale dahingehend auszulegen, dass

[ ] der Maßstab an die Erfindungshöhe, also der erfinderische Schritt beim Gebrauchsmuster, im Allgemeinen geringer angesetzt werden muss, als die erfinderische Tätigkeit beim Patent und das Gebrauchsmuster daher als „kleiner Bruder" des Patentes gilt.

[ ] keine Abstufung der Erfindungshöhe zwischen Patent und Gebrauchsmuster vorgenommen werden darf, die Schutzrechte also insofern zumindest bezogen auf die Erfindungshöhe qualitativ gleichwertig sind.

Erreichbare Punkte dieser Aufgabe	2
Erreichte Punkte dieser Aufgabe	

11. Wodurch wird der Schutzumfang eines Patentes, eines eingetragenen Designs und einer Marke bestimmt?

....

....

....

....

....

....

....

....

....

....

Erreichbare Punkte dieser Aufgabe	4
Erreichte Punkte dieser Aufgabe	

12. Ein Bäcker vertreibt unter der Bezeichnung „WM-Brötchen" Backwaren. Die FIFA mahnt ihn daraufhin - gestützt auf die deutsche Wortmarke „WM", die u.a. auch für Backwaren eingetragen wurde - ab. Sollte sich der Bäcker aus Ihrer Sicht der Abmahnung unterwerfen? Begründen Sie kurz.

....

....

....

....

....

....

....

....

Erreichbare Punkte dieser Aufgabe	4
Erreichte Punkte dieser Aufgabe	

13. Die nachfolgend abgebildet Spritze hat

- den Produktnamen „INJEKTO"
- einen neuartigen Ansaugmechanismus
- eine neuartige Form, die zudem bei den Abnehmern nachweislich zur
Wiedererkennbarkeit beiträgt

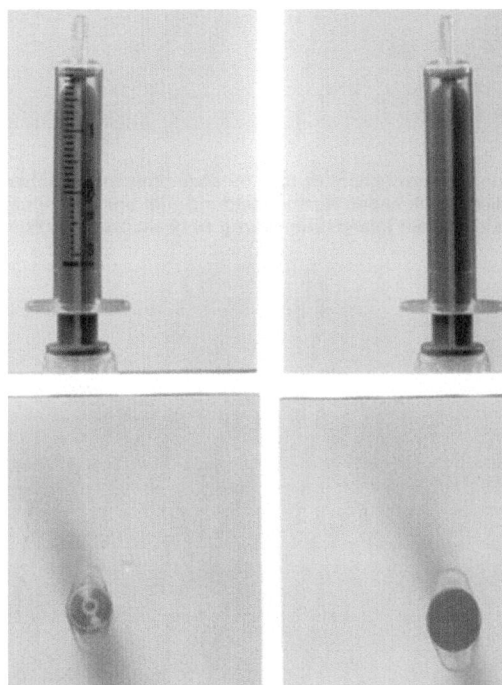

Welche immaterialgüterrechtlichen Schutzmöglichkeiten kommen für welche der Produktmerkmale in Frage?

....

....

....

....

....

....

....

Erreichbare Punkte dieser Aufgabe	7
Erreichte Punkte dieser Aufgabe	

14. Welches internationale Abkommen ermöglicht es dem Inhaber eines inländischen Schutzrechtes bei einer im Ausland erfolgenden Nachanmeldung „die Uhr noch einmal zurückzudrehen" und den Anmeldetag der Inlandsanmeldung zu beanspruchen. Wie heißt dieser Grundsatz?

....

....

....

....

....

....

Erreichbare Punkte dieser Aufgabe	2
Erreichte Punkte dieser Aufgabe	

15. Nennen Sie <u>eine</u> Gemeinsamkeit zwischen eingetrageben Design und Gebrauchsmuster.

....

....

....

Erreichbare Punkte dieser Aufgabe	2
Erreichte Punkte dieser Aufgabe	

16. Nennen Sie zwei Drittrechte, die als relative Schutzausschlussgründe einer Marke entgegenstehen können?

....

....

Erreichbare Punkte dieser Aufgabe	2
Erreichte Punkte dieser Aufgabe	

17. Was versteht man im Markenrecht unter dem Begriff der „Konkreten Unterscheidungskraft" und der „Abstrakten Markenfähigkeit"?

....

....

....

....

....

....

....
....
....
....
....
....
....

Erreichbare Punkte dieser Aufgabe	6
Erreichte Punkte dieser Aufgabe	

18. Nennen Sie <u>fünf</u> gewerbliche Schutzrechte.

....
....
....
....
....
....
....
....

Erreichbare Punkte dieser Aufgabe	5
Erreichte Punkte dieser Aufgabe	

19. Ein Arbeitnehmer hat eine technische Diensterfindung gemacht, die er dem Arbeitgeber meldet. Was passiert spätestens nach vier Monaten, wenn der Arbeitgeber daraufhin nichts erklärt und nichts unternimmt.

....

....

....

....

....

....

Erreichbare Punkte dieser Aufgabe	4
Erreichte Punkte dieser Aufgabe	

20. Was bedeutet der Begriff „Dreifache Schadensberechnung"?

....

....

....

....

....

....

....

....

....

....

....

....

....

....

....

....

Erreichbare Punkte dieser Aufgabe	4
Erreichte Punkte dieser Aufgabe	

21. Muss ein Unternehmen unbedingt im Handelsregister mit einer Firma eingetragen sein, um ein Recht an einem Unternehmenskennzeichen erlangen zu können?

....

....

....

....

Erreichbare Punkte dieser Aufgabe	2
Erreichte Punkte dieser Aufgabe	

22. Ordnen Sie die nachfolgenden internationalen Schutzerlangungssysteme den Oberbegriffen „Bündelsystem" und „Singelsystem" zu.

Europäisches Patentübereinkommen (EPÜ)

Verordnung über die Unionsmarke

Gemeinschaftsgeschmacksmusterverordnung

Patent Cooperation Treaty (PCT)

Madrider System (IR)

Bündelsystem	Singelsystem

Erreichbare Punkte dieser Aufgabe	5
Erreichte Punkte dieser Aufgabe	

23. Welcher Anspruch, den ein Immaterialgutsinhaber im Falle einer Verletzung geltend machen kann, ist auf künftige Ausräumung der Verletzung und Absicherung der sog. Wiederholungsgefahr gerichtet?

....

....

Erreichbare Punkte dieser Aufgabe	1
Erreichte Punkte dieser Aufgabe	

24. Welcher Anspruch, den ein Immaterialgutsinhaber im Falle einer Verletzung geltend machen kann, ist auf die Erlangung von Informationen betreffend den Umfang der Verletzungshandlung gerichtet?

....

Erreichbare Punkte dieser Aufgabe	1
Erreichte Punkte dieser Aufgabe	

25. Kann man das Urheberrecht auch durch eine Handlung im Privatbereich verletzen?

....

Erreichbare Punkte dieser Aufgabe	2
Erreichte Punkte dieser Aufgabe	

26. Nennen Sie den Oberbegriff zu den beiden Begriffen „Urheberrecht" und „Gewerblicher Rechtsschutz"?

....

Erreichbare Punkte dieser Aufgabe	1
Erreichte Punkte dieser Aufgabe	

27. Verfällt ein Patent nach fünf Jahren, wenn die Erfindung nicht im Rechtsverkehr benutzt wird?

....

....

Erreichbare Punkte dieser Aufgabe	2
Erreichte Punkte dieser Aufgabe	

28. Ist die Farbe blau als solche abstrakt markenfähig?

....

....

Erreichbare Punkte dieser Aufgabe	2
Erreichte Punkte dieser Aufgabe	

29. Welches gerichtliche Instrument kann eingesetzt werden, wenn der Immaterialsgutsinhaber auf eine besonders eilige Absicherung meiner Rechtsansprüche im Falle der Verletzung meines geistigen Eigentums angewiesen ist?

....

....

Erreichbare Punkte dieser Aufgabe	2
Erreichte Punkte dieser Aufgabe	

30. Welche Verteidigungsmöglichkeiten hat der zu Unrecht aus einem Immaterialgut Angegriffene?

....

....

....

....

....

....

....

....

....

....

....

....

....

Erreichbare Punkte dieser Aufgabe	5
Erreichte Punkte dieser Aufgabe	

LÖSUNG

1. Welches Rechtsgebiet steht stärker unter dem Einfluss des allgemeinen Persönlichkeitsrechtes nach Art. 1 i.V.m. Art. 2 Grundgesetz – der Gewerbliche Rechtsschutz oder das Urheberrecht? Begründen Sie Ihre Antwort kurz.

Das Urheberrecht, dessen Schöpfungsergebnisse häufig auch in den Bereich der grundrechtlich verbürgten Kunstfreiheit fallen, betrifft immer auch einen Akt der freien Entfaltung der Person. Kreativität auszudrücken ist Teil unserer Person und unseres Rechtes auf Selbstentfaltung. Diese Aspekte treten beim gewerblichen Rechtsschutz, der primär dem Schutz der gewerblichen Interessen für innovative Leistungen im Markt dient, naturgemäß zurück.

2. Welche Werkarten sind <u>nicht</u> vom Werkbegriff des kennzeichenrechtlichen Werktitels, <u>dafür aber</u> vom Werkbegriff des Urheberrechts erfasst? Nennen Sie drei Beispiele.

- Werke der bildenden Künste einschließlich der Werke der Baukunst und der angewandten Kunst und Entwürfe solcher Werke;

- Darstellungen wissenschaftlicher oder technischer Art, wie Zeichnungen, Pläne, Karten, Skizzen, Tabellen und plastische Darstellungen.

3. In welche beiden Kategorien werden geschäftliche Bezeichnungen unterteilt?

Unternehmenskennzeichen
Werktitel

4. Unternehmensinhaber X möchte den Namen seines Unternehmens auf den Rechtsnachfolger Y übertragen, aber nicht den dazugehörigen Geschäftsbetrieb. Kann er dies? Begründen Sie kurz.

Er kann dies nicht, denn der über das Unternehmenskennzeichen (genauer, die Geschäftsbezeichnung) geschützte Name des Unternehmens ist zum gekennzeichneten Geschäftsbetrieb akzessorisch, d.h. eine Übertragung der Geschäftsbezeichnung setzt zwingend eine Mitübertragung des Geschäftsbetriebes voraus. Die einzige Möglichkeit den Willen des X umzusetzen, wäre die Vereinbarung einer Duldungsabrede in Bezug auf die Benutzungsaufnahme des Namens durch Y. Hier käme es aber allenfalls zur Begründung eines neuen Benutzungsrechtes durch Y, nicht aber zur Übertragung des Altrechtes von X auf Y.

5. Das Unternehmen Z vertreibt seit Jahren einen berühmten Bürodrehstuhl, der einen hervorragenden Ruf genießt. Die Firma U hat ein exaktes Duplikat minderer Qualität zum halben Preis auf den Markt gebracht. Z verfügt über keinerlei gewerbliche Schutzrechte. Z fragt sich, ob es dennoch etwas gegen U unternehmen kann. Nennen und erläutern Sie kurz eine mögliche materielle Rechtsgrundlage für einen Abwehranspruch.
Grundsätzlich ist es nicht unlauter, die unternehmerischen Leistungen eines Wettbewerbers nachzuahmen. Etwas anderes gilt aber in bestimmten vom Gesetz vordefinierten Ausnahmesituationen. So ist es etwa wettbewerbsrechtlich unzulässig, Waren oder

Dienstleistungen anzubieten, die eine Nachahmung der Waren oder Dienstleistungen eines Mitbewerbers sind, wenn der Nachahmende a) eine vermeidbare Täuschung der Abnehmer über die betriebliche Herkunft herbeiführt, b) die Wertschätzung der nachgeahmten Ware oder Dienstleistung unangemessen ausnutzt oder beeinträchtigt oder c) die für die Nachahmung erforderlichen Kenntnisse oder Unterlagen unredlich erlangt hat. Vor dem Hintergrund des Gesagten könnte sich Z auf das Wettbewerbsrecht berufen.

6. In welchen gesetzlich definierten Fällen ist eine dreidimensionale Formmarke NICHT abstrakt markenfähig? Nennen Sie für jeden Fall ein Beispiel.

Dem Schutz als Marke nicht zugänglich sind Zeichen, die ausschließlich aus einer Form bestehen,

1. *die durch die Art der Ware selbst bedingt ist,*
2. *die zur Erreichung einer technischen Wirkung erforderlich ist*

oder

3. *die der Ware einen wesentlichen Wert verleiht.*

Beispiel zu 1: Allen Messern ist gestalterisch ein Klingen- und ein Griffelement gemein. Die räumliche Anordnung dieser beider Elemente als solche macht ein Messer in seiner räumlichen Form nicht abstrakt unterscheidbar.

Beispiel zu 2: Die Anordnung dreier Scheerköpfe bei einem Rasierapparat kann zwar einen Wiedererkennungseffekt erzeugen, ist aber als 3D-Marke schutzunfähig, wenn über keine andere Anordnung dieser Art dieselbe technische Wirkung erzielbar ist.

Beispiel zu 3: Der Brillantschliff eines Rohdiamanten verleiht diesem seinen Wert und kann deshalb nicht in seiner räumlichen Wirkung 3D-Marke sein.

7. Nennen Sie eine Informationsquelle für die Beschaffung von Informationen bezogen auf das Geistige Eigentum Dritter.

Öffentliche Schutzrechtsdatenbanken der Patent- und Markenämter

8. Für die wirtschaftliche Bewertung von Immaterialgütern gibt es drei wesentliche Ansätze, den kostenorientierten Ansatz, den kapitalwertorientierten Ansatz und den marktpreisorientierten Ansatz. Erläutern Sie kurz jeden dieser Ansätze und nennen Sie sodann für jeden Ansatz einen wesentlichen Nachteil.

Kostenorientierter Ansatz: Ermittlung der Kosten für ein exaktes Duplikat des immateriellen Vermögenswerts (Reproduktionskostenmethode) oder für die Herstellung oder Beschaffung eines nutzenäquivalenten Vermögenswerts (Wiederbeschaffungskostenmethode). Nachteil: Nur ex ante Betrachtung der bisherigen Kosten, keine Bewertung des Zukunftswertes möglich.

Kapitalwertorientierter Ansatz: Der Wert eines immateriellen Vermögenswerts ergibt sich danach aus der Summe der Barwerte der künftig erzielbaren Cashflows zum Bewertungsstichtag, die aus seiner Nutzung während der erwarteten wirtschaftlichen Nutzungsdauer erzielbar sind. Nachteil: Häufig keine ausreichende Datenlage vorhanden.

Marktpreisorientierter Ansatz: Schließlich ist es möglich, den tatsächlichen Marktpreis zur Bewertung eines immateriellen Vermögenswerts heranzuziehen, soweit sich die beobachteten

Marktpreise auf hinreichend vergleichbare Vermögenswerte beziehen. Ferner muss es sich um einen aktiven Markt handeln. Nachteil: Regelmäßig kein aktiver Marke vorhanden.

9. Nennen Sie einen Grund, warum Marken- und Kennzeichenrechte bei der wirtschaftlichen Bewertung anders zu behandeln sind als Patente.

Marken verlieren mit der Zeit ihrer Benutzung nicht an Wert, da kein technischer Innovationsverschleiß durch eine Marktüberholung im Wege von zwischenzeitlichen Neuentwicklungen erfolgt, sondern werden mit den Jahren eher wertvoller.

Der Wert eines Kennzeichens verkörpert sich nicht im Monopol, einen bestimmten Gegenstand exklusiv vertreiben zu dürfen, sondern darin, ihn exklusiv mit einem bestimmten Label zu kennzeichnen. Daher spiegelt sich der Wert des Kennzeichens nicht im Wert der Innovation des Erzeugnisses wieder, sondern im Einfluss des Labels auf die Kaufentscheidung der Konsumenten.

10. Die erfinderische Leistung des Patentes wird mit dem Tatbestandsmerkmal „erfinderische Tätigkeit" und die des Gebrauchsmusters mit dem Tatbestandsmerkmal des „erfinderischen Schrittes" gesetzlich umschrieben. Nach der sog. Demonstrationsschrank-Entscheidung des BGH, die die derzeit geltende Praxis in Deutschland vorgibt, sind diese Tatbestandsmerkmale dahingehend auszulegen, dass

[ ] der Maßstab an die Erfindungshöhe, also der erfinderische Schritt beim Gebrauchsmuster, im Allgemeinen geringer angesetzt werden muss, als die erfinderische Tätigkeit beim Patent und das Gebrauchsmuster daher als „kleiner Bruder" des Patentes gilt.

[X] keine Abstufung der Erfindungshöhe zwischen Patent und Gebrauchsmuster vorgenommen werden darf, die Schutzrechte also insofern zumindest bezogen auf die Erfindungshöhe qualitativ gleichwertig sind.

11. Wodurch wird der Schutzumfang eines Patentes, eines eingetragenen Designs und einer Marke bestimmt?

Der Schutzumfang eines Patentes wird durch die Patentansprüche bestimmt.

Der Schutzumfang eines eingetragenen Designs wird durch die visuelle Wiedergabe des Designs bestimmt.

Der Schutzumfang einer Marke wird durch die graphische Wiedergabe des Markenzeichens und das dazugehörige Waren- und Dienstleistungsverzeichnis bestimmt.

12. Ein Bäcker vertreibt unter der Bezeichnung „WM-Brötchen" Backwaren. Die FIFA mahnt ihn daraufhin - gestützt auf die deutsche Wortmarke „WM", die u.a. auch für Backwaren eingetragen wurde - ab. Sollte sich der Bäcker aus Ihrer Sicht der Abmahnung unterwerfen? Begründen Sie kurz.

Der Bäcker sollte sich NICHT unterwerfen. Es ist mit guten Argumenten zu vertreten, dass das Zeichen WM keinerlei konkrete Unterscheidungskraft hat oder zumindest freihaltebedürftig ist. Vor diesem Hintergrund kann der Bäcker versuchen, die Marke der FIFA in einem Löschungsverfahren anzugreifen.

13. Die nachfolgend abgebildet Spritze hat

- den Produktnamen „INJEKTO"
- einen neuartigen Ansaugmechanismus
- eine neuartige Form, die zudem bei den Abnehmern nachweislich zur Wiedererkennbarkeit beiträgt

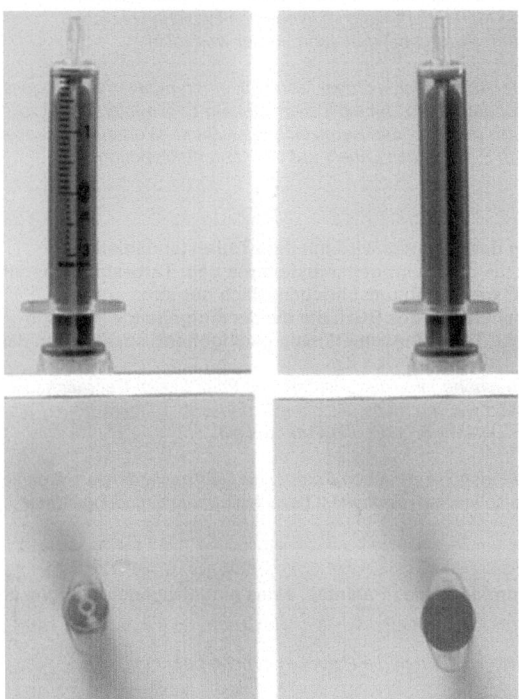

Welche immaterialgüterrechtlichen Schutzmöglichkeiten kommen für welche der Produktmerkmale in Frage?

Eine Wortmarke für den Produktnamen „INJEKTO"
Eine Patent/oder Gebrauchsmuster für den neuartigen Ansaugmechanismus
Ein Design für die neuartige Form
Eine 3D-Marke für die mit der Form verbundene produktidentifizierende Wiedererkennbarkeit

14. Welches internationale Abkommen ermöglicht es dem Inhaber eines inländischen

Schutzrechtes bei einer im Ausland erfolgenden Nachanmeldung „die Uhr noch einmal zurückzudrehen" und den Anmeldetag der Inlandsanmeldung zu beanspruchen. Wie heißt dieser Grundsatz?

Pariser Verbandsübereinkunft (PVÜ)
Unionspriorität

15. Nennen Sie eine Gemeinsamkeit zwischen eingetragenem Design und Gebrauchsmuster.

Beides sind ungeprüfte Schutzrechte, d.h. ihre Schutzfähigkeit wird nicht schon bei der Anmeldung, sondern erst im Verletzungsfall geprüft.

16. Nennen Sie zwei Drittrechte, die als relative Schutzausschlussgründe einer Marke entgegenstehen können?

-ältere Markenrechte Dritter
-ältere Unternehmenskennzeichen Dritter

17. Was versteht man im Markenrecht unter dem Begriff der „Konkreten Unterscheidungskraft" und der „Abstrakten Markenfähigkeit"?

Die abstrakte Markenfähigkeit betrifft die Frage, ob ein Individualisierungszeichen generell als Marke geeignet ist. Bis auf wenige Fälle in Bezug auf Formmarken, ist dies bei allen von den menschlichen Sinnen physisch wahrnehmbaren Individualisierungsmitteln (Wörter, Bilder, Farben, Töne, Gerüche) der Fall.

Die konkrete Unterscheidungskraft betrifft sodann die Frage, ob das konkrete Zeichen in Beziehung zu einem konkreten Produkt geeignet ist, als Marke zu fungieren. Gemeint ist die Fähigkeit eines Zeichens für ganz konkrete Produkte ein Unterscheidungsmittel darstellen zu können.

Der Begriff „Brötchen" ist als solches zwar abstrakt markenfähig, für Backwaren aber nicht konkret unterscheidungskräftig.

18. Nennen Sie fünf gewerbliche Schutzrechte.

z.B.
Patent
Marke
Design
Sortenschutzrecht
Halbleiterschutzrecht

19. Ein Arbeitnehmer hat eine technische Diensterfindung gemacht, die er dem Arbeitgeber meldet. Was passiert spätestens nach vier Monaten, wenn der Arbeitgeber daraufhin nichts erklärt und nichts unternimmt.

Die Erfindung geht automatisch auf den Arbeitgeber über. Er hat sodann die Pflicht zur

Schutzrechtsanmeldung und zur Vergütung des Arbeitnehmererfinders ab Benutzung der Erfindung im Betrieb.

20. Was bedeutet der Begriff „Dreifache Schadensberechnung"?

Die „dreifache Schadensberechnung" ist ein zunächst von der Gerichtsbarkeit entwickeltes und heute in die Gesetzeswirklichkeit übernommenes Sonderprinzip der Schadensermittlung bei Immaterialgüterverletzungen. Da der Geschädigte oft Schwierigkeiten hat, seinen Schaden zu berechnen / zu beweisen, kann er neben dem Konkreten Schaden (§§ 249, 252 BGB) auch die Herausgabe des Verletzergewinns oder die Zahlung einer angemessenen Lizenzgebühr verlangen.

21. Muss ein Unternehmen unbedingt im Handelsregister mit einer Firma eingetragen sein, um ein Recht an einem Unternehmenskennzeichen erlangen zu können?

Nein. Der Schutz am Unternehmenskennzeichen besteht unabhängig von einer Eintragung im Handelsregister.

22. Ordnen Sie die nachfolgenden internationalen Schutzerlangungssysteme den Oberbegriffen „Bündelsystem" und „Singelsystem" zu.

Bündelsystem	Singelsystem
Europäisches Patentübereinkommen (EPÜ)	*Unionsmarkenverordnung*
Patent Cooperation Treaty (PCT)	*Gemeinschaftsgeschmacksmusterverordnung*
Madrider System (IR)	

23. Welcher Anspruch, den ein Immaterialgutsinhaber im Falle einer Verletzung geltend machen kann, ist auf künftige Ausräumung der Verletzung und Absicherung der sog. Wiederholungsgefahr gerichtet?

Unterlassungsanspruch

24. Welcher Anspruch, den ein Immaterialgutsinhaber im Falle einer Verletzung geltend machen kann, ist auf die Erlangung von Informationen betreffend den Umfang der Verletzungshandlung gerichtet?

Auskunftsanspruch

25. Kann man das Urheberrecht auch durch eine Handlung im Privatbereich verletzen?

Ja. Der private Gebrauch stellt im Urheberrecht – anders als bei den gewerblichen Schutzrechten - nicht zwangläufig eine Schranke des Abwehranspruches dar.

26. Nennen Sie den Oberbegriff zu den beiden Begriffen „Urheberrecht" und „Gewerblicher Rechtsschutz"?

Geistiges Eigentum (bzw. Immaterialgüterrecht)

27. Verfällt ein Patent nach fünf Jahren, wenn die Erfindung nicht im Rechtsverkehr benutzt wird?

Nein. Einen Verfall wie im Markenrecht gibt es im Patentrecht nicht. Daher besteht die Möglichkeit des Erhaltes sog. „Schubladenpatente" über die maximale Laufdauer hinweg.

28. Ist die Farbe Blau als solche abstrakt markenfähig?

Ja. Einer Farbe als solcher kann Markenqualität zukommen (Bsp. Aral-Weiß-Blau für Tankstellen)

29. Welches gerichtliche Instrument kann eingesetzt werden, wenn der Immaterialsgutsinhaber auf eine besonders eilige Absicherung meiner Rechtsansprüche im Falle der Verletzung meines geistigen Eigentums angewiesen ist?

Einstweilige Verfügung

30. Welche Verteidigungsmöglichkeiten hat der zu Unrecht aus einem Immaterialgut Angegriffene?

- Gegenabmahnung (Die unberechtigte Geltendmachung eines Immaterialgüterrechtes kann in den Geschäftsbetrieb des angeblichen Verletzers eingreifen und einen Anspruch auf Unterlassung dieser Geschäftsstörung begründen)

- Eigene Einstweilige Verfügung (vor allem bei Fällen mit Drittbezug; Beispiel der vermeintliche Inhaber eines Immaterialgutes tritt an Kunden und Abnehmer des angeblichen Verletzers heran. Hier kann dieses Herantreten bis zur Klärung im Hauptsacheverfahren einstweilen unterbunden werden)

- Eigene Hauptsacheklage (meist Feststellungsklage auf Feststellung, dass die Ansprüche des angeblichen Immaterialgutsinhaber NICHT bestehen)

- Gegenangriff zur „Vernichtung" der immateriellen Rechtsposition (Löschungsantrag,

Glossar

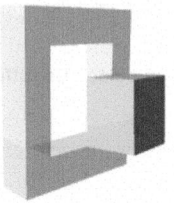

Abmahnung:

Mit dem Instrument der Abmahnung wird eine Person darauf hingewiesen, eine bestimmte Rechtsverletzung künftig zu unterlassen. Die Abmahnung hat v.a. die Funktion gerichtliche Auseinandersetzungen zu vermeiden, dient aber auch dazu, für den Verletzten das Prozesskostenrisiko bei einem Anerkenntnis im späteren Gerichtsverfahren durch den Verletzter auszuschließen. **(10.11 ff)**

Absolute Rechte:

Rechtspositionen, die gegenüber jedermann wirken. **(3.14)**

Absolute Schutzausschlussgründe:

In Abgrenzung zu den relativen Schutzausschlussgründen (ältere Rechte Dritter) meint dieser primär im Markenrecht verwende Begriff die Schutzunfähigkeit einer Marke aus in ihrer Natur liegenden Gründen. (Etwa die fehlende Fähigkeit für konkrete Produkte eine Identifizierungsfunktion zu besitzen) **(4.6)**

Akzessorietät:

Abhängigkeit zweier rechtlicher Positionen voneinander. **(4.29)**

Alleinbenutzungslizenz:

Ausschließliche Lizenz, bei der die Nutzungsrechte am Immaterialgut ausnahmslos dem Lizenznehmer zustehen und sich auch der Lizenzgeber einer wirtschaftlichen Verwertung des Immaterialgutes enthält. **(11.18)**

Amt der Europäischen Union für Geistiges Eigentum:	Das Amt mit Sitz im Alicante, Spanien ist zuständig für Unionsmarken und Gemeinschaftsgeshmacksmuster.
Anwartschaft:	Rechtlich gesicherte Aussicht auf den Erwerb eines Vollrechtes. **(3.7)**
Arbeitnehmererfindergesetz:	Die patent- oder gebrauchsmusterfähigen Erfindungen von Arbeitnehmern (im privaten oder öffentlichen Dienst), von Beamten und Soldaten unterliegen dem Gesetz über Arbeitnehmererfindungen vom 25. 7.1957. **(9.5)**
Ausschließliche Lizenz:	Lizenz, die der Lizenzgeber nur mit einem einzelnen exklusiven Nutzungsberechtigten abschließt. **(11.18)**
Copyright:	*Siehe Urheberrecht.*
Design (eingetragenes):	Durch das ungeprüfte Schutzrecht des eingetragenen Designs wird die ästhetische Gestaltung - eines handwerklich oder industriell gefertigten Gegenstandes (Erzeugnis) geschützt. **(5.1)**
Diensterfindung:	Erfindungen, die während der Dauer des Arbeitsverhältnisses (wenn auch in der Freizeit) gemacht werden und die entweder aus der im Betrieb oder in der öffentlichen Verwaltung obliegenden Tätigkeit entstanden sind oder maßgeblich auf den dort gewonnenen Erfahrungen oder durchgeführten Arbeiten beruhen.**(9.5.)**
Doppelschöpfung:	Ist der Fall, dass ein Urheber in Unkenntnis eines vorbestehenden Werkes eine identische oder sehr ähnliche Schöpfung geschaffen hat. Da das Urheberrecht keine objektive Neuheit voraussetzt, erwerben die beiden Schöpfer unabhängig voneinander Urheberrechtsschutz. Bezüglich der gewerblichen Schutzrechte ist eine Doppelschöpfung nur bei dem nicht eingetragenen Gemeinschaftsgeschmacksmuster möglich. **(8.9)**
Dreifache Schadensberechnung:	Im Falle der Verletzung Geistigen Eigentums hat die deutsche Rechtsprechung wegen der besonderen Schutzwürdigkeit des Verletzten für

diesen eine besondere Privilegierung herausgearbeitet, nach der er seinen Schaden alternativ auf drei verschiedene Berechnungsmethoden stützten kann: Einerseits kann er Ersatz des tatsächlichen Schadens, einschließlich des entgangenen Gewinnes verlangen, muss diesen Schaden aber konkret belegen. Andererseits kann er auf der Herausgabe des erzielten Verletzergewinnes bestehen. Auch dieser Gewinn ist allerdings konkret zu belegen. In der Praxis erfolgt die Schadensdarlegung allerdings sehr häufig nach Maßgabe der sog. Lizenzanalogie. Ausgehend vom Gedanken, dass ein widerrechtlich handelnder Verletzter nicht besser stehen soll als derjenige, der ordnungsgemäß um Erlaubnis und damit um Lizenzierung ersucht hat, muss der Verletzte nachträglich einen Schadensersatz leisten, der einer angemessenen Lizenz entspricht. Der große Vorteil dieser Methode liegt darin begründet, dass der Geschädigte den Schaden nicht konkret beziffern muss, sondern abstrakt benennen kann. **(10.6)**

Due Diligence: Die detaillierte Untersuchung, Prüfung und Bewertung eines potentiellen Beteiligungsunternehmens als Grundlage für die Investmententscheidung. **(11.33)**

Einspruch: Meint hier ein Rechtsmittel, das Dritte gegen ein Schutzrecht einsetzten können. **(3.12)**

Erfindung: Eine Erfindung ist eine neue technische Lösung, die eine das durchschnittliche fachliche Können übersteigende geistige Leistung darstellt. Sie ist eine neue Lehre für technisches Handeln. **(3.1)**

**ergänzender
wettbewerbsrechtlicher
Leistungsschutz:** Ist als Rechtsinstitut in § 3, 4 Nr. 9 UWG geregelt und betrifft den rechtlichen Schutz einer aus dem alltäglich-üblichen Schaffen herausragenden Leistung gegen eine wettbewerbswidrige Ausnutzung. Dieser Schutz ist zu den Sonderschutzregelungen (UrhG, PatentG, etc) komplementär und wird gewährt, wenn das nachgeahmte Produkt wettbewerbliche Eigenart

	besitzt und spezielle wettbewerbswidrige Umstände vorliegen. **(7.9)**
Erschöpfung:	Ein Schutzrechtinhaber, mit dessen Zustimmung der geschützte Gegenstand in Verkehr gesetzt worden ist, kann auf den weiteren Verkehr mit der Ware keinen Einfluss mehr nehmen. Das Schutzrecht ist damit erschöpft und weitere Erwerber können frei darüber disponieren. **(3.15)**
Europäisches Patent:	Seit dem 1. Juni 1978 kann für eine Erfindung mit einer einzigen europäischen Patentanmeldung, die in deutscher, englischer oder französischer Sprache abgefasst sein kann, Patentschutz in einer größeren Anzahl europäischer Staaten (einheitliche Patenterteilung) erreicht werden. **(3.28)**
Exklusivlizenz:	*Siehe Ausschließliche Lizenz*
Gebrauchsmuster:	Das Gebrauchsmuster ist ein dem Patent verwandtes technisches Schutzrecht. Durch ein Gebrauchsmuster werden Erfindungen mit Ausnahme von Verfahren auf Grund des Gebrauchsmustergesetzes gegen Nachahmung geschützt. Die maximale Laufzeit des Gebrauchsmusters ist mit 10 Jahren kürzer als beim Patent mit maximal 20 Jahren . Eine Prüfung der Schutzvoraussetzungen erfolgt im Eintragungsverfahren beim Gebrauchsmuster im Gegensatz zu Patenten jedoch nicht. **(3.16)**
Unionsmarke:	Seit dem 1. 4. 1996 ist es möglich, durch eine einzige Markenanmeldung einheitlich wirkenden Markenschutz für das gesamte Gebiet der EU-Staaten zu erhalten. Durch die Unionsmarke kann ein kostengünstiges Schutzrecht für alle Länder der EU erworben werden. Eine Einschränkung auf Teilgebiete ist nicht möglich. **(4.16)**
Gemeinschafts- geschmacksmuster:	Wie die Unionsmarke gewährt das Gemeinschaftsgeschmackmuster durch eine einzige Anmeldung einheitlich wirkenden Schutz für das gesamte Gebiet der EU-Staaten zu erhalten. **(5.15)**
Geographische Herkunftsangabe:	Ist eine Kennzeichnungsform für Produkte.

Geographische Herkunftsangaben im Sinne des deutschen Markengesetzes sind die Namen von Orten, Gegenden, Gebieten oder Ländern sowie sonstige Angaben oder Zeichen, die im geschäftlichen Verkehr zur Kennzeichnung der geographischen Herkunft von Waren oder Dienstleistungen benutzt werden. **(4.33 ff)**

Gerichtsstand: Örtliche Zuständigkeit der Gerichte; gelegentlich ist aber auch die sachliche Zuständigkeit eingeschlossen (gerichtliche Zuständigkeit) **(10.20)**

Geschäftliche Bezeichnungen: Sammelbegriff, unter dem Unternehmenskennzeichen und Werktitel zusammengefasst werden. Die geschäftlichen Bezeichnungen sind keine Registerrechte, sondern entstehen allein durch Benutzungsaufnahme im geschäftlichen Verkehr. Neben der Benutzung, um Schutz zu erlangen, muss die geschäftliche Bezeichnung auch die gesetzlichen Anforderungen erfüllen. (Siehe auch Unternehmenskennzeichen und Werktitel). **(4.20 ff)**

Geschäftsabzeichen: Meint eine Form von Unternehmenskennzeichen. Geschäftsabzeichen sind nicht aussprechbare Zeichen, die im Geschäftsverkehr zur Kennzeichnung eines Unternehmens verwendet werden. Sie besitzen keine Namensfunktion und werden schutzfähig, wenn sie im Verkehr als Kennzeichen eines bestimmten Betriebs gelten. Hierzu zählen z.B Firmenlogos. **(4.21 f)**

Geschäftsbezeichnungen: Sind wie die Geschäftsabzeichen eine Form von Unternehmenskennzeichen, die der Unterscheidung eines Unternehmens von anderen dienen. Sie sind aussprechbar und besitzen Namensfunktion. Der Schutz entsteht im Gegensatz zu den Geschäftsabzeichen schon mit Benutzungsaufnahme des unterscheidungskräftigen Zeichens. **(4.21 f)**

Gewerblicher Rechtschutz: Ist der Inbegriff der Rechtsnormen, die dem Schutz der gewerblich- geistigen Leistung und der damit zusammenhängenden Interessen dienen. Dazu gehört das Patent-,

| | Gebrauchsmuster-, Design-, Wettbewerbs- und Markenrecht, während das Urheberrecht Werke der Literatur, Wissenschaft und Kunst schützt. **(1.4.)** |

Halbleiterschutz: Durch das Halbleiterschutzgesetz wird die geometrische Struktur -Topografie- eines Halbleitererzeugnisses -Mikrochip- geschützt. Schutzgegenstand können im Gegensatz zur entsprechenden Regelung in den USA nicht nur der Halbleiterchip als solcher, sondern z.B. auch die Masken oder das Layout zu dessen Entwicklung sein. **(6.12)**

Immaterialgüterrechte: Subjektive Rechte, die an unkörperlichen Gütern bestehen und einen selbständigen Vermögenswert haben. **(1.1)**

Internationale Patentanmeldung: Seit dem 1. Juni 1978 können Internationale Patentanmeldungen nach dem Patentzusammenarbeitsvertrag (Patent Cooperation Treaty - PCT-) u.a. in deutscher Sprache als gebündelte Anmeldung für mehrere Staaten beim Deutschen Patent- und Markenamt und beim Europäischen Patentamt eingereicht werden. Eine Patenterteilung erfolgt jedoch nicht zentral, sondern in den einzelnen benannten Staaten. **(3.29)**

Internetdomain: Ist das strukturierte, alphanumerische Identifizierungsmittel eines am Internet angeschlossenen Rechners. Die Internetdomain ist eine einfach zu merkende Alternative zur numerischen IP-Adresse. Jeder Domainname wird aus mehreren, durch Punkte voneinander getrennten Teilen aufgebaut. Die Verwaltung der sog. Top-Level-Domains, die die letzte Zeichenfolge eines Domainnamens darstellen, wird u.a. von der "Internet Corporation for Assigned Names and Numbers" (ICANN) mit Sitz in USA geführt. **(4.37)**

Joint Venture: Aus dem anglo-amerikanischen Raum stammender Begriff für einen Unternehmenszusammenschluss bzw. für ein von mehreren Unternehmen verwirklichtes (oft im Bereich technologischer Neuentwicklung) angesiedeltes Gemeinschaftsprojekt. **(9.7)**

Juristische Person: Dieser Artikel oder Absatz stellt die Situation in Deutschland dar. Hilf mit, die Situation in anderen Ländern zu schildern. Eine juristische Person ist eine Personenvereinigung oder eine Vermögensmasse, die aufgrund gesetzlicher Anerkennung rechtsfähig ist, d. h. selbst Träger von Rechten und Pflichten sein kann, dabei aber keine natürliche Person ist. **(4.34)**

Kartellrecht: Das im Gesetz gegen Wettbewerbsbeschränkungen verankerte Regelungsgefüge. **(1.6 / 7.4)**

Know-how: Faktisches Wissen, welches nicht genau beschrieben und abgegrenzt werden kann, das aber, durch eine entsprechende Erfahrung erworben und in seiner Gesamtheit eingesetzt, den Inhaber in die Lage versetzt, ein technisches oder wirtschaftliches Ergebnis zu erzielen, das er andernfalls nicht mit derselben Effektivität hätte erreichen können. **(1.7)**

Lizenz: Ist das vom Inhaber eines Immaterialgutes gegenüber einem Dritten eingeräumte Recht, das Immaterialgut im Sinne einzelner oder aller möglichen Nutzungsarten beschränkt oder unbeschränkt zu nutzen. **(11.17)**

Lizenzanalogie: *Siehe Dreifache Schadensberechnung.*

Löschungsklage: Meint hier ein Rechtsmittel, dass Dritte gegen ein Schutzrecht einsetzten können. **(4.10)**

Marke: Um die Waren oder Dienstleistungen eines

Geschäftsbetriebes von den Waren oder Dienstleistungen eines anderen zu unterscheiden, kann ein Zeichen beim Deutschen Patent- und Markenamt zur Eintragung in das Markenregister angemeldet werden. Markenschutz kann bei einer gewissen Verkehrsgeltung (Bekanntheit innerhalb der Verkehrskreise) auch durch die kennzeichnenden Verwendung eines Zeichens im Geschäftsverkehr erlangt werden. **(4.2)**

Namensrecht: Das nach § 12 BGB geschützte Recht einer natürlichen oder juristischen Person, andere am unbefugten Gebrauch des eigenen Namens hindern zu können. **(4.36)**

Negativlizenz: Die Parteien können einen auf ein Immaterialgut bezogenen Vertrag nicht nur im Sinne einer positiven Nutzungsrechtseinräumung, sondern bewusst negativ ausgestalten und nur vereinbaren, dass der Immaterialgutsinhaber keine Abwehrrechte gegen den Vertragspartner geltend macht, sofern dieser das Immaterialgut nutzt. Dann liegt dem Grunde nach jedoch nicht mehr die Vertragsform vor, die heute als dem Wesen der Lizenz typischerweise entsprechend angesehen wird. Ein solcher Vertrag kann nach heutigem Verständnis demnach nur als prozessualer Verzichtsvertrag bezeichnet werden. **(11.17)**

Nichtigkeitsklage: Meint hier ein Rechtsmittel, das Dritte gegen ein Schutzrecht einsetzten können. **(3.12 / 3.28)**

Patent: Ein gewerbliches Schutzrecht, das für den Schutz technischer Erfindungen gewährt wird und auf der Grundlage des Patentgesetzes (PatG), nach einem Prüfungsverfahren vom Deutschen Patent- und Markenamt erteilt wird. Alle gewerblich anwendbaren Erfindungen, die weltweit neu sind und auf einer erfinderischen Tätigkeit beruhen sind patentfähig. Im Gegensatz zu Gebrauchsmustern kann durch ein Patent auch ein Verfahren geschützt werden. **(3.5 ff)**

PCT: Patent Cooperation Treaty; *Siehe auch: Internationale Patentanmeldung*

PVÜ: Die Pariser Verbandsübereinkunft ist ein internationaler Vertrag vom 20.3.1883 zum Schutz des gewerblichen Eigentums. Gegenstand des Schutzes sind Patente, Gebrauchsmuster, Designs, Marken, Handelsnamen, Herkunftsangaben, Ursprungsbezeichnungen, Bekämpfung unlauteren Wettbewerbs. Besondere Bedeutung innerhalb der PVÜ haben v.a. die Prioritätsregel (Art. 4 PVÜ) und das Prinzip der Inländerbehandlung. **(4.4 / 9.6)**

Relative Schutzausschlussgründe: In Abgrenzung zu den absoluten Schutzausschlussgründen meint dieser primär im Markenrecht verwende Begriff die Schutzunfähigkeit einer Marke wegen entgegenstehender älterer Rechte Dritter. **(4.7)**

Schutzrechte: Begriff für den Katalog von sondergesetzlich normierten Rechtspositionen für gewerblich-geistige Leistungen, die in der Regel durch einen staatlichen Hoheitsakt (Registrierung) verliehen werden. Hierzu gehören das Patent-, Gebrauchsmuster-, Design-, Halbleiterschutz-, Sortenschutz- sowie das Markenrecht. Diese Rechte gelten jeweils nur national. Der internationale Schutz wird durch eine größere Anzahl von Verträgen, u.a. durch die Pariser Übereinkunft zum Schutz des gewerblichen Eigentums -PVÜ-, durch das Madrider Markenabkommen (Marken, Internationale Registrierung), durch die VO des Rates der EU über die Unionsmarke, durch das Haager Musterabkommen (Designs), durch das Europäische Patentübereinkommen (Europäisches Patent), durch das Gemeinschaftspatentübereinkommen (Gemeinschaftspatent) und durch den Vertrag über die internationale Zusammenarbeit auf dem Gebiet des Patentwesens (PCT, Internationale Patentanmeldung) geregelt. **(1.4)**

Sklavische Nachahmung: Im Wettbewerb besteht grundsätzlich Nachahmungsfreiheit. Die genaue Nachbildung eines Erzeugnisses wird sklavische Nachahmung genannt. Ein Nachbau ist aber an sich zulässig, solange nicht gegen Sonderschutzrechte wie

Patente, Gebrauchsmuster, Designs, Marken, Urheberrechte und nicht gegen das Gesetz gegen den unlauteren Wettbewerb (UWG) - verstoßen wird. Als unzulässig ein Nachbau dann angesehen, wenn bestimmte Unlauterkeitskriterien erfüllt sind. Beispielsweise dann, wenn es zu einer Herkunftstäuschung kommt, wenn ein besonders erfolgreiches Produkt nachgebaut wird, wenn ein fremdes Arbeitsergebnis unmittelbar ausgenutzt wird, wenn fremde Kenntnisse und Betriebsgeheimnisse unredlich erschlichen oder wenn Produkte eines anderen Unternehmens systematisch nachgebaut werden. **(7.9)**

Sortenschutz:

Für Pflanzensorten, die unterscheidbar, homogen, beständig, neu und durch eine eintragbare Sortenbezeichnung bezeichnet sind (§ 1 Sortenschutzgesetz), gewährt das Bundessortenamt ein Sortenschutzrecht, ähnlich wie das Patent- und Markenamt für eine Erfindung auf technischem Gebiet ein Patent erteilt. **(6.1 ff)**

Unionspriorität:

Art.4 der PVÜ regelt die Unionspriorität. Jeder Antragssteller, der ein Schutzrecht in einem Mitgliedsstaat angemeldet hat, kann innerhalb einer sechsmonatigen (bei Marken und Designs) oder zwölfmonatigen (bei Patenten und Gebrauchsmustern) Frist auch in anderen Staaten der PVÜ den Prioritätstag seiner früheren Anmeldung für eine Nachanmeldung in Anspruch nehmen. Somit wird dieser Nachanmeldung die Priorität der Erstanmeldung zuerkannt. **(3.30)**

Unlauterer Wettbewerb:

Wettbewerbsrelevantes Verhalten, das gegen die Vorgaben des UWG (Gesetz gegen den unlauteren Wettbewerb) verstößt. **(7.1 ff)**

Unternehmenskennzeichen:

Sind Zeichen, die im geschäftlichen Verkehr als Name, Firma oder besondere Bezeichnung eines Geschäftsbetriebs oder eines Unternehmens benutzt werden (§5 Abs. 2 Satz 1 MarkenG). Das Kennzeichen muss Unterscheidungskraft (geeignet sein, sich von anderen Bezeichnungen abzugrenzen) oder Verkehrsgeltung (innerhalb beteiligter Verkehrskreise als besondere

Bezeichnung eines Unternehmens verstanden werden) besitzen. Im Unterschied zur registrierten Marke ist ein Unternehmenskennzeichen kein Registerrecht, sondern sein Schutz entsteht mit der Aufnahme der Benutzung im geschäftlichen Verkehr.**(4.21 ff)**

Urheberrecht: Durch das Urheberrecht werden Werke der Literatur, Wissenschaft und Kunst, z.B. Bücher, Aufsätze, Musikstücke, Bilder, Zeichnungen, Pläne, Fotos, Filme, Bauwerke und Darstellungen wissenschaftlicher und technischer Art sowie Programme der Datenverarbeitung, insbesondere gegen unberechtigtes Kopieren, geschützt, § 2 Urheberrechtgesetz. Voraussetzung ist, dass es sich um eine persönliche geistige, schöpferische Leistung handelt. Dem Urheber stehen insbesondere das Urheberpersönlichkeitsrecht und die Verwertungsrechte an seinem Werk zu. Im Gegensatz zum gewerblichen Rechtsschutz ist es nicht erforderlich und in Deutschland auch nicht möglich, dass der Urheber sein Werk bei einem Amt anmeldet. Das Urheberrecht entsteht mit der Schaffung des Werkes. Der Urheber muss aber darauf achten, dass er später nachweisen kann, Urheber des Werkes zu sein, um bei einer Nachahmung seine Ansprüche auf Unterlassung und Schadenersatz durchsetzen zu können. **(8.1 ff)**

Verbraucherverbände: Verbraucherverbände sind zumeist als gemeinnützige Vereine organisiert. Sie dienen dem ausschließlichen Zweck, die Interessen der Verbraucher zu schützen und übernehmen die Aufgabe über die Marktlage zu informieren. Die "Arbeitsgemeinschaft der Verbraucher" (AGV) stellt den Dachverband der verschiedenen Verbandstypen dar. **(7.10)**

Verfügung: Rechtsgeschäftliche Einwirkung auf ein bestehendes Recht unter teilweisem oder vollständigem Verbrauch der auf dieses Recht bezogenen Verfügungsmacht. **(11.2 f)**

Werktitel: Dienen zur Differenzierung eines Werkes von anderen Werken nach seinem Inhalt. Werktitel sind gem. § 5 Abs.3 MarkenG die Namen von Druckschriften, Tonwerken, Bühnenwerken oder sonstigen vergleichbaren Werken. Falls eine Unterscheidungskraft vorliegt, entsteht der Schutz bereits im Zeitpunkt der ersten Benutzungsaufnahme, andernfalls nur mit der Erlangung von Verkehrsgeltung. Eine Eintragung ist also nicht erforderlich. **(4.25 ff)**

Wettbewerbsrecht: Ist im Gesetz gegen den unlauteren Wettbewerb (UWG) verankert. Das Wettbewerbsrecht schützt die Mitbewerber und die Kunden vor unlauteren Verhaltensweisen eines Unternehmens und regelt wie die Marktteilnehmer beim Konkurrieren mit anderen Unternehmen miteinander umgehen dürfen und was sie im Wettbewerb nicht dürfen. **(7.1 ff)**

Wettbewerbsverbot: Ist die Beschränkung einer Person in ihrer gewerblichen Tätigkeit zugunsten anderer Unternehmer derselben Fachrichtung oder Branche. **(7.8)**

Wettbewerbszentrale: Zentrale zur Bekämpfung unlauteren Wettbewerbs e. V. ist ein Verein, der es sich zur Aufgabe gemacht hat, als Selbstkontrollorganisation der Wirtschaft den lauteren Wettbewerb zu sichern. Grundlage seiner Tätigkeit ist die Verbandsklagebefugnis nach dem Gesetz gegen den unlauteren Wettbewerb (UWG). **(7.10)**

Widerspruch: Meint hier ein Rechtsmittel, dass Dritte gegen ein Schutzrecht einsetzten können. **(4.10)**

Zwangslizenz: Die durch einen Kontrahierungszwang bewirkte Lizenzvergabe. **(3.15)**

INDEX

E

F

G

The manufacturer's authorised representative in the EU is Springer
Nature Customer Service Centre GmbH, Europaplatz 3, 69115 Heidelberg,
Germany. If you have any concerns regarding our products, please
contact ProductSafety@springernature.com

Printed and bound by CPI Group (UK) Ltd, Croydon, CR0 4YY
27/04/2026
02097656-0012